中国（昆明）南亚东南亚研究院书系

东南亚国情研究·第一辑

李涛 任佳 主编

新世纪以来GMS五国国情的演进：转型与发展研究

王士录　赵姝岚　李秋瑾　著

中国社会科学出版社

图书在版编目（CIP）数据

新世纪以来 GMS 五国国情的演进：转型与发展研究／王士录，赵姝岚，李秋瑾著. —北京：中国社会科学出版社，2015.4
ISBN 978 - 7 - 5161 - 5945 - 3

Ⅰ.①新…　Ⅱ.①王…②赵…③李…　Ⅲ.①越南 - 研究②老挝 - 研究③柬埔寨 - 研究④缅甸 - 研究⑤泰国 - 研究　Ⅳ.①K933

中国版本图书馆 CIP 数据核字（2015）第 075076 号

出 版 人	赵剑英
责任编辑	任　明
责任校对	郝阳洋
责任印制	何　艳

出　　版	中国社会科学出版社
社　　址	北京鼓楼西大街甲 158 号
邮　　编	100720
网　　址	http：//www.csspw.cn
发 行 部	010 - 84083685
门 市 部	010 - 84029450
经　　销	新华书店及其他书店

印刷装订	北京市兴怀印刷厂
版　　次	2015 年 4 月第 1 版
印　　次	2015 年 4 月第 1 次印刷

开　　本	710×1000　1/16
印　　张	22.25
插　　页	2
字　　数	395 千字
定　　价	68.00 元

中国（昆明）南亚东南亚研究院书系
编　委　会

序　言

　　南亚、东南亚地处亚洲大陆南部和东南部，南亚包括印度、巴基斯坦、孟加拉国、斯里兰卡、尼泊尔、不丹、马尔代夫和阿富汗八个国家，总面积约 500 万平方公里，人口 17 亿左右。南亚次大陆作为一个相对独立的地理单元，东濒孟加拉湾，西濒阿拉伯海，囊括了喜马拉雅山脉中、西段以南至印度洋之间的广大地域，是亚洲大陆除东亚地区以外的第二大区域。东南亚包括新加坡、马来西亚、泰国、印度尼西亚、缅甸、老挝、越南、柬埔寨、菲律宾、文莱、东帝汶 11 个国家，面积约 457 万平方公里，人口约 6.2 亿。东南亚地区连接亚洲和大洋洲，沟通太平洋与印度洋，马六甲海峡是东南亚的咽喉，地理位置极其重要。著名的湄公河，源自中国云南境内澜沧江，流入中南半岛，经缅甸—老挝—泰国—柬埔寨—越南，注入南海，大致由西北流向东南。总长 4900 公里左右，流域总面积 81.1 万平方公里。

　　习近平主席在 2013 年访问哈萨克斯坦和印度尼西亚时分别提出丝绸之路经济带和"21 世纪海上丝绸之路"的倡议。这是中国西向开放和周边外交战略的新布局，其战略指向是解决国内区域发展不平衡问题，推动西部大开发与大开放相结合，与沿线国家构建利益共同体、命运共同体和责任共同体。南亚、东南亚及环印度洋地区位于亚欧陆上、海上交通通道的枢纽位置，是"丝绸之路经济带"和"21 世纪海上丝绸之路"（"一带一路"）的必经之地，是对我国西向方向开放具有重大战略意义的周边地区，也是中国落实与邻为善、以邻为伴，睦邻、安邻、富邻的周边外交方针，以及"亲、诚、惠、容"外交理念的重要地区之一。

　　从历史交往和相互关系来看，中国与南亚、东南亚山水相依、人文相亲、守望相助，双方平等交往、相互反哺、互通有无的友好关系史绵延至今最少也有两千余年。在漫长的古代，依托南方丝绸之路和茶马古道等连通中缅印且贯通亚欧大陆的古老国际通道，中国与南亚东南亚的经贸交往频繁、人员往来不断，在人类文明交流史上写下了一部互学互鉴，交相辉映的精彩华章。一方面，古蜀丝绸最早让南亚知道了中国，公元前 4 世纪成书的梵文经典《摩诃婆罗多》及公元前 2 世纪的《摩奴法典》中都有"支那"产"丝"的记载。此外，考古学者还在四川三星堆遗址发现大量象牙，又在云南江川、晋宁等地春秋晚期至西汉中期墓葬中挖掘出大量海贝和金属制品。经考证，上述出土文物很可能是从古代印度输入的。这表明，古代中国与南亚之间的经贸交往不仅内容丰富，而且互动频繁。另一方面，在中国东晋高僧法显、唐代高僧玄奘的西行求经，天竺鸠摩罗什、达摩祖师的东来送法，以及南传上座部佛教从古印度经斯里兰卡传入缅甸，此后再传播至泰国、柬埔寨、老挝、越南、马来西亚和印度尼西亚等地的过程中，佛教文化也随之传入中国和东南亚，并落地生根、开枝散叶。据统计，从公元 2 世纪到 12 世纪的一千年间，中国翻译的南亚佛教经典著作多达 1600 种、共 5700 余卷。可以说，以"丝绸东去"和"佛陀西来"为典型，中华文明与南亚东南亚文明的交流互动，无论其内容还是规模，在世界文化交流史上均属罕见。

这些多条多向的古代国际通道，不仅是古代中国云南通往南亚、东南亚的交通通道，也是操藏缅语族、孟高棉语族等语言的古代诸民族的迁徙走廊。可以说，至迟自蜀身毒道的开通以来，途经云南或以云南为起点的多条多向通道，使今天我们所说的中南半岛地区和孟中印缅毗邻地区较早产生了互联互通的历史萌芽，促进了中华文明、南亚文明与东南亚文明在漫长古代的整体互动。到了近现代，无论是滇越铁路，还是史迪威公路、滇缅公路、驼峰航线，这些在近现代交通史上曾留下浓墨重彩的交通线路，无一不以云南为起点，而云南也正是凭借这些线路，在大湄公河地区和孟中印缅毗邻地区互联互通史上发挥了特殊作用并占据着重要地位。

改革开放以来，云南省在我国西南边疆省区中率先提出了面向东南亚南亚的对外开放战略。90 年代，在国家加强西部大开发期间，又提出把云南建设成为我国通往东南亚南亚的国际大通道的建议。进入新世纪，云南着力推进绿色经济强省和民族文化大省建设，努力打造中国连接东南亚南亚国际大通道。经过多年的努力，以大湄公河次区域经济合作（GMS 合作）、孟中印缅地区经济合作（BCIM 合作）为代表，云南省在推动面向东南亚和南亚这两个战略方向的对外开放和区域合作中，走在了全国的前列，并且取得了明显的成效。目前，云南是我国与南亚东南亚等国家和地区开辟航线最多、国家级口岸最多、与周边国家连接的陆路通道最多、民间交流最频繁的省之一；也是泛亚铁路、亚洲公路网的覆盖地区，多条连接东南亚南亚国家的规划路线通过云南走出中国。2013 年，中国—南亚博览会永久落户云南省会昆明，云南获得了加强与南亚、东南亚、西亚及其他国家和地区全面交流合作的新平台。2014年5月李克强总理访印期间，中印两国共同倡议建设孟中印缅经济走廊，加强地区互联互通。云南学者最先提出的孟中印缅地区经济合作构想最终上升成为国家战略。

2015年1月，习近平总书记考察云南时指出：随着我国实施"一带一路"战略，云南将从边缘地区和"末梢"变为开放前沿和辐射中心，发展潜力大，发展空间广。希望云南主动服务和融入国家战略，闯出一条跨越式发展的路子来，努力成为我国民族团结进步示范区、生态文明建设排头兵、面向南亚东南亚辐射中心。这是对云南发展明确的新定位、赋予的新使命、提出的新要求。由于云南是中国西南方向与周边东南亚和南亚接壤和邻近国家最多的省，也是中国与印度洋沿岸地区开展经济合作最具区位优势的省，因此，云南理所当然担负着落实国家"一带一路"战略和周边外交的重任。

云南省委省政府为贯彻落实中央的决策部署，加强顶层设计，九届十次全会作出了《中共云南省委关于深入贯彻落实习近平总书记考察云南重要讲话精神闯出跨越式发展路子的决定》，主动融入和服务国家发展战略，全面推进跨越式发展。习近平总书记指出，"云南的优势在区位、出路在开放"。云南的优势在"边"，困难也在"边"。如何在沿边开放中倒逼改革，在改革创新中推动孟中印缅经济走廊和中国—中南半岛国际经济合作走廊建设；处理好与邻国的关系，对接各国的发展战略和规划，共商、共建、共享经济走廊；准确研判国际形势和周边情势，都需要云南智库深入调研、长期跟踪地进行国别研究、国际关系和国际区域合作问题研究，提出科学及有价值的决策咨询研究成果。为此，在省委、省政府的关心和支持下，依托云南省社会科学院，正式成立了中国（昆明）南亚东南亚研究院。这是云南省学习贯彻落实习近平总书记考察云南重要讲话精神和党中央、国务院《关于加强中国特色新型智库建设意见》的重要举措。

云南省社会科学院的南亚东南亚研究历史悠久、基础扎实、底蕴深厚、人才辈出。早在上世纪60年代，外交部落实毛主席、周总理《关于加强国际问题研究报告》批示精神，在全国布局成立国际问题研究机构，就在我院成立了印巴研究室和东南亚研究室，经一代又一代社科专家的积淀和传承，发展成了现在的南亚研究所和东南亚研究所。南亚东南亚研究是我院优势特色学科之一，在国内外享有较好的声誉和影响力，该领域的研究在国内居领先地位。进入90年代以来，我院高度重视对我国和我省面向东南亚南亚对外开放、东南亚南亚国别问题和地区形势的研究。在大湄公河次区域合作、中国与东南亚南亚区域合作战略、中国和印度经贸合作新战略、中国与南亚经贸合作战略、孟中印缅地区经济合作、东南亚南亚的历史与现状、中国与东南亚南亚的人文交流合作、印度洋地区研究等领域，推出了一批重要学术成果，培养了一支专业从事东南亚南亚研究的学者队伍。

当前，云南省充分利用边疆省份的区位优势，加快融入"一带一路"国家战略，推进孟中印缅经济走廊和中南半岛国际经济合作走廊建设。在这一背景下，中国（昆明）南亚东南亚研究院推出南亚、东南亚国情研究、"一带一路"和孟中印缅经济走廊等专题研究报告、中国与周边国家关系研究、环印度洋地区研究等组成的书系，深入对"一带一路"沿线国家的政治经济、历史文化、对外关系、地理生态环境，以及中国与南亚东南亚、环印度洋地区的经贸合作、互联互通、人文交流、非传统安全合作等问题的研究，推出一批成果，使广大读者对"一带一路"沿线国家和我国与周边国家关系有更深入的了解，以期对政府、学界、商界等推动我国与沿线国家设施联通、贸易畅通、政策沟通、资金融通、民心相通，共商、共建、共享丝绸之路经济带和 21 世纪海上丝绸之路有所裨益。

任　佳

2015 年 10 月 25 日

前　　言

政治、经济、社会的转型与发展，是进入 21 世纪以来越、老、柬、缅、泰等大湄公河次区域（the Greater Mekong Subregion）五国（以下简称 GMS 五国）国情发展变化的主线，通过对其政治、经济转型的系统和深入的研究，无疑有助于我们加深对 GMS 五国国情的了解和认识。

一个国家国情的变化，是一个动态的、不断演进的过程，对其进行研究，也不能长期停留在某个点上，过去的研究，只能反映过去的情况，并不能反映现实。因此，对 GMS 五国国情的研究，必须承前启后，推陈出新。作为中国的重要邻国，越、老、柬、缅、泰 GMS 五国在当前我国所实施的"一带一路""桥头堡战略"中，占有重要地位，其国情的演进历来为我们所关注。只有深入了解其国情的新变化、新发展，做到既知其然，也知其所以然，才能正确研判我国周边形势的发展变化，把握大局，维护地区和平与稳定，推进我国与 GMS 国家的友好合作，为我国对外开放战略的实施营造一个有利的周边环境。

自 20 世纪 80 年代末期以来，GMS 五国相继进入政治经济的转型期，这一过程迄今尚未完成。而"转型"也成为 GMS 五国国情演进即政治、经济和社会发展的重要推手。因此，进入新世纪以来 GMS 五国国情的演进过程，也就是其改革与转型不断推进和深化的过程，通过对 GMS 五国改革与转型的系统和深入的研究，无疑有助于我们更为全面、深入地了解其国情的新变化。有鉴于此，改革与转型的新进展成为本书贯彻始终的主题。

GMS 五国虽同处一个地区，同饮一江水，但由于各国的历史、政治、经济、社会文化、风俗习惯不尽相同，因此，其政治、经济和社会的转型与发展，在目标、进程和方式上也各不相同，表现出多样化的特点。从转型模式来看，五国大体上可以划分为四种模式：

一是越南和老挝的由社会主义的中央计划经济体制向"社会主义定向"的市场经济体制的转型，并由此促动政治体制改革，建立和完善社会主义的民主政治。其中，越、老两国的转型在程度上又是有差别的，越南政治经济体制改革与转型的速度更快一些，程度更深一些。这种转型是在不改变原有政权性质的前提下，通过渐进方式来实现的。

二是柬埔寨从越南模式的政治经济体制向君主立宪制的多党民主政治体制和自由市场经济体制的转型。这种转型是在外部压力下，在改变了政权性质的前提下，以"一步到位"的方式来实现的（尽管新的政治体制和经济体制建立后，还有一个长期的巩固和完善的过程）。

三是缅甸以渐进的方式，从新军人政权在不改变政治体制基础上的有限的经济改革到较为彻底的政治经济转型。这种转型，本质上是军人政权向民主政治体制的转型，但在缅甸，它不是通过激进的方式而是通过渐进的、和平的方式来实现的。首先是军人集团自我革新，自愿放弃对政权的掌控，通过民主选举实现了由军政府向民选政府的转型。在政治体制发生转变的基础上，向市场经济体制的转型也接着跟进。这种转型总体上是以渐进的、和平的方式，在改变政权性质的基础上实现的。但是，其转型成果的巩固和发展仍然需要经历一个较长的过程。

四是泰国以威权政治向民主政治的转型带动经济体制转型进一步完善的模式。这种转型实际上是在泰国这样一种政党政治发育还不完善的国家，在威权政治与民主政治的激烈的政治较量中，现代民主政治体制和现代市场经济体制不断完善的过程。这种转型无须改变政权形式即可实现，转型的方式虽然总体上是渐进的，但有时又伴有激烈的暴力的较量。就泰国的情况来讲，转型的过程迄今仍未完成，有可能还会出现反复。

有鉴于此，笔者认为，对于上述四种各有自身特点的转型模式，绝不能以偏概全，将其统统归结为"威权政治"向现代民主政治的转型模式。

与此同时笔者也认为，尽管 GMS 五国的转型各自面临的任务和目标，以及所选择的路径不尽相同，呈现出多样性的特点，但在多样性中也蕴含着明显的同一性。一是 GMS 五国的转型所面临的外部环境相同。二是 GMS 五国同处于一个地理区域，一国的转型与发展影响着其他四国的转型与发展，不可阻挡地形成一种"联动效应"，从而影响和促动着整个区域的转型与发展。三是区域、次区域经济合作的不断深化，使 GMS 各国经济利益的整体性不断得到促进；经济利益和政治利益的相互交融，又使区域各国之间的政治认同感不断加强，从而使得一国政治经济改革的"溢出效应"日益凸显，使一国的转型影响和带动着区域其他国家转型。如今，"只有改革和创新才能实现发展"，已经成为 GMS 五国的共识。不断深化的区域、次区域经济合作无疑将加强区域各国经济转型的互促互动。同样，区域政治对话的不断加强，无疑也将进一步推进区域各国政治改革和转型的互促互动。

　　从理论上讲，转型与发展的关系，本质上是一种互促互动的关系。世界历史的发展已经证明，改革与转型无疑是发展的动力，发展要靠不断的变革与转型来推动，而改革与转型的正确与否则要靠发展的结果来印证。一个社会、一个国家，只有不断地破旧立新，才能实现发展，墨守成规是不行的。

　　总体上看，进入 21 世纪以后，在经济全球化和区域经济一体化继续加快发展、"政治民主化"浪潮持续荡涤的背景下，大湄公河次区域五国的改革与转型继续推进，各国都根据自己的实际情况，采取了相应的措施，来推进经济、政治和社会的改革，推进转型的进程，尽管进展快慢、程度深浅各有不同。

王士录

2013 年 10 月 30 日

目　　录

第一章

绪　论

　　进入 21 世纪以来越、老、柬、缅、泰等大湄公河次区域（以下简称GMS）五国国情的演进过程，实际上就是其政治、经济和社会转型不断推进的过程。在迄今为止的十多年间，GMS 五国的转型均进入了一个新的阶段，出现了许多新的情况和问题。转型作为一种经济、政治和社会进步的巨大动力，推动着这些国家在经济、政治、社会、文化乃至外交等方面发生着日新月异的变化。有鉴于此，从对这些国家各具特色的转型问题的研判入手，来更好地把握其国情的发展变化，以便我们在全球化和区域经济一体化加速发展的背景下不断深化发展与这些国家的全方位的合作，优化我国的周边环境，扩大我国的对外开放，无疑具有重要的现实意义和深远的战略意义。

一　关于转型问题的一些基本理论

　　"转型"，是当今国内外社会科学领域的一个热门话题。对包括东南亚国家在内的东亚国家转型问题的研究，近 10 年来一直是国内外学术界关注的一个重要问题，在被亨廷顿称为"第三波"①的新一波"民主化浪潮"的荡涤下，东南亚国家的转型进入了一个新的阶段。国内外学术界对东南亚国家转型问题的关注和研究进一步升温。

　　然而，何谓"转型"（transition）？何谓"政治转型"（political transition）？何谓"经济转型"（economical transition）？何谓"社会转型"（society transition）？东南亚国家的政治、经济、社会"转型"到底是从什么"型"转向什么"型"？它们又是如何实施"转型"的？如此等等，涉及的这些概念性和理论性的问题纷纭复杂，可谓"剪不断，理还乱"。如果搞不

---

　　① ［美］亨廷顿：《第三波——20 世纪后期民主化浪潮》，刘军宁译，上海三联出版社 1998年版。

清楚这些基本问题，很难对东南亚的转型问题有一个正确的认识、理解和应对。

何谓"转型"？顾名思义，所谓"转型"，"是指事物的结构形态、运转模型和人们观念的根本性转变过程"。① 按照相关词典的解释，"转型"作为一个基本概念，最初应用在数学、医学和语言学领域，后来才延伸到政治学、经济学和社会学领域。苏共著名理论家布哈林在研究市场经济向计划经济的转型过程中，曾首先使用了"经济转型"的概念。

在中文文献中，"改革"、"转型"、"渐进"和"转化"几个词运用于政治学、经济学和社会学领域时，意思大体上相近，而最为通俗的叫法则是"改革"。但是，"改革"一词原来是相对于"革命"而言的。正如冯绍雷先生所指出的，一般来讲，"改革"意味着是在基本宪政制度不发生根本变化的情况下所发生的体制变化，而"革命"指的是改朝换代式的根本国家制度的更替。但是最近三四十年所发生的体制变革似乎打乱了这种词义上的区别。体制变迁既可以发生在宪政制度不发生根本性变化的情况下（如中国和越南的改革）……也可以发生在社会基本制度发生天翻地覆的重大变化的历史过程当中，就像伴随着苏联解体所出现的这一场先叫"重构"，后来又叫"改革"的制度变迁。②

总体上讲，改革和转型就是改良，是体制机制的自我完善，是量的变化；革命则是急风暴雨式的，是质的变化。也有人将"革命"与"转型"两个概念进行比较后，通俗地解释说："革命是自己搞别人（或者别人搞自己），而转型则是自己搞自己。"仔细思量，这种解释还是有一定道理的。在一般情况下，转型就是人们为了适应客观形势的变化，主动求新求变的过程。当然，转型的动力既有来自外部的压力，也有来自内部的挑战。为了应对挑战，人们积极主动调整上层建筑和生产关系，从一种已经过时的、阻碍了生产力发展的政治、经济、社会、文化等的结构形态、运转模型和人们的观念转向一种新的结构形态、运转模型和观念。这就是我们所说的"转型"，它是一种"主动转型"。转型首先必须转观念，转思想。在这样的转型中，动力来自于能够与时俱进、观念已经转变了的执政者本身。执政者自始至终把握着转型的主导权和大方向。

---

① 胡建林：《什么是转型发展？》，《太原日报》2010 年 10 月 14 日。http://www.tyxc.gov.cn/content/2010-10/14/content_44606.htm。

② 冯绍雷为"转型文库"所作的"丛书总序"。见潘兴明、陈弘主编《转型时代的移民问题》，上海人民出版社 2010 年版，"总序"第 1 页。

　　当然，在特殊情况下，也有在外力的直接干预下有的国家实现了政治社会转型的，即通过暴力方式推翻独裁统治，代之以一种"民主体制"。近几年在中东、北非一些国家发生的情况，比如伊拉克萨达姆政权、利比亚卡扎菲政权的覆灭，都是在外力的强有力干预下被一种新的民主体制所取代的。这种变革已经不是我们通常所说的自我转型，而是革命性转型。它们的"转型"是被动的，是一种"置换"或者"替代"转型。而相比之下，前些年发生在中亚地区一些国家的所谓"颜色革命"，以及埃及发生的政治社会变革则都具有自我"转型"的基本特征，这就是在没有外力干涉下的自我变革，它是一种非暴力的"柔性革命"。①

　　根据不少国际学者的理解，这场史无前例的转型首先是在 20 世纪 70 年代中期从欧洲南部开始的。当时在葡萄牙、西班牙和希腊先后发生的民主政权取代独裁政权的变革引发了全世界范围的转型进程。20 世纪 80 年代以后，由于人文、地理、经济以及传统纽带的联系等各种复杂因素的影响，在拉丁美洲和东亚差不多同时大规模地开始了从军人专权或者威权体制向民主和市场经济体制的转换。② 出现在不同地区、不同国家，有着不同类型和具有不同影响的体制转型过程，大体上都有着相似的社会历史内容，那就是从传统的权力集中的政治经济体制（其形式可以是军人政权、政治威权体制，也可以是传统计划经济体制）向现代民主、法制和市场经济体制的转换，这样一种巨大的历史转换超越了意识形态、社会体制、种族肤色、地理方位，包括发展水平和国家实力等各种差别，显示出五彩斑斓、声势浩大的局面。如果从所涉及的国家来说，从南欧到拉美，从东亚到东欧，从非洲到南亚，各地大多数国家都卷入了这样一个民主化、市场化的宏大进程之中。有鉴于此，20 世纪 70 年代，"转型"（transition）一词在学术界的使用频率陡增，而国际学术界也认为，当时的东南亚已经进入了"转型期"。

---

　　① 2003 年 11 月起，从格鲁吉亚开始，独联体一些国家接连发生"街头革命"，其反对派领导人称，他们发起这场革命的主要目的，是为摆脱俄罗斯对本国的控制和影响，摒弃苏联时期传承下来的体制，建立西方式的民主政体，最终融入西方社会。由于这几次"革命"都有鲜明的颜色标志：格鲁吉亚的革命叫"玫瑰色革命"；乌克兰的革命本来叫"栗子花革命"，因为栗子花是橙色的，所以后来就被称为"橙色革命"；吉尔吉斯斯坦的革命被称作"黄色革命"，因为该国首都比什凯克的市花是黄色迎春花。"颜色革命"最大的特点就是"街头非暴力革命"，它迎合了所在国一些老百姓"求变"又怕大乱的心理特点，同时又符合西方政治文化中强调走程序的传统，于是在西方和"革命"所在国之间形成了一种共识。见蒋新卫《中亚国家遭遇的"颜色革命"与新疆的稳定》，载《环球视野》2010 年 5 月 17 日第 292 期。
　　② 冯绍雷为"转型文库"所作的"丛书总序"。见潘兴明、陈弘主编《转型时代的移民问题》，上海人民出版社 2010 年版，"总序"第 2 页。

20 世纪 80 年代中期以后，所谓"非民主国家"和"非市场经济国家"的转型进入了一个新的阶段：越南和老挝的经济体制改革进程正式启动；以经济改革为先导，政治和行政体制的自我完善缓慢推进。而在经历了独立后议会民主实践失败以后从 70 年代中期起相继建立威权统治的一些东南亚国家，则从 80 年代中后期起相继进入从威权统治向民主化的转型。从更加广阔的视野看，从 80 年代末 90 年代初期起，苏联和东欧国家也进入了转型期，其政治、经济和社会的体制机制都发生了深刻的变化。

特别值得一提的是，这样一场巨大而深刻的变革，除了少数国家和地区外，基本上是在兵不血刃的和平状态下发生的。对此，美国著名政治学家萨缪尔·亨廷顿（Huntington Samuel P.）在其《第三波——20 世纪后期民主化浪潮》一书中作了认真梳理，他分析了从 1974 年到 1990 年间近 30 个国家和地区从威权或者从"不民主"转向了"民主"的事例，概括出三类国家和地区的转变过程：一是变革（transformation），即威权政权实现自我改造，由执政精英推动走向民主化，这样的政权最多，例如中国台湾地区等；二是置换或者替代（replacement），即威权政权垮台或被推翻，这样的政权有 6 个，例如罗马尼亚、阿尔巴尼亚等；三是转移（transplacement），即执政集团与反对集团达成妥协，采取联合行动，共同走向民主化，这样的政权有 11 个，例如南非等。[①] 在此后不久的"苏东剧变"发生后，世界范围内的体制转变进入了更加活跃的时期，以上述三种方式实现转型的国家越来越多。

从学术研究的角度讲，"转型"一词当运用到经济、政治和社会等领域时，通常包括政治转型、社会转型、经济转型、外交转型，等等。

政治转型，通常称为"政治民主化转型"，但事实上主要是指通过政治体制和机制的改革，实现向民主政治的过渡。从 20 世纪 80 年代起，"政治转型"一词日益频繁地出现在国内外相关研究成果中，"转型政治学"（politics of transition）逐渐成为比较政治学的一个新兴研究领域。[②] 概括地讲，"政治转型"即政治现代化和政治民主化，主要指政治形态上普遍出现新的调整与过渡，其目的是建立更加符合本国发展实际的现代政治制度。有学者指出，民主转型，是指以民主为目标的政治变迁过程。在第三波民主化浪潮

---

① ［美］亨廷顿：《第三波——20 世纪后期民主化浪潮》，刘军宁译，上海三联出版社 1998 年版。

② 王金红、黄振辉：《从政治发展到政治转型——当代民主化进程研究的范式转移》，《开放时代》2009 年第 7 期。

中，民主转型更多的是由威权主义国家向民主国家的过渡。波特尔认为：民主化是指这样一种政治变革过程，即"由较少负责任的政府到较多负责任的政府；由较少竞争（或干脆没有竞争）的选举到较为自由和公正的竞争性选举；由严厉限制人权和政治权利到较好地保障这些权利；由市民社会只有微弱的（或干脆没有）自治团体到享有较充分自治和数量较多的自治团体"的转变。在民主转型过程中，不仅仅体现为一系列的制度安排，更体现为民主权利在公民中的普及。①

　　国内外学术界比较一致地认为，战后东南亚国家的政治转型普遍经历了两个主要发展阶段：第一阶段是从效仿西方的议会民主制向威权主义政治体制的调整与过渡；第二阶段是从威权主义政治体制向民主政治体制的调整与过渡。第一阶段从20世纪50年代末60年代初开始至80年代中期基本结束。在这一阶段，东南亚主要国家先后普遍放弃了效仿的西方议会民主制度，建立起以经济发展为导向的、以军人和准军人为领导核心的、对政党和社会团体严加控制的、政府权力高度扩张的威权主义政治体制。"第二阶段始于20世纪80年代后半期，至今尚在进行中，其显著标志是政治体制向适合于新形势下经济、社会发展需求的方向调整和过渡，内容包括军人相继退出政治权力的中心，由新的文人政府取代，并大都进行了军队职业化的改革，使军队成为文官控制下的国家机器的一个组成部分；政党制度获得完善和发展，从而选举由具有较少竞争或者没有竞争开始过渡到具有较多的竞争，选举的自由和公正性获得一定程度的保证；立法机构的作用得到加强，通过修改宪法、加强立法机构对行政权力的制约，出现了由行政集权向分权制衡方向发展的趋势；国家对社会的控制减弱，民众和利益集团的政治参与由沉寂变得活跃。"②

　　必须指出的是，国内外学术界一般将行政体制改革即所谓"政府转型"归并到政治转型的范畴之内。"政府转型"，就其理论内涵来讲，目前尚无统一说法。有一种观点认为，政府转型，就是政府组织的理念、结构、体制、功能和方法等从一种类型向另一种类型转换，它是政府为了适应政治、经济和社会发展的需要，通过对自身的系统性变革，以适应政治社会环境变迁并与之保持新的平衡的过程。另有一种观点认为，政府转型就是指传统的

① 郑宝明：《民主转型模式研究综述》，转型智库，发布时间：2010-01-20 18：49。
② 上述内容部分吸收了贾都强的观点。见张蕴岭主编《亚洲现代化透视》，社会科学文献出版社2001年版，第240—245页。转引自李文主编《东南亚：政治变革与社会转型》，中国社会科学出版社2006年版，第4页。

旧的政府范型向现代的新的政府范型转变，其核心是政府职能的转变，是更加深刻、更为广泛的政府治理的革命性变革。还有一种观点认为，政府转型应实现由全能型政府向有限型政府、权力型政府向责任型政府、管制型政府向服务型政府、人治型政府向法治型政府、低效型政府向效能型政府的转变。近年来，政府转型已经成为政府改革实践和学术理论界的主流话语，并成为当前创新政府治理体制的核心战略目标。

值得注意的是，东南亚的政治社会现代化并没有重复西方模式，从而使它具有使人类社会朝向更加均衡、更加民主、更加多样方向发展的重大现实意义。

社会转型，按照马克思主义的理论，应当是从一种低级的社会形态向更高一级社会形态转变的过程，即从奴隶社会向封建社会的过渡和转变，以及从封建社会向资本主义社会的转变，才叫社会转型。马克思主义将人类社会从低级到高级发展的整个历史过程划分为五种社会形态：原始社会、奴隶社会、封建社会、资本主义社会、社会主义（共产主义）社会。但是，按照发展着的马克思主义的观点来讲，每一种社会形态中，也存在着若干个不同的阶段，每个阶段都有自己的特殊的结构形态和运转模型，它们也都是从低级到高级不断完善和发展的。从一个阶段过渡到另外一个阶段，从一种社会结构形态和运转模型过渡到另外一种社会结构形态和运转模型的过程，也就是社会转型的过程。总体来讲，社会转型就是指一个国家从传统社会向现代社会、从农业社会向工业社会、从封闭性社会向开放性社会转变和发展的过程。社会转型即社会现代化，主要指传统农业社会向现代工业社会发展和转变的过程。①

关于经济转型，相较而言学术界的话题最多，也较容易理解。经济转型（transition）或经济转轨（transformation）是指一种经济运行状态转向另一种经济运行状态的过程。这种转变有四个关键要素：转型目标模式、转型初始条件、转型过程方式和转型终极条件。其中，转型目标模式以及所谓渐进和激进两种转型方式的比较已是人们熟悉的命题，而对转型的条件研究却有所忽略。简言之，经济转型是指一个国家或地区的经济结构和经济制度在一定时期内发生的根本变化。具体地讲，经济转型是经济体制的更新，是经济增长方式的转变，是经济结构的提升，是支柱产业的替换，是国民经济体制和结构发生的一个由量变到质变的过程。经济转型不是社会主义社会特有的现象，任何一个国家在实现现代化的过程中都会面临经济转型的问题。即使

---

① 李文：《东南亚国家的政治变革与社会转型》，载《当代亚太》2005 年第 9 期。

是市场经济体制完善、经济非常发达的西方国家，其经济体制和经济结构也并非尽善尽美，也存在着现存经济制度向更合理、更完善的经济制度转型的过程，也存在着从某种经济结构向另一种经济结构过渡的过程。

按转型的状态划分，经济转型分为体制转型和结构转型。经济体制转型是指从高度集中的计划经济体制向市场经济体制的转型。经济体制转型的目的是在一段时间内完成制度创新。经济结构转型则是指从农业的、乡村的、封闭的传统社会向工业的、城镇的、开放的现代社会的转型。经济结构转型的目的是实现经济增长方式的转变，包括产业结构、技术结构、市场结构、供求结构、企业组织结构和区域布局结构等。然而，本文所论述的并不是经济结构转型，而是经济体制的转型，即从计划经济体制向市场经济体制的转型。

按转型的速度划分，经济体制转型又分为激进式转型和渐进式转型。激进式转型，是指实施激进而全面的改革计划，在尽可能短的时间内进行尽可能多的改革。大多数学者把俄罗斯和东欧"休克疗法"的经济改革称为激进式转型。激进式转型注重的是改革的终极目标。而渐进式转型则是指通过部分的和分阶段的改革，在尽可能不引起社会震荡的前提下循序渐进地实现改革的目标。多数学者把中国和越南"摸着石头过河"的经济体制改革称为渐进式转型。渐进式转型注重的是改革过程。①

关于政治转型与经济转型之间的关系，学术界普遍认为，经济发展与政治改革是密不可分、相互促进的，认为政治改革和经济改革应同步进行，平衡发展，改革才能成功，经济的可持续发展才有可能。为此，政治改革和经济改革"二轮驱动论"者一度比较活跃，他们告诫那些政治改革滞后于经济改革的国家，应该加快政治改革的步伐以保持二者速度的平衡，如果一个轮子朝前，一个轮子朝后，就有"翻车"的可能。"但是，近年来，来自波兰，但却在美国长期任教的普热沃斯基经过对上百个国家的实证研究，提供了他自己的结论。他认为，在中短期的背景之下，无法对转型时期的政治改革和经济发展的相互关系问题作出明确的判断。政治民主化了不一定能够确保经济的增长，相反，经济发展了，未必一定能够推动政治民主化的发展。"②

综合以上分析我们可以看出：

① 《什么叫经济转型》，http://baike.baidu.com/view/152796.htm。
② 冯绍雷为"转型文库"所作的"丛书总序"。见潘兴明、陈弘主编《转型时代的移民问题》，上海人民出版社2010年版，"总序"第8页。

第一，对于"转型"一词的通俗的解释就是："（转型）是指事物的结构形态、运转模型和人们观念的根本性转变过程。"

第二，"政治转型"，就是指一个国家或者地区的政治体制和运转模式的根本性转变过程；"经济转型"，就是指一个国家或者地区的经济体制和运转模式的根本性转变的过程；而"社会转型"则是指一个国家或者地区的社会制度和运转模式的根本性转变的过程。

第三，当前学术界所讨论的"转型"，主要是指一个国家或者地区的政治的转型即政治民主化、经济转型即经济市场化，以及社会转型即社会的开放化和新型社会关系的重构。

二　国内学术界对 GMS 国家转型问题的研究：进展与问题

国内外学术界对 GMS 国家转型问题的研究，主要从综合研究和国别研究两个层面展开。但国别研究的成果远远多于综合研究的成果。

（一）对 GMS 国家转型问题的研究：综合研究的审视

通过网络搜索得知，我国学术界对作为一个整体的东亚国家政治、经济和社会转型问题的研究，以及对作为一个整体的东南亚国家政治、经济和社会转型问题的研究起步较早，成果也较为丰富，而对于作为一个整体的 GMS 国家政治、经济和社会转型问题的研究则至今几乎仍然未有人涉足，仅仅是将其作为东亚或者东南亚转型的一部分一带而过，明显具有以偏概全的特点。究其原因，恐怕主要是由于该区域各国国情多样性和发展的不平衡性的突出特点。个性多于共性，难以整合和提炼，综合研究比较难以开展，因而此类研究成果不但不多而且也难以创新。

李路曲是较早关注东亚国家转型问题的中国大陆学者之一。早在 1996 年，李先生就出版了《新加坡的现代化之路：进程、模式与文化选择》①，2002 年又出版了《东亚模式与价值重构：比较政治分析》②，为其对东亚国家的政治转型问题展开系统深入的研究奠定了坚实基础。2005 年 8 月，他推出了《当代东亚政党政治的发展》一书。该书以八章近 30 万字的篇幅，较为全面、系统和深入地分析了东亚国家的政治转型问题，其主要内容包括东亚国家政党政治转型与发展模式，转型的动因、路径和进程，政党政治的

① 李路曲：《新加坡的现代化之路：进程、模式与文化选择》，新华出版社 1996 年版。
② 李路曲：《东亚模式与价值重构：比较政治分析》，人民出版社 2002 年版。

腐败与政治转型，政党政治的制度化和民主化，政党在政治转型和民主化进程中的作用，等等。正如本书序言所指出的，"它（本书）是我国第一部对东亚各国或地区的政党政治进行的比较研究的著作……尤其重要的是，它以中国学者特有的视角来观察和研究这一领域的一系列理论和实践的问题，因而在一系列问题上都有着与西方学者不同的观点和标准"。① 然而需要指出的是，本书虽然从书名上看包括了东亚所有国家，但实则仅仅涉及东亚国家中的菲律宾、韩国、泰国、印度尼西亚、马来西亚、新加坡、日本七个国家，以及中国台湾地区，而同属东亚的半数国家未能涉足，其中包括东北亚的朝鲜和蒙古，以及东南亚地区的文莱、越南、老挝、柬埔寨和缅甸五国，确有以偏概全之嫌。

　　李文先生也对东亚政治社会转型问题有过系统和更为深入的研究。他的研究成果主要体现为由其主编或者主撰的《东亚：宪政与民主》② 《东亚社会的结构与变革》③ 以及《东南亚：政治变革与社会转型》④ 三部书稿和若干论文。搜索信息得知，明显构成一个系列的上述三部书稿，是中国社会科学院的重大课题"东南亚现代化进程中的政治社会转型"研究的最终成果，是以李文先生为首的课题组集体智慧的结晶。前两本为论文集，其中，《东亚：宪政与民主》一书集中论述了东亚国家的政治民主化转型问题，而《东亚社会的结构与变革》一书则集中论述了东亚国家的社会转型问题。但是，与前述李路曲先生的成果较为相似的是：虽然从书名上看包括了东亚所有国家，但实际上书中内容仅仅涉及数个东亚国家，同样并未包括越南、老挝、柬埔寨、缅甸等东南亚的大湄公河次区域国家，也未涉足作为东亚国家的朝鲜和蒙古；"转型"也仅仅涉及所谓"威权"主义国家向"民主"体制的转变，而并未涉及越南、老挝、柬埔寨、缅甸等东南亚"特殊体制"国家的转型，因此同样具有以偏概全之嫌。《东南亚：政治变革与社会转型》，则是迄今所能见到的唯一一部集中论述东南亚政治社会转型的专著。正如我国知名东南亚研究学者梁志明教授在为本书所作的序言中指出的："本书的成就是作者们将东南亚整体性与多样性结合起来，既分析研究整个东南亚地区在社会政治转型过程中所面临的共性问题和普遍性规律，又对印度尼西亚、泰国、新加坡、马来西亚和菲律宾等国进行深入剖析。"与此同

---

① 李路曲：《当代东亚政党政治的发展》，学林出版社2005年版，第1—2页。
② 李文主编：《东亚：宪政与民主》，中国社会科学出版社2005年版。
③ 李文主编：《东亚社会的结构与变革》，社会科学文献出版社2006年版。
④ 李文主编：《东南亚：政治变革与社会转型》，中国社会科学出版社2006年版。

时，他也认为，本书的不足之处主要是对越南、柬埔寨、老挝、缅甸等国的转型问题基本未涉足。①

将东南亚的政治社会转型作为一个整体进行综合研究的大量成果，是以论文形式出现的。

李文先生将其对东南亚政治社会转型问题进行系统深入研究的主要观点进行进一步的加工提炼，浓缩成题为《东南亚国家的政治变革与社会转型》的论文发表，先后被多家网络转载，引起较大反响。文章认为，东南亚的政治社会转型具有以下特点：

1. 战后东南亚国家的政治转型普遍经历了两个主要发展阶段：第一阶段是从效仿的西方议会民主制向威权主义政治体制的调整与过渡，第二阶段是从威权主义政治体制向民主体制的调整与过渡。第一阶段从 20 世纪 50 年代末 60 年代初开始至 80 年代中后期基本结束；第二阶段始于 20 世纪 80 年代后半期，至今尚在进行中。

2. 从社会转型即社会现代化方面看，战后 40 多年的发展使东南亚社会面貌发生了历史性剧变。一是这些国家在群体形态上开始经历从组织松散甚至缺乏组织到组织严密、各种社会团体不断涌现的转变。二是随着经济的发展，民众职业、教育程度、收入水平的变化，使得在职业、收入和生活方式方面显示差异的社会阶层结构正在取代以种族、宗教方面显示差异的社会结构。三是人口和劳动力的空间分布开始发生变化，大量人口从乡村迁移到城市；同时，人口和劳动力跨国流动和迁移的现象也在不断增多。四是随着经济的发展，尤其是经历了 1997 年东亚金融危机的惨痛教训后，东南亚国家开始注意解决经济发展不平衡问题，人的安全即社会福利和社会保障日益受到重视。五是促进种族融合、增进国家认同、推进宗教世俗化和现代化，成为东南亚国家在社会转型上面临的一项重要任务。

3. 战后东南亚的政治变革和社会转型绝不是对西方政治社会发展模式的亦步亦趋，而是具有自身的发展规律和特点，形成了新经验和新模式。

4. 东南亚政治社会转型也显示出了一些自身的特点。首先，转型主要表现为自主的过程。其次，尽管在从效仿的西方议会民主制向威权主义政治的转变中，军人政变曾扮演了重要的角色，但 80 年代以来东南亚发生的政治转型，则主要是通过合法的选举和非暴力群众政治运动实现的，因此多具有和平过渡的性质。

---

① 梁志明：《为〈东南亚：政治变革与社会转型〉一书所作的序》，见李文《东南亚：政治变革与社会转型》，中国社会科学出版社 2006 年版，"序言"第 3 页。

5. 东南亚的政治变革和社会转型过程本身也存在一些问题和挑战。在政治转型方面，由于经济和社会条件还不够成熟，一些东南亚国家在实现政治现代化的过程中往往陷入"民主—动乱—专制—再民主—再动乱—再专制"的恶性循环之中。造成这种循环的关键在于专制向民主的转变由于过快、过猛而引起了强烈的反弹，从而使社会又回到了专制。如何避免这种反弹，实现专制再向民主转变软着陆，对这些国家而言还是一个严峻的挑战。

6. 在社会转型方面，东南亚国家则存在一些结构性扭曲与错位。首先，除新加坡外，东南亚国家普遍存在产业结构和就业结构的扭曲和错位，即农业产值在 GDP 中所占比例远远小于农业就业人口在总就业人口中所占的比例。其次，人口素质的提高和社会结构的分化未能跟随经济发展的要求，其集中表现是中产阶级的规模太小。再次，以往东南亚国家大都采取了"高增长，低福利"的政策，社会保障体系不完善，抵御风险能力差。最后，东南亚还存在严重的地区发展不平衡和贫富差距问题。发展不平衡和严重的贫富差距成为种族和宗教冲突的主要根源。[1]

黄云静的《国际环境与东南亚国家政治社会转型》一文，总体上看其新意有三点：

一是对东南亚国家政治社会转型的进程有自己的独到见解。有外国学者认为，"东南亚金融危机爆发以后，一些国家政治社会转型的进程加快了"，[2] 但本文作者认为还"远未结束"。具体到每个国家，由于其基础不同，转型的速度、广度和深度均不同。有的只出现了上述三方面中的某一方面，有的全部都出现了，而有极个别可能变化甚少。转型的方式也有不同，有的被严格控制在体制内进行，有的则以激进的方式来实现。[3]

二是参照亨廷顿把第三波民主化浪潮中民主转型的类型分为"变革、置换和转移"三种类型的理论并结合东南亚的实际，将东南亚政治社会转型分为"温和改良型、激进变革型、其他类型"三种类型。"温和改良型"的主要特点是把政治改革严格限制在体制内进行，政治改革的进程和范围都在有效控制之中，马来西亚、新加坡和越南的转型属这一类型；"激进变革型"的主要特点是当权者已经无法控制政治改革的进程与范围，政治改革超出了

① 李文：《东南亚国家的政治变革与社会转型》，2012 - 05 - 08 14：11，来源：暨南大学。ht-tp：//observe. chinaiiss. com/html/20125/8/a4d102_ 2. html.

② Hadi Soesastro, *Civil Society and Development：The Missing Link*, The IndonesianQuarterly, Vol. 27, No. 3, The Third Quarter, and 1999.

③ 黄云静：《国际环境与东南亚国家政治社会转型》，《汕头大学学报》（人文社会科学版）2002 年第 5 期。

原有体制之外，菲律宾、印度尼西亚和泰国的转型属于这一类型；"其他类型"则是指除了上述国家以外难以归类的国家，其中包括柬埔寨、缅甸、文莱。①

三是着重探讨了"外来因素在东南亚政治社会转型中所起的作用"。文章认为，在全球化加速发展的今天，"任何一国的政治发展不再是孤立的，而是与国际环境息息相关"。因此，如果仅从内部去探讨东南亚国家的政治社会转型，显然不够全面。外来因素对东南亚政治社会转型的影响是不容忽视的。外来因素很多，可以概括为两大类：一类是有助于推动政治多元化转型的，另一类是支持维持威权统治现状的。由于西方国家是当今世界的主导者，而它们热衷于力促非西方国家朝着政治多元化方向转变，因此，大势所趋，真正能够对东南亚政治产生影响的是前一类因素；至于后一类因素的影响不是没有，但不是主流，影响不大……而（前一类）外来因素发生作用也分两种方式：直接发生作用或间接产生影响。所谓"直接发生作用"，是指西方国家以"促进人权和民主"为目标，采取政治的、经济的、外交的乃至军事手段来促进东南亚国家的民主化。这种情况在东南亚多个国家都发生过：菲律宾马科斯政权的垮台、印度尼西亚苏哈托政权的瓦解等，都能看到西方煽风点火的身影；而柬埔寨的民主政治则是由联合国一手包办的。所谓"间接产生影响"的事例也不鲜见，主要是说 20 世纪末叶其他发展中国家发生的政治变革对东南亚国家的政治转型产生了示范效应。这种示范效应有两个方面：一是起到鼓舞作用；二是为政治转型提供模式的参考。②

就笔者看来，黄云静文章（以下简称黄文）的不足也是显而易见的。首先，黄文研究的仍然是东南亚国家政治社会转型的一般规律，虽然注意到了东南亚国家政治社会转型的特殊性和多样性的特点，归纳了三种类型，但这三种类型实质上仅仅是指转型的三种方式，而并非其各具特点的政治社会类型。重要的是，我们不但要搞清楚其各自的转型方式，更要搞清楚其政治社会的类型，即它是由何种政治社会类型转向何种政治社会类型。由于未能搞清楚这一点，作者仍未能摆脱前述几位学者的窠臼，笼而统之地将东南亚国家的政治社会转型视为"从威权政治向民主政治的转型"。事实上，将越南和老挝的社会主义民主政治体制、缅甸的军人独裁统治、泰国的军人集团作为重要政治力量的君主立宪制，以及新加坡和马来西亚的一党独大的政治

---

① 黄云静：《国际环境与东南亚国家政治社会转型》，《汕头大学学报》（人文社会科学版）2002 年第 5 期。

② 同上。

体制笼统地归类为"威权政治"是有失偏颇的。如果不首先搞清东南亚国家政治社会体制的多样性和特殊性，就很难更为客观地认识和把握东南亚国家政治社会转型的复杂性和艰巨性。其次，就各国改革的方式来讲，黄文的归类也值得商榷，将马来西亚、新加坡和越南归为"温和改良型"，认为这三国都把政治改革严格限制在体制内进行，显然并不恰当。众所周知，一般的理解是，新加坡和马来西亚是在尝试了西方议会民主制失败后转向威权政治的，目前正在从威权政治向现代民主政治转变，这个过程尚未结束。亨廷顿关于民主化三个波次的理论虽然适合于东南亚多数国家，但并不适合于所有东南亚国家，越南、老挝和柬埔寨的情况特殊，亨廷顿的理论难以包纳。最后，黄文虽然将越南归入"温和改良"类型，但对国情和所面临的转型任务与越南及其相似的老挝到底属于哪一类型却未给出答案。

此外，葛利萍的《东南亚主要国家民主转型期的政治稳定类型研究》[1]、史少秦和常士闇的《东亚国家的"竖向民主"辨析》[2]、"东亚五国一区政治发展研究"课题组的《东亚民主转型的理论解释——东亚五国一区政治发展研究之一》[3]、杨鲁慧的《论当代东亚国家政治合法性转型》[4]、杜继锋的《民主治理与民主巩固——东南亚国家的政治发展困境》[5] 等文，也从不同视角，将东南亚的政治社会转型作为一个整体进行了不同程度的综合研究和分析。

（二）对 GMS 国家转型问题的研究：国别研究的审视

我国学术界从国别研究的层面对大湄公河次区域国家的转型问题开展研究起步较早而且成果丰硕，可谓汗牛充栋。其研究内容既有经济改革的，也有政治改革和"民主化"运动的，还有社会变革的，其中尤以经济改革即经济转型的研究成果为多。从成果形式来看，既有专著，也有论文，但尤以论文为多。从研究对象来看，越南、老挝、柬埔寨、缅甸和泰国 GMS 五国都有涉及，但研究得较多、较深而且成果最多的是泰国和越南，其次是缅

---

① 葛利萍：《东南亚主要国家民主转型期的政治稳定类型研究》，硕士学位论文，山东大学，2011 年。

② 史少秦、常士闇：《东亚国家的"竖向民主"辨析》，《云南行政学院学报》2010 年第 5 期。

③ "东亚五国一区政治发展研究"课题组：《东亚民主转型的理论解释——东亚五国一区政治发展研究之一》，《文化纵横》2010 年 10 月 12 日。

④ 杨鲁慧：《论当代东亚国家政治合法性转型》，中国社会科学院亚太研究所《当代亚太》2007 年第 11 期。

⑤ 杜继锋：《民主治理与民主巩固——东南亚国家的政治发展困境》，《南洋问题研究》2007 年第 4 期。

甸，最少的是柬埔寨和老挝。下面仅就国内学者对泰国、越南和缅甸转型问题的研究作一评介。

1. 对泰国转型问题的研究

对泰国转型问题的研究，主要集中在其政治民主化方面。在被美国学者亨廷顿称为"第三波"的新一波民主化浪潮中，泰国的政治转型讲的是从威权政治向现代民主政治的转型。学术界普遍认为，泰国是典型的威权政治国家。从 20 世纪 80 年代中期起，东南亚的所谓"威权主义国家"在"第三波"民主化浪潮的冲击下，相继进入了从威权政治向现代民主政治的转型期，民主力量与威权主义进行了反复的较量。1992 年的流血事件后，军人退出政治舞台，泰国的民主化进程进入一个新的历史时期。在直至 2006 年再次发生推翻他信民选政府的军事政变的 14 年间，泰国一直由民选政府当政，其民主化不断得到巩固。正当人们认为泰国已经成功实现了从威权政治向民主化的成功转型之际，2006 年 9 月泰国军人集团再次粉墨登场，发动政变推翻了他信民选政府，泰国的民主化进程发生严重倒退。于是，泰国的威权政治再次进入国内外学者的视野。在众多的研究者中，笔者认为最值得一提的是任一雄和周方冶二位学者。他们对泰国的威权政治和民主化进程都有较为系统、深入和长期的研究，著述颇丰，见解独到。

任一雄的代表作是《东亚模式中的威权政治：泰国个案研究》①；主要论文有《政党的素质与民主政治的发展——从泰国政党的历史与现状看其民主政治的前景》（载暨南大学东南亚研究所《东南亚研究》2001 年第 5 期）、《泰国威权政治的前景：进入了"转型期"还是"威权为体，民主为用"的延续?》（载《国际论谈》，北京外国语大学 2002 年 2 月）、《传统文化的张力与泰国威权政治的前景》（载北京大学《国际政治研究》2003 年第 2 期）、《历史上的庇护制与现代的庇护关系：泰国威权政治产生与延续的社会基础》（载《东方研究》2003 年第 11 期）、《传统文化与当代东亚社会的权威认同：以泰国个案为例》（"世界文化的东亚视角"国际学术研讨会论文，北京，2003 年 10 月 23—26 日），等等。其中，《东亚模式中的威权政治：泰国个案研究》一书具有一定的创新性。作者在博览群书，广泛收集中、英、泰三种文字的文献资料的基础上，对泰国威权政治的产生、本质性特征、发展演变、威权政治与经济社会发展的关系以及泰国威权政治的前景进行了全面的考察和分析，结论性地认为，威权政治是泰国传统专制制度和传统文化的必然产物。本书深刻揭示了泰国威权政治的本质特征，提出

---

① 任一雄：《东亚模式中的威权政治：泰国个案研究》，北京大学出版社 2002 年版。

了"威权为体，民主为用"的创新性观点，① 为我国泰国学的研究开拓了新的视野。

周方冶著《王权·威权·金权——泰国政治现代化进程》（社会科学文献出版社2011年版）一书是作者长期研究泰国政治现代化问题的总结。全书以约34万字的篇幅，从"政治化社会利益集团"的视角，回顾了19世纪末到21世纪初的泰国政治现代化进程，探讨了泰国政治从君主专制的王权时代，到军人主导的威权时代，再到商人掌权的金权时代转型的动力与路径。通过对泰国百年政治发展各历史阶段的政治权力结构的对比分析，作者模拟了泰国政治发展的"之"字形轨迹，并且由此归纳和提出了泰国政治发展的三项基本特征：一是政治格局趋于多元化；二是政治发展存在方向性，长期来看是朝着"权力多元—利益开放"的目标前进；三是政治转型具有自主性，其结果并不取决于外部因素，而主要取决于"社会—经济发展失衡引起的政治化社会利益集团对政治权力结构的分化与重组"。② 这些观点对于我们进一步加深对泰国政治社会的认识不无裨益。正如房宁先生在为该书所作的序言中指出的，"周方冶博士的《王权·威权·金权——泰国政治现代化进程》是国内第一部系统研究泰国近现代政治发展史的学术著作，它为我们剖析了一个观察东亚政治发展与转型的重要案例。该书以政治化社会利益集团为切入点，对泰国百余年来的政治发展进程进行了梳理与分析，并在结语部分通过结构图直观地回溯了泰国政治转型中利益集团之间'政治权力—经济利益'结构的演进过程。这对理解近年来纷乱的泰国政治现实，把握东亚政治发展模式的具体形式，都具有重要价值"。③

围绕着泰国的政治现代化问题，周方冶还先后发表了多篇论文，其中主要有《泰国政党格局的转型与泰爱泰党的亲民务实路线》④《泰国非暴力群众运动与政治转型》⑤《泰国政局持续动荡的社会根源》⑥《泰国政治格局转

---

① 任一雄：《泰国威权政治的前景：进入了"转型期"还是"威权为体，民主为用"的延续？》，北京外国语大学《国际论谈》，2002年2月。

② 周方冶：《王权·威权·金权——泰国政治现代化进程》，社会科学文献出版社2011年版，"前言"，第1页。

③ 房宁：《为〈王权·威权·金权——泰国政治现代化进程〉一书所作的序言》，载周方冶《王权·威权·金权——泰国政治现代化进程》，社会科学文献出版社2011年版，"序言"。

④ 周方冶：《泰国政党格局的转型与泰爱泰党的亲民务实路线》，中国社会科学院亚太研究所《当代亚太》2005年第5期。

⑤ 周方冶：《泰国非暴力群众运动与政治转型》，中国社会科学院亚太研究所《当代亚太》2007年第7期。

⑥ 周方冶：《泰国政局持续动荡的社会根源》，《学习月刊》2008年第10期。

型中的利益冲突与城乡分化》①《泰国政治权力结构调整的动力、路径与困境》②《政治转型中的制度因素：泰国选举制度改革研究》③，等等。

此外，这一研究领域的零星成果，具有一定代表性的还有：喻常森的《转型时期泰国政治力量的结构分析》④、阎德学的《泰国社会转型过程中的"缓冲器"——制造可控的政治危机》⑤、李小军的《泰国政府民主转型过程中的腐败与反腐败》⑥、王庆忠的《泰国的社会运动及启示》⑦、陈利的《泰国民主制度脆弱性之根源探析》⑧，等等。

2. 对越南转型问题的研究

显而易见，越南的转型与泰国的转型从形式到内容都截然不同。越南的转型，主要是通过经济体制和政治体制的改革（即自我完善）来实现经济、政治和社会的"转型"。正如黄云静教授所指出的，越南的转型属于"温和改良型"，无论是经济改革还是政治改革都被严格限制在体制内进行，其政治改革的进程和范围都在有效控制之中，⑨ 其转型的过程是逐渐推进的，经济改革和发展到了一定的程度，迫使其进行政治和行政体制改革以及社会变革。越南经济转型的主要任务，就是要使其经济体制从社会主义的计划经济体制，转向"社会主义定向的市场经济体制"。越南党和政府将其改革开放称为"革新开放"，从深层次上讲也是要强调越南经济转型的"可控性"和其经济体制中"社会主义特征"的不可动摇性。从其迄今所走过的历程来看，越南的政治改革同样遵循了"可控"和"在原有体制内进行"的原则。显而易见，越南的经济、政治和社会转型都不是要进行革命性、颠覆性的变革，而只是要完善其经济、政治和社会的体制机制以适应国内外形势的新发

① 周方冶：《泰国政治格局转型中的利益冲突与城乡分化》，《亚非纵横》2008 年第 6 期。

② 周方冶：《泰国政治权力结构调整的动力、路径与困境》，暨南大学东南亚研究所《东南亚研究》2011 年第 2 期。

③ 周方冶：《政治转型中的制度因素：泰国选举制度改革研究》，厦门大学南洋研究院《南洋问题研究》2011 年第 3 期。

④ 喻常森：《转型时期泰国政治力量的结构分析》，暨南大学东南亚研究所《东南亚研究》2007 年第 5 期。

⑤ 阎德学：《泰国社会转型过程中的"缓冲器"——制造可控的政治危机》，广西社会科学院东南亚研究所《东南亚纵横》2009 年第 11 期。

⑥ 李小军：《泰国政府民主转型过程中的腐败与反腐败》，《广州大学学报》（社会科学版）2010 年第 7 期。

⑦ 王庆忠：《泰国的社会运动及启示》，《理论导刊》2010 年第 10 期。

⑧ 陈利：《泰国民主制度脆弱性之根源探析》，《国际论坛》2011 年第 5 期。

⑨ 黄云静：《国际环境与东南亚国家政治社会转型》，《汕头大学学报》（人文社会科学版）2002 年第 5 期，第 62 页。

展。综观越南"革新开放"近30年的历程，其经济政治革新和社会变革始终都在"越共的领导"和"社会主义定向"的前提下开展，并未"越雷池一步"。

因此，越南的转型与中国的转型一样，核心都是经济和政治"体制"的革新，通过经济和政治体制的"非革命性变革"（即改良和完善），以便实现更深更广的经济、政治和社会的转型。越南进行改革（革新）开放，选择市场经济，曾经被西方垄断资产阶级错误地解读为资本主义的"不战而胜"和共产主义的"历史的终结"而欣喜狂若。① 然而后来的事实表明，西方政治家的预言彻底破产了，要越南改变颜色只是他们的一厢情愿。迄今越南并未发生西方垄断资产阶级所期望的那种"颠覆性的转型"。

正因为越南和中国的改革、转型和发展是世界历史上史无前例的大事，因此从一开始就引起了学术界的广泛关注，近30年来，人们从不同视角对越南经济、政治和社会的改革、转型和发展展开了研究，著述不胜枚举。其中较早问世的有王士录主编、由云南省社会科学院东南亚研究所集体撰著的《当代越南》，② 书中对越南早期的经济改革有较为系统的介绍和评论。

古小松先生还在1995年出版了《越南的社会主义》③ 一书，对早期越南的经济改革进行了系统的研究；其《越南国情与中越关系》④ 一书分地理、历史、政治、经济、文化、外交和中越关系7个部分，阐述了革新开放以来越南国情的变化，评述了越南革新开放的新进展、新情况，观点新颖，分析客观。此外，由其任主编的《越南国情报告》⑤ 从2006年起为年度报告，由社会科学文献出版社出版，全面系统地反映和分析了每年越南政治、经济、社会，文化、对外关系等方面的发展情况，并预测越南下一年度的发展前景，成为读者系统和及时了解、把握越南转型情况的重要资料来源之一。

此外，戴可来、梁志明、于向东、林明华等国内专门从事越南研究的知

---

① 的确，在越南革新开放之初尤其是苏联解体、东欧剧变发生后，西方政治家和学者们明显把越南政权的彻底改变看成不可逆转的，而且是为期不远的事。美国明尼苏达大学法学教授斯特芬·B. 荣格在1991年撰写的一篇文章中毫不掩饰地指出："1989年秋，我曾预言共产主义在越南的结束已经为期不远了……但越共'七大'上……人民军将领黎德英等共产党强硬分子接管了权力。这就使得越南发生变化的这一进程可能推迟。不过，我认为，1993年越南将完全变为一个非共产党国家。"见新加坡情报资料中心《越南评论》，1991年9—10月号。

② 王士录主编：《当代越南》，四川人民出版社1992年版。

③ 古小松：《越南的社会主义》，人民出版社1995年版。

④ 古小松：《越南国情与中越关系》，世界知识出版社2009年版。

⑤ 古小松主编：《越南蓝皮书：越南国情报告》，社会科学文献出版社。

名学者也长期关注越南的革新开放问题并进行过系统和深入的研究。其研究成果散见于国内各种报纸杂志。在梁志明教授的悉心指导下由游明谦先生完成并出版的博士论文《当代越南经济社会发展研究》，以革新开放为主线，对当代越南经济社会的转型进行了多向度的综合研究。"作者运用大量第一手资料和最新研究成果，对当代越南经济发展进程细致而系统地论述，厘清了当代越南发展进程、途径与动力机制的变迁，提出 1991 年为越南经济社会发展重大转折等观点，澄清了一些重要概念和理论认识，梳理了一些重要事件，最后总结出当代越南经济社会发展的民本主义特色等特点，以及越南以社会主义定向的市场经济及其应用模式为发展途径，以工业化与现代化发展为手段、以民族力量与时代力量相结合的良性互动为动力机制的民本、协调与可持续发展的基本发展模式。"① 美中不足的是，该书未论及越南的政治改革问题，以致读者难以了解越南经济改革与政治改革的关系问题。

值得一提的是，近年齐欢先生推出的《革新开放以来越南的现代化（1986—2011 年）》一书，利用较新和较为翔实的资料，对越南革新开放以来的现代化进程进行了较为系统和深入的论述。② 众所周知，越南革新开放以来的现代化进程，亦即越南经济社会转型与发展的进程。因此，该书的主题就是当代越南的转型与发展，革新开放促进了越南的转型与发展，促进了越南的现代化进程。值得注意的是，该书虽然侧重于越南经济社会的转型与发展，但也以较大篇幅论述了越南的政治改革和外交转型等与其经济改革和社会转型密不可分的一些重要领域。

近年来，随着越南经济改革的不断深入，国内学术界对其政治改革的关注不断增多，相继发表了崔桂田的《越共把马克思主义与本国国情相结合的探索》③《越、老、朝、古四国政治体制改革的主张与进展》④《越南国会改革的原因、措施及其借鉴意义》⑤ 《越南在经济转型中处理社会矛盾的

① 游明谦：《当代越南经济社会发展研究》，香港社会科学出版社有限公司 2004 年版，封三"内容简介"。
② 齐欢等：《革新开放以来越南的现代化（1986—2011 年）》，云南大学出版社 2012 年版。
③ 崔桂田：《越共把马克思主义与本国国情相结合的探索》，《当代世界社会主义问题》2002 年第 1 期。
④ 崔桂田：《越、老、朝、古四国政治体制改革的主张与进展》，《当代世界社会主义问题》2005 年第 3 期。
⑤ 张树焕、崔桂田：《越南国会改革的原因、措施及其借鉴意义》，《信阳师范学院学报》（哲学社会科学版）2008 年第 4 期。

举措》，①许宝友的《在改革开放中探索前进的越南社会主义》②《转型时期的越南执政党建设：特点、挑战与应对》③。而关于越南政治改革的举措及成功的经验则大量出现在网络媒体的报道之中，譬如总书记实行差额选举、国会代表实行直接选举、政府总理须接受国会质询等，被认为是越南政治改革的亮点。

3. 对缅甸转型问题的研究

在东南亚国家中，缅甸政治经济体制尤为特殊。独立初期，缅甸与其他大多数东南亚国家一样，选择了议会民主制，但由于其特殊的国情，议会民主制在缅甸的实践与在菲律宾、马来西亚等国的实践一样，也宣告失败。不过与上述国家不同的是，缅甸选择的不是一党独大的威权政治体制，而是与印度尼西亚一样相继转向了军人独裁统治。1962 年奈温军人独裁政权在缅甸粉墨登场后不久，苏哈托将军也于 1965 年在印度尼西亚建立起军人独裁统治。尽管缅甸和印度尼西亚的军事独裁政权最终都以非暴力的方式实现了向民主政治的自我转型，但其转型在时间上有先后之分：苏哈托军人政权只经历了苏哈托一人共 33 年独裁统治后便于 1998 年轰然倒台，④ 可谓后继无人；而缅甸的军人独裁统治则先后经历了奈温军人政权和苏貌—丹瑞新军人政权两个朝代。1962 年奈温将军发动政变推翻民主政权建立军事独裁政权以后，缅甸就一直处于军人独裁统治之下，直至 48 年以后的 2010 年 11 月 7日，才在国内外长期的巨大压力下，实现了向民主政治体制的转型，并且迈出了建立市场经济体制的步伐。按照国内外学者的说法，从 1962 年起，缅甸政权就从理论上的"合法"变成了理论上的"不合法"。尤其是 1988 年缅甸新军人政权上台后，缅甸更是上了西方尤其是美国的黑名单。美国作为西方世界的"带头大哥"，一直主导了对缅甸的层层加码的政治打压和经济制裁，试图迫使缅甸实现"民主转型"。与缅甸地理相连的中国长期成为内外交困的缅甸军人政府的重要依赖，一直与中国保持着密切的政治经济关系。

有鉴于此，缅甸问题一直成为国内学术界关注的重要领域。不少学者长

①　崔桂田：《越南在经济转型中处理社会矛盾的举措》，《当代世界社会主义问题》2009 年第1 期。

②　许宝友：《在改革开放中探索前进的越南社会主义》，《理论视野》2001 年第 1 期。

③　许宝友：《转型时期的越南执政党建设：特点、挑战与应对》，《科学社会主义》2001 年第6 期。

④　Lee Khoon Choy, A Fragile Nation：The Indonesian Crisis, World Scientific Publishing Co. Pte. Ltd. , 1999, p. 12.

期从不同层面对缅甸展开了研究。但是由于缅甸长期实行严厉的军事独裁统治，国内新闻出版受到严格控制，出版物非常稀少，国外对缅甸的研究很难深入。因此，我国学术界对缅甸的研究一直比较薄弱；对迟迟难有进展的缅甸政治转型始终处于一种跟踪观察的状态，难以作深入的研究。

　　贺圣达先生长期从事缅甸问题研究，成果丰硕，其中涉及缅甸转型问题的，主要有由其主编的《当代缅甸》（1992 年）、列国志丛书《缅甸》（合编，2003 年），以及《战后东南亚历史发展（1945—1994）》① 等专著，以及大量文章。李晨阳教授长期关注并致力于缅甸民主进程的研究，其《军人政权与缅甸现代化进程研究：1962—2006》着重研究了军事独裁统治对缅甸现代化进程的影响。缅甸的现代化，包括政治现代化、经济现代化和社会现代化。缅甸的政治现代化，实际上讲的就是缅甸的民主化，即缅甸的政治体制由军事独裁统治向现代民主政治的转型。就政治的现代化而言，该书较为全面、系统和深入地分析了缅甸 1962 年至 2006 年间 44 年的军人统治，以及其间民主转型在缅甸军人独裁统治下的孕育和发展，并对其政治现代化面临的问题进行了总结，对其前景进行了展望。② 遗憾的是本书出版时，缅甸的"七步走民主路线图"虽然早已拟就并开始实施，但军人统治仍在继续。所以，本书的预测与后来缅甸政局发展的实际有一定差距。当然，后来缅甸政治转型的发展变化之快，让人始料不及，带有很强的突发性和偶然性，也增加了预测和判断的难度。

　　2011 年 11 月 7 日缅甸成功举行大选并组建新政府以后，世界舆论再次聚焦缅甸的民主化转型。国内外媒体对缅甸政治改革的报道和评论迅速增多。有媒体评论认为，"缅甸大选为政治转型迈出关键一步"。③ 宋清润先生对缅甸政治民主化的发展既充满了希望，也对其面临的困难表示忧虑。他认为，"大选是缅甸由军人政府转向民选政府的关键一步，给缅甸政治转型带来新希望。但缅甸政治转型仍将面临经济困难、少数民族地方武装林立、昂山素季政治活动频繁、西方干涉等挑战"。④ 伴随着政治改革的突破性进展，大选后缅甸的经济改革和经济转型的步伐也明显加快，国内学者对缅甸经济

---

① 贺圣达、王文良、何平：《战后东南亚历史发展（1945—1994）》，云南大学出版社 1995 年版。

② 李晨阳：《军人政权与缅甸现代化进程研究：1962—2006》，香港社会科学出版社有限公司 2009 年版，第 371—400 页。

③ 马欢：《媒体称缅甸大选为政治转型关键一步，未来路漫漫》，《时代周报》2010 年 11 月 11 日。

④ 宋清润：《缅甸大选对国家政治转型的影响》，《中国国际战略评论》2011 年 7 月 14 日。

转型的关注也进一步加强，媒体的报道和评论明显增加，总体上认为"缅甸经济改革正驶入快车道"，"缅甸民众对改革前景乐观"。但是，此类报道和评论一般更加注重现实效应，系统性和深度则不够。

（三）我国港澳台地区学术界对 GMS 国家转型问题的研究

我国港澳台地区学术界也存在着一支研究东南亚的重要力量，东南亚国家的经济改革和政治社会转型问题也是其关注的一个重要领域，但由于交流较少，除顾长永、宋镇照等知名学者外，我们对其研究的情况知之不多。

台湾学者对东南亚政治经济转型问题的研究，既有综合性的研究，也有国别研究，更多的是针对某个具体国家转型问题的研究，而且对越南、老挝、柬埔寨、缅甸等 GMS 非市场经济国家转型的研究似乎兴趣更大一些。淡江大学亚洲研究所林钦明先生将越南、老挝、柬埔寨和泰国（主要是越、老、柬三国）作为一个区域整体进行考察，发表了《下湄公河转型经济国家发展权之探讨》一文，重点分析了四国的经济转型问题。文章通过对越南、老挝以及柬埔寨在自然资源的开发利用方面，其私营部门所面临的内外经营环境不利影响的分析，"旨在深入了解这些国家在从过去中央计划经济转型至市场经济的过程里，如何将私营部门纳入发展的过程里，又如何采取相关措施以赋予民间企业更大的权能"。[1]

陈世伦先生在宋镇照教授指导下完成的硕士论文《柬埔寨政治体制与经济结构之转型问题研究》，主要运用"历史结构的研究方法，试图从政治经济体制变迁的过程中，去检视当代柬埔寨经济结构发展的形成过程，特别是对其产业结构的影响结果"。文章的基本结论是："柬埔寨之所以长期停留在低度发展国家的产业经济结构，而无法进入工业化或迈向发展的原因，追根究底在于其激烈的政治冲突，以及其变迁过程所导致的严重生产环境破坏、资源消耗与经济建设中断。"[2] 论文虽然冠以"柬埔寨政治体制与经济结构之转型问题研究"，但实际上主要讲的是其"经济结构的转型"，并且是"以产业发展为例"。谈论政治则主要是探讨其政治发展对经济结构转型的影响。

陈响富先生在宋镇照教授指导下完成的硕士论文《缅甸军政府对政治转型之影响》则是对缅甸民主进程即缅甸从军人政权向民主政治转型的专

---

① 林钦明（台湾淡江大学亚洲研究所）：《下湄公河转型经济国家发展权之探讨》，台湾大学第二届发展研究年会论文，2010 年 11 月。

② 陈世伦：《柬埔寨政治体制与经济结构之转型问题研究》，硕士学位论文，台湾成功大学政治经济学研究所，2003 年。

题研究。文章以 2007 年 8 月 15 日缅甸军政府取消燃油补贴造成燃料价格和物价飙升，从而导致反对军人独裁统治的所谓"袈裟革命"为切入点，运用比较政治学的研究方法，通过对印度尼西亚军人政权向民主政治转变的比较，深入分析了缅甸军人政权如何通过对话、妥协的机制，使其独裁统治向民主政治转变的。其核心是探讨缅甸军人政权未来的走向及朝向民主化转型的可能性。文章认为，由于种种原因，"未来缅甸政治体系要完全排除军方的影响力是不可能的"，民主派及国际社会应当与军方形成一些妥协，照顾军方的一些利益，通过大选，使"政权和平移交，政治朝向民主化，经济逐渐自由化"，让"政治结构由集权体制转变为民主体制"，"那么，缅甸就有可能转型成为一个民主自由的国家"。① 此文完成于作为缅甸政治转型标志的缅甸大选的前两年，对缅甸大选及大选后政治转型的许多意料之外的变化并没有亲身体验，因此难以作出更为深入的分析和对其转型的前景作准确的把握。

台湾中山大学中山学术研究所所长兼东南亚研究中心主任顾长永教授与其学生李永隆合作撰写的《越南政治体制改革之研究》，以约 7 万字的篇幅，对越南的政治改革进行了较为全面、系统和深入的研究。文章研究的时间段为 1986 年至 2010 年间越南政治的发展变化。作者坚称，其研究的是越南的"政治体制改革"，而并非越南的"政治制度改革"。② 作者同意朱新民的观点，即"政治制度"一般是指国家的根本制度的政治属性……而"政治体制"则是指这种根本制度的组织方式和管理方式……若要研究"政治改革"，则应把研究焦点放于可体现政治改革方式上的"政治体制改革"，而非"政治制度"改革。③ 作者认为，"在现今越南政治体制改革的范围及运作方式，不外乎就是在"党"、"国会体制"与"行政体制"三个层次之上，而党更是扮演着贯穿整个政治体制改革的角色，甚至影响整个改革的速度快慢"。作者最后认为，"综观而言之，越南政治体制改革是正以'上而下、渐进改革、有限政府'的阶段发展，其上而下和渐进改革方式是以党来促进所有体制的改革，并将无限大政府转变为有限政府的功能，以让整个

---

① 陈响富：《缅甸军政府对政治转型之影响》，硕士学位论文，台湾成功大学政治经济学研究所，2008 年。

② 顾长永、李永隆：《越南政治体制改革之研究》，台湾中山大学东南亚中心，2010 年 5 月 14 日，http://www.chinareform.net/2010/0514/16791_4.html。

③ 朱新民：《1978—1990 年中共政治体制改革研究：80 年代后中国大陆的政治发展》，永然出版社 1991 年版，第 24—25 页。

改革路径可以稳定且整体性的发展"。① 笔者认为，这种判断是符合越南政治改革的实际的。越南的政治改革是其经济改革进展到一定阶段的产物，是为适应经济改革的不断深化发展而进行的。越南的政治改革并非对西方政治发展模式的亦步亦趋，它具有自身的发展规律和特点，属于"温和改良型"；其政治改革严格限制在体制内进行，政治改革的进程和范围都是在越南共产党的有效控制之下来进行的。越南的政治改革是否是越南政治转型的前奏？是否会导致越南的政治转型？对此，顾长永和李永隆的文章并未作出明确回答。我认为，对此，我们应当把握以下三点：第一，越南的政治改革并非政治转型；政治改革只是促进政治转型的手段，是一个量变的过程，并非政治转型本身。第二，如前所述，越南的政治改革属于"温和改良型"，是一种在越南共产党有效控制之下所进行的自我完善，因此从转型的视角看，无论怎么改革，都将是"万变不离其宗"，不会转向西方模式的政治体制，除非越南共产党不再执掌政权。顾长永和李永隆二人的文章，主要贡献在于，认真梳理了包括"党"、"国会体制"与"行政体制"在内的越南政治体制改革的基本内容和进程，并对其意义和存在问题进行了初步分析。

三　国际学术界对东南亚国家转型问题的研究

国际学术界对东南亚国家转型问题的研究，也主要集中在经济转型和政治转型方面，而社会转型的研究相对要少一些。

国际学术界对东南亚政治社会转型问题的研究，比国内学术界起步要早，其中既有将东亚、东南亚作为一个整体进行综合考察研究的，也有分国别进行深入分析的；既有大部头的论著，也有单篇的论文。其内容主要涉及东南亚的政治民主化、威权政治、军人独裁统治、大众参与，以及社会主义国家的政治体制改革，等等。而社会转型则主要涉及东南亚国家的人权问题、非政府组织（NGO）、贫困化、劳资关系等领域。值得注意的是，国外学者的研究特别重视微观的研究，注意田野考察，收集丰富的第一手资料，并十分注重研究理论体系建设和内在的结构关系。

其中专著主要有：

——《思想的力量：东亚和东南亚的智力输入与政治变革》（Claudia Derichs and Thomas Heberer, eds., *The Power of Ideas*: *Intellectual Input and*

① 顾长永、李永隆：《越南政治体制改革之研究》，台湾中山大学东南亚中心，2010年5月14日，http://www.chinareform.net/2010/0514/16791_4.html。

Political Change in East and Southeast Asia. Institute of Southeast Asian Studies, Singapore, 2007.）

——《东南亚事务：2003、2004、2005》（*Southeast Asian Affairs 2003、2004、2005.* Institute of Southeast Asian Studies, Singapore.）

——《东南亚的民族冲突》（Edited by Kusuma Snitwongse, and W. Scott Thompson, *Ethnic Conflicts in Southeast Asia*, Institute of Southeast Asian Studies, Singapore, 2005.）

——《泰国的政治改革》（Duncan McCargo, edited, *Reforming Thai Politics*, Institute of Southeast Asian Studies, Singapore, 2002.）

——《泰国的君主政体与民主》（Soren Ivarsson and Lotte Isager, eds. *Saying the Unsayable：Monarchy and Democracy in Thailand*, Institute of Southeast Asian Studies, Singapore, 2010.）该书以 2006 年 9 月泰国军事政变后的政治发展为背景，着重分析了泰国王室、宗教对泰国政治民主化的影响，有助于读者从更深层次了解泰国从威权政治向现代民主政治的转型。

——《泰国的民主政治与国家认同》（Michael Kelly Connors, *Democracy and National Identity in Thailand.* Institute of Southeast Asian Studies, Singapore, 2007.）

——《泰国的妇女与政治》（Kazuki Iwanaga, ed., *Women and Politics in Thailand*, Institute of Southeast Asian Studies, Singapore, 2007.）

——《泰国的他信化》（Duncan McCargo and Ukrist Pathmanand, *The Thaksinization of Thailand*, Institute of Southeast Asian Studies, Singapore, 2007.）

——《缅甸的国家控制：工业化的政治经济》（Tin Maung Maung Than, *State Dominance in Myanmar：The Political Economy of Industrialization*, Institute of Southeast Asian Studies, Singapore, 2007.）本书分两个时期，主要论述了1948 年至 1988 年缅甸在国有化基础上吴努和奈温时期的工业化情况，以及 1989 年新军人集团上台后有限的经济改革和对外开放背景下缅甸工业的发展情况。上编为"宏观经济（Macro Economy）与工业结构"，共包括四章，主要从宏观经济和工业结构方面分析了 1988 年以后新军人政府向市场经济转型的有限的改革。下编为"农业与劳动经济"（The Economy of Agriculture and Labour），共分四章，主要论述了新军人政权时期缅甸军政府在农业与劳动经济方面的一些促进政策。总体来讲，在新军人统治时期，虽然放弃了奈温时期"缅甸式的社会主义"，开始实行经济改革和对外开放，但军政府的所谓改革是非常有限的，只是在一定程度上放松了对经济的控制，其改革的成果非常有限，缅甸的经济转型并没有真正开始。[①] 所以，本书所反映的，还只是新军人政权统治的 20 年间缅甸军政府发展经济的相关政策措施，以及缅甸经济的发展变化情况。

——《缅甸：国家、社会与民族》（N Ganesan, edited, *Myanmar：State, Society and Ethnicity*, Institute of Southeast Asian Studies, Singapore, 2007.）本书着重论述关于缅甸当代发展中最重要、最典型的问题，即对当代缅甸国家、社会和民族的形成与发展中的关系、民族国家向现代国家发展中的挑战进行了探讨。

——《使越南机制化：内部和周边社会主义国家的鼓动》（Benedict J Tria Kerkvliet, edited, *Getting Organized in Vietnam：Moving in and around the Socialist State*, Institute of Southeast Asian Studies, Singapore.）一书，收录了一次专题研讨会的 7 篇文章，集中探讨了革新开放以来越南社会经济运行的组织结构及体制机制的改革和变化情况。遗憾的是，本书成书较早，反映的是 10 年前的情况。[②] 在越南革新开放日新月异向前推进的形势下，其资料明显老化，甚至其所探讨的有些问题已经时过境迁。不过，对于读者了解和研究越南政治经济和社会的转型发展的进程，仍然是有帮助的。

——《老挝的困境与出路：1990 年代经济转型的挑战》（Mya Than and Joseph L H Tan, edited, *Laos Dilemmas and Options：The Challenges of Economic Transition in the 1990s.* Institute of Southeast Asian Studies, Singapore, 1996.）

——《战后老挝：文化、历史与认同政治》（Vatthana Pholsena, Post - War Laos：*The Politics of Culture, History and Identity*, Institute of Southeast Asian Studies, Singapore, 2008.）主要论述了 1975 年战争结束以来 30 多年间老挝在老挝人民革命党领导下历史、文化与政治的发展情况。

——《民主与公民社会：新加坡的非政府组织》（Edited by Thence Chong, Jams Gomez, and Lenore Lyons, *Democracy and Civil Society：NGO Politics in Singapore*, Institute of Southeast Asian Studies, Singapore, October 2005.）

国际上，关于大湄公河次区域五国政治经济改革与转型的文章数不胜数。其中绝大多数都是分国别进行论述的，而且主要集中在越、老、柬、缅

---

① Koichi Fujita, Fumiharu Mieno and Ikuko Okamoto edited, *The Economic Transition in Myanmar after 1988：Market Economy Versus State Control*, NUS Press, Singapore, 2009.

② Ben J. Tria Kerkviet、Russell H. K. Heng、David W. H. Koh, edited, *Getting Organized in Vietnam：Moving in and around the Socialist State*, Institute of Southeast Asian Studies, Singapore, 2003.

四国的经济改革与转型方面。

　　新加坡东南亚研究所主办的《东盟经济公报》（*ASEAN Economic Bulletin*）、《当代东南亚》杂志（*Contemporary Southeast Asia*），以及美国加利福尼亚大学主办的《亚洲概览》（*Asian Survey*）等权威学术杂志近些年来都特别关注 GMS 国家的改革与转型尤其是经济的改革和转型问题，相继刊登大量此类文章，为学术界提供了转型国家转型与发展的最新研究成果。尤其要特别指出的是，英国出版发行的国别刊物《国家报告》（Economist Intelligence Unit, *Country Report*），以及《国家概览》（Economist Intelligence Unit, *Country Profile*）追踪报道和分析大湄公河次区域各国的改革与发展情况，成为学术界了解和研究这些国家转型与发展必不可少的资料来源。在各种浩繁的研究文章中，这里要特别提到以下一些更加值得关注的文章：

　　——《缅甸的经济转型：现状、发展成果的分享和前景展望》（Mya Than and Myat Thein, *Transitional Economy of Myanmar：Present Status, Developmental Divide, and Future Prospects.*）一文系统和深入地分析了军人政权统治的末期处于转型中的缅甸经济的发展情况，着重对其经济发展在东盟中的地位、发展差距的扩大，以及发展前景进行了深入分析；强调如果不进行改革，其经济发展的差距还将进一步扩大。[1]

　　——《越南政治经济转型进程》（Quan Xuan Dinh, *The Political Economy of Vietnam's Transformation Process.*）一文对 1986 年越南革新开放后至 2000 年间，尤其是越共总书记杜梅在任期间越南的政治经济改革的进程进行了纵向的梳理，对其实施革新开放政策出台的背景及实施情况都做了较为系统的追述，并对其改革进程的推进进行了预测。[2]

　　——Waranya Teokul, *Social Development in Thailand：Past, Present and Future Roles of the Public Sector* 一文着重探讨了泰国的社会发展问题，及公共部门在社会发展中的作用，NGO 的影响，等等，对于认识和研究泰国的社会转型问题，无疑具有重要帮助。[3]

---

[1]　Mya Than and Myat Thein, *Transitional Economy of Myanmar：Present Status, Developmental Divide, and Future Prospects*, Institute of Southeast Asian Studies, Singapore, ASEAN Economic Bulletin, Volume 24, Number 1, April 2007.

[2]　Quan Xuan Dinh, *The Political Economy of Vietnam's Transformation Process.* Institute of Southeast Asian Studies, Singapore, Contemporary Southeast Asia：A Journal of International and Strategic Affairs, Volume 22, Number 2, August 2000, pp. 360 – 388.

[3]　Waranya Teokul, *Social Development in Thailand：Past, Present and Future Roles of the Public Sector.* Institute of Southeast Asian Studies, Singapore, ASEAN Economic Bulletin, Volume 16, Number 3, April 1999, pp. 360 – 372.

——《越南的国家与社会部门：越南的改革与挑战》（Quan Xuan Dinh，
The State and the Social Sector in Vietnam：Reform and Challenges for Vietnam.）
本文主要分析了越南社会部门与国家之间的关系及其所面临的改革和挑战问
题。文章指出，随着越南经济改革的不断深入，其社会关系越来越不适应经
济改革和发展的要求，社会改革与社会转型势在必行。但是，越南的社会改
革与转型同样面临着严峻的挑战。[①]

——《缅甸社会部门的发展：国家的作用》（Myat Thein and Khin
Maung Nyo，*Social Sector Development in Myanmar：The Role of the State.*）文章
认为，缅甸军政府一方面强调国家在社会部门中的决定性作用，要加强政府
对社会发展的控制；但是另一方面，又宣布将促进私营部门的发展，减少政
府对市场的干预。这显示其政策的矛盾性，表明截至 20 世纪 90 年代末期，
缅甸的社会改革仍未启动，其社会的转型与发展远远落后于越南等非市场经
济国家。[②]

四　对国内外研究 GMS 国家转型问题的总体评价

综上所述，近 20 年来，大湄公河次区域五国政治经济和社会的转型问
题一直是国内外学术界关注的一个热点，出版的专著和发表的论文都不在少
数，对于了解和把握这些国家国情变化的最新动向，无疑具有重要意义。但
是，研究中的不足也是显而易见的，归纳起来，主要是：

第一，大湄公河次区域五国的改革与发展即所谓政治、经济和社会的转
型和发展是一个动态的过程，仍然在不断推进的过程中，因此对其展开的研
究只能是追踪研究，而迄今为止国内外学术界已经发表和出版的成果只能是
对其过去改革与发展的经验和教训的总结，而对其未来发展变化的把握和预
测则比较薄弱。

第二，大湄公河次区域政治、经济社会发展的多样性突出，虽然只有五
个国家，但有四种政治体制和三种经济体制，各国国情不同，差异性较大而
同一性则较少，将其作为一个整体来研究其转型问题难度较大，因此国内外

① Quan Xuan Dinh, *The State and the Social Sector in Vietnam：Reform and Challenges for Vietnam.*
Institute of Southeast Asian Studies, Singapore, ASEAN Economic Bulletin, Volume 16, Number 3, April
1999, pp. 373 – 348.

② Myat Thein and Khin Maung Nyo, *Social Sector Development in Myanmar：The Role of the State.* In-
stitute of Southeast Asian Studies, Singapore, ASEAN Economic Bulletin, Volume 16, Number 3, April
1999, pp. 349 – 404.

学术界从综合层面进行探讨、比较研究的不多，至今仍然是一个薄弱环节。

第三，不平衡的现象比较突出：一是研究经济改革和转型发展的成果多，而研究政治改革和转型的成果则较少；二是研究越南、泰国转型和发展的成果较多，而研究柬埔寨、老挝和缅甸转型与发展的成果较少。

第四，似有以偏概全、抹杀 GMS 国家政治体制多样性之嫌，譬如一些研究将 GMS 国家统统称为"威权政治国家"，以此确定 GMS 国家政治转型的路线图是：西方议会民主的试验和失败——威权政治——民主转型。事实上，在 GMS 五国中，有四种政治体制，即越南和老挝的共产党—党执政的政治体制、柬埔寨事实上的一党独大的威权政治体制、泰国独特的王权和军权高于政治与行政权力的威权政治体制，以及缅甸的纯粹的军事独裁政治体制。而学术界存在的以泰国的独特威权政治向民主政治的转型来替代其他几种政治体制转型的做法，实际上抹杀了其他三种政治体制的特点，忽视了 GMS 五国政治发展的多样性。这是不符合 GMS 国家实际的。

第五，有的学者在政治体制上对西方民主制推崇备至，唯西方民主马首是瞻，主观地将西方民主设定为转型标准和目标，只强调西方民主的唯一性，蓄意抹杀民主的特殊性，抹杀社会主义民主的合理性。事实上，民主是相对于法制而言的，而自由是相对于纪律而言的。世界上没有绝对的自由，民主与法制、自由与纪律是相辅相成的。中国古代思想家管子说过："夫霸王之所始也。以人为本，本治则国固，本乱则国危。"（管仲《管子卷九·霸言》）

第二章

新世纪以来 GMS 五国的转型与发展比较

东南亚国家的转型是东亚国家转型的一个重要组成部分，而越南、老挝、柬埔寨、缅甸和泰国等大湄公河次区域（以下简称 GMS）五国的转型则是东南亚国家转型的一个重要组成部分。总体上讲，GMS 五国经济、政治和社会的转型，是在东南亚国家转型与发展这个区域背景下展开的，而东南亚国家的转型，则又是在 20 世纪 80 年代初期以来经济全球化和区域经济一体化加速发展、民主化浪潮席卷全球的大背景下发生的。进入新世纪以来GMS 国家的转型与发展，既具有一定的共性，也有各自的个性和特点。转型是 GMS 各国求生存、求发展的本能使然。

一 GMS 五国国情的多样性决定了其转型目标、方式和进程的多样性

大湄公河次区域五国的转型与发展是在经济全球化加速发展从而刺激了一波又一波民主化浪潮发生的背景下，在东南亚政治经济转型进入一个新的阶段的前提下发生的。由于各国国情的不同，GMS 五国政治、经济和社会的转型与发展，在目标、进程和方式上也各不相同，表现出多样化的特点。

（一）历史及政治社会遗产的多样性，决定了 GMS 各国转型模式的多样性

从地理位置上讲，不包括中国云南和广西两个省区在内，大湄公河次区域共有越、老、柬、泰、缅五国，总面积为 193.87 万平方公里，总人口为2.34 亿，2011 年全区 GDP 总额达到 5295 亿美元，对外贸易总额为 6934 亿美元。①

---

① The Economist Intelligence Unit，*Country Report：Vietnam，Laos，Cambodia，Myanmar*，2011．

大湄公河次区域五国基本信息（2011 年）

国家	国土面积 （km²）	总人口 （千人）	国内生产总值 （按现价，亿美元）	人均 GDP （美元：现价）	对外贸易 （亿美元）
柬埔寨	181035	14957.8	161	692.6	158
老挝	236800	5922.1	65	910.5	35
缅甸	676577	59534.3	420	419.5	149
泰国	513120	66903.0	3487	3950.8	4620
越南	331212	87228.4	1162	119.6	1972
合计	1938744	234545.6	5295	—	6934

资料来源：E. I. U, Country：Report：Vietnam, Laos, Cambodia, Myanmar, 2011. Table1, Selected basic ASEAN indicators as of 15 February 2011 . http：//www. aseansec. org/stat/Table1. xls, 2012 - 01 - 10.

GMS 五国虽然同处于一个不大的区域，互为邻居，但其历史和宗教文化传统迥异。在迄今为止的历史长河中，GMS 地区的地理疆域、政治版图几经演变，最终形成了五个主权独立的国家，它们各有各的政治经济和社会制度，各有各的历史、宗教和文化传统。近代，除了泰国由于特殊的历史和政治原因未沦为殖民地外，其余四国都经历了长期的西方殖民统治。其中，越南、老挝、柬埔寨三国曾沦为法国殖民地，缅甸则沦为英国的殖民地。

越、老、柬三国是相继沦为法国殖民地并且被法国殖民者纳入一个统一的地理政治版图实施殖民统治的。其中法国对越南实施了长达 96 年的直接殖民统治（1858—1954），其间经历了 5 年的日本占领（1940.9—1945.8）；法国对老挝的殖民统治则长达 51 年（1893—1954），期间经历了近 5 年的日本人的实际占领（1940.12—1945.8）；柬埔寨也经历了长达约 90 年的法国殖民统治（1863—1954），期间，经历了 4 年的日本人的实际占领（1941.8—1945.8）。缅甸则成为英国殖民统治者的势力范围，英国对缅甸实施了长达 63 年的直接的殖民统治（1885—1948），期间经历了 4 年的日本人的直接统治（1941.12—1945.8）。

第二次世界大战后，大湄公河次区域国家相继获得独立，表面上未沦为殖民地而实际上早已被纳入西方殖民体系而成为西方原料产地和商品市场的泰国，也真正获得了独立发展的机会，在政治经济的发展上面临新的选择。根据各国的国情，"二战"后，GMS 五国相继走上了不同的政治、经济发展道路。

1. 越南和老挝：所选择的发展道路相同，经济转型的方式也基本雷同

越南和老挝在各自国家共产党的领导下相继夺取政权，走上了"苏式

道路"，即政治上由共产党一党执政，"由人民当家作主"；经济上实行中央集权的计划经济体制。1976 年实现南北统一后，越南全面倒向苏联，向苏联学习：在政治上，实行严格的、高度集权的越南共产党一党领导的政治体制，不允许任何其他政党存在；将越南劳动党（The Vietnamese Workers Party）正式更名为越南共产党（the Vietnam Communist Party）；将具有政治含义的越南国名即"越南民主共和国"（the Democratic Republic of Vietnam）正式更名为"越南社会主义共和国"（the Socialist Republic of Vietnam）；[①]甚至内阁也仿效苏联称"部长会议"，而总理则仿效苏联称"部长会议主席"。

在这种政治体制下，1976 年实现南北统一后，越南立即在南方进行大规模的社会主义改造运动，很快在全国建立起完善的社会主义计划经济体制。起初，新的生产关系的建立在一定程度上释放了生产力，刺激了刚刚获得解放的人民尤其是南方工人、农民的生产积极性，国家经济一度呈现较快发展势头。但是，由于受长期战争的破坏，尤其是在南方的大规模社会主义改造运动严重打击了人民的积极性，各级所有者尤其是大中型工商业者惶惶不可终日，大量外逃，再加上"中央集权的计划经济体制严重阻碍了生产力的解放与发展"；[②]与此同时，面对长期战争所造成的破坏，当时的黎笋集团不是致力于经济建设，医治战争创伤，改善人民生活，而是穷兵黩武，在对外关系上选择了与中国对抗、大规模出兵柬埔寨的政策，导致越南经济每况愈下，最终滑向崩溃边沿。在国民经济持续恶化，举国上下一片哀怨声中，越共于 1986 年 12 月召开"六大"，启动了"革新开放"，建立"社会主义市场经济"的经济转型进程。

越南的转型是由经济转型和政治转型"二轮驱动"的，经济转型在前，政治转型在后，经济转型促动了政治转型，政治转型优化了经济转型；经济改革进展到一定的程度，逼迫其阻碍了经济改革进一步深化的政治体制也进行必要的改革，于是就有了越南的政治转型。不过，越南的经济政治转型与苏联的经济政治转型方式并不一样。越南的经济政治转型是稳妥的、渐进式的，如前所述，是在政治体制不发生根本改变即保证越南共产党的绝对领导地位不动摇的前提下逐步推进的。而苏联的经济政治转型采取的则是"休

---

① Ronald J. Cima edited, *Vietnam: a country study*, U. S. Government Printing Office, Washington D. C 20402, 1989, p. xx.

② ［越］范红燕（Pham Hong Yen）：《越南参与大湄公河次区域合作研究》，博士学位论文，云南大学，2012 年 5 月，第 35 页。

克疗法"，是在政治权力发生颠覆性变化，苏联共产党丢掉了权力，原有国家机器基本被打碎的状态下实现的；是政治转型与经济转型同时发生，是结构性的变革。在这种状态下，一切都是另起炉灶：政治体制和经济体制都是新建立的。因此，所产生的政治、经济和社会震荡很大，导致了经济的严重衰退，经历了一个较长的混乱的过程才逐渐趋于稳定。正如俄罗斯莫斯科大学新经济学教授伏拉德米尔·波波夫所指出的，"对于 90 年代许多转轨国家的经济衰退，有很多种解释，但没有一种解释具有压倒性的说服力……然而来自各个转轨国家的信息却告诉我们，造成这种衰退的根本原因是工业结构与商业模式的变化。是工业结构与商业模式的巨大变化导致了相对价格的变化，最终使价格体系失控。"①

越南的渐进式的改革和转型则比较稳妥。1986 年 12 月召开的越共"六大"，明确提出要从"官僚集中包给制"向"国家宏观调控下的市场经济"过渡。为此，在流通领域、分配领域、农业领域、工业领域、财政金融领域以及对外贸易等领域进行了大刀阔斧的改革，正式启动了经济转轨的进程，其所采取的措施主要有以下一些：

第一，在所有制方面打破了国营经济"一统天下"的局面，主张多种经济成分并存，为非国营经济的发展开了绿灯。

第二，转换国营企业经营机制，将其推向市场，使其转入独立核算、自主经营、自负盈亏的轨道，企业基本上可以自己决定生产规模、产品和价格，自找原料和销售市场。

第三，全面放开物价，实行价格自由化，对日用消费品和绝大多数原材料实行随行就市的单一经营价。

第四，在农业领域推行"承包制"，到 80 年代末期发展到包产到户，后来又给农民以土地长期使用权。

第五，紧缩财政，严格控制通过国家银行超量发行货币以弥补财政赤字，千方百计增收节支。

第六，改革工资制度，取消物价补贴，对职工的各种补贴由暗补改为明补，计入工资。

第七，调整汇率，建立外汇市场，汇率实行浮动制。

第八，转变银行职能，实行经营性贷款、储蓄与信贷利率按物价指数浮动。

---

① ［俄罗斯］伏拉德米尔·波波夫：《为什么休克疗法比渐进转型效果差》，中国海南改革发展研究院《转轨通信》（中文版）2006 年 12 月第 4 期，总第 41 期。

第九，颁布新的条件优惠的《外资法》，大力吸引外资。

第十，进行外贸体制改革，打破由国家垄断的旧的外经贸体制，实行外贸经营权分散化、外贸进口多元化。

老挝在 1975 年解放后，也效法越南，选择了走"苏式道路"。

在政治体制方面，老挝原来实行君主立宪制。按照西萨旺·冯国王于 1947 年 5 月 11 日颁布并开始实施的宪法，国王为国家的最高元首、国家军队的最高统帅和佛教的最高保护人；国民议会为国家最高立法机关，由首相领导的内阁为责任政府，对国会负责。国会每四年经过普选产生。

1975 年 8 月底，以老挝人民革命党（于 1972 年 2 月由老挝人民党改称老挝人民革命党）为核心的老挝爱国战线领导老挝人民经过长期的斗争夺取了政权。1975 年 12 月，老挝全国人民代表大会通过决议，宣布废除君主制度，建立老挝人民民主共和国。老挝人民革命党成为老挝的唯一执政党。老挝的一切国家机器都忠实地服从于老挝人民革命党的领导并服务于老挝人民革命党的事业。老挝成为社会主义国家。

老挝人民民主共和国建立后，与越南一样，选择了中央集权的社会主义经济制度。建国初期，由于实行了农业合作化、工业国有化、商业统购统销、关闭自由市场、限制商品流通和企业"吃大锅饭"等过激的经济政策，严重阻碍了生产力的发展。从 70 年代中期至末期的头几年，老挝经济处于停滞状态。进入 80 年代以后，随着中国改革开放政策实施效果的影响尤其是作为其特殊伙伴的越南为摆脱经济崩溃也开始探索革新开放，老挝党和政府对其过去的经济政策进行了认真的研究和反思，逐步走上了改革开放的道路。

1980 年 6 月，老挝人民革命党中央发布了《关于整顿农业合作化运动中若干问题的紧急指示》，决定废止过去的一些过激做法，在农业社中推行承包制。1984 年以后，老挝党和政府逐步解散了国营农场，将土地和其他生产资料分给各个家庭经营。1984 年 8 召开的老挝人民革命党三届六中全会，提出了废止"工商业国有"、"工商业社会主义改造"和"政府统包制"等政策。

1986 年 11 月召开的老挝人民革命党"四大"，是老挝步入经济转型轨道的一个重要标志。老党"四大"确立了党关于进行革新事业的指导思想和观点，同时也纠正了"左"倾思想，提出了建设社会主义特别是发展社会主义经济的理论。1988 年 1 月召开的老挝人民革命党四届五中全会进一步完善了经济改革的理论，并且提出了改革的具体措施，其中主要包括：

第一，调整部门经济结构，灵活运用各种经济成分，扩大对外交流合作；

第二，分开两种管理体制，实行国家机关和企业分开管理；

第三，取消指令性的管理方式，减少国家机关对企业的干预，实行企业责任制；

第四，把老挝自给自足的自然经济逐步改造成市场商品经济。①

正是在"四届五中全会"上，老党第一次明确提出了建立"市场商品经济"的经济转型目标。

综观老挝的政治经济转型，其方式、进程和目标与越南大同小异，属于一种类型。所不同的只是进程稍微慢一点，改革的力度不如越南大。由于老挝国情更为特殊，国家经济规模较小，商品经济发展缓慢，在经济改革方面，国家宏观控制的力度更大一些，非市场经济的因素更多一些。与越南相比，在政治体制的改革方面，尚无大的举措。

以上就是越南和老挝经济改革与转型初期的基本情况。总体上讲，越南和老挝的经济改革，都是从其经济体制和运行机制的改革开始的。越南和老挝两国的党和政府都希望一方面尽可能地利用市场的力量来自行调节经济运行，另一方面又保留政府在必要时进行适当干预的权力。在越南革新开放的初期，这种经济被叫做"国家宏观调控下的市场经济"，后来又被越南定义为"社会主义定向的市场经济"。"社会主义定向"作为一个定语，明确地向世人昭示，不是西方的所谓"自由市场经济"，它是由越南共产党领导的越南社会主义共和国的"社会主义的"市场经济。

2. 柬埔寨：多次变更，最终转向自由市场经济体制

总体上讲，有什么样的政治体制，就有什么样的经济体制。这在柬埔寨表现得比较明显。1953 年独立以来至今的近 60 年间，柬埔寨政权多次发生更迭，政治体制也几经变更。

在 1954 年至 1970 年 3 月的约 16 年间，柬埔寨实行君主立宪制的政治体制。根据 1947 年颁布并在独立后先后进行过四次修改的宪法，柬埔寨实行君主立宪制的政治体制。国家政权组织主要包括国王（后一度称为"国家元首"）、最高王廷会议（后称"最高王位委员会"）、内阁和国民议会。国王是国家的最高元首，有颁布法律、解散国会、挑选内阁首相、任命部长（大臣）、授予军衔、任命司法官员和外交使节的权力，同时又是王国军队的最高统帅。内阁为国家最高行政权力机关，由各部大臣和国务秘书组成，

---

① 申旭、马树洪编著：《当代老挝》，四川人民出版社 1992 年版，第 173 页。

由内阁首相领导。① 在这种政治体制下，在柬埔寨实行的是不成熟的市场经济体制。独立后很长时期内，柬埔寨在经济上仍然严重地保留着殖民地经济和封建经济的性质。法国殖民者虽然撤出柬埔寨，但其垄断资本仍然全面控制着柬埔寨的经济命脉。此外，1954 年以后加强对柬埔寨进行渗透的美国新殖民主义势力也越来越对柬埔寨经济施加着影响。为了振兴民族经济，柬埔寨政府相继采取了赎买和监督外资企业、限制外国资本和保护民族工商业发展等政策，经济有了较快发展。

60 年代末期，随着越南战争的爆发，美国加紧了对柬埔寨干涉的力度。在美国支持下，1970 年 3 月 18 日，朗诺—施里玛达集团发动军事政变，推翻了西哈努克政权，建立了所谓"高棉共和国"，颁布了宪法，选举了总统，选举产生了包括众、参两院的国会。至此，朗诺一伙通过暴力方式实现了柬埔寨政治体制从君主立宪制向更接近于美国模式的西方议会民主制的转型。由于朗诺集团夺取政权后不久，柬埔寨就爆发了抗击美国侵略和反对朗诺集团的战争，在 1970—1975 年柬埔寨经济都处于一种"战时经济"状态。国家经济每况愈下，最后走到了崩溃的边缘。

1975 年红色高棉夺取政权后，建立了由柬埔寨共产党（红色高棉）一党专制的"民主柬埔寨"。红色高棉政权的"民主柬埔寨"时期，其政治体制是极"左"的红色高棉一党专制。在这样一种政治体制下，红色高棉竭力鼓吹柬埔寨社会的"跳跃式发展"，妄图短期内在柬埔寨建成所谓的社会主义乃至共产主义。为了达到这一目的，红色高棉在政治上实行"灭绝种族"的残暴统治。为"从肉体上消灭资产阶级"，建立了许多集中营，将大批旧政权人员、知识分子、工商界人士囚禁起来，进行改造，其中有大批人士被公开或者秘密处决。为了加强党内控制，以波尔布特为首的核心集团频繁进行清党，排斥、打击异己，进行独裁统治。为加强舆论控制，还关闭了所有学校和寺庙，取缔了报刊、广播。②

在经济上，红色高棉推行极"左"的高度集权的中央计划经济体制。一是强行搞合作化，取消货币，取消集市贸易，废除商品交易，实行配给制；将城市工商业者的一切生产资料收归国有，最后发展到用武力将 200 多

---

① Russell R. Ross, *Cambodia: A Country Study*, U. S. Government Printing Office, Washington, D. C. , 1990, pp. 35 – 38.

② 据外刊透露，在 1975 年 4 月至 1978 年 12 月的短短三年半期间，柬共内部共进行了 9 次以上大规模的清洗，许多党、政高级干部或者失踪，或者被"处决"。见 Ben Kiernan, Edited by Ben Kiernan and Chanthou Boua, *Peasants and Politics in Kampuchea 1942—1981*, *Pol Pot and the Kampuchean Communist Movement.* London Zed Press, 1982, pp. 295 – 297。

万城市人口赶入农村，以便"铲除资产阶级赖以生存的基础"。结果，许多城市人去楼空，工业生产和商业活动全部瘫痪。在农村，农民的土地被全部收归集体所有，生产资料被剥夺，农民统统被编入一个个的"合作社"。红色高棉的上述做法，使其很快失去了民心，失去了赖以生存的基础。在众叛亲离的背景下，柬越领土争端不断激化，面对越南军队的进攻，红色高棉武装不堪一击，很快就土崩瓦解了，红色高棉也很快亡党亡国。

取红色高棉而代之的，是不满红色高棉极"左"统治、发动起义失败后逃亡越南的红色高棉政权的"叛变者"。他们得到越南的全力支持，于1979 年 1 月被越南大军护送回国并被扶上权力宝座，宣布建立"柬埔寨人民共和国"。这个"柬埔寨人民共和国"（俗称"金边政权"）与由被推翻后撤退至柬泰边境地区的红色高棉，以及由西哈努克领导的柬埔寨独立、中立、和平与合作民族联合阵线和宋双亲王领导的高棉人民民族解放阵线三股力量组成的"民主柬埔寨联合政府"同时并存。柬埔寨人民共和国虽然只得到越南、苏联东欧等少数国家的承认，但却在近 20 万越南大军的支持下控制着柬埔寨近 70% 的国土面积和 80% 的人口。而由西哈努克等领导的民主柬埔寨联合政府则虽然得到联合国的承认，但却只控制着柬埔寨约 30% 的国土面积和 20% 的人口。

因此，在 70 年代末期至 90 年代初期的 13 年间，柬埔寨人民共和国（即"金边政权"）是柬埔寨的实际控制者。"金边政权"的政治经济体制完全按苏联—越南模式建立和运行。在政治体制上，实行由柬埔寨人民革命党一党领导的政治体制，在国家机器的建设方面，相继制定并颁布了宪法，选举产生了国会；与苏联和越南一样，组建起来的政府被称为"部长会议"，政府总理被称为"部长会议主席"。在经济上，"金边政权"仿照苏联和越南实行中央集权的计划经济体制。但是充分吸取了红色高棉时期的惨痛教训，对经济政策进行了重大调整。譬如改变了原来的农业集体化组织，刺激农民的生产积极性；恢复了集市贸易和城市生活；允许并鼓励私人经营商业和小型企业；发行了货币。80 年代末期，受世界范围内改革开放潮流的影响，"金边政权"开始推行经济改革和对外开放政策，于 1989 年 7 月颁布实施了《外资法》。有限的改革，使濒临崩溃的柬埔寨经济得到一定恢复。但战乱的持续又在很大程度上抵消了改革的成果。

进入 90 年代以后，随着国际和地区形势的急剧变化，在国际社会尤其是东盟和联合国的帮助下，柬埔寨的和平进程不断加快。在越南从柬埔寨撤军以后，柬埔寨四大政治力量达成共识，决心实现民族和解和国内和平。1993 年，在联合国的监督下，柬埔寨成功举行大选，实现了政治经济体制的彻底转型。根据 1993 年 9 月 21 日通过的新宪法,柬埔寨恢复实行于 1970 年被废除的君主立宪制的政治体制,以西哈努克为国王;在君主制下实行多党民主政治,由参加大选得票最多的政党组成政府。在经济上,根据 1993 年宪法第 56 条的规定,柬埔寨王国政府决定放弃红色高棉和金边政权时期实行的计划经济体制,改行市场经济体制。

柬埔寨当前所实行的和正在不断完善的市场经济,是"自由市场经济"。它参照了泰国的做法,其基本特征是:农村土地全部分给农民;企业部分实行私有化,国家不控制工业企业;国家除了不出卖土地之外,任何行业和领域都允许外国投资者前来投资;外汇可以自由兑换,也可以自由汇出国外。经过近 20 年的运行,柬埔寨的市场经济体制逐步完善。柬埔寨经济的长期稳定发展,与其经济、政治体制的成功转型密不可分。

综上所述,柬埔寨政治经济的转型与越南和老挝的转型所选择的模式和所走的道路截然不同。越南和老挝的经济政治转型,是在政治制度不发生根本改变、保证共产党执政地位不动摇的前提下,以逐渐推进的方式来实施的,是一种"自我完善"。而柬埔寨自独立以后至 20 世纪 90 年代初期反反复复的几次转型,都是随着政权的更迭而发生的。新的政权,必然实施新的政治体制和经济体制。因此可以认为,1993 年柬埔寨实现国内和平后的政治经济转型比越南和老挝的转型要彻底得多,其所采取的方式也截然不同,越南和柬埔寨的转型采取的是渐进的、温和的方式,而柬埔寨采取的则是激进的一步到位的方式。

3. 缅甸:以渐进的自主方式,从有限的经济改革到较为彻底的政治经济转型

缅甸独立以来,其政治经济体制也经历了几次重大的演变。近代,缅甸经历了长期的英国殖民统治。1948 年缅甸获得独立后,选择了西方议会民主制的政治体制,但是由于国情的特殊性,议会民主制在缅甸"水土不服",别别扭扭,勉强支撑到 60 年代初期,便被奈温将军发动的军事政变所推翻。议会民主制转变为军事独裁统治。从那时起直至 2010 年年底,军人集团在缅甸实施了长达 48 年的独裁统治。军人独裁统治,既不姓"社",也不姓"资",它是一种"不入流"的政治体制。从政治学的角度讲,军人独裁统治是没有"合法性"的,只能算是一种临时安排。但是,尽管是一种"临时安排",它却在缅甸苟延残喘了近半个世纪,比其实行西方议会民主制的时间长得多。

有什么样的政治体制,就有什么样的经济体制。军人统治的基本特征就是"独裁"、"集权"或"专制",就是作为国家机器重要组成部分的军队

不干保卫国家的正事，而越权去干预政治，去"从政"。在长达近半个世纪的军人统治期间，既然其政治体制的基本特征是军人独裁、集权和专制，那么与此相匹配的经济体制也是军人政权下的高度的中央集权。由于其政权性质的特殊性，缅甸的经济结构和经济体制，具有与东南亚其他国家不同的特点。总的来看，在经济的部门结构上以农业为主；在所有制结构上工矿业以国营为主，而农业以建立在土地国有制基础上的小农经济为主；在决策和管理上，以国家的指令性计划和国家控制为主。

1962 年 3 月 2 日奈温将军发动政变夺取政权后，在缅甸实行军事独裁统治，缅甸的民主进程被终止，缅甸从此长期处于"白色恐怖"之下。①1964 年，奈温军人政权又宣布取缔所有政党和社团，实行"缅甸社会主义纲领党"一党专政。

在经济发展道路方面，奈温军人集团夺取并稳固政权以后，决定在缅甸搞"奈温式的社会主义"。1962 年 7 月 4 日，奈温宣布成立"缅甸社会主义纲领党"；1963 年 1 月 1 日将石油公司收归国有；10 月颁布《国有化法令》，派军队无偿地将所有工厂、矿山、制造业、工商企业收归"国有"，最后连学校也被"国有化"。奈温军人政权以缅甸社会主义国有化名义，将华侨华人的生产资料、企业、商店等无偿地夺走；物主企业主统统被扫地出门，变得一无所有。华侨华人的学校与教学设备被无偿占有，华侨华人学生被赶出校门。紧接着，在全国流通的大额钞票被突然宣布无偿作废。

军人政权在政治经济上的倒行逆施，严重阻碍了国家经济社会的发展，经济困难日益加剧，政治社会不稳定因素日益增长。1965—1966 年，缅甸发生全国性经济恐慌，先是油盐柴米短缺，紧接着，1967 年又发生全国性粮食短缺。1974 年 5 月初，因贪污、通胀、粮油短缺尤其是粮荒，群众抗议示威由仰光蔓延全国。进入 80 年代以后，国内各种矛盾进一步激化，奈温军人集团内部的倾轧不断加剧，年事已高的奈温已经回天乏术，政局的变动和政权的更迭已不可避免。1988 年 7 月底，在全国性反对军人独裁统治的抗议声中，奈温突然宣布因"年事已高"，辞去缅甸社会主义纲领党主席职务，并公开承认他的"社会主义""有失误和缺点"。奈温辞职后，缅甸政坛随即陷入混乱状态。经过较量，最终以国防军总参谋长兼国防部部长苏貌为首的高级军官于 1988 年 9 月 18 日发动政变，宣布成立"国家治安建设委员会"并接管国家政权，从而开启了缅甸的"新军人政权时代"。1988 年

① 1962 年 7 月 7 日，奈温政权悍然出动大批军警血腥镇压在仰光大学校园内举行和平示威的学生，枪杀学生 100 多人。据官方报道有 15 名学生被杀，而非官方的估计可能有数百名学生被杀。

起至 2010 年，苏貌—丹瑞新军人集团执政长达 22 年。

新军人集团上台后，鉴于一方面，此时国际形势已经发生了巨大变化，经济全球化和区域经济一体化成为世界潮流，缅甸的邻国中国、越南和老挝都已经相继走上了经济改革和对外开放的道路，尤其是中国的经济改革成果显著，引起世界关注；另一方面也为了吸取"奈温式社会主义"破产的教训，因而开始在经济体制改革方面进行有限试探，取得了一些进展。但是，由于这些试探被严格限制在军人独裁统治的框架内，是在不触动军人集团根本利益的前提下进行的，因此成果极为有限，并不是严格意义上的"经济体制改革"，充其量只能算是军人统治下的经济调整，其"经济转型"并未真正启动。

综观 20 世纪 90 年代末期以前新军人政权的经济改革，主要有以下几个特点：

第一，从经济所有制的结构看，至 90 年代末期，国家对经济的控制有所放松，私营经济有较大发展，私人投资呈直线上升，已超过国家投资。

第二，从各经济部门在国家经济中的作用看，商业贸易显得较为活跃。这种状况，既有 1988 年 9 月前缅甸就广泛存在着的"非法"的商业交易作为基础，也同新军人集团上台后对商业贸易改革的法令较为明确、政策较为具体有关。但最主要的原因还在于当时缅甸的经济发展水平较低，商品市场经济的改革较容易推行。相较而言，当时缅甸经济中的生产资料市场、金融市场极不发达，生产型企业和金融业的作用相应地也还不突出。

第三，市场发育程度很低，以商品交易市场为主，而在商品市场中，又以初级产品和日用消费品为主。城市人口虽然占总人口的 20% 左右，但绝大多数城镇仅呈现出商业化的发展，广大农村地区仍然是落后的传统农业区，不少地方还保持着半自然经济状态。

第四，与国际市场的联系仍然很弱。截至 90 年代末期，外国在缅甸的实际投资不多，仅 6 亿—8 亿美元，主要集中在石油勘探和开采领域，对外贸易规模很小。统计显示，2001 年，缅甸的进出口总额只有 52.956 亿美元，其中出口 26.344 亿美元，进口 26.612 亿美元。① 外贸体制的改革仍然处于止步不前的状态。

进入新世纪以后，缅甸军政府虽然声称要继续进行经济改革，明确提出要搞市场经济，但是一方面由于在政治上发生民主进程的倒退，西方尤其是

---

① The Economist intelligence Unit, *Country Profile 2006*：*Myanmar（Burma）*，London，2006，p. 48.

美国层层加码的政治打压和经济制裁，其国际空间日益缩小，外部经济环境更加困难；另一方面其在经济上还没有彻底抛弃过去的一些观念、政策和做法，又缺乏经济管理和发展方面的经验和人才，因此其经济体制的改革长期处于徘徊状态，直至 2010 年 11 月 7 日成功举行大选，政治转型进入一个新的阶段以后，经济体制改革也才有了突破的可能。

总体上讲，缅甸的转型与前述越南、老挝和柬埔寨的转型相比，无论在方式还是目标方面都明显不同，可以说是"独树一帜"。这是由其国情的特殊性所决定的。

4. 泰国：以"军人威权政治"的民主转型，带动经济体制转型的进一步完善

有学者认为，市场经济并非只有一个标准，一种表现形式。市场经济可以分为自由市场经济和协调型市场经济两种，英、美是前者的代表，而德、日是后者的典型。前者的特点是由市场机制对经济进行协调，而后者的特点是由制度对经济进行协调。① 在东南亚地区，新加坡的市场经济为从自由港发展起来的发达的市场经济；马来西亚、印度尼西亚和菲律宾的市场经济被称为"协调型市场经济"；中国、越南和老挝正在建立的是"社会主义市场经济"。泰国的市场经济与马来西亚、印度尼西亚和菲律宾一样，为"协调型市场经济"。②

泰国的"协调型市场经济"的发展是一个渐进的过程，从近几十年的发展来看，有两个鲜明的特点：一是初期重视国家对经济的干预和调节；二是近期强调发挥市场机制的作用，以使市场经济发展与经济发展的水平相适应。

总体来讲，泰国的"协调型市场经济"是与其现行的政治体制相适应的，它并非西方那种高度自由化的、成熟的市场经济体制。尽管过去几十年来，泰国的市场经济发展已经取得了很大成绩，但也存在一些问题，其中最主要的是：

第一，"协调型市场经济"毕竟还是一种很不完善的、层次较低的市场经济模式，随着泰国政治民主化进程的推进，这种模式的市场经济还必须不断完善才能适应未来发展的要求。

第二，经济发展对环境的影响日益突出，人与自然的和谐日益受到挑

---

① 见《协调可持续发展型市场经济的内涵和价值目标》一文，《中国企业报》2012 年 5 月 14 日 10：09，http：//roll. sohu. com/20120514/n343116060. shtml。

② 欧阳国斌、温宝臣主编：《云南省发展战略研究》，云南科技出版社 1995 年版，第 174 页。

战。如何解决经济发展与环境保护的问题成为推进市场经济进一步完善的重要课题。

第三，尽管实行这种"协调型市场经济"，使泰国的经济发展取得巨大成就，但城乡和地区之间，特别是商品经济发达的城市与农村之间的发展差距不但没有缩小，反而不断扩大。大量农村人口流入城市找工作，又带来一系列社会问题。

第四，虽然按照市场经济发展的要求，实行私有化是必需的，甚至私有化的程度还是衡量其市场经济成熟与否的重要标志之一。但是在泰国，在如何实行私有化，以及私有化的规模、方式和方法等方面，都还面临着各种难以解决的问题。

由于国情特殊，近代以来，泰国的政治体制虽然经过长期多次的演进，由封建社会时代的君主制演变为当代的君主立宪制，并在君主立宪制下实施多党议会民主制。但是，王室尤其是国王仍然保持着对政治发展走向的影响。与此同时，具有政变习惯和历史传统的军人集团也成为一支独立的政治力量，对泰国政治发展的走向施加着强大的政治影响。这就形成了泰国独特的"威权政治体制"（笔者将其称为"军人威权政治体制"——下同），并且一直沿袭至今。这种"威权政治体制"是一种并不十分成熟的民主政治，与标准的西方民主政治相比存在很大差距，但作为泰国独特国情下的产物，这种威权政体为战后泰国经济的较快发展提供了重要保障，起了积极作用。但是，随着经济全球化和区域经济一体化的加速发展，"威权政治体制"向现代民主政治体制的转型势在必行。在这种背景下，20 世纪 80 年代以来包括泰国在内的东南亚威权政体国家加快了向现代民主政治体制转型的步伐。尽管泰国由"威权政治体制"向现代民主政治体制的转型几经反复，至今仍然进展不大，但转型的趋势是不可逆转的。随着政治体制转型的艰难推进，泰国尚不成熟和完善的"协调型市场经济"体制向更加成熟的自由市场经济体制的转型也在缓慢推进。

总之，以军人威权政治向现代民主政治的转型带动经济体制转型的进一步完善，是泰国政治经济转型的特征，它与越南、老挝、柬埔寨和缅甸的转型所面临的任务、路径和目标都截然不同。

（二）GMS 五国的政治经济转型：多样性中的同一性

综上所述，大湄公河次区域五国由于国情不同，发展道路不同，其政治经济转型所面临的目标、方式和路径也各不相同，各国都有一本"难念的经"。从转型模式来看，大湄公河次区域五国大体上可以划分为四种模式：

一是越南和老挝的由社会主义的中央计划经济体制向"社会主义定向"

的市场经济体制的转型，并由此促动政治体制改革，建立和完善社会主义的民主政治。其中，越、老两国的转型在程度上又是有差别的，越南政治经济体制改革与转型的速度更快一些，程度更深一些。这种转型是在不改变原有政权性质的前提下，通过渐进方式来实现的。

二是柬埔寨从越南模式的政治经济体制向君主立宪制的多党民主政治体制和自由市场经济体制的转型。这种转型是在外部压力下，在改变了政权性质的前提下，以"一步到位"的方式来实现的（尽管新的政治体制和经济体制建立后，还有一个长期的巩固和完善的过程）。

三是缅甸以渐进的方式，从新军人政权在不改变政治体制基础上的有限的经济改革到较为彻底的政治经济转型。这种转型，本质上是军人政权向民主政治体制的转型，但在缅甸，它不是通过激进的方式而是通过渐进的、和平的方式来实现的。首先是军人集团自我革新，自愿放弃对政权的掌控，通过民主选举实现了由军政府向民选政府的转型。在政治体制发生转变的基础上，向市场经济体制的转型也接着跟进。这种转型总体上是以渐进的、和平的方式，在改变政权性质的基础上实现的。但是，其转型成果的巩固和发展仍然需要经历一个较长的过程。

四是泰国以威权政治的民主转型带动经济体制转型进一步完善的模式。这种转型实际上是在泰国这样一种政党政治发育还不完善的国家，在激烈的政治较量中，现代民主政治体制和现代市场经济体制不断完善的过程。这种转型无须改变政权形式即可实现，转型的方式虽然总体上是渐进的，但有时又伴有激烈的暴力的较量。就泰国的情况来讲，转型的过程迄今仍未完成，有可能还会出现反复。

有鉴于此，笔者认为，对于上述四种各有自身特点的转型模式，绝不能以偏概全，将其统统归结为"威权政治"向现代民主政治的转型模式。

那么，是不是说，我们强调了大湄公河次区域五国政治经济社会转型的多样性和复杂性，就否定了其区域层面的同一性了呢？绝非如此。

笔者认为，大湄公河次区域五国的转型虽然各自面临的任务和目标，以及所选择的路径不尽相同，呈现出多样性的特点，但在多样性中也蕴含着明显的同一性。

首先，大湄公河次区域五国的转型所面临的外部环境相同。自 20 世纪 80 年代以来，经济全球化和区域经济一体化加速发展，国际政治和国际经济的发展相互交融，国际政治经济化，国际经济政治化的特点日益凸显。在这种背景下，国际政治经济民主化的"第三波"浪潮席卷全球，政治经济社会的"转型与发展"不但成为民族国家和非市场经济国家的必然选择，而且许多"政治民主化"和"经济市场化"程度较高的西方国家也不能独善其身，进入对其政治经济体制作进一步改革和完善的新时期。不进则退，不进行改革创新和转型就必将落伍、倒退，成为世界各国的共识。在这样一种大背景下，GMS 五国都面临着改革和发展的共同任务，五国都被卷入了新一波民主化的浪潮。

其次，大湄公河次区域五国同处于一个地理区域，一国的转型与发展影响着其他四国的转型与发展，不可阻挡地形成一种"联动效应"，从而影响和促动着整个区域的转型与发展。譬如，我们不能说缅甸的转型与发展未受到周边国家转型与发展的影响；不能说老挝的转型与发展未受到越南的影响。目前，GMS 五国都处于转型和发展的大潮之中。

最后，区域次区域经济合作的不断深化，使 GMS 各国经济利益的整体性不断得到促进；经济利益和政治利益的相互交融，又使区域各国之间的政治认同感不断加强，从而使得一国政治经济改革的"溢出效应"日益凸显，使一国的转型影响和带动着区域其他国家转型。如今，"只有改革和创新才能实现发展"，已经成为 GMS 五国的共识。

鉴于其多样性中的同一性，关注和深入研究 GMS 五国转型的相互作用和相互影响是必需的。不断深化的区域、次区域经济合作无疑将加强区域各国经济转型的互促互动。同样，区域政治对话的不断加强，无疑也将进一步推进区域各国政治改革和转型的互促互动。

二 新世纪以来 GMS 五国转型的新进展

从理论上讲，转型与发展的关系，本质上是一种互促互动的关系。世界历史的发展已经证明，改革与转型无疑是发展的动力，发展要靠不断的变革与转型来推动，而改革与转型的正确与否则要靠发展的结果来印证。一个社会、一个国家，只有不断地破旧立新，才能实现发展，墨守成规是不行的。

总体上看，20 世纪 90 年代末期以前 GMS 各国的改革与转型，虽然进程快慢不一，成果参差不齐，但或快或慢都在推进，并未出现徘徊不前的局面。这无疑为进入新世纪后 GMS 五国的转型与发展打下了坚实的基础。

在经济全球化和区域经济一体化继续加快发展、"政治民主化"浪潮持续荡涤的背景下，进入 21 世纪以后，大湄公河次区域五国的改革与转型继续推进，各国都根据自己的实际情况，采取了相应的措施，来推进经济、政治和社会的改革，推进转型的进程，尽管进展快慢、程度深浅各有不同。

　　（一）越南：社会主义定向市场经济进一步完善，政治改革举措令人关注

　　进入 21 世纪以后，越南继续成为 GMS 国家乃至东南亚地区改革与转型的引领者，成为国际舆论在改革与转型方面关注的焦点。在 2000 年至 2012 年的 12 年间，越共中央继续成为越南改革与转型的最高决策者和总指挥部，牢牢把握着越南政治经济改革与转型的大方向。进入新世纪以来，越共相继于 2001 年 4 月召开了"九大"、2006 年 4 月召开了"十大"、2011 年 1 月召开了十一大三次全国代表大会。每次代表大会都根据形势的新发展提出改革与转型的新举措，继续将越南的改革与转型推向前进。

　　在经济改革方面，总体上讲，进入新世纪以来，越南党和政府继续高举 1986 年越共"六大"所确定并由"七大"和"八大"不断完善，并在实践中不断检验和修正的革新开放路线；继续不断完善越南社会主义市场经济的理论。通过对越共三次代表大会相关文件的解读，笔者认为，进入新世纪以来的 12 年间，越南在经济转型方面的主要举措，大体上可以归纳为以下几个方面：

　　第一，最终明确了"社会主义定向的市场经济"的提法，对越南多年的经济体制改革进行了高度的理论概括，并在实践中不断完善和进一步系统化，用于指导越南的经济改革与转型。

　　自越共"六大"以来，越南党和政府的一贯政策是发展社会主义定向的、由国家管理的、按照市场机制运行的、多种成分的商品经济。如何对上述实践进行高度的理论概括，一直是越南理论家们思考的一个重要问题。2001 年 4 月 19—22 日召开的越共"九大"政治报告第一次明确地将越南所致力于建立的市场经济概括为"社会主义定向的市场经济"。[①] 2006 年 4 月 18—25 日召开的越共"十大"又明确提出，要继续建设和同步完善以社会主义为定向的市场经济体制，提高国家管理职能的作用和效果；按照健康的竞争机制，同步发展和有效地管理各种基本市场的运作；要继续发展商品和服务市场，包括按照同步、有完整结构的方向，稳步发展财政市场，包括资本和货币市场，扩大和提高资本及证券市场活动的质量；要继续发展不动产市场，确保土地使用权顺利地转变为商品；在革新机制、政策的基础上，要继续发展科技市场，以便使大部分科技产品转化为商品；继续大力发展各种经济成分和各种生产经营组织。[②] 2011 年 1 月 12—19 日召开的越共"十一大"明确规定，越南将继续坚持社会主义道路，进一步完善"社会主义定向

---

　　①　许宝友：《越共"九大"政治报告的新特点》，《国外理论动态》2001 年第 7 期。
　　②　梁志明：《越共"十大"：成就与启迪》，《南洋问题研究》2006 年第 4 期。

市场经济"体制。①

　　在越南人看来，"社会主义定向的市场经济"这一提法旨在强调越南的经济体制改革，并不意味着越南现有经济的性质有任何改变。首先，越共并不认为市场经济是资本主义性质的，也没有将市场经济与资本主义等同起来，尽管市场经济在资本主义制度中达到了很高的发展水平。其次，市场经济的类型并不完全相同，换句话说，有资本主义的市场经济，也有社会主义的市场经济，每种类型的市场经济都有适应各种社会和国家状况的不同模式。最后，虽然两种类型的市场经济都是按照市场规律运行的，但社会主义市场经济的性质不同于资本主义市场经济的性质。越共"九大"政治报告明确指出了社会主义定向的市场经济与资本主义市场经济在目的、发展方向、所有制、管理和分配等方面的差异。在此基础上进一步指出："社会主义定向的市场经济是处于向社会主义过渡时期的越南所采取的总的经济模式。"②

　　第二，将"外国投资经济"列为第六种经济成分，继续主张多种经济成分并存共同发展。

　　在"八大"政治报告中，五种经济成分的排序是：国有经济、合作经济、国家资本主义经济、个体小业主经济和私人资本主义经济。"九大"政治报告将外国投资作为一种经济成分单列出来，于是原来的五种经济成分并存就变成了国有经济、合作经济、个体小业主经济、私人资本主义经济、国家资本主义经济、外国投资经济六种经济成分并存。③"十大"政治报告继续强调，要在三种所有制形式（全民、集体和私人）的基础上，形成多种所有制形式和多种成分的经济，即国有经济、集体经济、私人经济，国家资本经济和外国投资经济；继续革新、发展和提高国有企业的效益，完善各种机制和政策，使国有企业真正在健康、公开、透明的环境中活动，提高其效益；继续革新和发展各种类型的集体经济，加强个体经济和各种私人企业的发展，并大力吸引外国投资。④将外国投资作为一种经济成分单列出来，旨在为外国投资经济的平稳发展创造条件，以扩大出口。

　　第三，从提法上将"公有制"改为"社会所有制"。

　　在所有制形式上，包括纲领在内越共"十一大"文件明确指出，我们是社会主义定向的市场经济，这个市场经济在本质上既不是私人的也不是国

---

①　《越南共产党第十一次全国代表大会政治报告》，2011 年 1 月 12 日。
②　许宝友：《越共"九大"政治报告的新特点》，《国外理论动态》2001 年第 7 期。
③　同上。
④　梁志明：《越共"十大"：成就与启迪》，《南洋问题研究》2006 年第 4 期。

有的，而是"社会"的，就是"社会所有制"。为此，要将股份制企业发展
成为普遍的经济组织形式，要促进生产经营与所有制的社会化。"要以股份
制企业为主并鼓励它们发展，进而推动生产经营和所有制的社会化。"① 可
见，越共关于社会主义所有制的观点，已经从"公有制"转变为"社会所
有制"。②

第四，提出了充分发挥越南的优势，充分利用国外先进技术，通过
"跳跃式发展"走"捷径"实现国家工业化的主张。

越共"九大"作出通过"跳跃式发展"实现国家工业化的决定③后，
2006 年 4 月召开的越共"十大"将其进一步具体化，大会提出，越南
2006—2010 年的总体目标和方向是：发挥全民族的力量，大力全面和同步
地推进工业化、现代化事业，积极融入国际经济体系。2006—2010 年越南
经济平均增长率为 7.5%，努力争取实现最高 8% 的增长率，到 2010 年国内
生产总值（GDP）达到 2000 年的 1.1 倍，人均国内生产总值由 2005 年的
650 美元增长到 1050—1100 美元。这将使越南在 2010 年前基本摆脱欠发达
状况，使越南到 2020 年基本成为现代工业化国家，实现民富国强，社会公
平、民主、文明的目标。④

第五，就如何巩固和发展越南"社会主义定向的市场经济"提出了一
系列对策措施。

越南"社会主义定向的市场经济"体制的建立，或者说，计划体制向
具有越南特色的市场经济体制的转型，是一项长期的、艰巨的任务。为顺利
推进经济转型，进入新世纪以来，越南党和政府采取了一系列措施，而越共
"十一大"又将这些措施进一步具体化：

一是在"十一大"政治报告中提出了建设越南社会主义的八个基本方
向：第一，大力推进国家的工业化、现代化，使之与发展知识经济、保护资
源和环境相结合。第二，发展社会主义定向的市场经济。第三，建设先进
的、富有民族特色的文化；提高人口的素质，提高人民生活水平，实现社会
的进步和公平。第四，保证国防牢固、国家安全以及社会秩序的安定。第

---

① 越南共产党第十一次全国代表大会政治报告：《继续提高党的领导能力和战斗力，发挥全
民族的力量，全面大力推进革新事业，为 2020 年我国基本成为一个面向现代化的工业国奠定基
础》，《社会主义过渡时期国家建设纲领》（2011 年增补），越南共产党网站，2011 年 3 月 4 日公布。

② 潘金娥：《越共十一大一些主要理论观点的变化》，载李慎明《2012 年世界社会主义黄皮
书》，社会科学文献出版社 2012 年版。

③ 许宝友：《越共"九大"政治报告的新特点》，《国外理论动态》2001 年第 7 期。

④ 梁志明：《越共"十大"：成就与启迪》，《南洋问题研究》2006 年第 4 期。

五，实行独立、自主、和平、友好、合作和发展的对外路线；主动而积极地融入国际社会。第六，建设社会主义民主，实行民族大团结，加强和扩大民族统一阵线。第七，建设属于人民、来自于人民和为了人民的社会主义法权国家。第八，建设廉洁、坚强的党。

二是在"十一大"政治报告中提出了在落实上述基本方向的过程中必须解决好的"八大"关系：革新、稳定和发展之间的关系；经济革新和政治革新之间的关系；市场经济与社会主义定向之间的关系；生产力发展与建设和逐步完善社会主义生产关系之间的关系；经济增长与文化发展、实现社会进步与公平之间的关系；建设社会主义与保卫社会主义祖国之间的关系；独立、自主和融入国际之间的关系；党的领导、国家管理和人民做主之间的关系。①

三是在"十一大"通过的《2011—2020 经济社会发展战略》中，提出了五个"相结合"的理念：坚持快速发展和可持续发展相结合；坚持经济革新与政治革新相结合；坚持以人为本；坚持发展生产力和完善生产关系相结合；坚持经济独立自主与扩大开放相结合。②

在政治改革方面，起步比经济改革晚，进展也比经济改革慢。总体上讲，越南的政治改革是在经济改革进展到一定程度之际，在经济改革的促动下启动并缓慢推进的。从迄今越南政治改革所走过的历程来看，其政治改革或者说革新的一个显著特点，就是在不颠覆现有政治体制，保证越南共产党的领导地位不动摇的前提下缓慢推进的，与其说是一种转型，不如说是自我改良和完善更为切贴。总体上看，越南的革新比较重要的是提出了实现全面革新路线，从以经济革新为主，走向政治、文化和社会革新；从思维、认识和思想革新走向党、国家和人民各阶层的实践活动革新。

越南的政治改革，是从其政治体制和运行机制的改革开始的，其改革的进程从 20 世纪 90 年代初期就开始了，但取得重大突破是在进入新世纪以后。越南政治体制改革的主要成就，归纳起来有以下几个方面：

第一，废除了领导干部的终身制。越南政治体制改革首先是从废除领导干部终身制开始的，同时在用人上也逐渐从军事官僚为主转向文官治国和专家治国。

---

① 越南共产党第十一次全国代表大会政治报告：《继续提高党的领导能力和战斗力，发挥全民族的力量，全面大力推进革新事业，为 2020 年我国基本成为一个面向现代化的工业国奠定基础》，《社会主义过渡时期国家建设纲领》（2011 年增补），越南共产党网站，2011 年 3 月 4 日公布。

② 越南共产党第十一次全国代表大会文件：《2011—2020 经济社会发展战略》，越南共产党网站，2011 年 3 月 4 日公布。

第二，在坚持共产党一党执政的前提下，积极推动执政的民主化。越南共产党强力推行执政民主化的措施，主要包括以下一些：

一是加强国会在管理国家事务中的地位和作用。从 1993 年起，越南国会代表便实行全国直选，进入新世纪以后进一步完善。选举程序相当严谨。候选人提名要经过其本人所在单位、居住社区和祖国阵线的三轮无记名投票通过；候选人简历及财产情况须至少提前 60 天在新闻媒体上公示；民众可对不合资格者予以检举；选举前，候选人至少需安排一周时间与选民直接对话，并接受选民质询；选举实行差额直选。这种差额直选使国会代表的责任意识大为增强，从而也加强了国会的地位和作用。近两年国会地位增强，并发挥独立监政能力的最典型案例，要数 2010 年 6 月越南国会投票否决了越南政府部门关于在河内市与胡志明市之间建设高铁的议案。该议案受到总理阮晋勇的积极支持，但由于是与日本合作，成本高昂，被代表认为不符合国情，因而被否决。

二是将国会代表分为专职和兼职两种，以使代表能更好地发挥作用。根据新的越南选举法和国会组织法，国会代表分为专职和兼职两种，其中专职代表超过 1/4，而且比例近年还在上升。这种制度使国会代表选举带有很强的竞争性。譬如，在 2007 年的第 12 届国会选举中，全国 875 名候选人中只有 493 人当选。

三是加强决策过程的透明化和民主化。其主要表现是从 2001 年的第九次党代会起，在大会召开之前公布政治报告以征求党内外群众的意见。而国会对政府的质询也通过电视进行直播。

四是加强基层民主建设。执政民主化的制度建设并不仅限于中央，还包括强化基层民主建设。2002 年越南出台了《关于继续推进基层民主条例的实施意见》，2007 年又发布了《在乡坊市镇实施民主》，以达到宪法规定的尊重人民群众权利、发挥人民群众创造力的目的。2010 年，在第四大城市岘港开始了市长选举的试点，将以往由人民代表会议选出执行委员会，再由该委员会选出市长的方式改为由代表会议直接选举。

五是积极推动党内民主，这主要体现为实行党内差额选举制。从 2001 年开始，越共对省级地方党政干部，以及中央委员和党的总书记在内的重要领导职务实行差额选举。2006 年，越共开始在中央加强选举制，对新一届中委政治局书记处人选实行半数票否决淘汰制，对九届中央推荐的中央委员等候选人名单首次进行逐一讨论和投票表决，中央委员和中央候补委员的差额选举比例分别达到 30% 和 84%，甚至连总书记也由差额选举产生。譬如，2006 年 4 月召开的越共"十大"，推举两名候选人角逐总书记职务。此外，还在党内实行质询制度，加强民主监督。越共在九届五中全会上首次引入质询制度。每位中央委员都可以对包括总书记、政治局委员和书记处书记在内的其他委员提出质询，也可以对政治局、书记处、中检委集体提出质询。

第三，加强政治理论的创新，为越南政治改革提供理论支撑。多年以来，越共一直坦诚其理论的发展落后于实践的要求，甚至有理论家认为越南当前存在的三大危机是"理论危机"、"人才危机"和"人心危机"，[①] 理论发展滞后跟不上实践发展的要求。为了改变这种状况，近十年来越共特别重视政治理论的创新。在"十一大"召开之前，由政治局委员、时任越共宣教部部长、越共中央理论委员会主席苏辉若主持的一项旨在"形成越南理论体系"的国家级重大研究课题就已经展开。越共"十一大"通过的《社会主义过渡时期的国家建设纲领》，不但对胡志明思想作出了符合时代发展要求的定义，而且也对越南社会主义的基本特征作出了新的阐释。关于胡志明思想，纲领指出："胡志明思想是关于越南革命基本问题的一系列全面而深刻的观点，是创造性地运用和发展马克思列宁主义于我国的具体条件的成果，它继承和发展了我国民族的美好传统价值，吸收了人类文明的精华，它是我们党和人民无比巨大而宝贵的精神财富，永远照亮我国人民争取胜利的革命事业的道路。"[②] 纲领还提出了越南社会主义的八个基本特征，即"我们正在建设的社会主义社会是一个民富、国强、民主、公平、文明的社会；人民当家作主；具有以现代生产力和主要生产资料公有制为基础的高度发达的经济；具有浓郁民族特色的先进的文化体制；人们生活温饱、自由、幸福，并具备了全面发展的条件；全体越南各民族平等、团结、互相尊重互相帮助，共同发展；建立了在共产党的领导下的属于人民、来自人民和为了人民的社会主义法权国家；与世界各国人民建立了友好与合作关系。"[③] 上述理论的提出，为越南的政治改革奠定了重要的理论基础。

（二）老挝：经济市场化进一步推进，政治改革进展缓慢

如前所述，老挝的转型与越南的转型在背景、模式、方式等方面如出一辙，所不同的只是改革的程度，以及进展的快慢不同罢了。[④] 在改革的程度

---

① 潘金娥：《越共"十大"，总结与发展》，《世界社会主义研究动态》2006 年第 40 期。

② 《社会主义过渡时期国家建设纲领》（2011 年增补），越南共产党网站，2011 年 3 月 4 日公布。

③ 越南共产党：《社会主义过渡时期的国家建设纲领》（2011 年增补），越南共产党网站，2011 年 3 月 4 日公布。

④ 老挝的改革开放许多提法都是从越南借用来的，譬如，越南将改革开放叫做"革新开放"，老挝也学着越南将改革开放叫做"革新开放"；越共提"六个坚持"，老党也提"六个坚持"。

和进展两个方面，越南远远走在了老挝的前头。

笔者认为，老挝的转型有两个特点：一是老挝的转型有"两慢"：第一慢为进展比越南慢；第二慢为进入新世纪后比进入新世纪之前慢。二是政治转型进展比经济转型慢。

20 世纪 80 年代中期实行革新开放政策以后，老挝经济社会的发展显现出勃勃生机，经济发展速度加快，人民生活水平显著提高。但是 1997 年亚洲金融危机的爆发，使老挝刚刚起步的经济发展停滞甚至出现倒退，人民生活水平下降，政治社会矛盾激化，不稳定因素增加，革新开放的推进严重受阻。1999 年起，在国外敌对势力的支持和渗透下，老挝境内反政府武装的活动加剧，绑架和爆炸事件频发，2000 年，仅在万象市就发生爆炸及爆炸未遂案件 12 起。同年 3 月，美国参议院通过允许在美老挝苗族拥有美国国籍的法案，公开支持分裂老挝的活动，老挝的国家安全面临严重威胁。与此同时，老挝人民革命党内部的矛盾加大，老一代领导人之间、来自南北方的领导人之间的分歧也日益表面化。2000 年 4 月，老挝第一任国家主席苏发努冯亲王之子、老挝国营企业部部长坎赛·苏发努冯出逃新西兰并造成恶劣影响。凡此种种表明，老挝 15 年革新开放的进程走到了转折关头，世纪之交的老挝正面临着严峻的考验。

老挝是在其革新开放面临严峻挑战的危急关头进入新世纪的。进入 21 世纪以来至今，老挝人民革命党相继于 2001 年 3 月 12—14 日召开了"七大"、2006 年 3 月 18—21 日召开了"八大"，以及 2011 年 3 月 17—21 日召开了"九大"三次全国代表大会，老挝党不断巩固了领导地位，坚定了信念和信心，调整了相关政策。老挝的革新开放事业继续得以推进。

综观进入新世纪以来老挝政治经济转型的新进展，总体上可以归纳为以下几个方面：

在经济革新方面的进展，主要表现是：

第一，确立并完善了经济改革的目标。这就是：建立富强、人民幸福、社会文明公正的国家。为此，老党认为，革新应从思想变革开始，它是行动变革的基础。老挝的变革是从经济领域开始的，先进行试验。经济体制革新在前，政治体制革新跟上。经济革新，当务之急是彻底革新国家经济结构和旨在推动自然经济、半自然经济向商品经济转换以及高度集中的计划经济向市场经济转换的经济管理体制。其中包括发展生产力和提高工作效率，鼓励各种经济成分发展。

第二，承认非社会主义性质经济成分的合法地位，鼓励其参与国家经济建设，在革新所有制关系方面取得新进展。在实施革新开放后的第二个五年计划（1985—1990 年）期间，各种所有制形式得到认可和推广。老党中央还于 1988 年颁布了《关于私营和个体经济政策的决议》，从党中央的最高层面，引导人民改变了以往对农民、手工业者个体经济和私营经济的不公正认识。1988 年 1 月，党的四届五中全会就国营、集体所有制形式统一了认识，并在党的"五大"、"六大"尤其是进入新世纪后召开的"七大"会议上又有进一步的发展；相继对国营企业采取了合并、解散、出售、持股、出租等重大改革举措，使国营企业的数量从 800 家减少到 1997 年的 130 家，大大减轻了政府的经济负担。2006 年 3 月 18—21 日召开的老党"八大"全面回顾和总结了革新开放 20 年的成就和经验，提出了未来发展的目标和任务。大会就继续推进革新开放提出了发挥各种经济成分力量，巩固和建设国有经济和集体经济，积极发展家庭经济，促进人民增收等七条总方针和总任务。

第三，废除官僚主义的、救济式的经济管理机制，建立以企业核算为基础的新的经济管理机制。由于体制机制方面的原因，老挝国有企业长期处于低绩效状态。国企享受着国有银行的优惠贷款，却不能产生令政府满意的经济效益，反而给银行业的发展和改革带来了消极影响。尽管政府一再强调经济体制改革的重要性，但来自既得利益集团的反对，使这种改革很难进行。进入新世纪以后，国企改革成为老挝经济革新的重点。2001 年党的"七大"出台了关于改造当前国营企业的政策，重点放在市场体制效益以及与其他经济成分平等竞争方面，其中最主要的是增强经营自主权，调整国营业企业体制和规模，按照市场经济要求向经营管理方式转变，包括实行股份制，以优惠政策鼓励和支持中小企业发展，等等。

第四，在农业领域进一步完善家庭承包责任制。与越南一样，老挝的经济革新首先是从农业领域的改革开始的，而农业改革又是从推行家庭承包责任制开始的。确定农业领域革新政策的重要起点是老党四届六中全会，党的"五大"、"六大"、"七大"确定了工作规划和具体项目，以及第三、第四、第五、第六个社会经济发展规划。为打破"吃大锅饭"的局面，集体农业社形式逐渐由家庭承包责任制取代，农民自愿合作形式开始出现，并得到迅速发展。农林领域革新的根本任务是实现自然农业经济向商品农业经济转变，尤其是要把大米生产作为优先发展项目，提高人民尤其是占人口大多数的农民的生活水平。进入新世纪以后，家庭承包责任制进一步完善，小型商会、金融信贷协会、用水协会、农机服务协会相继建立起来，在发展商品生产中起到了举足轻重的作用。①

第五，进一步敞开国门，以优惠政策发展对外贸易和吸引、利用外资。在对外贸易方面，老挝政府努力与国际接轨，积极争取加入世界贸易组织并已经取得重大进展。譬如，老挝政府根据老党"九大"决议中作出的"放宽对进出口的限制"的决定，一改以往将贸易赤字控制在 GDP 5% 的做法，放宽了对进口的限制。这不但使外贸进出口总额大幅度增加，而且也使其加入世贸组织的步伐进一步加快。在利用外资方面，老挝政府不但敞开了国门，而且其外资政策十分优惠。据老挝政府官员介绍，外商在老挝投资，可以享受最高达 7 年的免除利润税待遇，随后还可享受 10% 的利润税率。对于用于扩大投资的利润可免征利润税。此外，外商可以在其投资企业中使用不超过 10% 的外国员工，也可以配备老挝缺乏的相关投资项目的专家、技术及管理人员。2007 年，政府又出台了一系列更为优惠的政策措施，其中包括建立集中度很高的"一站式服务"机构，以便协调投资项目。②

在政治革新方面，截至今日，老挝并未发生颠覆性的、疾风暴雨式的变革。老党中央自始至终强调，老挝的政治体制改革不是改变政治制度，不是削弱党的核心作用和领导地位，而是在明确各机构职能基础上完善政治体系的组织，改革其活动方式，保障党的领导作用，加强党的领导地位，提高政府机构管理效能，发挥群众组织作用，使整个政治体系各机构能充分发挥自己的作用，能灵活地、协调地运转。因此老挝的政治体制改革要采取"荷花不变颜色，水不变浑"的方式，即采取不给社会造成动荡，不给人民群众思想造成重大冲击的方法，逐步地、谨慎地开展，以保证国家的安全和社会的稳定。③ 因此，进入新世纪以来老挝政治转型的进展，主要还是表现为在确保老党执政地位不动摇基础上对现有政治体制的完善。为应对"苏东剧变"后世界社会主义运动转入低潮和新一波"民主化"浪潮冲击的严峻挑战，老党加强理论探索和政策调整，以便巩固其在新形势下的执政地位。为此，主要做了以下方面的工作：

第一，深入研究和探讨马克思主义关于建设社会主义的理论，端正指导思想，对老挝社会主义的本质特征作出了新的认识：

一是认识到老挝处于社会主义过渡时期初期阶段。虽然老挝建国已多

<hr>

① 翁树强等：《老挝司法部部长谈老挝人民革命党领导下的革新开放》，大学生通讯社，2008年 6 月 11 日。

② The Economist Intelligence Unit，*Country Report*：*Laos*，October 2007，p. 15.

③ 老挝人民革命党：《五大政治报告》，参见何龙群、陶红《苏东剧变后的老挝人民革命党》，《国外理论动态》2007 年第 10 期，也见 http：//globalview. cn/ReadNews. asp？NewsID = 13054。

年，但仍然很落后，因此不能直接向社会主义过渡，需要经历一系列中间环节。老挝目前仍处于社会主义过渡时期的初期阶段。因此，老党必须根据这一国情制定社会主义建设的路线、方针和政策。

二是老挝当前主要任务是大力发展生产力、提高劳动生产率。列宁关于大力发展生产力是社会主义建设的根本任务，高于资本主义的劳动生产率、发达的生产力是新社会制度胜利的最重要、最主要的保证的论述，使老党认识到，处在社会主义过渡时期初期阶段的老挝，当前首要任务是集中力量解放生产力，使生产力不断地向前发展，建立起生产关系和生产力之间的协调关系。

三是实施鼓励商品自由流通政策建设社会主义。老党领导人学习了列宁关于利用商品—货币关系来建设社会主义的理论后，改过去限制自由贸易、限制商品自由流通的政策为鼓励自由贸易、鼓励商品自由流通的政策，为建立社会主义市场经济找到了理论根据。①

第二，加强党的建设，巩固党的领导地位，掌握好党对国家的领导权。

2001 年 3 月中旬召开的老党"七大"继续强调，将继续坚持党的领导，坚持社会主义道路，确保社会安定、政局稳定，以经济建设为工作重心，保持经济持续增长，优先解决人民的温饱问题，加快发展，使老挝尽快摆脱不发达状况。② 2006 年 3 月 18—21 日召开的老党"八大"全面回顾和总结了革新开放 20 年的成就和经验，强调要继续加强党内团结统一和全民凝聚力。2011 年 3 月 17—21 日召开的老党"九大"确立了新的发展方针、思路和目标，继续推进老挝的转型与发展。"九大"提出，政治上将坚持"四突破"和"五经验"；③ 在党的建设方面将坚持六个重点；④ 在推进经济转型与发

---

① 何龙群、陶红：《苏东剧变后的老挝人民革命党》，《国外理论动态》2007 年第 10 期，也见 http：//globalview. cn/ReadNews. asp？NewsID = 13054。

② 见老挝人民革命党"七大"文件《2001—2005 老挝经济社会发展计划》，2001 年 3 月 14 日。

③ 四突破：一是在思维解放上要有突破；二是在人才发展上要有强力突破；三是在行政管理制度上要有突破；四是在解决人民贫困方面要有突破。五经验：一是稳定压倒一切；二是提高党的领导能力；三是发挥党员先进性；四是改进工作作风，深入实际；五是实行多元务实外交。见陈定辉《老党"九大"新政解读》，打印稿，2011 年 4 月。

④ 六个重点：一是加强党的政治思想建设，重视并加强理论研究工作；二是继续在组织上巩固党；三是整顿领导作风，提高党的执政能力；四是加强纪检工作；五是整顿党内管理和保卫工作；六是干部工作和干部队伍培养要讲求质量。见陈定辉《老党"九大"新政解读》，打印稿，2011 年 4 月。

展方面要实施"一、二、三、四、五、六"发展方略。① 上述措施的实施，使老党逐渐改变了苏联解体、东欧剧变和1997年金融危机的冲击，巩固了执政地位。

第三，在一定程度上放宽了新闻报道的尺度。2007年4月，时任国家副主席的本扬·沃拉芝声称："媒体应该在反腐败工作中扮演积极的角色。"这是老党高层首次公开表态，要求媒体更好地发挥舆论监督作用。此后，媒体在揭露社会弊端，弘扬正气方面的作用日益突出。

第四，更加重视民主、民生和人权。进入新世纪以来，老党对发扬民主、改善民生等问题更加重视，"民主"、"人权"等字眼也频频出现在党的文件之中，其执政理念已悄然发生变化。例如，老党"九大"执政报告提出，老党要继续引领国家迈向富强，带领人民实现富裕、幸福，逐步建设团结、和睦、民主、公正和文明的社会。

（三）柬埔寨：自由市场经济体制日益完善，"一党独大"威权政体初步形成

如前所述，20世纪90年代以来柬埔寨的转型与越南和老挝的转型截然不同，总体上是柬埔寨人民革命党（即现今柬埔寨的执政党人民党的前身）一党政治体制下的中央计划经济体制向君主立宪制的多党政治体制下的市场经济体制的转变。这是一种政权性质发生质变的、"另起炉灶"的转型。柬埔寨的转型发生在20世纪90年代初、中期，经历了长期的巩固和不断完善的过程。

进入新世纪以来，柬埔寨的经济政治转型，仍然是对那次转型成果的巩固和完善。在2001年以来至今的12年期间，柬埔寨分别于2003年和2008年共举行了两次大选（下届大选将于2013年举行）。鉴于柬埔寨人民党以及洪森首相持久的强势地位，以及其他政党和政治领袖的弱势地位，从进入新世纪前于1998年7月举行的那届大选起，柬埔寨人民党和奉辛比克党两党联合执政、实行两首相制的政治格局被打破，此后一直由人民党副主席洪森单独领导政府，奉辛比克党作为点缀，与人民党组成联合政府，但大权操控在洪森及人民党手中。因此，人民党的意志和政策主张毫无疑问被贯穿于柬埔寨政府的对内对外政策中。

---

① "一、二、三、四、五、六"发展方略："一"就是以经济发展为中心；"二"就是实施"经济社会发展与保卫祖国两大战略任务"相结合；"三"即实施北、中、南三个区域发展战略同步进行；"四"即实现经济社会四大发展目标；"五"即坚持五项发展方针；"六"即实现六项宏观经济指标。见陈定辉《老党"九大"新政解读》，打印稿，2011年4月。

进入新世纪以来柬埔寨在经济转型方面的进展，主要还是巩固和不断完善根据 1993 年新宪法所确立的"自由市场经济体制"。主要表现是：

第一，不断加大经济私有化的进程。在农业方面，完全取消了农业合作社，将土地全部分配给农民长期耕种，实现"耕者有其田"。与此同时，政府还提高了农产品的官方收购价格，使之与自由市场价格接近，以此刺激农民的生产积极性。2010 年 4 月 5 日，由人民党主导的国会通过了《外国人房屋产权法》，以鼓励外国人在柬埔寨买房。该法规定，外国公民可以在柬埔寨拥有二楼以上房屋的产权，并可以用自己的名义购买。[①] 这可以说是在所有制方面的又一个突破。

第二，加大工业领域改革力度，在工业领域全面推行市场经济体制。根据 1995 年的《私有化条例》，柬埔寨政府通过拍卖和租赁等形式对中小工业企业全面实行私有化；对大型工业企业则采取引进外资入股的方式，分散控制权。目前，除少数关系到国计民生、影响大、规模大的工业企业仍由国家或者由政府与外商联合控制外，其余绝大多数均已私有化。工业企业的私有化，大大促进了柬埔寨工业的发展。

第三，颁布并根据形势的新发展不断修改《外资法》，以优惠政策大力吸引外国资本参与工业项目的改造和新建，从而为加速工业化注入新的活力。柬埔寨的《外资法》被认为是东南亚地区各国中条件最为优惠的外资法。为进一步加大吸引外资的力度，2011 年柬埔寨政府又对《外资法》作了修改，向外商开放了石油矿产及天然气等仍未充分开放的领域。

在政治转型方面，进入新世纪以来，进展和变化主要表现在以下几个方面：

一是进一步巩固和完善了君主立宪制的政治体制。1993 年柬埔寨实现民族和解，在联合国帮助下建立起君主立宪制的政治体制。由于是一种全新的政治体制，这一政治体制初步建立起来以后仍然有一个体制进一步完善、运行机制进一步磨合的过程。1993 年举行的恢复和平后的大选，柬埔寨国会实行一院制，并未设参议院。由 61 名议员组成的参议院，是在 1998 年大选之后设立的，[②] 是人民党与奉辛比克党在激烈的权力斗争中相互妥协的结果。1998 年大选之前，为赢得大选的胜利，拉那烈王子领导的奉辛比克党与洪森领导的人民党之间斗争日益激烈，终于引发了 1997 年的"7 月事件"。两党各自所领导的武装于 7 月初发生冲突，结果，忠于拉那烈的武装

---

① 《柬埔寨国会通过〈外国人房屋产权法〉》，柬埔寨《华商日报》2010 年 4 月 26 日。

② The Economist Intelligence Unit（London），*Country Report*：*Cambodia*，May 2005，p. 4.

失败而洪森获胜，拉那烈被迫流亡国外，其第一首相的职务被解除并被缺席判处徒刑。其后，经西哈努克国王特赦，拉那烈回国率领奉辛比克党参加了1998年7月的大选。结果，洪森领导的人民党获得64席，拉那烈领导的奉辛比克党获得43席，都未获得单独组阁的绝对多数。经过多轮谈判和讨价还价，人民党与奉辛比克党再次同意联合组阁，由洪森为唯一首相，人民党则同意将其党主席谢辛担任的国会主席一职让与拉那烈担任，作为补偿，新成立了由61人组成的参议院，谢辛改任参议院主席。[①] 参议院的建立，从形式上看是柬埔寨仿照西方尤其是西欧一些国家的君主立宪制建立起来的政治体制的进一步完善。

二是几经磨合，国王作为国家象征的地位和作用进一步巩固。众所周知，根据1993年颁布的新宪法，西哈努克成为柬埔寨王国的国王。虽然宪法规定了国王的地位和作用，但在相当一个时期的实践中难以有效体现，尤其是随着西哈努克年事日高和王位危机的日益显现，问题日益突出。2004年10月7日，81岁高龄的西哈努克国王突然宣布退位，柬埔寨陷入王位空缺状态，新国王的产生提上议事日程。10月14日，西哈努克的儿子、51岁的西哈莫尼被王位委员会推举为新国王，于10月29—30日举行了登基典礼。西哈莫尼继位至今已8年，很好地履行了作为国王的职责，得到国民的拥戴。柬埔寨君主立宪制的政治体制日益巩固。

三是"一党独大"威权政治体制的特点日益明显。1993年实现民族和解后，柬埔寨选择了君主立宪制下的多党民主体制。但由于柬埔寨特殊的国情，多党民主政治的发展基础薄弱，长期"发育不全"。在1993年至2003年，参选的20多个政党绝大多数都是临时拼凑起来的，基础浅薄、人数不多，影响有限，其中大多数大选以后很快便作"鸟兽散"。而最有影响的是柬埔寨人民党、奉辛比克党，以及1995年以后兴起的桑兰西党。人民党人数众多，有20多年的执政基础；奉辛比克党有王室背景；而桑兰西党代表一种新兴力量，作为反对党有较大影响。尽管人民党与奉辛比克党之间争斗不断，但两届大选都显示出较大影响，谁都不能单独组阁，因此在1993—2003年，柬埔寨政坛总体上形成三足鼎立格局，基本上都是人民党与奉辛比克党两党（更确切地说是两党领袖洪森与拉那烈二人）"分肥"，桑兰西党成为主要反对党。但显而易见的是，由于种种原因，掌控权力的砝码从一开始就逐渐向人民党倾斜。2003年第三届大选以后，各政党此消彼长变化

---

① The Economist Intelligence Unit（London），*Country Profile*：*Cambodia and Laos*，*1998 - 1999*，pp. 5 - 11.

加快，2006 年，日见衰败的奉辛比克党发生重大分裂，党主席拉那烈被驱逐
出党而不得不另组新党，称"拉那烈党"，从而打破了已延续了多年的三足
鼎立政党架构。桑兰西党也在激烈的政治斗争中被逐渐削弱，新成立的反对
党拉那烈党，以及庚速卡领导的人权党又难成气候，而人民党则一枝独秀，
"越来越强大"。① 因此，至 2008 年大选，柬埔寨政坛人民党"一党独大"
的威权政治体制已经形成。

　　看来，柬埔寨政治体制的转型，是由不成熟的多党政治体制向"一党
独大"威权政治体制转变。而近年的实践证明，在柬埔寨独特的国情下，
"一党独大"威权政治体制无疑为其政治、经济和社会的稳定发展提供了重
要保障。

　　（四）缅甸："七步走"民主进程有序推进，政治经济转型开创新纪元

　　如前所述，与其他 GMS 国家不同，缅甸的转型是从军人集团所鼓吹的
所谓"有纪律的民主"② 即"不合法的"军人独裁统治的政治经济体制向
现代民主政治体制和市场经济体制的转变。众所周知，在国际社会尤其是西
方的经济制裁、政治打压甚至军事恐吓下，缅甸的军人政权顽强存在了近半
个世纪而未转型。尤其是 1988 年以后新军人集团统治的 22 年间，以美国为
首的西方国家为了从外部压迫缅甸实现民主转型，可谓软硬兼施，办法用尽
也未能如愿以偿。这说明，外因必须与内因相结合，才能促进事物的转化。
笔者认为，迄今为止缅甸的转型有两个显著的特点：

　　一是面对强大持久的国内外压力，缅甸的转型也是自上而下的"自主
转型"和"自愿转型"而非"强制转型"。俗话说得好，"解铃还须系铃
人"。近半个世纪的历史证明，在军人集团控制能力很强的缅甸，外部力量
并未能促使缅甸发生颠覆性变革，缅甸的转型只能靠缅甸人民尤其是依靠军
人集团自己，而且只能采取和平过渡这种冲击力较小的渐进式的"稳妥变
革"。

　　二是缅甸政治民主化的转型决定着其经济市场化的转型。也就是说，与
越南和老挝经济改革推动政治改革的情况不同，缅甸转型则是政治转型决定
着、推动着经济转型。尽管 1988 年以来，在国际上改革开放潮流的影响下，

　　① Sorpong poeu, *Combodia after the Killing Fields*, in Government and Politics in Southeast Asia, ed John Funston, 59（Singapore：Institute of Southeast Asian Studiies, 2001）. Kheang Un、Sokbunthoeun So, *Politics of Natural Resource Use in Cambodia*, Asian affairs：An American Reviaw, 2009, Volume 36, Numbre 3, p. 125.
　　② 《翁山淑枝：非美式民主，缅须发展本身民主模式》，新加坡《联合早报》2012 年 10 月 4 日。题目中的"翁山淑枝"即昂山素季。

为了求生存求发展，缅甸军政府在经济领域采取了一些改革措施，譬如放宽了国营企业的自主权，鼓励私营企业发展，制定并颁布了《外资法》以吸引外资，等等。但是，这些所谓的改革，无论从措施上讲还是从效果来讲，都是非常有限的，其经济体制最核心的问题并未触及，其作用只是为其以后的转型作了一些铺垫，奠定了转型的基础。

进入新世纪后，尽管外部压力未能促进缅甸从根本上转型，但在缅甸内部，转型的因素在孕育、发展（比如以昂山素季为首的民主派的持续推动；包括青年学生、市民乃至僧侣在内的广大民众对民主要求的进一步增强；大权在握的军人集团在国内外强大压力下改革与转型的意识逐渐孕育；等等），因此转型的进程明显加快。主要进展可以归纳为以下几个方面：

在政治转型方面，最重要的进展，就是军政府推出了"七步走民主路线图"，正式启动了转型进程，按部就班推进缅甸政治体制从军人政治向民主政治的转型。2003 年 8 月 30 日，军政府通过时任政府总理的钦纽宣布了旨在实现民族和解、推进民主进程的"七步走民主路线图"：

第一步，重新召开国民大会；

第二步，探索建立有章可循的民主制度；

第三步，起草新宪法；

第四步，全民公决通过《缅甸联邦共和国宪法》；

第五步，举行公平的大选组成议会；

第六步，按照新宪法召开立法会议；

第七步，由议会选举产生国家领导人、政府及其他中央机关，建立现代、发达和民主的国家。

后来的发展表明，尽管从军政府于 2003 年 8 月 30 日公布"七步走民主路线图"后，缅甸先后发生了一系列重大事件，但缅甸军人集团"任凭风浪起，稳坐钓鱼台"，始终能够排除干扰，牢牢把握着大方向，按照"七步走民主路线图"努力推进民主化进程。

2004 年 10 月 19 日，缅甸国家和发委主席丹瑞大将发布公告，宣布总理钦纽上将因健康原因退休，由和发委第一秘书长梭温中将接任总理。钦纽被免职后，"七步走民主路线图"继续推进。

2005 年 2 月 17 日—3 月 31 日，根据"民主路线图"计划，中断 8 年的国民大会两次复会，拟定宪法基本纲领和原则细则。

2005 年 11 月 7 日，军政府正式宣布迁都彬文那，更名内比都。

2007 年 7 月 18 日—9 月 3 日，制宪会议在完成议程后胜利结束。8—9 月，军政府宣布燃料大幅涨价，引起了广大民众尤其是城市居民的强烈不满。9 月 24 日，抗议行动升级，民众大规模示威游行，3 万名僧侣和 7 万名民众走上街头示威，要求政府释放反对党领袖昂山素季。抗议物价上涨的民生诉求，演变成民主改革的政治要求。这就是传媒所称的"九月事件"或者"袈裟革命"。

2008 年 2 月 9 日，军政府宣布将于 5 月举行新宪法全民公决、2010 年举行大选。这是军政府自 2003 年 8 月提出"七点民主化路线图"计划以来第一次明确提出民主化的时间表，此举受到联合国和东盟的肯定。2 月 19 日，缅甸宪法起草委员会宣布新宪法草案完成。5 月 3 日，"纳尔吉斯"热带风暴席卷缅甸南部造成其历史上最严重的自然灾害，但民主进程未受影响。5 月 10 日，缅甸军政府如期对新宪法举行全民公决投票，于 5 月 29 日确认获得通过。

2009 年 8 月 8 日，政府军发动突然袭击，清剿彭家声的果敢同盟军并占领果敢，缅北地区 20 年的和平被打破，民主进程受到很大影响，但并未因此而中断。

2010 年 1 月 4 日缅甸独立日，丹瑞宣布将于年内举行大选。11 月 7 日，缅甸在 20 年后如期顺利举行了多党民主选举。结果，代表军人集团利益的、由时任总理登盛领导的联邦巩固与发展党以 76.52% 的得票率获得压倒性胜利，开始组建近半个世纪以来的首个民选政府。10 月 21 日，缅甸国家和平与发展委员会颁布法令正式启用新宪法确定的新国旗、新国徽，并在新首都内比都举行了新国旗升旗仪式。新国名为"缅甸联邦共和国"。

根据新宪法，缅甸实行总统制，由联邦议会选举产生，联邦议会设人民院（下院）和民族院（上院）两院；总统为国家元首和政府首脑，以及武装力量的最高统帅；缅甸实行多党民主政治体制和市场经济体制；奉行自主、积极、不结盟的外交政策。①

2011 年 1 月 31 日，缅甸新宪法正式生效，联邦议会举行第一次会议，选举产生人民院主席吴瑞曼、民族院主席吴钦昂敏；联邦议会议长则由两院主席轮流兼任，各任期半年。2 月 4 日，联邦议会选举时任总理、退伍将军登盛为总统，另外两人为副总统。2 月 11 日，联邦议会一致通过由登盛总统指定的 34 名内阁部长。2 月 12 日，任命了各省邦总督（邦长）。3 月 30 日，丹瑞签署法令撤销从中央到地方的国家和平与发展委员会办公室，同时将权力移交给新当选的政府，并宣布自己和军政权二号人物貌埃退休。

---

① The Economist Intelligence Unit（London），*Country Report*：*Myanmar（Burma）*，November 2010，pp. 1 - 7.

同一天，新政府宣誓就职。①

至此，从形式上看，缅甸终于完成了从军人政治向民主政治的转型。新政府成立后，继续推动政治改革，迄今主要做了以下几个方面的工作：

一是释放昂山素季，与反对党实现和解。

大选后一周，军政府就于 2010 年 11 月 13 日释放了缅甸民主运动的领袖昂山素季。此后，缅甸国会修改法律，允许曾经的政治犯享有政治权利，反对党民盟于 2011 年 12 月重新注册登记成为一个合法政党并参加了 2012 年 4 月 1 日举行的 45 个议会议席的补选，赢得 43 个议席，民盟主席昂山素季当选联邦议会人民院议员。

二是放松舆论控制，给予言论自由，放宽并最终废除了实施多年的新闻检查制度。

昂山素季恢复自由后，新政府允许其照片出现在报纸的首页。2011 年 6 月，当局解除了对体育、娱乐和彩票等期刊的审查。9 月，新政府宣布对包括 Facebook、Twitter、BBC、Youtube、缅甸民主之声和"美国之音"等在内的一些境外网站和广播电台解除封锁。2012 年 8 月 20 日，缅政府宣布终止对国内出版物的审查制度。

2012 年 7 月，缅甸邮政与电信部开始制订开放电信行业的改革计划，以让缅甸人享有使用手机和互联网的便利，同时吸引外资创造就业。

三是数次进行大赦，释放政治犯。

新政府成立不久，就宣布组建由 15 名退休官员和学者组成的国家人权委员会（NHRC）。该组织成立后，给登盛总统写了一封公开信，呼吁释放所有被关押的政治犯。2011 年，当局进行了两次大赦，上万名被释放的关押者中有 300 人是政治犯，其中包括著名的喜剧演员札哈纳。2012 年 1 月，当局又进行了两次大赦：2 日大赦 6656 名服刑人员；13 日又释放了 651 名被判刑人员，其中包括自 2005 年 7 月以来一直被软禁在家的前总理钦纽、88 名学生运动领袖之一的敏哥奈、掸邦民族领导人昆吞乌，以及著名博客家赖乃风。2012 年 9 月中旬在昂山素季和登盛总统相继访问美国之前，缅甸政府又宣布释放了 514 名囚犯，其中 80 多人是政治犯。②

四是通过法律允许工人享有组建工会和罢工的权利。

---

① International Crisis Group, *Working to Prevent Conflict Worldwide*：《缅甸大选：亚洲简报 NO. 105—2010 年 5 月 27 日》; International Crisis Group, *Working to Prevent Conflict Worldwide*：*Myanmar：the Politics of Economic Reform*（Asia Report N°231—27）, July 2012.

② 《登盛访美前夕口缅甸再特赦 514 名犯人》，新加坡《联合早报》2012 年 9 月 18 日。

2011 年 11 月 24 日，有消息称缅甸议会已通过一项允许公民和平示威的《和平集会与游行法案》；12 月 2 日，登盛在新的法案上签字正式成为法律。根据法案，示威者可以手持旗帜和政党标志在政府大楼、学校、医院和大使馆以外的地方进行示威、游行和集会。

五是与民族地方武装恢复和谈。

新政府成立后，在对待民族地方武装的问题上一改大选前对其进行强制收编的态度，软化了立场，恢复了与它们的和谈，相继与多支民族地方武装签署了新的停战协定。从 2011 年 11 月开始，登盛政府开始同掸族、克钦族和克伦族以及瓦联军和掸邦东部民族民主同盟军等少数民族的武装组织举行和平谈判并与后两支地方武装签署了停战协定。2012 年 1 月 12 日，缅政府与克伦民族联盟领导的克伦民族解放军（Karen National Liberation Army）签署停火协议，4 月 2 日又与克伦民族联盟六名代表进行了历史性会谈，达成了包括逐步实现全国停火、安置重建等 13 点共识，并签署了和谈纪要，从而结束了克伦族反对派与联邦政府长达 60 多年的对峙与冲突。

在经济转型方面，随着大选成功举行和民选政府的顺利组成并有效运转，进行实质性经济改革，向市场经济体制转型的政治障碍被消除。根据新宪法关于大选后的缅甸实行多党民主政治体制和市场经济体制的规定，缅甸新政府履职伊始，就推出了一系列新的政策措施并将其付诸实施，迄今所取得的主要进展包括以下内容：

第一，将实行市场经济列入宪法，以国家根本大法的形式固定下来并努力贯彻实施。2008 年 5 月 29 日经过全民公决通过并于 2011 年 1 月 31 日正式生效的缅甸新宪法第一章第三十五条规定"国家的经济制度是市场经济制度"。这一条规定，将市场经济制度以国家根本大法的形式固定下来。新政府成立后，为建立和完善市场经济体制，已经做了大量工作。不过，有舆论认为，与稳定政局、巩固政权相比，经济改革迄今仍然被登盛政府置于次要地位。

第二，多次改组政府，一方面显示新政府经济改革决心，另一方面为改革提供组织保障。

新政府成立以来直至 2013 年中期，已多次进行改组。2012 年 6 月初，"对于经济改革十分重要"的邮政电信部副部长丁伦和能源部副部长索昂被解除职务，据认为这是总统吸引更多外资计划的一部分。此后，为给登盛总统等改革派让路，"以确保正在进行的改革进程"，吴丁昂敏乌也辞去了副总统职务。2012 年 8 月 27 日，登盛总统又宣布大规模改组内阁，旨在"提升支持改革的阁员，将强硬派边缘化"。内阁约 30 个职位中有 9 个受影响，主要包括财政部、新闻部、工业部，以及国家策划与经济发展部等与经济发展相关的部门。其中，原工业部部长梭登（Soe Thein）、原铁路交通部部长昂敏（Aung Min）、原财政与税务部部长拉吞（Hla Tun），以及原国家策划与经济发展部部长丁乃登（Tin Naing Thein）四名部长受委为总统府部长。据登盛总统的助手说，这四名部长的任命是为了加快缅甸的改革步伐。① 此外，为了加强决策的科学性，登盛政府还于 2011 年 4 月 11 日成立了政治、经济和法律 3 个顾问组，共由 9 人组成。其中，经济顾问组由吴敏博士（组长，系昂山素季的顾问）和吴赛昂、盛拉波博士组成。

第三，提出"第二次战略改革"号召，拟将经济改革引向深入。

登盛就职总统以来，一直努力推进政治经济改革，在经济改革方面不断推出新招。2011 年 5 月，登盛政府召开了发展农村经济和减少贫困工作会议，之后，成立了各级委员会，按照行动计划开展工作。为了对宏观经济政策进行改革，登盛政府于 2011 年 8 月 19—21 日在内比都召开了国家经济发展改革工作研讨会。副总统赛貌康、政府相关部长、各省/邦行政长官、议会议员参加会议，还邀请了经济学者、银行协会、民营企业、媒体及其他社会团体等非政府组织、政党负责人等出席。吴登盛总统出席开幕式并发表重要讲话。他希望与会者为国家经济的发展谏言献策，以便促进国家经济、社会的发展。

2012 年 3 月 1 日在联邦议会发表讲话时，登盛总统再一次呼吁民众为了国家建设携手合作，支持政府实施的改革措施。他说，过去一年，政府在取得成绩的同时也遇到了很多困难和挑战。政府将迎接新挑战，继续努力改革。目前，缅甸正在遵循市场经济，制订短期和长期发展规划，推进经济改革。缅甸要学习外国的技术和管理经验、吸引外资，并修改法律以保护外商投资。②

5 月，吴登盛提出"第二次战略改革"，即在实行政治改革之后，进行以促进国家经济发展、改善人民生活为中心的第二步战略改革，将工作重心转向经济改革。这至少表明登盛政府有意推进缅甸的经济转型和发展。

第四，大量出售国有资产，大力度推进私有化改革进程。

登盛政府上台不久，就于 2010 年 3 月中旬决定大量出售国有资产。拟出售的国有资产中，不少是缅甸的支柱产业，其中，包括仰光市政府办公场所在内的 100 多栋政府大楼、港口设施及国营航空公司的大部分股权赫然在

---

① 《缅甸内阁大改组，提升支持改革成员》，新加坡《联合早报》2012 年 8 月 28 日。
② 张云飞：《缅甸总统呼吁民众支持政府改革措施》，新华网，2012 年 3 月 1 日 21：36：23。

4

列。据称，除了石油等能源项目外，宝石矿场、锡矿场、农田及国有工厂也被列入出售名单。此外，缅甸政府还首次宣布对外开放教育和医疗的私有化市场，吸引国际投资。对于此次出售国有资产，缅甸政府称其为"经济改革的一部分"，并且通过官方媒体呼吁有意者提出申请，进行投标。为了促进中小企业的发展，缅甸工业发展银行从 2011 年 7 月开始向中小企业发放年利率 15% 的优惠贷款，这一利率低于缅甸央行规定的 17% 的贷款利率下限。此项贷款得到了食品制造加工企业的支持，约 20 家食品企业已向工业发展银行提交申请。至 2011 年 6 月 30 日，缅甸私营工厂、作坊已有9421 家。

第五，更加重视民生问题。

在就职演讲中，登盛总统宣布新政府将给农民和工人提供更多的帮助，提高农民和工人的社会经济生活水平。在农业领域，新政府要完善保护农民权利的相关法规，制定合理的农产品价格，提高农产品质量；要为工人提供更多的就业机会，维护市场价格稳定，让他们享有工作福利和社会福利的权利。2011 年 6 月 20 日，在内比都举行了为期 3 天的农村发展和减少贫困委员会会议，登盛总统、各部部长、经济学家、驻外大使及媒体出席会议，提交了 30 多项提案。登盛在致辞中提出将在 4 年内把缅甸的贫困人口数量减少至 16%，并提出了减少贫困的 8 项措施，包括保护环境、发展小型私人贷款、农村发展等工作。从 2012 年 1 月 1 日起，缅甸政府又取消对公民的国外所得征税。这项新措施将惠及向当局注册的 60.7 万名海外劳工，此前这些工人除了必须在受雇国缴税，还得向缅甸政府缴付 10% 的所得税。

第六，完善法律法规，扩大对外开放。

继 2011 年 1 月 27 日颁布《经济特区法》后，登盛政府又于 2 月颁布了《土瓦经济特区法》，指定政府机构、团体相关人员组建土瓦特区管委会，管委会主席将由国家部级官员担任，土瓦特区事务由总统府部长直接对总统负责。缅甸已与泰国的意泰公司签约，力图在土瓦地区合作建设缅甸第一个较大规模的经济特区。截至 2012 年 10 月，缅甸正式纳入国家发展计划的特区已经有三个，即南部的土瓦特区、西南部的皎漂特区，以及仰光郊区的迪洛瓦特区。

为了进一步吸引外国投资，促进本国经济发展，缅甸国会于 2012 年 9 月 7 日通过了吸引外资的新法案。新的投资条例允许外国公司在同当地合作伙伴的联营项目中，拥有 50% 的股权。在一些特定领域比如高科技领域，外国投资者可以拥有 100% 股权，给投资者 8 年免税待遇。①

为了发展进出口贸易，登盛政府取消了在出口贸易方面权力很大的贸易委员会，将进出口许可证审批权转移至商务部负责。商务部加快了贸易许可证的审批，对公司注册、延期手续提供一站式服务。新政府还重组了缅甸投资委员。调整后的政府机构提高了工作效率，减少了审批环节和时间。

加快汇率改革步伐，扩大金融对外开放是其扩大对外开放的一项重要内容。从 2012 年 4 月起，缅甸启动了汇率改革，缅元与美元的汇率将实行自由浮动。② 经财税部 2011 年 11 月 25 日批准，自 2012 年年初起，缅甸多家银行相继开通了与国外银行间的贸易及汇兑业务（swift 系统）。获准开通此项业务的银行有甘波扎银行、CB 银行、吞瓦登兴银行、缅甸工业发展银行、缅甸东方银行、苗瓦底银行、AGB 银行、缅甸先锋银行、伊洛瓦底银行、联合阿玛拉银行及茵瓦银行 11 家银行。③

但是尽管如此，国内外学术界对缅甸新政府改革与转型的动机，即缅甸改革开放"到底是战略选择还是策略选择"，也就是说，缅甸的改革开放，到底是缅甸政府拓展国际空间的国家战略大转变，还是在内外双重压力下不得已而为之的策略性应对？迄今仍然存在不同的声音。有学者认为，深入分析军政府时期的所作所为，以及新政府成立以来所采取各项政策措施，国内稳定和主权独立，依然是缅甸新政府的着眼点，是其国家战略重点。因此，缅甸新政府所采取的一系列改革开放的措施，并不能完全被认为是具有全局性意义的战略目标，也有可能是服从于维护主权、巩固政权、争取民族团结和解的目标，以便争取最大限度的国际空间，改善民生，缓解经济压力。但这些举措也并不仅仅是策略性的选择。缅甸的改革被认为是由缅甸军队中发起的自上而下的改革，总统吴登盛就一直被认为是军队当中的温和派和改革派。只不过，缅甸目前的政策主张，虽然已经对国家战略决策产生了影响，但执政者尚未将其提升到战略目标的高度。④ 另外一个值得注意的问题是，正如俗话所说的"开弓没有回头箭"，缅甸的转型即便是军人集团的一种"不得已而为之"的举措，也不会"走回头路"。但是，缅甸的民主转型绝不会选择"美国式民主"，正如昂山素季所强调的，"缅甸必须发展本

① 《缅甸国会通过新投资法》，新加坡《联合早报》2012 年 9 月 8 日。
② 《本月起缅甸启动汇率改革缅元自由浮动》，《云南信息报》2012 年 4 月 16 日。
③ 《缅甸新政府施行新政积极改革》，云南省商务厅网站，2012 - 05 - 08 15：35：59，http：//www. dh. gov. cn/bofcom/4329250369705508288/20120508/322907. htm。
④ 陈霞枫：《缅甸改革开放是战略选择还是策略选择?》，国际在线，2012 - 01 - 18 11：0。http：//www. citygf. com/news/News_ 001010/201201/t20120118_ 2872990_ 1. html。

身的模式，而不会是美国式民主"。① 因此，何况昂山素季将来当上总统十分困难，② 即便她当上总统，也不会选择"美国式民主"。

（五）泰国："军事威权政治"向现代民主政治的转型艰难推进

泰国是典型的"威权政治"国家；实行"威权政治"系泰国独特的历史、政治与社会使然。威权与民主的杂糅成就了"二战"后泰国经济的腾飞，也遏制了泰国公平与正义社会的建立和经济现代化的深入发展。因此，泰国需要进行政治经济的转型。

泰国威权政治体制向现代民主政治体制的转型起步较早而进展较慢，其特点是有曲折甚至有反复，总体来看是"螺旋式"上升的。进入新世纪以来，这种特点尤其明显。

泰国政党政治的发展，经历了由军人政治向民主政治的艰难转型。这一过程是曲折而且缓慢的。从 1932 年至 2001 年，泰国政党政治的发展经历了约 70 年。其间，明显可划分为两个阶段：第一阶段从 1932 年至 1992 年，为以军人政治为主，军人政治和政党政治相互竞争，交替存在的阶段（也有学者将其称为"威权为体，民主为用"）③；第二阶段为从 1992 年至 2001 年的约 10 年，为政党政治发展的巩固阶段。在泰国，从以军人政治为主，军人政治和政党政治交替存在的阶段转向多党民主体制，经历了一个漫长的过程，用了整整 60 年的时间（1932—1992 年）。在这 60 年中，共发生了 19 次军事政变，其中有 13 次成功，6 次未遂；先后有 20 位总理组建了 48 届政府，其中 24 届为军人政府，8 届为以军人为主的政府，16 届为文官政府；共通过了 15 部宪法；举行了 18 次大选。60 年中有 80% 的时间处在军人的统治之下。④

1992 年军事政变之后，泰国进入了一个短暂的政治民主化成果的巩固期。在从 1992 年至 2005 年的 14 年间，泰国民主政治平稳发展，军队和各政治力量之间相安无事，都在按照现代民主政治的游戏规则行事。于是，就使一些国际观察家产生了错觉，认为 1992 年的军事政变可能是泰国历史上

---

① 《翁山淑枝：非美式民主，缅须发展本身民主模式》，新加坡《联合早报》2012 年 10 月 4 日。

② 有报道称，昂山素季于 2012 年 9 月底至 10 月初应邀访问美国之际，缅甸总统登盛在接受英国广播公司采访时表示，他将接受昂山素季出任总统，但他表示他个人无法修宪。缅甸宪法禁止有外国配偶的国民担任总统。见《翁山淑枝：非美式民主，缅须发展本身民主模式》，新加坡《联合早报》2012 年 10 月 4 日。

③ 参见任一雄《以民主机制之形，载威权政治之实：从泰国的议会看"威权为体、民主为用"》，载李文主编《东亚宪政与民主》，中国社会科学出版社 2005 年版。

④ 王士录：《从人民力量党的胜出看当前泰国政党政治的特点》，《当代世界》2008 年第 2 期。

的最后一次军事政变，素金达军政府则可能是泰国历史上的最后一届军人政府。1992 年的"五月事件"将成为泰国军人退出政治舞台，实现军队中立化的重要标志，也将成为泰国政党政治稳定发展的一个重要转折点。从此，泰国民主政治的发展进入了一个新的时期。^① 然而，不久后的事态发展即推翻了这种判断。

进入新世纪以后，泰国民主政治与威权政治的矛盾不断孕育，政治转型出现大倒退。

首先，军事政变再次发生，民主转型进程被打断。

2006 年 9 月 19 日，泰国军人发动不流血政变，推翻了他信领导的泰爱泰党民选政府，从而再次打断了泰国从军人威权政治体制向民主政治体制转型的进程。这次政变成为泰国历史上的第 20 次军事政变，再次刷新了泰国军事政变的纪录。它再次表明，泰国政党政治的发展虽然已经有了很大进步，但还很不成熟，仍然处于巩固期。这一过程也许会很长，^② 还会出现曲折和反复。

其次，社会分裂加剧，阶级对立更趋严重，社会的公平正义问题日益突出，政治转型受社会问题所拖累。

从 2006 年 9 月起，泰国政治发展进入乱象丛生、持续动荡期，民主转型出现大倒退。由于军队不能脱离政治而且总是保持独立甚至凌驾于民选政府之上，更由于上层精英的贵族化和下层民众的民粹化，^③ 在 2006 年 9 月至 2011 年 7 月的 5 年间，泰国社会严重分裂，党派争斗不断激化，由动口变动手，由文斗变武斗，政府更迭犹如走马灯，总理五易其人，从军政府总理素拉育到民选总理沙马，再到颂猜、阿披实、英拉，正所谓"乱哄哄，你方唱罢我登场"。他们大多都成为泰国政治历史发展中的匆匆过客，直至 2011 年 7 月亲前总理他信的为泰党推举他信的妹妹英拉领衔参加大选获胜上台后，泰国这个被政治分析家们形容为民主化进程中的"烂尾工程"的国家，^④ 才打破了泰国政治动荡"恶性循环"的神话，逐渐恢复了稳定。

尽管英拉上台后，泰国政局恢复了稳定，但学术界普遍认为，进行了半个多世纪的泰国民主化进程迄今仍然是个"烂尾工程"，军队始终未彻底退

---

① 思路：《从当前泰国的政治危机看泰国政党政治的发展》，《东南亚》2006 年第 2 期。

② 同上。

③ 王士录主编：《东南亚报告（2010—2011）》，云南大学出版社 2012 年版，第 106 页。

④ 庄礼伟（天大研究院特约研究员）：《危险的变革：东南亚政局风险评估》，2011 - 08 - 08，http：//www.tiandainstitute.org/cn/article/1108_ 1.html。转引自王士录《东南亚报告（2011—2012）》，云南大学出版社 2012 年版，第 8 页。

出国家政治舞台，未能真正从属于民选政府；中产阶级与底层民众之间的矛盾尚未在政党政治中得到有效缓解，阶层间的利益冲突仍然是各种政治势力用于争权夺利的工具；此外，分析家们并不看好毫无从政经验的英拉平衡各政治利益集团的能力，其过度迎合草根阶层的经济政策也颇受非议。① 因此，观察家们普遍认为，未来泰国持续的政治博弈（包括大选和街头抗争运动）仍不可避免。

在经济转型方面，泰国"协调型市场经济"的特征就是"由制度对经济进行协调"。② 因此，泰国"协调型市场经济"的完善受制于其政治体制的转型。在 20 世纪 70—90 年代泰国的特殊国情下，威权政治体制保证了政治社会的稳定，从而有利于经济的发展，创造了泰国经济腾飞的奇迹。但是90 年代末尤其是进入 21 世纪以后，在全球化和区域经济一体化加速发展的背景下，威权政治体制已越来越不合时宜，越来越难以对其市场经济进行"协调"，向现代民主政治体制转型已势在必行。因此，进入新世纪以后，随着政局的动荡和民主化进程的一度倒退，泰国的经济政策也出现了一些非结构性的新变化。主要表现是：

第一，他信惠民的经济社会政策即所谓"草根政策"的实施。

进入新世纪后的初期，作为"草根阶层""代言人"的他信上台后，采取了一系列惠民措施，其中包括："负债农民三年缓债计划"——允许全国200 多万名农村债务人延迟三年偿还总值 500 多亿泰铢的国有银行贷款，并免除三年内的利息；"一村一品"计划——鼓励各村镇开发特色产品，并由政府在宣传和销售方面给予扶持；"乡村基金"计划——由政府划拨种子基金，为全国每个村庄和城市社区提供 100 万泰铢的资金，以信贷方式支持农村产业建设；"三十铢治百病"计划——建立覆盖全国的医疗保障网络，确保农民仅需支付 30 泰铢就能够得到医疗服务和药品； "仁爱"系列计划——由政府出资，为农民和城市贫民提供廉价的住宅、水电、生产资料，以及人寿保险项目；"资产化资本"计划③——允许农民以土地所有权、承租权、国有土地使用权、知识产权、机器为抵押，向国有指定银行贷款，用于生产性投资。据统计，到 2005 年 5 月，"乡村基金"作为"草根政策"

---

① Economist Intelligence Unit, *Outlook for 2012 – 16—political outlook—political stability*, Country Report: Thailand, October 2011, pp. 5 – 6.

② 见《协调可持续发展型市场经济的内涵和价值目标》一文，《中国企业报》2012 年 05 月 14 日 10：09，http：//roll. sohu. com/20120514/n343116060. shtml。

③ "Policy Directional Framework and Approach of Assets Capitalization in Brief", Assets Capitalization Bureau, Thailand, 20041 http：//www. plangs insap. or. th.

的核心计划，已在全国的 714 万个乡村和 4500 个城市社区设立基金项目，占全部乡村和城市社区总数的 99.1%，并通过政府储蓄银行（GSB，负责城市地区）和农业与农业合作银行（BAAC，负责农村及城市边缘地区）向 1780 万名借款人支付了 2590 亿泰铢。有学者在对 2044 个城市社区和 1596 个乡村的 314 万多个家庭进行了先后两次（2002 年和 2004 年）调研后指出，尽管存在部分贷款家庭无力偿债的现象，但是七成以上贷款家庭的生活水平和生产能力得到了相应的提高。福利改善的切身感受，使得越来越多的农村选民成为他信及其领导的泰爱泰党的坚定支持者。[①]

然而，他信的政策顾此失彼，在照顾到了"草根阶层"利益的同时，却冷落、侵蚀、损害了中产阶级的利益，引起了中产阶级的不满，最终加剧了社会的分裂。他信被军事政变推翻，亲他信的沙马上台后，其施政纲领中关于经济社会改革最核心的两项措施即改革医疗系统、降低费用以便惠及穷人看病，以及要求银行为农民提供低息贷款以支持农业发展，被反对党斥责为毫无新意，系他信"惠民主要政策"的沿袭。[②] 接替沙马继任总理的颂猜，犹如匆匆过客，宝座尚未坐热便下台，因此在经济改革方面毫无建树。

总体上看，他信、沙马和颂猜三任政府都是一条藤上的瓜，都明确表示要推行积极的扩张性财政政策来刺激经济的发展，但由于政局持续动荡，其政策都未能有效付诸实施。

第二，阿披实政府被戏称为"抄功课"的经济复苏政策。

2008 年 12 月中旬，民主党在大选中获胜，阿披实成为泰国第 27 任总理。阿披实上台伊始，泰国舆论普遍认为，信奉经济自由主义而且长期在野的民主党政府为应对极为严峻的经济形势，将不得不继续执行前几任政府所执行的扩张性的财政政策，但是鉴于种种原因，它很难运用好这一政策来刺激经济。[③] 预料之中的是，阿披实上台不久，即于 2009 年 1 月 13 日批准了一项总额为 1150 亿泰铢的刺激经济预算案，其所采取的措施恰恰是前总理他信所推行过的关照"草根阶层"的惠民措施，从而被反对党指为"抄功课"，并声称准备索讨"版权费"，[④] 但这项政策还是得以继续执行，并且取得了一定成功。

第三，英拉政府的经济政策：他信经济政策的翻版。

---

① 周方冶：《泰国政治格局转型中的利益冲突与城乡分化》，《亚非纵横》2008 年第 6 期。
② 王士录主编：《东南亚报告（2008—2009）》，云南大学出版社 2009 年版，第 127 页。
③ 同上书，第 135 页。
④ 王士录主编：《东南亚报告（2009—2010）》，云南大学出版社 2010 年版，第 175 页。

2011 年年初，亲前总理他信的为泰党推举他信的妹妹英拉领衔参加大选，与代表民主党参加大选的前总理阿披实展开了竞选角逐。二人所走的都是"亲民路线"，其经济、社会政策实际上都是前总理他信的"草根政策"。3 月 29 日，时任总理的阿披实宣布，一旦赢得大选连任，将在未来 2 年内推动和落实增加最低工资 25% 的政策。随后，民主党宣布若再次执政，还将落实每个家庭每个月 228 铢的免费电费、每个月 300 铢的煤气费、740 铢的免费教育费、965 铢的医疗费等政策。此外还将控制汽油价格、免除税款、提供免费公交车，提高农民收入 25%，以及老年人每个月可以获得 500 铢的津贴等多项惠民政策。① 英拉及其为泰党也不示弱，为泰党于 4 月 23 日举行了竞选纲领发布会。他信通过视屏介绍了为泰党的竞选纲领。这些政策包括：将在 12 个月内彻底解决毒品问题；解决贫困问题，继续推动和发展 30 铢医疗计划，加大小型企业贷款金额，每个村可以获得 30 万—50 万铢不等的辅助资金；恢复农产品典押政策，将企业所得税从 30% 减至 23%，大学毕业工作的最低月薪不低于 1.5 万铢，日薪不低于 300 铢；提供助学金，让所有学生都能够拥有带无线上网功能的笔记本电脑等。他信还提出要加强基础设施建设，解决曼谷市的水淹问题，在曼谷市增修 10 条统一票价为 20 铢的地铁线，并新建郊区快轨，建设曼谷—清迈、罗勇高速铁路等。② 此外，还由英拉宣布了一项"干预大米市场"的计划，称若赢得大选，将以每吨 1.5 万铢收购大米，以保护农民的利益和种田的积极性。尽管这项计划在实行一年后，由于增加了巨额财政开支并造成大量稻米积压而被泰国中央银行主席威拉邦沙批评为"对国家稳定构成威胁"而"敦促政府取消这一花费庞大且极其政治敏感的贴补稻农计划"，但财长吉迪拉却为这项计划辩护称，他有信心此计划将有助于提高农民的收入及购买力，从而刺激经济。③

总之，从进入新世纪以来，从他信到素拉育、沙马、颂猜，再到阿披实和英拉，无论是他信的泰爱泰党，还是亲他信的人民力量党和为泰党，还是阿披实的民主党，其经济政策都未能跳出他信"惠民经济政策"的窠臼，

---

① 《大选拉票，阿披实大打加薪牌》，泰国《世界日报》2011 年 3 月 30 日。
② 《他信视屏公布为泰党竞选纲领》，泰国《世界日报》2011 年 4 月 24 日。
③ 为落实此项"贴补稻农计划"，泰国内阁于 2012 年 10 月 2 日批准了 2400 亿铢（约 95 亿新元）的临时预算，用于在未来一年以高于市价的价格从农民手中收购 1500 万吨的大米。泰国每年出口 800 万—1000 万吨大米，而截至 2012 年 9 月底的大米出口量仅为 490 万吨，同比滑跌了 44%。见《央行主席：避免国家稳定构成威胁，泰应废除巨款贴补稻农计划》，新加坡《联合早报》2012 年 10 月 4 日。

都是所谓"他信经济学"（Thaksinomics）[1] 的翻版。这些政策倾向于照顾底层民众，但有些政策显然超出了客观条件的限制并伤及了其他阶层的利益，有收买民心之嫌，因此被认为具有民粹主义倾向。但是，自从"他信经济学"诞生以来，就在泰国脆弱的民主体制下显示了顽强的生命力。民主党等党派为了争夺选票，也不得不调整政策，向"他信经济学"靠拢。

三　改革与转型为 GMS 五国经济社会的发展提供重要动力

改革与转型是经济社会发展的不竭动力。一个因循守旧、不思进取的国家，其经济社会的发展必然缺乏动力。改革与转型为 GMS 五国经济社会的发展提供了重要动力。

早在新中国成立初期，伟大的政治家、思想家毛泽东就指出，"革命就是解放生产力"，就是促进生产力的发展。[2] 1992 年，中国改革开放的总设计师邓小平发展了毛泽东的思想，提出"革命是解放生产力，改革也是解放生产力"。[3] 这里的革命并非昔日我们所讲的腥风血雨式的"暴力革命"，而是具有当前时代特征的"非暴力革命"，即更多地具有"改革""变革"乃至"自我完善"等温和的特征。改革与转型的目的在于调整生产关系，促进生产力的发展，即通过对政治经济体制和机制的改革和完善，来促进经济和社会的稳定、快速发展。因此，衡量 GMS 国家的改革与转型是否取得成功的一个重要标志，应当是看其是否促进了经济社会的发展，在多大程度上促进了经济社会的发展？

如前所述，进入新世纪以来，GMS 五国在政治经济的改革与转型方面都作出了不同程度的努力，取得了重要的、积极的进展。而改革与转型作为一种重要的动力，也有力地促进了 GMS 五国经济社会的发展。关于这一点，GMS 各国政府为了提振信心，都不断有总结和归纳。

譬如，2011 年年初召开的越共十一大政治报告及大会所通过的相关文件对其革新开放 25 年来尤其是进入新世纪以来近 10 年的经济社会发展成就予以了充分肯定：农德孟在越共十一大政治报告中指出："革新开放 25 年

---

① The Economist Intelligence Unit, *Country Report* ：*Thailand*, October 2011, p. 7.
② 毛泽东：《社会主义革命的目的是解放生产力》（1956 年 1 月 25 日），《毛泽东文集》第 7 卷，第 1 页。
③ 邓小平：《在武昌、深圳、珠海、上海等地的谈话要点》（1992 年 1 月 18 日—2 月 21 日），《邓小平文选》第 3 卷，第 370—373 页。

来，越南经济社会发展取得了巨大成就，国家经济快速增长，国家工业化、现代化建设事业以及社会主义市场经济正在得到加强，人民生活显著改善；越南的国际地位不断提高；国家综合实力大大增强。"关于进入新世纪以来的建设成就，越共"十一大"文件指出：从过去的 10 年看，越南的经济总量和人均总量得到了大幅度提升。2010 年 GDP 总量为 2000 年的 2.01 倍，年均增长 7.23%；人均 GDP 从 2000 年的 402 美元提高到 2010 年的 1160 美元，提高了近 3 倍。出口快速增长，出口增幅为 GDP 增幅的 2 倍多。2000年出口总额仅为 145 亿美元，2010 年已达 708 亿美元，为 2000 年的 4.9 倍，年均增长约 17.2%。人口发展指数大幅提高。适龄儿童入学率、中学普及率得以大幅提高；基本解决就业问题，2009 年农村失业率为 2.9%，城镇为4.6%；人均寿命约 73 岁。此外越南全国人口平均年龄仅为 25 岁，人口年轻，积极活跃。关于未来 10 年的发展目标，根据越共"十一大"审议通过的越南《2011—2020 经济社会发展战略》，越南人均国内生产总值 2015 年要达到 2100 美元，2020 年达到 3000 美元以上；工业和服务业产值占国内生产总值的比重要达到 85%；城市化比例达 45% 以上，全国一半以上的乡镇达到新农村的标准。[①]

又譬如，老挝党和政府也曾对老挝革新开放的成就不断进行总结和归纳，激励全党全国人民继续为国家的繁荣富强而奋斗。在 2006 年 3 月召开的老党"八大"上，坎代·西潘敦代表老党中央所做的政治报告就曾经对老挝革新开放 20 年尤其是 2001—2005 年"五五计划"期间的成就作过全面总结，指出：在经济方面，2005 年老挝 GDP 总量是 27.55 亿美元，人均 490美元。"五五"期间，GDP 年均增长 6.2%，比第四个五年计划（1996—2000）期间增长了 0.3%。2005 年的 GDP 是 1995 年的 1.3 倍。其中，工业年均增长 11.3%。经济的增长在一定程度上缓解了就业的压力。"五五"期间，共安置 350 万—400 万人就业，并且对 10 万人进行了职业培训。五年内共接待四百多万外国游客。在投资方面，五年内共投入了约 30 亿美元，占全部 GDP 的 27.8%。五年实现进出口总额 46.9 亿美元。其中，出口18.3 亿美元，进口 28.6 亿美元。在社会发展方面，主要成就包括：一是入学率普遍提高，其中小学入学率由 2001 年的 79% 提高到 2005 年的 84.2%，初中由 46.6% 提高到 54.8%，高中提高了 11.8%；在 2005 年的联合国人文发展指数中，老挝的排名由 1993 年在 173 个国家中排名第 141 位，上升到

---

① 参见《越共十一大政治报告》，以及越南《2011—2020 经济社会发展战略》，《越南共产党第十一次全国代表大会文件汇编》，2011 年 1 月 12—19 日。

2005 年在 177 个国家中名列第 133 位。二是贫困率大幅度下降，五年内共解决了 13. 75 万个家庭的生活困难。三是人民生活水平明显提高，GDP 年均增长 612%，人均 GDP 从 1985 年的 200 美元增加到 2005 年的 490 美元；人均寿命从 1980 年的 50 岁增加到 2005 年的 61 岁；有 67. 2% 的家庭用上了干净水。① 对于老党"八大"以来 2006 年至 2010 年的五年间革新开放事业所取得的成绩及今后五年的奋斗目标，老党总书记朱马利在"九大"政治报告中则概括性地指出：过去五年，老挝在维护国家独立、领土和主权完整，促进社会经济发展，维护政治和社会稳定，坚持和平、独立、友好与合作的外交路线等方面取得了重要成果。在今后的发展中，老挝要坚持革新开放政策，提高党的领导能力，解决好老挝目前存在的主要社会经济问题，争取每年 GDP 增长不低于 8%，到 2015 年实现人均 GDP1700 美元。②

同样，柬埔寨、缅甸和泰国近十年来经济社会发展的成就也是有目共睹的。进入新世纪以来，GMS 地区一直成为经济发展最具活力的地区之一。由于本书后面还将分国别进行深入评介，这里不再一一赘述，只想对进入新世纪以来 GMS 地区各国经济社会的新发展进行综合归纳如下：

（一）经济发展：改革与转型的新进展有力地促进了 GMS 五国综合国力的提升

统计资料显示，进入新世纪以来，尽管东南亚地区相继遭受了 1997/1998 年发端于东南亚的亚洲金融危机余波的影响，以及 2008 年以后美国次贷危机及西方主权债务危机的严重冲击，老东盟国家经济增速普遍放缓，但是 GMS 国家的综合国力仍然普遍呈现快速增强之势。主要表现在以下几个方面：

一是国内生产总值大幅度增加。

1992 年，GMS 五国的国内生产总值（GDP）仅为 1338 亿美元，其中越南 99 亿美元、老挝 12 亿美元、柬埔寨 20 亿美元、缅甸 105 亿美元、泰国 1102 亿美元；而越、老、柬、缅四个东盟新成员国的 GDP 总和仅为 236 亿美元，仅占泰国一国 GDP 的约 1/5。③

---

① 坎代·西潘敦：《老挝人民革命党第八次全国代表大会政治报告》（2006 年 3 月 18—21 日）。转引自潘岳《老挝人民革命党第八次全国代表大会》一文，《当代世界社会主义问题》2006 年第 3 期。

② 朱马利·赛雅颂：《在老挝人民革命党第九次全国代表大会上的政治报告》（2011 年 3 月 17—21 日）。

③ The Economist Intelligence Unit , *Country Report*：*Vietnam*，*Laos*，*Cambodia*，*Myanmar and Thailand*，1996 .

2000 年，GMS 五国的国内生产总值（GDP）增加到 1585 亿美元，其中越南为 312 亿美元、老挝为 17 亿美元、柬埔寨 36 亿美元、缅甸 72 亿美元、泰国 1148 亿美元；而越、老、柬、缅四个东盟新成员国的 GDP 总和仅为 437 亿美元，仅占泰国一国 GDP 的约 1/2.6。

2011 年，GMS 五国的国内生产总值（GDP）已经达到 5295 亿美元；而越、老、柬、缅四个东盟新成员国的 GDP 总和达到 1805 亿美元。其中越南 1162 亿美元，比 2000 年净增了 850 亿美元，增加了 3.7 倍以上，总额相当于 20 年前（1992 年）泰国的水平；老挝 65 亿美元，比 2000 年净增了 48 亿美元，增加了约 4 倍；柬埔寨 161 亿美元，比 2000 年增加了 125 亿美元，增加了 4 倍以上；缅甸 419.5 亿美元，比 2000 年增加了 345 亿美元，增长了约 5.8 倍；泰国 3487 亿美元，比 2000 年增加了 2339 亿美元，增加了 3 倍以上。[①]

综观 GMS 五国进入新世纪以来国内生产总值的增长，有三个较为突出的特点：第一，从整体上看增长速度快，增长基数大。GMS 五国进入新世纪时的 2000 年的国内生产总值（GDP）是 1585 亿美元，11 年后的 2011 年增加到 5292 亿美元，净增了 3707 亿美元，增加了 3 倍以上。第二，越、老、柬、缅四个东盟新成员国尤其是越、老、柬三个改革力度较大、转型进程较快的国家增速最快。以越南为例，其 GDP 从 1992 年的 99 亿美元增加到了 2000 年的 312 亿美元，再到 2011 年的 1162 亿美元，20 年间净增了 1061 亿美元，增长了 11.6 倍以上。第三，被称为"亚洲四小虎"之一的泰国由于受到两次国际金融危机的冲击尤其是受到国内政治社会持续动荡的影响，增速明显趋缓。

二是对外贸易总额大幅度增加。

1996 年，GMS 五国的进出口总值增加到 1447.7 亿美元，其中越南为 184 亿美元（其中出口 73 亿美元，进口 111 亿美元）、老挝为 6 亿美元（其中出口 2 亿美元，进口约 4 亿美元）、柬埔寨 17.7 亿美元（其中出口 6.6 亿美元，进口 11.1 亿美元）、缅甸 27 亿美元（其中出口 8 亿美元，进口 19 亿美元）、泰国 1213 亿美元（其中出口 545 亿美元，进口 668 亿美元）。数字显示，同期越、老、柬、缅四个东盟新成员国的进出口总额为 234.7 亿美

---

① The Economist Intelligence Unit , *Country Report*：*Vietnam*，*Laos*，*Cambodia*，*Myanmar and Thailand*，2011 .

元，与四年前的 1992 年相比，增加了 157.7 亿美元，增长了 3 倍多。[①]

2000 年，GMS 五国的进出口总值仅为 1551.3 亿美元，与四年前的 1996 年相比，仅增加了 103.6 亿美元。其中，越南为 293 亿美元（其中出口 144 亿美元，进口 149 亿美元）、老挝为 8.7 亿美元（其中出口 3.3 亿美元，进口 5.4 亿美元）、柬埔寨 33 亿美元（其中出口 14 亿美元，进口 19 亿美元）、缅甸 38.6 亿美元（其中出口 16.6 亿美元，进口 22 亿美元）、泰国 1178 亿美元（其中出口 632 亿美元，进口 546 亿美元）。数字显示，同期越、老、柬、缅四个东盟新成员国的进出口总额仅 373.3 亿美元，只相当于泰国进出口总额的约 1/4。

2011 年，GMS 五国的进出口总值达到 6934 亿美元，其中越南为 1972 亿美元（其中出口 973 亿美元，进口 999 亿美元）、老挝为 35 亿美元（其中出口 16 亿美元，进口约 19 亿美元）、柬埔寨 158 亿美元（其中出口 67 亿美元，进口 91 亿美元）、缅甸 149 亿美元（其中出口 67 亿美元，进口 91 亿美元）、泰国 4620 亿美元（其中出口 2455 亿美元，进口 2165 亿美元）。其中，越、老、柬、缅四个东盟新成员国的进出口总额达到 2314 亿美元。[②]

综观 GMS 五国进入新世纪以来对外贸易的增长，也有三个较为突出的特点：第一，从整体上看增长速度较快，增长基数大。GMS 五国进入新世纪时的 2000 年的对外贸易总额为 1551.3 亿美元，2011 年增加到了 6934 亿美元，增加了 5383 亿美元，11 年间增加了约 3.5 倍。第二，越、老、柬、缅四个东盟新成员国尤其是越、老、柬三个改革力度较大、转型进程较快的国家增速最快。以越南为例，其进出口总额从 1992 年的 51 亿美元增加到了 2000 年的 293 亿美元，2011 年增加到 1972 亿美元，20 年间增加了 1921 亿美元，增长了 38.6 倍以上。第三，被称为"亚洲四小虎"之一的泰国由于受到两次国际金融危机的冲击尤其是受到国内政治社会持续动荡的影响，增速明显趋缓。1996 年泰国进出口总额 1213 亿美元，2011 年增加到 4620 亿美元，净增 3407 亿美元，增长了约 3.8 倍。同期，越、老、柬、缅四个东盟新成员国的进出口总额净增了 2079 亿美元，增长了约 9.8 倍。即便是对外贸易发展较慢的柬埔寨也增长了近 9 倍。

三是外汇储备大幅度增加。

---

① The Economist Intelligence Unit, *Country Report*：*Vietnam*, *Laos*, *Cambodia*, *Myanmar and Thailand*, 1996.

② The Economist Intelligence Unit, *Country Report*：*Vietnam*, *Laos*, *Cambodia*, *Myanmar and Thailand*, 2011.

1992 年，GMS 五国的外汇储备为仅为 218.8 亿美元，其中越南为 11.7 亿美元、老挝为 0.4 亿美元、柬埔寨 0.3 亿美元、缅甸 2.8 亿美元、泰国 203.6 亿美元。数字显示，同期越、老、柬、缅四个东盟新成员国的外汇储备总额仅 15.2 亿美元，只相当于泰国外汇储备总额的约 1/14。

1996 年，GMS 五国的外汇储备增加到 400.5 亿美元，其中越南为 18 亿美元（比 1992 年增加 6.3 亿美元）、老挝为 0.2 亿美元（同比减少 0.2 亿美元）、柬埔寨 2.7 亿美元（同比增加 2.4 亿美元）、缅甸 2.3 亿美元（同比减少 0.5 亿美元）、泰国 377.3 亿美元（同比增加 173.7 亿美元）。数字显示，同期越、老、柬、缅四个东盟新成员国的外汇储备总额为 23.2 亿美元，同比仅增加了 8 亿美元，只相当于泰国外汇储备总额的约 1/16。①

2000 年，GMS 五国的外汇储备增加到 377.6 亿美元，其中越南为 43 亿美元、老挝为 1.4 亿美元、柬埔寨 5 亿美元、缅甸 2.2 亿美元、泰国 326 亿美元。数字显示，同期越、老、柬、缅四个东盟新成员国的外汇储备总额为 51.6 亿美元，同比增加了 28.4 亿美元，而泰国由于遭受金融危机的沉重打击，外汇储备曾大幅度减少，即便在 90 年代末期有较大改善，至 2000 年也未完全恢复元气，与 1996 年相比，外汇储备也减少了 51 亿美元。即便如此，此时越、老、柬、缅四个东盟新成员国的外汇储备总额也不足泰国的 1/6。

2011 年，GMS 五国的外汇储备增加到 2291 亿美元，其中越南为 164 亿美元（比 1996 年的 18 亿美元增加 146 亿美元）、老挝为 9 亿美元（比 1996 年的 0.2 亿美元增加 8.8 亿美元，增长 44 倍）、柬埔寨 41 亿美元（比 1996 年的 2.7 亿美元增加 38.3 亿美元，增长约 15.2 倍）、缅甸 39 亿美元（比 1996 年的 2.3 亿美元增加 36.7 亿美元，增长约 17 倍）、泰国 2038 亿美元（比 1996 年的 377.3 亿美元增加 1660.7 亿美元，增长约 5.4 倍）。数字显示，同期越、老、柬、缅四个东盟新成员国的外汇储备总额为 253 亿美元，比 1996 年的 23.2 亿美元增加了 230 亿美元，只相当于泰国外汇储备总额的约 1/8。②

四是引进和利用外资大幅度增加。

20 世纪 80 年代以来，大湄公河次区域一直是外来投资的热点地区，尤

---

① The Economist Intelligence Unit , *Country Report*：*Vietnam*，*Laos*，*Cambodia*，*Myanmar and Thailand*，1996 .

② The Economist Intelligence Unit , *Country Report*：*Vietnam*，*Laos*，*Cambodia*，*Myanmar and Thailand*，2011 .

其是越、老、柬三国，在长期的战乱之后，百废待兴，在其改革（革新）开放的大背景下，各国都相继出台了非常具有吸引力的外资法，外商投资持续蜂拥而至，成为推动经济发展的重要引擎。

越南在进入新世纪以来引进和利用外资呈现出高速增长势头。资料显示，进入新世纪以前，越南虽然已经成为外商投资的热土，但吸引外资规模不大，总额仍然不多。在 1988 年至 2002 年的 14 年间，越南共吸收外商直接投资协议金额 390 亿美元，[①] 其速度和总额均不如以后的 10 年。2001 年以后，外商投资越南逐渐加快，当年批准外资协议金额 24.4 亿美元，2008 年增至 717 亿美元；受国际金融危机影响的 2009 年仍然达到 231 亿美元。2010 年为 185.9 亿美元。10 年间越南共吸收外资项目 9445 个，协议总额 1659 亿美元。[②]

老挝的情况与越南相似。1990 年老挝实际利用外资 3634 万美元，经过 20 年的发展，截至 2009 年，老挝累计实际利用外资已经增加到 124 亿美元。其中 1995 年实际利用外资 15 亿美元，比 1990 年增长了约 30 倍。1997 年亚洲金融危机后，老挝实际利用外资一度下降，其中 2000 年下降最大，与 1995 年相比出现约 3% 的负增长。进入新世纪以后，开始大幅度增长。2001 年 3 月老挝颁布更为优惠的外资法实施细则后，增长更为显著，2005 年出现外资增长高达 70% 以上，协议投资金额达到 25 亿美元。2006 年至 2009 年是老挝外资增长达到高峰，三年内吸引外资 67 亿美元。在 1990 至 2009 年的 10 年内，老挝共吸引外资 124 亿美元，项目共 1557 个，其中泰国 330 个项目，投资额 48.06 亿美元；越南 178 个项目，金额 21 亿美元；中国 306 个项目，金额 12 亿美元；法国 119 个项目，金额 11.7 亿美元；韩国 163 个项目，金额 5 亿美元；马来西亚 49 个项目，金额 4.6 亿美元；日本 50 个项目，金额 4.35 亿美元；印度 8 个项目，金额 3.52 亿美元；澳大利亚 51 个项目，金额 3.5 亿美元；美国 48 个项目，金额 1.97 亿美元；其他 225 个项目，金额 8.29 亿美元。[③] 2010 年，老挝引进外资继续保持高速增长，全年共批准投资项目 300 项，协议投资金额 16 亿美元，其中国内投资占 15%，其余均为外商投资。[④]

---

①　The Economist Intelligence Unit , *Country Profile：Vietnam*, 2003, p. 46.

②　参见 General Statistics Office of Socialist of Republic of Vietnam , *Statistical Year Book of Vietnam in 2011*, Statistical Publishing House, 2011, pp. 103 – 109。

③　The Laos Department of Statistics of Ministry of Planning and Investment, *Statistical Year Book of Lao in 2010*, Vientiane Capital, June 2010, pp. 77 – 80.

④　The Economist Intelligence Unit , *Country Report：Laos*, December 2011 .

柬埔寨 1993 年恢复和平后，于次年 8 月颁布《投资法》，吸引外来投资，但进入新世纪以前外资增长较为缓慢。据柬埔寨发展理事会（CDC）统计，截至 2003 年年底，柬共批准外商投资 45 亿美元，主要投资领域依次为：工业（主要是纺织服装）、旅游业、服务业和农业。进入新世纪以后，柬埔寨引进外资速度加快。据柬方公布的数据，在 1995—2010 年的 15 年间，柬埔寨吸引外商投资协议金额近 200 亿美元，其中中国投资最多，累计达到 65 亿美元；其次为韩国 28.5 亿美元；马来西亚 22 亿美元，美国 11.3 亿美元，泰国 7.5 亿美元，中国台湾 6.5 亿美元，新加坡 5.2 亿美元，中国香港 2.8 亿美元，日本 1.5 亿美元。外资主要投向为：旅游业占 48%，工业和服务业各占 23%，农业占 6%。[①] 近年来，柬埔寨吸引外资继续保持较高增长态势。2010 年批准外商投资协议金额 29.43 亿美元；2011 年批准外国直接投资 50.8 亿美元，同比增长 72.6%。英国成为当年柬埔寨最大的外资来源国，协议投资额 22.4 亿美元，中国列第二位，协议投资额 11.9 亿美元，项目 22 个。其次分别是越南（6.31 亿美元）和中国香港（3.3 亿美元）。

缅甸尽管由于军政府统治长期受西方制裁而引进和利用外资受到严重影响，但是随着军政府对外开放政策的实施，1988 年以后外资也在缓慢流入，截至 2000 年年 11 月，共批准外商直接投资 71.5 亿美元，项目 322 个。资料显示，1988—2010 年的 22 年间，缅甸累计引进外商直接投资 319 亿美元，其中 2001 年至 2010 年的 10 年共引进外资 247.5 亿美元，是进入新世纪前 12 年的约 3.5 倍。这表明进入新世纪以后缅甸利用外资增速明显加快，成为其经济增长的重要动力之一。2010 年当之无愧成为新军人集团执政 22 年中吸引外资最多的年份。仅这一年，中国（含香港地区）对缅投资就达 104.7 亿美元，其中香港 53.9 亿美元、内地 50.8 亿美元。[②] 截至 2010 年年底，中国（含香港地区）为缅甸最大的外资来源地，累计投资达到 123 亿美元；泰国次之为 95.6 亿美元，韩国居第三位，为 27.2 亿美元。[③] 另据缅甸《七日新闻》2011 年 8 月 25 日消息，截至 2011 年 7 月底，有 31 个国家和地区在缅甸 12 个领域的 454 个项目上共投资 360 亿美元。其中电力投资居第一位，占投资总额的 40%，油气投资居第二位，占投资总额的 38%。

---

① 柬埔寨《星洲日报》2010 年 1 月 19 日。
② 缅甸《缅甸时报》第 25 卷第 486 期，2010 年。
③ 扈琼瑶：《缅甸：大选带来政治新变化，经济发展有起色》，王士录主编：《东南亚报告（2010—2011）》，云南大学出版社 2011 年版，第 98 页。

在缅甸的外资排行榜上，中国位居第一，占缅甸外资总额的 44.11%，泰国第二，占 26.53%。[①]

泰国是 GMS 国家中引进和利用外资起步最早、成效最大的国家，其每年引进外资的数量也并非直线上升而是曲线增加的。正如泰华农民研究中心的研究所显示的，"过去的政治危机都伤害到外资投资，例如 1992 年的军人政变，那年泰国的外商投资增长从前一年的 10% 减少至 2.6%；而 1993 年再次大幅度下降"。1997—1998 年发端于泰国的金融危机再次重创泰国对外资的利用。但是进入新世纪以后直至 2006 年 9 月军事政变，泰国又迎来利用外资的黄金时期。军事政变后直至 2011 年 7 月的 5 年泰国虽然处于持续的政治社会动荡之中，但对外资的利用似乎影响不大。资料显示，在 2003年至 2010 年的 8 年间，泰国共引进外资项目 6420 个，协议金额 28491 亿泰铢。其中 2003 年 668 个项目，协议金额 2487 亿泰铢；2004 年 749 个项目，协议金额 3070 亿泰铢；2005 年 849 个项目，协议金额 4989 亿泰铢；2006年 823 个项目，协议金额 3077 亿泰铢；2007 年 845 个项目，协议金额 5024亿泰铢；2008 年 832 个项目，协议金额 2975 亿泰铢；2009 年 788 个项目，协议金额 3508 亿泰铢；2010 年 866 个项目，协议金额 2361 亿泰铢（约合78.7 亿美元）。[②]

（二）经济发展：改革与转型的新进展有力地促进了 GMS 五国的基础设施建设

改革与转型调整了生产关系，为生产力的发展提供了强大动力。进入新世纪以后，随着改革与转型进程的推进和经济的快速发展，GMS 各国的基础设施建设大力度推进，经济建设的内外环境不断改善，经济结构进一步优化。

第一，基础设施建设大力度推进，经济建设的内外环境不断改善。

改革（革新）与转型促进了基础设施的建设与发展，在越、老、柬三国表现得尤为突出。由于长期的战乱，改革与转型之初，越、老、柬三国基础设施极为落后，可谓百废待兴。20 世纪 80 年代末至 90 年代初期越、老、柬三国相继走上改革（革新）与转型轨道后，投入巨大财力、人力和物力并引进外资，加大了基础设施建设的力度，为经济的复兴与发展创造良好环

---

① Weekly Seven News, August 25, 2011.

② 2004 年的 3070 亿泰铢，约合 78.7 亿美元；2005 年的 4989 亿泰铢，约合 125 亿美元；2006年的 3077 亿泰铢，约合 77 亿美元；2010 年的 2361 亿泰铢，约合 78.7 亿美元。《泰国投资（2011年版）》，中国驻泰国使馆经商处网站，2011 - 11 - 17 15：50。

境，取得了很大成绩。进入新世纪以后，越、老、柬三国基础设施建设的力度进一步加大，成绩令人瞩目。

就越南的情况而言，经过多年的努力，目前其交通、电力、水利、通信、文教、卫生等重大基础设施已经有了巨大改善，为其经济的腾飞插上了翅膀。革新开放前，越南陆路交通基础设施十分落后，但近 20 年来发展迅速。目前铁路、公路干线贯通南北，已经形成以河内和胡志明市为中心的南北交通网络。其公路总长超过 10 万公里；以 1—29 号公路为主干，以两大城市为中心向四方伸展，公路通达各省，以及多数县、乡；水泥和柏油路约占 10%。由米轨、准轨（1435 毫米），以及米轨与准轨混合组成的铁路网达 2600 公里。航空运输方面，目前越航已拥有 43 架飞机，平均机龄不足 10 年；已开通连接国内 16 个城市的 23 条航线和连接国外 26 个城市的 41 条航线，并在各国设立 28 个办事处和 1000 多个代理点。在水运方面，目前在 24 个沿海省市已建成并投入运营 266 个港口，其中主要港口 43 个（北部 7 个，中部 17 个，南部 19 个），目前正在加强以三大港为中心、由 8 组港口组成的海港体系建设。港口货物年吞吐量已经突破 2 亿吨。在水电基础设施建设方面，目前越南总发电能力约达 1300 万千瓦，其中水电占 36%，燃煤发电占 11%，燃油发电占 2%，柴油发电占 3%，燃气发电占 26%，独立发电占 22%；输电系统有 550 千伏、200 千伏和 110 千伏三种；为满足经济社会发展的用电需求，越南从 2002 年起实施电力发展计划，至 2010 年拟新建或扩建近 40 座电站，总装机容量为 1240 万千瓦。在邮电通信方面，至 2007 年，越南已提前 4 年完成越共"十大"提出的每 100 人拥有 35 部电话的目标，实现乡乡通电话，成为电话普及速度最快的国家之一。截至 2006 年年底，越南全国邮电服务网点达 18926 个。1997 年互联网进入越南，目前已拥有约 600 万用户，平均每 100 人中有 20 人使用互联网。为了实现越南到 2020 年发展成为现代化工业国的目标，越共中央十一届四中全会颁布了《关于建设基础设施配套体系，使越南到 2020 年基本成为迈向现代化的工业国的决议》，提出将集中发展交通、电力供应、水利及应对气候变化、城市建设等十个重点基础设施领域。关于交通基础设施，在公路方面，将优先改造 1 号国道并对其他国道进行维护和改造，保障运输畅通；要新建南北高速公路部分路段，争取到 2020 年完成约 2000 公里高速公路并投入运行。在铁路方面，优先对现有的南北铁路系统进行升级改造；开展高速铁路建设研究。在海港建设方面，将继续投资建设国家级海港系统和国际门户港，优先升级改造两个国际门户港，即海防市的 Lach Huyen 港和巴地—头顿省的盖麦—市围港。在机场建设方面，将优先升级改造 5 个国际机场即河内内排、胡志明市新山一、岘港、芹苴和金兰湾机场，将内排机场改造成北部地区国际门户空港。关于电力基础设施建设，将优先建设发电功率100万千瓦以上的大型电厂（站），积极发展太阳能和风力发电，集中建设宁顺1号和2号核电站，确保首台机组于2020年投入运行。关于水利设施建设，将集中改造现有水利系统，建设和加固海堤、河堤、泵站、泄洪道和海水入侵治理工程以应对气候变化和海平面上升影响。关于城市基础设施建设，将优先改善河内和胡志明市的交通，发展包括公路、轻轨和地铁在内的公共交通，改善饮用水供应、排污和固体垃圾处理系统。关于工业区和经济区建设，到2020年，完善各工业区和经济区内社会基础设施建设。关于商业基础设施建设，将在大型港口区、边境口岸经济区、商品生产和销售集中的区域建设商业基础设施，在农村地区建设农产品集散中心、分销中心、批发中心和便利商店。在大城市、省会城市建设专营商店、超市、商业中心和购物中心，在条件成熟的省会城市建设中等规模的展览中心；大力发展电子商务。关于通信基础设施建设，将努力形成连接国内外的超级宽带网络，继续发展卫星通讯，大力发展信息技术工业，促进软件业迅速、稳定发展。关于教育基础设施建设，将发展从幼儿园到大学、研究院的教育培训基础设施，在河内、胡志明市和其他重要城市建设具有国际水平的大学，建设并有效利用国家科研基地。关于医疗卫生基础设施建设，争取到2020年达到26个床位/万人，在重要城市投资建设一些高质量专科医院，形成自下而上各级医疗网络。关于文化体育和旅游基础设施建设，争取到2015年所有省会以上城市有足够的文体设施，绝大多数郡、县、镇都有文化场所和图书馆。①

　　就老挝的情况而言，基础设施建设所取得的重大进展，也是随着其革新与转型的推进而逐渐实现的，进入新世纪以后成果更为显著。在交通基础设施建设方面，老挝是内陆国家，没有出海口，交通运输主要依靠公路，其次是内河航运，再次是航空。老挝约有公路4万公里，以13号公路为主干贯穿南北，连接各支线，沟通国内主要城镇，与邻国都有公路连接。进入新世纪以来，由于与国外有多个合作建路项目，老挝境内的公路状况正在改善，其中包括连接中国昆明和泰国曼谷的昆曼国际大通道。在水运方面，从北到南贯穿全国的湄公河是老挝水运的大动脉。湄公河在老挝境内河段通航里程1600多公里，从万象北上琅勃拉邦至中国云南景洪，南下沙湾拿吉，全年可以通航。近几年老挝航空业发展较快，全国拥有12个机场。万象瓦岱机

---

　　① 《越南加强基础设施建设促进经济社会建设》，云南省商务厅东盟贸易处。http：//www. dh. gov. cn/bofcom/432925036936953856/20120508/322909. html. 2012 - 05 - 08 15：40：17。

场、琅勃拉邦机场和巴色机场为国际机场，目前共有万象—昆明、万象—曼谷、万象—清迈、万象—河内、万象—胡志明市、万象—金边、万象—暹粒、琅勃拉邦—清迈等多条国际航线。在电力基础设施建设方面，按照老挝电力发展规划，到 2015 年供电率要达到 90%，目前老挝已拥有 10 多个水电站，发电总量超过 16 亿千瓦时；目前老挝正在加紧筹备兴建 29 个新的发电站，到 2020 年电力出口将达到 8000 兆瓦；此外老挝政府已发给超过 130 家公司牌照，以发展 200 个发电项目。在通信基础设施建设方面，老挝的邮电通信比较落后，截至 2008 年，只有省县以上城市才有邮电通信专门机构和设施，全国约有邮电局（所）129 家，电话转接中心 35 家，移动电话发射中心 2 家。近年，老挝移动用户明显增加，通信条件迅速改善。为实现"七五"（2011—2015）期间年均经济增长 8% 的目标，老挝政府确定了 21 个重点建设领域，其中包括铁路、高等级公路、机场、湄公河大桥、水路运输、旅游城市、高压电网、水电开发、矿产开发、农村水利、农田灌溉、工业林种植、加工工业、景点开发、信息通信技术、教育、卫生、地理信息及灾害预警等。①

　　柬埔寨基础设施的巨大改善，也是在进入新世纪以后。在进入新世纪以前，柬埔寨政局动荡频仍，政府的主要精力并未放在经济发展上，基础设施的恢复与发展进展缓慢。进入新世纪以后，人民党一党独大的格局逐渐形成，洪森的地位日益巩固，柬政府有更多的精力来搞经济建设，基础设施建设进入快速发展时期。经过多年重建和新建，目前柬埔寨已经建立起较为完善的公路交通网络。柬公路网以金边为中心，通过 1—8 号一级国道，将首都金边与全国大部分省会城市连接。省会之间则通过二级国道相连。全国公路通车里程达到 30652 公里，其中包括 2117 公里一级国道，3146 公里二级国道，6441 公里省道，18948 公里乡村道路。目前，世行、亚行和中、日、韩三国是帮助柬埔寨进行公路建设的主要力量。截至 2009 年年底，中国使用援助、优贷和优买资金帮助柬已建、在建和待建公路总里程达 1271 公里。在铁路建设方面，目前柬全国仅有两条铁路线，均为单线米轨，无客运列车。南线从金边至西哈努克港，全长 264 公里，1969 年建成；北线从金边至西北部城市诗梳风，全长 338 公里，1942 年建成。两条铁路因遭受战争严重破坏而长期停运，进入新世纪以后在国际援助下修复通车，但因设施严

　　①　老挝政府：《老挝 2020 年实现工业化，建成次区域大通道战略规划草案》，2011 - 05 - 12 15：05：21。华夏土地网：http：//bbs. hxland. com/forum. php？mod = viewthread&tid = 7456524&page =1。

重老化速度和运力很低，目前正在国际帮助下进行提级改造。在水运方面，主要港口有西哈努克港和金边港两个港口，20 世纪七八十年代因战乱损毁。进入新世纪以后，利用日本优惠贷款重建和扩建西港码头，目前，西港码头已经扩大至 400 米长，水深 9 米，能停靠万吨级船舶，年集装箱吞吐量为 40 万标准箱，成为一个重要国际性海港。位于金边市中心湄公河畔的金边港是柬内河航运的重要枢纽，通过湄公河与越南范蓬湾港（Van Phong Bay）连接，也经历了新世纪以来的重建与扩建，2009 年吞吐量约 130 万吨，集装箱吞吐量为 4 万标准箱。在电力基础设施建设方面，柬已建和在建多个大中型水电站，电力生产和供应大为改善。目前柬政府已计划在全国范围内建设三大主电网，努力完成"2020 年将电力覆盖到全国，2030 年使全国 70%的家庭有电用"的目标。在信息基础设施建设方面，为改变落后状态，近年来柬加大了投入和建设力度，目前，柬已成立国营柬埔寨电信公司，该公司既是柬最大的网络运营商，也是网络提供商。拥有连接柬与老、泰、越的光纤网络，可提供 2.5Gbps 传输带宽，总长超过 1300 公里。①

　　缅甸由于军人统治而长期受西方经济制裁，因而基础设施建设严重滞后。缅甸基础设施严重滞后，主要表现在交通、通信和电力等方面。以电力为例，目前缅甸全国的发电总装机容量仅为 1172 兆瓦，供电严重不足，致使工厂的开工率不到 50%，有时连外国使团的用电都无保障。在交通方面，缅甸有公路总里程 22.21 万公里。除作为主干道的毛淡棉—仰光—内比都—曼德勒公路路况较好外，绝大多数路况较差。全国机动车保有量 95 万辆，其中摩托车 60 多万辆。铁路总里程 5800 多公里，主要是窄轨铁路，设备严重老化，有内燃机车 270 台。水运方面，内河航道总里程 1.47 万公里，其中正常通航的 8000 公里；可供远洋货轮停靠的港口主要有仰光、勃生港、实兑港、若开港、毛淡棉港、土瓦港等 28 个港口，其中仰光港是最大的海港。全国仅有远洋货轮 25 艘、集装箱码头 3 个。民用航空方面，有机场 69 个，其中主要有仰光机场、曼德勒机场、黑河机场、蒲甘机场和丹兑机场。仰光机场和曼德勒机场为国际机场；国际航线联系 18 个国家和地区。在电信基础设施方面，有电话用户 200 多万户；2008 年开通 3G 网络。尽管缅甸基础设施落后但也在缓慢改善，而且在进入新世纪以后有明显加快之势。在城市建设和交通方面，进入新世纪以后，城市的规模不断扩大，高大建筑不断增多，公路通车里程快速增长，尤其是高等级公路从无到有，已于 2010

---

① 驻柬埔寨使馆经商处，2010 年 3 月 26 日，http：//template1. mofcom. gov. cn/aarticle/db/cz/201110/20111007780838. html。

年 11 月建成仰光—曼德勒 564 公里高速公路。2010 年 11 月，缅甸与泰国签署《建设土瓦深水港、工业区及通往泰国公路、铁路项目框架协议》，该项目内容包括建设土瓦深水港、船坞、工业区、石化厂、炼油厂、钢铁厂、发电厂、土瓦—曼谷公路、铁路及沿线铺设油气管道，计划分三期进行，10年建成。其中土瓦深水港包括南港和北港，共 22 座栈桥，可同时供 25 艘 2万—5 万吨轮船停靠，年处理货物 1 亿吨。① 为了加快经济发展，缅政府还加紧在各省邦建立 24 个经济发展区和 18 个工业区；通过采取放宽限制、实行私有化、鼓励私营经济发展等措施，大力发展水电、铁路、电力等在内的基础设施建设。

　　泰国是 GMS 五国中基础设施最为完善的国家，即便如此，进入新世纪以来，历届泰国政府仍然重视基础设施建设，将硬环境的不断改善作为引进和利用外资的重要手段来实施，不断取得新进展。泰国完善的基础设施包括发达的海陆空交通网络、现代化的通信网络以及充足的水电供应。泰国拥有超过 16 万公里的完善的公路网络；曼谷与邻府的市内高速公路总长度近100 公里，环城高速公路长度 165 公里，城际高速公路总长度超过 200 公里，规划中的城际高速公路总长达 4150 公里。铁路总长度 4000 公里，以曼谷为中心，连接北部、东北部、东部和南部等主要地区，并且正在规划建设曼谷—廊开、曼谷—泰马边境、曼谷—罗勇三条高速铁路。在水运方面，目前泰国已有 122 个港口码头，其中包括 8 个国际深水港（年吞吐量超过 450万标准集装箱）。此外，从北部清莱府的清盛港和清孔港，通过澜沧江—湄公河国际航道可直达中国云南的关累港和景洪港。在民航设施方面，泰国拥有 28 个民用机场；曼谷素旺纳普国际机场建有 2 条跑道和 120 个停机位，年客流量达 4500 万人次，年货运量 300 万吨，是东南亚地区重要的空中交通枢纽；现有 53 个国家 80 家航空公司在泰国设有固定航线，89 条国际航线可达欧、美、亚及大洋洲 40 多个城市，国内航线遍布全国 21 个大中城市。在信息基础设施建设方面，包括固定电话、移动电话、ADSL 宽带互联网、卫星调制解调器及拨号入网服务等在内的各种形式的电信网络已覆盖全国各地。在电力基础设施方面，2009 年泰国电力生产能力达 29212 兆瓦，供给大于需求。② 尽管基础设施建设成果显著，但泰国政府并不以此为满

---

　　① 见《泰国与缅甸签署建设土瓦深水港、工业区框架协议》，The New Light of Myanmar, November 3，2011。

　　② 《泰国基础设施（2011 年版）》，2012 - 02 - 02 23：02。http：//th. mofcom. gov. cn/aarticle/ddgk/zwjingji/201202/20120207948992. html。

足，2012 年 3 月 25 日，英拉总理宣布，泰国今后五年将投入至少 700 亿美元发展基础设施，作为发展经济的重点策略之一。其中包括将投入 114 亿美元，加强国家水资源管理，确保大水灾不会重演。①

总体上讲，进入新世纪以来 GMS 五国在基础设施建设方面所取得的上述成绩，原因是多方面的，具有国际和地区形势的新发展所提供的有利的外部环境，也有国内政府保持相对稳定的因素，但最关键的还是其经济、政治、社会的改革与转型释放了生产力使然。一方面，改革与转型大大促进了经济的发展和经济实力的增强，使得国家大力投资于基础设施建设成为可能；另一方面，改革与转型将国家和人民的注意力高度集中于经济建设，而经济建设的快速发展又迫使国家更加关注基础设施建设，投入更多的人力、财力、物力来改善基础设施。

（三）社会进步：改革与转型的新进展有力地促进了 GMS 五国的公平与正义

进入新世纪以后，改革与转型的推进尤其是政治民主化的新发展，有力地促进了 GMS 五国社会的公平与正义，促进了社会的转型与发展。

一方面，改革与转型的推进尤其是政治民主化的新发展，促进了当权者执政理念的转变，使其更加注重解决经济转型中的民生和社会公平问题。

随着改革与转型的推进，GMS 国家的当权者的观念都发生了不同程度的变化，其中一个显著的特点，就是更加重视民生，更加关注"草根阶层"，政府"执政为民"的特征越来越突出，执政越来越"人性化"，为了巩固自己的执政地位，各国政府都在打"民生牌"。

在越南，从"七大"到"十一大"，越共逐步形成了"民富国强、民主、社会公平、文明"的发展目标。虽然在改革与转型中，社会的现代化面临着许多新情况与新问题，譬如公平与效率问题、增长与分配问题、民主与秩序问题等，但越南党和政府认真实践以上目标，同时越南经济的快速发展也在不断改变人们的生活与行为方式，催化了越南传统社会的嬗变。② 随着革新开放和经济转型的深入，各种社会问题不断凸显引起越南党和政府高度重视。越共前总书记黎可漂曾指出，贫穷不仅使百万人失去享受进步成果的权利和机会，还造成严重的社会、经济问题，同时破坏了生态环境。贫困问题不解决，国际社会和我们国家提出的诸如经济增长、改善生活、和平、稳定、保障人权等目标都无法实现。早在 1996 年，越共"八大"就提出要

---

① 《泰国发展基础设施，五年内投入 700 亿美元》，新加坡《联合早报》2012 年 3 月 26 日。
② 齐欢：《越南的社会现代化：现状、问题及发展趋势》，《东南亚南亚研究》2011 年第 3 期。

把经济增长和社会发展和谐地结合起来，集中力量解决对社会进步和公平有明显作用的紧迫问题。2006 年越共"十大"政治报告强调，发展政策要逐步实现社会进步和公平，要以人的发展为目标解决好各种社会问题，鼓励人民依法致富，有效实施脱贫减困政策。2011 年初召开的越共十一大通过的越南《社会主义过渡时期的国家建设纲领》将越南的发展方向描绘为："我国人民建设的社会主义社会以民富、国强、民主、公平、文明为目标；人民当家做主……人民过上温饱、自由、幸福的生活……"① 革新开放以来，越南党和政府在全国范围内相继开展了"消饥减贫"运动（1993—2009 年），使全国贫困户大幅度减少；全力解决好就业问题，使城市失业率大幅度下降；切实注意保护普通工人的利益，缓解劳资矛盾；重视发展农村经济，努力减轻农民负担；推出"给未来投资"政策，不让一名学生因家庭贫困而辍学。

在老挝，重视民生、重视社会的公平正义，日益成为党和政府的工作重心，党的文件不再空谈"民主"，空谈社会的"公平正义"，而是更加实在，措施更加具有可操作性。2006 年 3 月召开的老挝人民革命党第八次代表大会将革新开放 20 年来所取得的主要经验归纳为五条，其中第二条就是始终坚持了"依靠群众、发挥群众巨大力量、一切为了群众利益"的路线，并且把"提高人民生活水平、建设富强的国家"、"建设真正民有、民治、民享的政府"，以及"有效解决社会问题，建设精神文明与社会公正"等写入党的决议，列为未来党和政府的重点工作。② 2011 年 3 月召开的老党"九大"继续重视社会的公平正义，大会提出的总的方针口号强调将"继续引领国家迈向富强、带领人民实现富裕幸福、逐步建设团结、和睦、民主、公正和文明的社会"。③

在柬埔寨，洪森及其人民党之所以能够连续执政近 20 年并且其地位至今不可动摇，关键还是民心所向，即其所实施的一系列政策能持久地赢得民心。执政近 20 年来尤其是进入新世纪以来，柬埔寨政治社会稳定，经济持续高速发展，综合国力尤其是经济实力不断增强。与此同时，由于政府奉行"亲民惠民"政策，经济发展的成果也越来越多地为普通民众所享受，经济改革与发展的成果越来越多地惠及普通民众，洪森及其人民党政府自然受到

---

① 越南共产党：《社会主义过渡时期国家建设纲领》（2011 年增补），越南共产党网站，2011 年 3 月 4 日公布。

② 王璐瑶：《一次承前启后的大会——老挝人民革命党第八次全国代表大会侧记》，中共中央对外联络部主办：《当代世界》2006 年第 5 期。

③ 陈定辉：《老党"九大"新政解读》，打印稿，2011 年 4 月。

人民的拥戴。20 世纪 90 年代初期，柬埔寨人均 GDP 不足 200 美元，进入新世纪前的 1998 年是 265 美元，为世界上最贫穷的国家之一，也是东南亚地区仅有的三个最贫穷的国家之一①，但是，进入新世纪以后，柬埔寨的人均 GDP 增速加快，2000 年为 291 美元，2003 年增加到 310 美元，2006 年突破 500 美元，2009 年达到 692.6 美元。② 在农村地区，政府通过引进外资，发展水利、交通、电力、通信等基础设施；鼓励银行向贫穷、落后和边远地区发放贷款；动员农民科学种田，增加单位面积产量，加强森林及其他资源的管理，鼓励农民发展橡胶等经济作物种植增加收入并给予农民税收优惠，使大量农村人口摆脱了贫困。目前，尽管贫困率仍然还比较高，2010 年仍然高达 25.8%，③ 但这已经是多年连续下降后的数据。

　　缅甸军政府后期关注民生观念的转变也比较明显。为了争取民心，巩固统治，进入新世纪以后特别是最近几年，军政府也不得不打"民生牌"，强调要建设"有纪律的民主"，投入更多的精力和资金来实施与改善人民生活有关的项目，人民的生活水平也在缓慢提高。2010 年大选后，登盛总统领导的民选政府大力度推进政治经济的改革与转型，其执政理念更加注重民主，注重社会的公平与正义。2012 年 1 月底在访问新加坡的一次宴会上的演说中，登盛总统再次承诺，"将竭我所能，在缅甸建立一个健康的民主体制。"④ 有鉴于此，缅甸新政府相继恢复了政治反对派昂山素季的自由及其所领导的政党的合法性并使其进入国会，多次举行大赦释放了大批政治犯、给予民众言论、结社、游行示威的自由。

　　泰国朝野政治家们打"民生牌"更是高招不断，在朝政治家们为巩固政权要实施"亲民政策"，在野政治家们要拉选票，夺取政权，也要推出"亲民政策"。尽管国际观察家们认为泰国的政治家们的亲民政策已经被严重扭曲，造成了难以弥合的社会分裂，但是，"亲民政策"使草根阶层获得利益，仍然受到底层民众的欢迎，而底层民众毕竟占全国人口的大多数。

　　另一方面，改革与转型的推进尤其是政治民主化的新发展，也进一步刺激了民众对社会公平与正义的关注和渴求，成为推进改革与转型的又一强大

---

① 另外两个是老挝和缅甸，人均 GDP 分别为 300 美元和 100 美元。Source：ASEAN Finance and Macroeconomic Surveillance Unit（FMSU）Database，http：//WWW. aseansec. org/macroeconomic/aq_gdp22. htm.

② Source：Table1，Selected basic ASEAN indicators as of 15 February 2011. http：//www. aseansec. org/stat/Table1. xls，2012 – 01 – 10.

③ 《5 岁以下儿童，40% 发育不良》，柬埔寨《星洲日报》2011 年 10 月 25 日。

④ 新加坡《联合早报》2012 年 1 月 30 日。

动力。进入新世纪以来，随着改革与转型进程的推进，GMS 五国民众对民主、社会公平与正义的渴求普遍日益强烈，在越南、柬埔寨等转型国家，民众争取民主、争取自身政治、经济权益的罢工、游行近年来时有发生，在泰国和缅甸，民众为表达自己的政治意愿，常常发动街头政治。这些情况反过来又推动了 GMS 国家改革与转型的发展。

（四）社会进步：改革与转型的新进展有力地促进了 GMS 五国人民生活水平的提高

改革与转型的新进展促进了 GMS 五国社会进步的另外一个重要表现，就是进入新世纪以后这些国家人民生活水平的快速提高。主要表现是：

第一，人均 GDP 快速增长。进入新世纪以来，GMS 五国人均 GDP 均实现快速增长，其增长情况如下表所示：

1996—2003 年大湄公河次区域五国
人均国内生产总值（GDP）情况表（1）

（按市场现价计算，单位：美元）

年份 国别	1996	1997	1998	2000	2002	2003
柬埔寨	317	320	265	291	296	310
老挝	396	360	259	—	333	362
缅甸	109	100	144	210	175	179
泰国	3134	2656	1900	2029	2050	2291
越南	337	361	361	403	439	481

Source：ASEAN Finance and Macroeconomic Surveillance Unit（FMSU）Database，2003.

http：//www.aseansec.org/macroeconomic/aq_ gdp22.htm.

2003—2009 年大湄公河次区域五国
人均国内生产总值（GDP）情况表（2）

（按市场现价计算，单位：美元）

年份 国别	2003	2004	2005	2006	2007	2008	2009
柬埔寨	347.7	390.7	452.0	512.3	598.4	756.1	692.6
老挝	376.0	431.5	478.0	574.0	736.1	917.8	910.5
缅甸	219.5	193.3	199.4	208.6	215.6	464.6	419.5
泰国	2264.8	2525.0	2720.8	3167.8	3740.1	4117.3	3950.8
越南	488.7	555.2	637.1	723.9	836.7	1052.7	1119.6

资料来源：http：//www.aseansec.org/stat/Table7.pdf，2009 - 01 - 10。

以上数据显示，1997—1998 年的亚洲金融危机对大湄公河次区域五国人均 GDP 的增长影响是十分明显的。在金融危机的严重荡涤下，1998 年除越南实现零增长外，其他 GMS 四国的人均 GDP 都出现较大下滑，其中泰国下降最为严重，从 1996 年的 3134 美元下降至 1997 年的 2656 美元，再降至 1998 年的 1900 美元，与 1996 年相比，整整减少了 1234 美元，进入新世纪以后才开始缓慢回升，2006 年已大体上恢复到 1996 年的水平，2008 年首次突破 4000 美元，达到 4117.3 美元。而其他四国人均 GDP 也一路增长，2008 年达到高峰，柬埔寨为 756.1 美元、老挝 917.8 美元、缅甸 464.6 美元、越南 1052.7 美元，而 2009 年除越南外，其余四国又出现小幅下降，只有越南不降反升，达到 1119.6 美元。还在 2008 年，越南人均 GDP 就已突破 1052 美元，脱离了低收入国家的行列。英国《经济学家》杂志认为，越南人的实际收入要远远大于这一数字。这可以从越南传统的理财方式中得到解释。较为富裕阶层的日常消费一般是官方公布收入状况的 7 倍；大部分人在拥有正式工作的同时还经营生意；许多私人财富并没有进入官方统计中。①

第二，社会保障体系进一步完善，人民生活质量日益提高。进入新世纪以来，GMS 国家在民生方面不断改善的另一个重要内容，就是五国的社会保障体系进一步完善。

在越南，经济迅速发展使得每个社会阶层都有所收益。到 2010 年，越南已经完成了全国普及九年制义务教育的目标；贫困户所占人口比例下降至 9.5%，越南 HDI 的指数和排名高于世界人均 GDP 的指数和排名，医疗保险覆盖率则达到 60%；城市化率已从 2000 年的 14.2% 上升到 2009 年的 30%。2007 年 9 月联合国盛赞越南是"同时达成发展与均衡的国家"，认为越南将在不长时间内从贫穷国行列中除名。② 2010 年，越南的人均预期寿命已经提高到 75.2 岁，在世界各国人均寿命排行榜上列第 57 位，在 GMS 五国中排第一位，高于泰国的 74.1 岁。③ 2011 年 1 月召开的越共"十一大"提出要大力推动社会发展，要构建社会民生和社会福利体系，制定 2011—2020 年社会民生战略，这表明了越共重视社会发展，努力实现"民富国强、民主、社会公平、文明"的社会发展目标的决心。

---

① Jonathan Pincus. *Vietnam feels heat*. The Economist, April, 26th 2008. p. 7.

② 齐欢、吴喜：《革新以来越南的现代化（1986—2011 年）》，云南大学出版社 2012 年版，第 333 页。

③ 联合国开发计划署（UNDP）公布的 2010 年人类发展指数。见《越南共产党电子报》2010 年 11 月 21 日。

　　在老挝，老挝党和政府认为，老挝进行革新事业的总目标，旨在建立富强、人民幸福、社会文明公正国家。老挝的变革是从经济领域开始，先进行试验。这是因为经济直接关系到群众生活的改善，首先是上百万人的温饱问题，关系到国家富强。如果经济持续落后，无疑将会拖延国家发展进程。因此革新开放尤其是进入新世纪以来，老挝党和政府将发展经济、改善民生、提高人民的生活质量列为工作重点。经过 25 年的艰苦奋斗，老挝经济建设取得长足进步。1991—1996 年，经济年均增长 7%；在安全度过 1997 年亚洲金融危机严重冲击后，2001—2006 年经济快速复苏，年均增长 6.8%；2006—2010 年，年均增长率更是高达 7.9%；人均 GDP 逐年提高，并在2010 年达到 1030 美元。经济的增长在一定程度上缓解了就业的压力。"五五"期间（2001—2005），老挝共安置了 350 万—400 万人就业，并且对 10万人进行了职业培训。入学率大幅度提高，其中小学入学率从 2001 年的79% 提高到 2005 年的 8412%，初中入学率从 4616% 提高到 54.8%，高中入学率提高了 11.8%。贫困家庭从 2001 年的 30 万个减少到 2005 年的 13.75万个；卫生条件得到了很大改善，有 67.2% 的家庭用上了干净水。[1] 2008年，老挝病床数达到 7115 张，每千人中医务人员达到 12 人（其中医生 2人）。2008 年，全国高等院校在校大学生达到 37796 人，教师 1271 人。[2] 人均寿命早在 2008 年就已达 65.2 岁，超过此前设定的在 2010 年实现人均寿命 63.5 岁的目标。[3] 2011 年，老挝人均寿命达到 67.1 岁，在世界各国人均寿命排行榜上列第 130 位，在 GMS 五国中仅次于越南的 75.2 岁和泰国的74.1 岁。

　　柬埔寨社会保障体系的进一步完善和人民生活质量的提高，在进入新世纪以来也是非常明显的。早在洪森首相于 2004 年 7 月提出的《四角战略》中，就系统阐述了建立和完善社会保障体系以便提高人民生活质量的设想。作为洪森政府的施政报告，"四角战略"的内涵就是"增长、就业、平等、效率"。"四角战略"的第四角的基本任务，就是要"为公务员、职员和工人设立社会保障体系"，要创造更多的就业机会，减少贫民……提高老年人、孤儿、受害妇女、流浪者、退伍军人与家眷的生活条件；要执行男女平等政策，尽最大的努力改善妇女地位；要努力落实《2003—2007 年卫

　　① 潘岳：《老挝人民革命党第八次全国代表大会》，《当代世界社会主义问题》2006 年第 3 期，第 89 页。

　　② The Laos Department of Statistics of Ministry of Planning and Investment, *Statistical Year Book of Lao in2010*, Vientiane Capital, June 2009, pp. 81—806.

　　③ 老挝卫生部长本梅·达拉洛：《老挝人均寿命达 65.2 岁》，新华网，2011 年 1 月 16 日。

生领域战略规划》，加强卫生领域的投资以提高公民的健康，要优先考虑在全国各省和各县建医院和医疗中心，以便为每位公民，特别是贫困和容易受伤害者提供有效、平等和持久的医疗服务。①毋庸置疑，《四角战略》提出和实施 8 年来，柬埔寨在提高人民生活质量、促进社会进步方面成绩显著，社会保障体系逐渐建立并日益完善，柬埔寨的人均寿命已经从 1993 年恢复和平时的约 48 岁（其中男子 46 岁，女子 49 岁），②提高到 2010 年的 63.1 岁，在世界各国人均寿命排行榜上列第 142 位。

缅甸情况特殊，由于军人独裁统治而长期遭受西方经济制裁，缅甸经济发展缓慢，但人们的生活水平也在缓慢改善。尽管由于国家经济困难，人民所享受的社会福利待遇十分有限，但人均寿命也明显提高。资料显示，缅甸的人均寿命已经从 2003 年的约 60 岁提高到 2010 年的 65.2 岁，在世界各国人均寿命排行榜上列第 138 位，在 GMS 五国中高于柬埔寨的 63.1 岁。

泰国是 GMS 五国中社会福利体系最完善、人民生活质量相对较高的国家。如前所述，为了拉选票，各主要政党在大选中都大打"民生牌"，譬如 2011 年大选中，阿披实领导的民主党与英拉代表的为泰党之间为争夺选票而相互较劲，相继推出一个比另外一个更具吸引力的"惠民政策"。结果是：执政党与反对党"二龙相争"，人民（"渔翁"）得利，泰国人所享受的社会福利在 GMS 国家中首屈一指，其中主要包括：1. 看病不用钱；2. 读书 15 年不用花钱；3. 小孩在学校喝牛奶不用钱（一天一盒）；4. 给学生每学期 500 铢的补贴（可以买校服和书本）；5. 从 2011 年起一年的水电不用钱（有一定的数额，不是乱用）；6. 从 2011 年起一年内坐公交车不用钱（单指无冷气公交车）；7. 年满 60 周岁的老人每个月可领取 500 泰铢的补贴；8. 参加工作的家长，小孩子每个月可以领取 300 泰铢的补贴（每个家庭可以领取两个孩子的补贴）。③2010 年，泰国人均预期寿命达到 74.1 岁，在世界各国人均寿命排行榜上列第 73 位，在 GMS 五国中仅次于越南的 75.2 岁。

综上所述，改革与转型以来尤其是进入新世纪以来，GMS 五国的经济发展和社会进步成果非凡。尽管上述成果系 GMS 各国近 20 年来包括内部外

①　洪森：《柬埔寨王国政府的"四角战略"——2004 年 7 月 16 日洪森首相在第三届内阁第一次全体会议上所做政府施政报告》，中国驻柬埔寨使馆经商参处网站，2004 年 12 月 14 日。http://www.shandongbusiness.gov.cn/index/content/sid/11858.html。

②　王士录：《当代柬埔寨经济》，云南大学出版社 1999 年版，第 27 页。

③　《泰国的社会福利》，http://tieba.baidu.com/f? kz=547329068。

部多种因素作用的结果，并非仅仅因其改革与转型的推动所致，但改革与转型无疑为其发展最主要的推动力之一。

四　大湄公河次区域五国转型与发展的前景

GMS 五国的改革与转型，迄今已经走过了近 30 个春秋，取得了不同程度的进展。由于各国国情不同、转型与改革前的政治、经济体制和社会环境不同、改革的起点不同、模式和目标各异，进展的快慢也明显不同。今天的 GMS 国家，改革和转型已经有了更坚实的基础，但要继续推进，仍然面临着许多新情况、新问题和压力。改革越往前走，人们对它的期待越高，遇到的困难也越多，需要支付的成本也越高。更为复杂的挑战在于，随着改革与转型的不断深入，那种皆大欢喜的普惠式改革，空间越来越小，因而越来越难。因此，综合各方面的情况来看，GMS 五国的改革与转型仍将是一个漫长的过程，短期内不可能完成，转型的结果也不可能形成一个统一的模式。未来各国的转型与发展将根据各国的具体情况来推进，笔者认为大体上会形成以下几种情况：

（一）越南和老挝转型与发展的前景：越共和老党对政治革新的领导不会改变

越南的改革与转型，由于经济改革与转型的空间已经很小，未来改革的重点将转向政治改革，即通过政治体制的改革来进一步调整生产关系，在更大程度上释放生产力。当前国际舆论关注的是，越南政治体制的改革到底怎么改？是继续迄今为止越南一直所坚持的在越南共产党的坚强领导下，建立和完善社会主义的民主政治呢，还是另起炉灶，搞西方所希望的那种多党议会民主制？

综合各方面的情况来看，在今后相当一个时期内，尽管越南国内存在着不满越共现政权的敌对势力和鼓吹多党制的思潮，但并不具备搞多党制的气候和条件。一是越南共产党作为执政党掌握着国家机器尤其是强大的舆论和专政工具；二是越共政权的革新开放成效显著，人民总体上是满意的，越共政权赢得了绝大多数人民的拥戴。三是迄今为止，越南党和政府对于搞多党制始终予以坚决抵制，对于煽动搞多党制的言论和行动毫不手软予以坚决打击，并且一再重申"越南不搞多党制"，将继续"坚持党对政治革新的领导"。①因此，不论越南政治改革如何发展，有两点不会改变：一是走社会主义道路；二是坚持共产党的领导。因此，未来越南的改革与转型，仍将坚持在越南共产党的领导下，建立和完善社会主义的民主政治，以此来促进越南经济社会的转型与发展。但是从长远看，越南是否能经受住各种严峻的考验，继续坚持越共的领导，坚持走社会主义道路，仍需拭目以待。

如前所述，老挝与越南国情极为相似，其未来的转型与发展总体上也应该是相似的。应当讲，迄今为止，老挝人民革命党在国内所面临的挑战比越南共产党目前所面临的挑战要小得多，从老党自身的利益和其所肩负的历史使命来看，老挝未来的转型与发展，只能在老挝人民革命党的领导下来进行，其政治改革只能是对现行"社会主义民主政治"的逐步完善。

（二）柬埔寨转型与发展的前景："一党独大威权政治"将再转型

如前所述，1993 年起柬埔寨的政治经济转型，总体上是从越南（苏联）模式的政治经济体制向君主立宪制的多党民主政治体制和自由市场经济体制的转型。这种转型是在外部压力下，在改变了政权性质的前提下，以"一步到位"的方式来实现的。但是在柬埔寨的特殊国情下，新建立起来的君主立宪制的多党民主政治体制在巩固和完善的过程中发生了异化：具有多年执政经历的柬埔寨人民党始终处于强势地位并一直掌握政权，而其他政党则相继衰落并被边缘化，逐渐形成了事实上的"一党独大威权政治"体制。

柬埔寨"一党独大威权政治"体制的形成，有其特殊的历史、政治和社会背景。近 20 年来的发展表明，鉴于柬埔寨国情的特殊性，"一党独大威权政治"体制对于巩固 1993 年以后柬埔寨政治、经济和社会转型的成果，为成熟的民主政治体制在柬埔寨的建立奠定更为扎实的基础无疑起了积极的作用。但是"一党独大威权政治"毕竟已经是一种不合时宜的政治体制，也不是柬埔寨政治体制转型的终极目标，而仅仅只一种过渡性产物。因此笔者认为，柬埔寨的政治转型进程远未完成，还面临着由"一党独大威权政

---

①　2010 年 3 月，阮富仲在访问印度期间接受印度快报通讯社记者采访时重申：越南拒绝多党制。有记者问，越南实行多党制或者多党共存的时机是否已经成熟？对此，阮富仲坚定表示："我们实行的一党制是最有效的。"他说："据我所知，目前世界上的舆论很关注为何越南只有一个执政党，一党执政是否能够保证民主，为何不实行多党制。这个问题存在许多不同的争议。但是，我个人的意见认为，并不是多党就更民主，两党的民主会少些，一党执政民主又会更少。每个国家的历史环境都不同。重要的是，社会是否发展，人民的生活是否幸福温饱，国家是否稳定，是否日益向前发展。这才是最重要的标准。"林锡星：《越共十一大与政治革新》，新加坡《联合早报》2011 年 1 月 21 日。

治”向现代民主政治体制转型的任务。当然，这种所谓的“现代民主政治体制”不一定就是西方民主政治，而必然带有柬埔寨自身的特点，至于未来将如何发展，我们仍将拭目以待。

（三）缅甸转型与发展的前景：巩固现有转型成果仍然需要时间

2010 年 11 月 7 日成功举行了久违的大选并组建以登盛为总统的民选政府，军事强人丹瑞和貌埃宣布“退休”，标志着缅甸从长期的军事独裁统治正式转向现代民主政治体制即所谓“有纪律的民主”[①] 体制。值得注意的是，缅甸由军人政权向民主政治体制的转型不是通过激进的方式而是通过渐进的、和平的方式来实现的。但是必须强调的有两点：一是缅甸虽然已经实现了从军人政府向民选政府的过渡，但这只是“万里长征的第一步”，只是其实现成功转型的第一步，其转型成果的巩固和发展仍然需要经历一个较长的过程。二是缅甸的民主转型到底会选择何种模式，向哪里发展？对此，目前还很难定论。不过有一点是可以肯定的：正如昂山素季所强调的，“缅甸必须发展本身的模式，而不会是美国式民主”。[②] 因此，缅甸的政治经济和社会转型目前尚不能讲已经大功告成，将来如何发展和变化，还需要继续观察。

（四）泰国转型与发展的前景：“路漫漫其修远”

泰国从威权政治向现代民主政治的转型是一个漫长的历史过程，可以追溯到 1932 年，虽经反复较量但尚未完成。泰国的政治经济转型，实际上是在泰国这样一种政党政治发育还不完善的国家，在激烈的政治较量中，现代民主政治体制和现代市场经济体制不断完善的过程。这种转型无须改变政权形式即可实现，转型的方式虽然总体上是渐进的，但有时又伴有激烈的暴力的较量。总体判断是：由于其国情的特殊性，泰国转型的过程迄今远未完成，有可能还会出现反复，可谓“路漫漫其修远”。在泰国，经济的转型受制于政治的转型，而政治的转型又受制于其复杂的社会制度和军事制度，可谓一环套一环，情况非常复杂。因此，泰国的转型需要时间来磨砺；对于泰国的转型尤其是政治社会转型，泰国各阶层人民需要进一步坚定信心，也需要有耐心。

---

①　《翁山淑枝：非美式民主，缅须发展本身民主模式》，新加坡《联合早报》2012 年 10 月 4 日。
②　同上。

第三章

进入新世纪以来越南的转型与发展

在大湄公河次区域五国中，越南的改革与转型具有一定的代表性。老挝的改革与转型受越南影响较大，可以说如出一辙。甚至在所谓"金边政权"时期柬埔寨的转型和改革也受前期越南改革与转型的影响。

一 进入新世纪前越南的改革与转型：进展与问题

越南的改革与转型，主要包括其政治、经济、社会的改革和转型。越南的改革与转型起始于 20 世纪 80 年代中期的 1986 年，截至 2012 年，已经有 26 个年头，其中包括进入新世纪前的 14 年，以及进入新世纪以来的 12 年。越南的改革与转型有着深刻的政治、经济和社会根源，首先发端于经济领域，系在经济改革（越南称之为"经济革新"）的推动下，在无数的艰难曲折中逐渐展开的。在进入新世纪之前，越南的改革与转型经历了初期成功的喜悦，也经历了徘徊不前的苦闷，是在曲折反复中不断推进的。

（一）越南改革与转型的原因与背景

众所周知，越南进行革新开放，是在迫不得已的情况下进行的，起初仅仅是一种被动的应对措施。

20 世纪 80 年代中期，越南经济已经到了崩溃的边缘，人均 GDP 不足 200 美元，成为世界上最贫穷的国家之一；国内社会矛盾日益激化，不安定因素迅速滋长。造成这种局面的主要原因是：

第一，独立以来长期的战争。包括 1945 年的抗日、1946—1954 年的抗法、1962—1973 年的抗美、1973—1975 年的解放战争、1979 年的越中边境冲突、1979—1992 年的越柬战争。长期的战争耗尽了国家的资财，再加上国际社会的制裁，其国际环境空前孤立，人民长期处于水深火热之中。

第二，长期实行计划经济体制，违背了经济发展的规律，禁锢了人民发展经济，建设国家的首创精神。从 1945 年在北方宣布建立"越南民主共和国"起，至 1976 年北方和南方实现统一，再至 1986 年决定实施革新开放，越南共实行了 41 年的计划经济体制（其中 1945 年至 1975 年实施的计划经济体制带有明显的战时经济体制的性质）。按照苏联计划经济的模式建设国家，发展之路越走越窄。50 年代期间，北方的人均粮食产量已经达到 360 公斤，70 年代减少至 250 公斤。据联合国粮农组织估计，在 1967—1980 年间，越南每年缺粮 300 万—450 万吨。面对严重的粮荒，越南当局不得不一再削减居民的粮食供应定量。抗美战争期间，城镇居民每人每月粮食供应定量为 30 斤，1976 年减到 26 斤，1977 年 6 月再减少到 18 斤，到 1986 年，虽仍然保持了 18 斤的定量，但其中大米的定量仅 4—6 斤，其余均为木薯和其他杂粮。与此同时，工业和财政金融形势也日益吃紧。从 1979 年起，越南工业开始走下坡路，越共"四大"所提出的各项指标均未达到。基本建设仅完成原计划的 85%。由于生产萧条、信贷失控，分配与生产发展失衡，以致通货膨胀愈演愈烈，到 1986 年，通货膨胀率已高达 800%。1986 年，货币流通量比 1980 年增长了近 24 倍，财政赤字增长了近 226 倍，[1] 越币连连贬值，黑市交易猖獗。[2] 从 1985 年 9 月起，越南的年通货膨胀率连续三年达到四位数。[3]

第三，极"左"的社会主义改造运动及相关政策的实施。1976 年南北统一后，越南照搬苏联的经验，推行了一种与越南国情不相符合的经济建设路线。

一是实行了高度集权的中央计划经济体制，南北统一伊始，即在南方进行了大规模的社会主义改造运动，将大量私营企业收归国有。到 1985 年，全国共有经过改造后的工业企业 3320 个，其中中央企业 748 个，地方企业 2472 个，小手工业企业 36630 个，从业职工总人数 265 万人。[4] 计划经济的弊端日益显现。

二是仿照苏联推行"重、轻、农"的经济建设路线，集中过多力量发展工业，使工业成为无源之水、无本之木。不但工业发展未有起色，[5] 农业也每况愈下。

三是统一后不久，越南当局就推出了雄心勃勃的"新经济区计划"，决

---

① ［越］《经济研究》1988 年第 1—2 期。

② The Economist Intelligence Unit，*Country Profile：Vietnam，Laos，Cambodia*，1990/1991，p.13.

③ ［越］《经济研究》1988 年第 1—2 期。

④ 王士录：《当代越南》，四川人民出版社 1992 年版，第 139 页。

⑤ 在 1976—1980 年间，包括建筑业在内的工业的年均增长率仅达到 0.5%。见 ［越］青山《四十五年来的越南工业》，李岳洪译，载暨南大学东南亚研究所《东南亚研究》1991 年第 1 期。

定在20年内从城市和平原地区迁移1000万人口到越中、越老和越柬边境地区，建立"新经济区"，其目的在于通过这一计划的实施，扩大耕地面积，解决就业、粮食和经济作物专业化问题，并把这项计划与"加强边防"结合起来。但是，由于边远地区自然和物质条件恶劣，因此至1978年年底便草草收场，以失败告终。

总之，到了80年代中期，越南经济已经到了崩溃的边缘，到了非改革不可的地步。

（二）越南所选择的发展道路及其转型的基本方式

经过长期艰苦卓绝的斗争，越南共产党领导越南人民夺取政权，走上了"苏式发展道路"，即政治上由越南共产党一党执政，"由人民当家作主"；经济上实行中央集权的计划经济体制。1976年实现南北统一后，越南全面倒向苏联，向苏联学习：在政治上，将越南劳动党（The Vietnamese Workers Party）正式更名为越南共产党（the Vietnam Communist Party），实行严格的、高度集权的越南共产党一党领导的政治体制，不允许任何其他政党存在；将越南民主共和国（the Democratic Republic of Vietnam）正式更名为"越南社会主义共和国"（the Socialist Republic of Vietnam）；[1]甚至内阁也仿效苏联称"部长会议"，而总理则仿效苏联称"部长会议主席"。

在这种政治体制下，1976年实现南北统一后，越南立即在南方进行大规模的社会主义改造运动，很快在全国建立起完善的社会主义计划经济体制。起初，新的生产关系的建立在一定程度上释放了生产力，刺激了刚刚获得解放的人民尤其是南方工人、农民的生产积极性，国家经济一度呈现较快发展势头。但是，由于受长期战争的破坏，尤其是在南方的大规模社会主义改造运动严重打击了人民的积极性，各级所有者尤其是大中型工商业者惶惶不可终日，大量外逃，再加上"中央集权的计划经济体制严重阻碍了生产力的解放与发展"；[2]与此同时，面对长期战争所造成的破坏，当时的黎笋集团不是致力于经济建设，医治战争创伤，改善人民生活，而是穷兵黩武，在对外关系上选择了与中国对抗、大规模出兵柬埔寨的政策，导致越南经济每况愈下，最终滑向崩溃边缘。在国民经济持续恶化，举国上下一片哀怨声中，越共于1986年12月召开"六大"，启动了"革新开放"，建立"社会

① Ronald J. Cima edited, *Vietnam: a country study*, U. S. Government Printing Office, Washington D. C. 20402, 1989, p. X X.

② ［越］范红燕（Pham Hong Yen）：《越南参与大湄公河次区域合作研究》，博士学位论文，云南大学，2012年。

主义市场经济"的经济转型进程。

越南的转型是由经济转型和政治转型"二轮驱动"的,经济转型在前,政治转型在后,经济转型促动了政治转型,政治转型优化了经济转型;经济改革进展到一定的程度,逼迫其对阻碍了经济改革进一步深化的政治体制也进行必要的改革,于是就有了越南的政治转型。不过,越南的经济政治转型与苏联的经济政治转型方式是不一样的,越南的经济政治转型是稳妥的、渐进式的,如前所述,是在政治体制不发生根本改变即保证越南共产党的绝对领导地位不动摇的前提下逐步推进的。而苏联的经济政治转型采取的则是"休克疗法",是在政治权力发生颠覆性变化、苏联共产党丢掉了权力、原有国家机器基本被打碎的状态下实现的;是政治转型与经济转型同时发生,是结构性的变革。在这种状态下,一切都是另起炉灶:政治体制和经济体制都是新建立的。因此,所产生的政治、经济和社会震荡很大,导致了经济的严重衰退,经历了一个较长的混乱的过程才逐渐趋于稳定。正如俄罗斯莫斯科大学新经济学教授伏拉德米尔·波波夫所指出的,"对于90年代许多转轨国家的经济衰退,有很多种解释,但没有一种解释具有压倒性的说服力……然而来自各个转轨国家的信息却告诉我们,造成这种衰退的根本原因是工业结构与商业模式的变化。是工业结构与商业模式的巨大变化导致了相对价格的变化,最终使价格体系失控"。①

越南的渐进式的改革和转型则比较稳妥。1986年12月召开的越共"六大",明确提出要从"官僚集中包给制"向"国家宏观调控下的市场经济"过渡。为此,在流通领域、分配领域、农业领域、工业领域、财政金融领域以及对外贸易等领域进行了大刀阔斧的改革,正式启动了经济转轨的进程,其所采取的措施主要有以下一些:

第一,在所有制方面打破了国营经济"一统天下"的局面,主张多种经济成分并存,为非国营经济的发展打开了绿灯。

第二,转换国营企业经营机制,将其推向市场,使其转入独立核算、自主经营、自负盈亏的轨道,企业基本上可以自己决定生产规模、产品和价格,自找原料和销售市场。

第三,全面放开物价,实行价格自由化,对日用消费品和绝大多数原材料实行随行就市的单一经营价。

第四,在农业领域推行"承包制",到80年代末期发展到包产到户,

---

① [俄罗斯]伏拉德米尔·波波夫:《为什么休克疗法比渐进转型效果差》,中国海南改革发展研究院《转轨通信》(中文版)2006年第4期,总第41期。

后来又给农民以土地长期使用权。

第五，紧缩财政，严格控制通过国家银行超量发行货币以弥补财政赤字，千方百计增收节支。

第六，改革工资制度，取消物价补贴，对职工的各种补贴由暗补改为明补，计入工资。

第七，调整汇率，建立外汇市场，汇率实行浮动制。

第八，转变银行职能，实行经营性贷款、储蓄与信贷利率按物价指数浮动。

第九，颁布新的、优惠的《外资法》，大力吸引外资。

第十，进行外贸体制改革，打破由国家垄断的旧的外经贸体制，实行外贸经营权分散化，外贸进口多元化。

（三）进入新世纪前越南转型的两个阶段及其经济政治革新的进展

如果从 1986 年越共"六大"正式作出决定算起，至 2012 年，越南转型已经走过了 26 个春秋。其中包括进入新世纪以前的 14 年，以及进入新世纪以后的 12 年。越南的改革首先是经济体制改革，随着经济领域革新的不断深入，逐渐扩展到政治领域和社会领域。

越南迄今所走过的 26 年革新开放历程，大体上可以划分为四个阶段，其中进入新世纪以前经历了两个阶段，进入新世纪以来至今经历了两个阶段。

进入新世纪以前，越南的改革与转型大体上经历了两个阶段即革新开放的启动阶段和经济起飞、革新初见成效阶段。

第一阶段：革新开放的正式启动（1986—1991 年）

越南的改革与转型并不具有突发性，也就是说，不是大权在握的越南共产党领导人的突发奇想，而是形势所迫，而且在正式启动之前曾经历了约 6 年的酝酿和准备。在 1976—1985 年间，越南首先在农村进行了经济改革的摸索。越南建国后所实行的农业集体化的种种弊端，导致了其 70 年代农业生产的停滞。70 年代末 80 年代初，越南开始进行以家庭承包制为特点的农业体制改革的试验，从而揭开了越南改革与转型的序幕。①

1986 年 7 月，执政长达 17 年的强势领导人黎笋去世，12 月，越共"六大"召开，改革派领导人长征出任总书记。越共"六大"总结了"五大"以来的成绩、经验和教训，提出把经济建设作为工作重点，进行经济体制改

① 越南农业领域的改革分为两个阶段：第一阶段以实行"三—五"承包制为主要内容（1980—1987）；第二阶段以完善家庭承包制为中心（1988—　）。

革，标志着越南全面启动革新开放。越共"六大"同时确立了"按照市场机制运行的、由国家管理的、坚持社会主义方向的、多种成分的商品经济"的改革发展总路线。这一阶段主要是围绕推动粮食—食品、日用品和出口产品三大产品的生产展开，核心任务是解决人民生活困难和经济混乱等问题。其间，越南党和政府相继颁布了一系列重大决议、决定和法规，如《关于扩大国营企业自主经营权的决定》《外国投资法》《区分国家银行和商业银行职能的决定》《正式确认农民家庭拥有全面自主经营和长期使用耕地权利的决定》等。虽然这些决议、决定和法规的实施遇到了相当大的阻力，但对越南后来的改革奠定了基础，为越南实行市场经济进行了有益的探索。

1990 年，越共第一次把"建立社会主义市场经济"写进了宪法，把政治改革提上了议事日程。

第二阶段：经济起飞，革新初见成效（1991—2000 年）

1991 年 6 月，越共召开"七大"，对过去五年的改革与发展进行了全面总结并对推动革新事业进一步发展作出了规划和安排。在经济改革方面，越共"七大"明确提出："为发挥多种经济成分的巨大潜在能量，必须废除官僚统包制度，转向由国家以法律、计划、政策和其他工具进行管理的市场机制。"在农业领域，1993 年 7 月越南国会通过立法，在"土地归全民所有制"的前提下，将土地交给农民长期使用，期限可以长达 15—50 年；在工业领域，把国营企业实行严格指令性计划的产销制度，改为实行自主经营、自负盈亏制度，把国营企业推向市场，按市场机制优胜劣汰。同时，明确鼓励大力发展私营企业。在商业领域，彻底取消了地方政府对商品流通所设的各种检查站，把国家统一定价改为市场调价。到 1993 年，除电力、邮电、港口运输、汽油、化肥、水泥等实行国家统一定价外，其他商品价格全部放开，由市场调节。在金融领域，允许国有、股份和合营等多种形式的银行并存，建立多元化的金融体系，形成以中央银行为领导，工商、农业、投资与外贸专业银行为支柱的银行系统，实行国家管理下的较为灵活的汇率政策。在外贸和引进利用外资领域，也进行了一系列大刀阔斧的改革，显示出勃勃生机。

与此同时，政治（行政）领域的改革也悄然展开。1992 年，明确了越南国会的立法职能，赋予国会监督政府行政的权力。1993 年，武文杰总理领导的政府提出了政府行政改革的方案，目标是充分发挥政府在市场经济建设中的职能作用。1994 年越共第 38 号文件提出进一步改革政府的行政体制，建立服务于市场经济建设的高效率的行政管理机构。政府在市场经济建设中的领导作用主要体现于制定财政预算、完善经济法规、制定相应的政策等，通过以上措施发挥政府对经济的宏观调控职能。以上措施主要在于解决计划经济向市场经济转变过程中政府职能的转变问题，因此在改革初期其成效是显著的。前所未有的改革，为越南经济发展注入了新的活力。这一阶段，越南实现了经济的初步起飞。

在一派莺歌燕舞声中，越共"八大"于 1996 年 6 月 30 日—7 月 1 日召开。会议通过了新党章和"八大"决议，杜梅再次当选总书记。越共"八大"总结了越南 10 年的革新开放，通过了发展国民经济的五年计划和 2020 年社会发展远景规划，并再次确定继续执行一个中心、两个基本点的基本路线，即以经济建设为中心，坚持党的领导和社会主义，反对和平演变，维持政局稳定；坚持改革开放，建立社会主义定向的市场经济体制。"八大"是越共继往开来，确定跨世纪发展方向的会议，具有深远的意义。

越共"八大"确立了政治上稳定、经济上稳进和外交上务实的未来发展政策基调，拟继续采取渐进的方式推进越南的革新开放事业。

政治上，越共"八大"强调要保持国内稳定，坚持现有路线，坚持党的领导，坚持社会主义方向，强化反西化力度。主要措施包括：

1. 加强党的领导，坚持社会主义方向，坚决反对政治多元化和多党制。

2. 镇压敌对势力的破坏活动，加强反和平演变。为此，越共成立了以政治局委员陶维松为首的"反和平演变领导小组"，并在党内举办各种形式的学习班。此外，还成立了中央反间谍领导小组，严打颠覆破坏活动。

3. 纯洁党的队伍，调整各级班子。越共自 1993 年、1994 年大规模整党后，1995 年又搞了复查，纯洁了党员队伍。与此同时，近三年内共吸收了 19 万人入党，党员队伍进一步壮大。此外，还整顿、充实了省市级领导班子，一批 50 岁左右富有基层工作经验的年轻干部走上了高级领导岗位。大会还决定调整越共中央领导机构，决定将中央政治局成员由 17 人增至 19 人；取消中央书记处，新设 5 人政治局常委会，政治局常委会拥有最后决定权。5 名政治局常委中军方和内务部占 3 名。

4. 加强思想教育，抵制自由化思潮。大会决定继续在全国开展纯洁组织运动，清除党内鼓吹"政治多元化"、"自由化"的人和腐化变质分子。同时，成立专门组织，加强对宗教领袖及少数民族头领的工作。

经济上，过去 10 年的革新开放取得了一系列举世瞩目的成果：一是工农业生产高速发展。1991—1995 年经济年均增长 8.3%；已初步建立了工业基础体系，形成七个经济发展区。农业生产保持年均增长 4.3%，粮食自给有余，年均出口 200 多万吨。1995 年全国产粮 2740 万吨，创历史最高纪录。二是外贸大幅度增长。同 100 多个国家（地区）建立了贸易关系，实现了市场多元化。进出口额年均增长 20%—30%。1995 年外贸总额达到 112 亿美元。三是引资成绩显著。自 1988 年颁布《外资法》至 1996 年 1 月，有 40 多个国家（地区）的 600 多家公司来越投资，共 1348 个项目，协议金额为 193.47 亿美元。投资领域已由旅游、服务行业转向工业、石油和基础设施。

鉴于上述情况，1995 年 11 月，越共七届九中全会对其发展战略后 5 年的计划指标作了重大修改，并提出 2020 年实现国家工业化和现代化的长期战略目标。为此，越共"八大"指出，在经济方面，要注意防止发展过热，保持适当的增长速度，以维持发展后劲；继续坚持革新开放，建立社会主义定向的市场经济体制。根据新五年计划，在 1996—2000 年的五年间，越南经济年均增长率将达到 9%—10%，争取超过 10%；工业年均增长 15%—16%，农业增长 4.5%—5%，第三产业增长 13%—14%，人均产值再翻番。农业在国民经济中的比重要占 25%，工业达到 28%—30%，第三产业上升到 42%—45%。

在外交上，将继续推行全方位务实外交政策，为国内经济建设服务；将更加重视同周边国家的关系，对西方渗透保持高度警惕。

然而，在政治、经济方面，越南仍然面临着许多不稳定因素：

在政治方面，一是西方对越加紧渗透和策反。譬如以经贸、科技合作为掩护，在越共内部培植代理人，重点是中、高级及年轻干部；利用海外反共越侨以旅游、开办公司等作掩护，对干部和留学生进行策反，建立秘密组织。二是高层领导班子老化，干部队伍青黄不接。三是党内腐败现象严重，群众不满情绪滋长。四是失业严重，社会治安问题突出。五是宗教势力抬头，寻机滋事频繁发生。佛教、天主教、高台教近几年大修寺庙、教堂，发展教徒，对越南社会生活影响日益扩大。在经济方面，越共"八大"后不久就爆发了亚洲金融危机，崛起中的越南经济也未能独善其身，受到了很大冲击。在此背景下，越共党内有相当一部分人开始怀疑市场经济是否适合越南国情，围绕着经济改革而进行的政治体制改革的步子是否迈得过快、过大？有些人还把党内腐败现象的滋生归结为经济改革和政治体制改革的结果，并以此反对进行任何形式的改革。

总之，进入世纪之交，越南的改革与转型到了一个拐点，何去何从面临新的抉择。

（四）进入新世纪前越南改革与转型面临的主要困难和问题

总体上看，进入新世纪前，越南 14 年的改革与转型共经历了"革新开放的启动"，以及"革新初见成效和经济起飞"两个阶段。从实际情况来看，革新成果有目共睹，而且主要表现在经济领域：经济革新使越南别开生面，从一个经济濒临崩溃、人均 GDP 不足 200 美元的国家一跃而成为经济充满生机，在 2000 年人均 GDP 翻番，达到 403 美元的欣欣向荣的国家。①

但是，尽管取得了上述成绩，但随着时间的推移，经济革新的动力日益衰减，体制机制的障碍尤其是政治体制固有的弊端对经济革新进一步深化发展的阻碍日益显现，经济转型的步伐明显放缓。

在进入新世纪前亦即越共"九大"召开前夕，越南革新开放事业进入一个历史的拐点。在亚洲金融危机的严重冲击之后，越南在经济上陷入困难时期，在政治上进入所谓"后杜梅时代"，越共新领导班子面临着一系列的困难和挑战。在政治上，其主要任务是：对政府的管理体制进一步的改革，破除阻碍经济转型的行政体制方面的障碍；抵制国内外敌对势力的颠覆和破坏活动，粉碎西方持久的和平演变阴谋。在经济上，大力发展多种经济成分的市场经济，充分发挥国有经济和私营经济在国民经济中的作用，加快越南经济与世界经济的整合。而要完成这些任务，必须首先解决和克服以下一些困难和问题：

一是如何在进一步深化革新的过程中加强越共的领导核心作用。随着革新开放的逐步深入和市场经济体制的逐步确立，越共遇到了越来越多的考验和挑战。少数越共党员干部在市场经济浪潮的冲击下迷失了正确的政治方向，贪图物质享受。人民群众对滋生于党内的贪污腐败现象十分痛恨和不满，如果不及时清除党内腐败分子，遏制腐败蔓延的势头，越共的领导地位无疑将被动摇。针对这一问题，越共中央反复强调要加强党的建设，加强对广大党员的思想政治教育，自觉抵制各种腐朽思想的侵蚀。同时，越共提出了"依法治国"的口号，加大了依靠法律打击党内腐败分子的力度。但是，反腐败斗争是一场长期而艰巨的斗争，需要坚持不懈的努力。因此，越共能否成功地找到一条巩固和加强党的领导的路子，直接关系到越共对越南的领导能否继续。

二是如何稳妥地进行政治体制和行政体制的改革。越南的政治革新走到今天这一步，始终落后于经济革新的进程，自始至终存在着改革派与保守派之间的激烈较量，推动起来实属不易。1986 年黎笋去世后，长征重新出任总书记，他力主革新，在 1986 年的越共"六大"上确立了经济和政治革新以及对外开放的路线。在政治革新方面，长征上任一年后便以年龄为由辞去总书

---

① Source：ASEAN Finance and Macroeconomic Surveillance Unit（FMSU）Database，2003. http：// www. aseansec. org/macroeconomic/aq_ gdp22. htm.

记职务，以自身行动废除实际上的干部终身制，以此为标志性事件，越共开始在党内、国家和基层层面进行政治体制改革。

1991 年，越共"七大"对政治体制改革进行了反思，认为如果只进行经济体制改革而不进行政治体制改革的话，就会使经济改革陷入"急躁与缓慢的拉扯"中。根据这一思路，越共逐渐提出了党、行政体系、司法体系方面的改革。

1992 年，越南国会选举引入了独立参选人机制，使没有获得党组织或祖国阵线提名推荐的人有机会通过自荐成为候选人；同时，国会修改了选举法，国会代表由间接选举改为直接选举，使候选人直接面对选民，对选民负责，而不是只对党和上级负责。从此，越南政治改革迈出了艰难的一步。但是自此以后，越南政改又陷入徘徊状态，虽偶尔有一些新的举措，但并未有大的突破，直至进入新世纪以后，才出现重大转折。

杜梅时代越南政治体制改革的成果，主要是建立了一整套有关政治体制改革的法律框架和规章制度。1990 年，越共第一次把"建立社会主义市场经济"写进了宪法，把政治体制改革提上了议事日程。为充分发挥政府在市场经济建设中的职能作用，从 1993 年起，越南相继进行了一系列的行政体制改革，旨在建立服务于市场经济建设的高效率的行政管理体制。但是，在遭受 1997—1998 年亚洲金融危机的冲击后，越共党内有相当一部分人开始怀疑围绕着经济改革而进行的政治（行政）体制改革的步子是否迈得过快？并以此反对进行任何形式的改革。如何稳妥地进行政治体制和行政体制的改革面临着巨大的阻力。

三是如何加快和深化国有企业改革，提高企业的经济效益。从 90 年代初期起，越南逐步推行国有企业改革，改革的主要内容是对国有企业进行股份制改造，建立新型的现代企业制度。经过改革，越南的国有企业发生了很大变化，一大批绩效不佳的企业或者转制或者被淘汰，国有企业的数量大幅度减少，从 1987 年的 12300 家减少到 1999 年的 5300 家。虽然取得了以上成绩，但遇到的阻力和困难仍然比较大。其中，企业之间的三角债问题，就是困扰企业股份制改革的一个大问题，而少数企业领导的贪污腐败以及企业与政府、金融机构之间错综复杂的关系都不利于国有企业改革。此外，越共党内的保守势力也担心国有企业的股份制改革会动摇公有制的地位，因而反对进行国有企业改革。因此，如何排除阻力，加大改革力度，加快改革步伐，同时在改革过程中体现公平、公正、效率的原则，是摆在越南党和政府面前的一大难题。

四是如何尽快使越南经济与世界经济接轨，迎接经济全球化的挑战。革新开放以来，越南相继在外贸和利用外资领域进行了大力度的改革，敞开国门，一方面大踏步走向世界，另一方面以优惠政策引进和利用外资，发展对外贸易，其经济国际化的进程不断加快。1995 年，越南率先加入东盟，在融入地区经济方面走出了重要一步。此后，越南又与美国实现了关系正常化、加入了亚太经合组织，并在加入世界贸易组织方面不断取得进展。经济全球化和区域经济一体化的压力迫使越南必须对经济发展战略进行调整，着力发展外向型经济。但是，1997/1998 年的亚洲金融危机导致大多数东盟国家经济陷入衰退，严重打击了越南发展外向型经济的信心，一度放慢了经济转型的步伐。经济全球化所具有的"双刃剑"性质，使越南国内一些人尤其是决策者对发展外向型经济的负面影响有了新的认识，使他们更加倾向于寻找一种更加稳妥的办法与世界经济接轨。当时的越南政府允诺降低关税和取消非关税壁垒，但也明确表示大幅度降低关税和取消非关税壁垒不是短期内的计划。对越南发展外向型经济阻力最大的是越南党内的保守势力对外向型经济的怀疑。他们认为发展外向型经济不适合越南的国情，经济全球化和市场开放不利于国有企业的发展，会带来日益严重的社会问题，会从根本上危及越南的政治稳定，并削弱越共的领导地位。

总之，90 年代末期越共党内和国内出现的种种关于改革的争论，表明越南的改革与转型已经进入一个新的转折点。争论的结果显示，越南发展市场经济已成不可逆转之势，政治体制改革也是大势所趋。因此，如何排除阻力，加大改革力度，成为进入新世纪后越南党和政府必须直面的一个重大难题。

二 新世纪以来越南改革与转型的重大理论突破

越南的改革与转型在经历了亚洲金融危机严重冲击而出现一度徘徊之后，在进入新世纪后又得以继续推进，并且在广度和深度方面都达到了前所未有的程度，其中最引人注目之处，就是政治革新突破了多年徘徊不前的局面，有了新的进展。在政治革新实现新突破的带动下，经济革新不断深入，社会领域的改革也快速推进，越南模式的"民主化"进程明显加快。

根据马克思主义关于理论与实践关系的学说，理论来源于实践并指导实践，服务于实践。没有理论的实践是盲目的实践，没有实践的理论是空洞的理论。革命理论家都十分重视理论对于实践的指导意义。列宁曾经说过，

"没有革命的理论，就不会有革命的运动"。① 毛泽东也说过，"没有革命的理论，没有历史知识，没有对于实际运动的深刻了解，要取得胜利是不可能的"。② 越南的改革与转型就是一个从实践到理论，从理论到实践，不断深化的过程。进入新世纪以后，越南的改革与转型，围绕着实现"民富国强、社会公平、民主、文明"的总目标，无论从理论到实践，都有新的突破，值得总结。

（一）进入新世纪以来越南改革与转型的两个阶段

进入新世纪以来截至 2012 年的 12 年间，越南的改革与转型大体上也经历了两个阶段，我们可以分别将其称为越南改革与转型的第三个阶段，即经济革新进一步深化，政治革新提速，经济实现高速发展阶段（2001—2006年）；以及越南改革与转型的第四个阶段即政治革新实现新突破，改革与转型全面推进阶段（2007—2012年）。

1. 越南改革与转型的第三阶段：经济革新进一步深化，政治革新提速，经济实现高速发展（2001—2006年）。

改革与转型犹如逆水行舟，不进则退。就在越南的改革与转型面临越来越多的挑战，悲观情绪日益增长的背景下，2001 年年初召开了越共第九次全国代表大会。越共"九大"对已实施了 14 年的革新开放进行了全面总结，作出了一系列重大的战略举措，进一步坚定了改革与转型的信心。"九大"政治报告在确认"到目前为止，党的'六大'、'七大'、'八大'所总结的革新经验教训仍有其伟大价值"的同时，重点强调了革新必须依靠人民、符合实际、不断创新、有新突破的思想。具体说来，它意味着革新必须源于越南社会生活的实际，而不是照搬任何现有模式；革新必须是全面、同步和根本性的，有适当的步骤、形式和方法；需要经常对实践活动和理论研究进行总结，对指导方针、方法和措施作出必要的调整、补充和发展；寻找和选择新的突破环节以战胜停滞，以改变局面，创造新的发展，在把握新的特点和充分利用一切机遇方面具有灵活性、创新精神和敏锐性。③

在如何进一步深化经济革新方面，越共"九大"提出了"社会主义定向市场经济"的概念，标志着其革新开放理论建设的又一重大突破。大会提出了越南 21 世纪的经济发展路线，即促进工业化、现代化，建立独立自主的经济，使越南成为一个工业国，优先发展生产力，同时按照社会主义定向建

---

① 《列宁选集》第 1 卷，人民出版社 1995 年版，第 311 页。

② 毛泽东：《中国共产党在民族战争中的地位》（1938 年 10 月），《毛泽东选集》第 2 卷。

③ 许宝友：《越共"九大"政治报告的新特点》，《国外理论动态》2001 年第 7 期。

立与之相适应的生产关系。为落实上述发展目标，越共"九大"进一步明确提出，越南的中心任务是经济发展和工业化、现代化，总体思路是高速和稳定增长，使经济增长与实现社会进步、公平和环境保护并行。①

在政治体制改革方面，越共"九大"提出，改革要有新突破，尤其强调要强化行政机构改革和党的建设和整顿，并且进一步突出了社会的公平与正义的思想，指出，社会主义的理想目标，就是"民富国强，社会公平，民主文明"。"九大"政治报告指出："国家行政机构的改革与党的建设和整顿、与党领导国家的内容和方式的革新紧密相连。要建设廉洁高效的国家机器，必须使党的组织和党员在国家机构中有更好的表现。"但是需要指出的是，直至此时，越南的政治体制改革仍然停留在行政管理体制和机制的调整、理顺关系方面，并未触及政治体制尤其是政治民主化建设这根"敏感神经"。因此，越共"九大"关于政治体制改革无论从理论还是实践上，都未有实质性的突破，其成果主要还是体现在经济革新与转型方面。

"九大"以后，越南的革新开放进入了一个新的时期，其基本特点就是：经济革新进一步深化，政治革新明显提速，经济实现持续高速发展。在越共"九大"以后的五年间，在巩固已有成果的基础上，越南的革新开放事业继续得以推进，政治体制改革步伐明显加快，经济改革的成果进一步显现。2001—2005 年，越南国内生产总值平均增长率达到 7.7%，为东盟各国之首，仅次于中国，位居全球第二。② 在对外开放方面，2006 年越南出台并实施了新的《外资法》和《企业法》，正式加入了世界贸易组织，投资环境不断改善，外资大量涌入，当年外资企业总产值达到 294 亿美元。

2. 越南改革与转型的第四阶段：政治革新实现新突破，改革与转型全面推进（2007—2011 年）。

经过越共"九大"后五年的发展，越南的政治、经济和社会的转型又出现了一些新的情况，总体上讲，主要的问题是政治改革滞后于经济改革的矛盾进一步突出，现行政治体制和机制越来越不适应经济体制改革的进一步推进。因此，政治体制改革的提速已经成为势所必然。

正是在上述背景下，越共于 2006 年 4 月 18—25 日召开了第十次全国代表大会。大会选举产生了以农德孟总书记为首的越共新一届年富力强、德才兼备的领导班子，通过了整党和补充、修改党章等一系列重要的报告，并提出了 2006—2010 年社会经济发展战略与方针，从而为新时期越南工业化与

---

① 许宝友：《越共"九大"政治报告的新特点》，《国外理论动态》2001 年第 7 期。

② The Economist Intelligence Unit，*Country Report：Vietnam*，2001—2006.

现代化的发展指明了方向。这次大会实现了越南共产党最高领导班子的平稳过渡，并推动越南社会经济走向蓬勃发展的道路。

大会提出，越南 2006—2010 年的总体目标和方向是：发挥全民族的力量，大力全面和同步地推进工业化、现代化事业，积极融入国际经济体系。2006—2010 年越南经济平均增长率为 7.5%，努力争取实现最高 8% 的增长率，到 2010 年国内生产总值（GDP）达到 2000 年的 1.1 倍，人均国内生产总值由 2005 年的 650 美元增长到 1050—1100 美元。这将使越南在 2010 年前基本摆脱欠发达状况，使越南到 2020 年基本成为现代工业化国家，实现"民富国强，社会公平、民主、文明"的目标。这样，越南的发展速度将保持仅次于中国的增长率，继续成为东南亚地区经济增长最快的国家。[①]

越共"十大"政治报告也清醒地指出，越南的政治、经济形势也不能过于乐观，转型与发展已经进入攻坚阶段。

在政治社会形势方面，越共认为贪污腐败和官僚主义已经成为党所面临的四大危机之一；日益严重的贪污腐败现象已经成为越南的"国难国耻"。为了遏制日益蔓延的贪污腐败犯罪，越南制定了《反贪法》，采取了一系列反腐措施，严厉查处违纪领导干部和有影响的政治犯罪案件，对一些违法的高级干部包括部分省部级干部进行处分。在 2000—2004 年的 5 年内，越南全国各省和中央直辖市先后查处干部贪污案件 8800 多起，涉案官员包括多名在职的正副部长在内的 1.2 万多人。这些贪腐案件造成的经济损失高达 1.4 亿美元。[②] 许多官员徇私舞弊、侵吞公款的事件令人震惊，政府虽严惩了不少犯罪的干部，但贪腐问题仍然严重。社会上无处不在的贪腐现象让越南老百姓深恶痛绝。在越共"十大"召开前夕，爆出了越南交通运输部负责基建项目建设的负责人挪用数百万美元公款参与赌博，这一集体腐败的大案还涉及大小官员 200 余名。媒体还报道挪用公款案的交通部工程资金是来自日本和世界银行等的国际捐赠，而交通运输部副部长阮越进个人拥有数套豪宅和数辆豪华轿车、包养多名"二奶"。这一丑闻激起社会各界的愤慨，引起国内外的极大关注。

针对日益严重的腐败问题，农德孟总书记在越共"十大"新闻发布会上强调，首先要补充、完善关于经济、财政、国家公有财产、国家财政、由人民捐助及外国援助的各类基金管理的各种机制和规定；继续推进行政改革，革新教育工作，加强对领导干部的监督和管理以建设一个现代的行政基础及德

---

① 参见《越南共产党第十次全国代表大会政治报告》2006 年 6 月 18 日。
② 《环球时报》2006 年 4 月 26 日。

才兼备的干部队伍；确保国家行政机构及国有单位的财政经济活动的公开透明；继续革新干部队伍的工资制度。此外，还要坚决、严肃、及时、公开地处理有腐败行为的党员干部，不管其职务有多高，也不论其在职或离职。对包庇腐败者、故意阻碍反腐行动者，或利用对腐败的诉讼伤害他人，造成内部不团结者，要根据党纪国法进行严肃处理。①

　　在经济方面，越共"十大"政治报告也认为仍然面临着不少困难和问题。报告指出，越南经济仍处于欠发达的状态，经济增长速度与其经济潜力很不相称；经济的质量、效益、竞争力还很低，发展还不稳定；经济结构转变缓慢；科技、工艺和劳动力水平还很低；许多产品的成本远高于地区及世界水平；国内潜力未能充分得到挖掘和发挥；国家投资分散、流失严重；一些重大工程的建设未能按期完成；经济管理水平低下，国家财政开支浪费现象严重，许多地方生态环境污染严重；以工业化、现代化为方向的经济结构转变缓慢；农业和农村工业化、现代化的内容和办法尚未得到具体化；国企改革，特别是股份制改革进程缓慢等。这些问题的存在，严重影响了"社会主义定向的市场经济"的建立。

　　笔者以为，越共"十大"政治报告所总结的，截至那时越南改革与转型中存在的上述困难和问题，总体上看是符合越南的实际的，但从深层次讲，这些问题仅仅是标不是本。这些问题只是细枝末节的问题，而并不是根本性问题。产生上述问题的根源，应该是政治体制和机制上的问题，政治体制和机制不改变，党内和干部队伍中的腐败问题就无法根除，政府行政管理中长期存在的办事效率低下、相互推诿等弊端就难以从根本上改变，经济和社会发展中存在的上述困难和问题也不可能得到解决。

　　正是在上述背景下，越共"十大"将政治体制改革提上了议事日程，使其革新开放以来 20 年中政治改革一直停留在行政管理体制层面的局面上升到了党的高层人事制度改革的层面。这就是在本次党的代表大会上摒弃了以往等额提名党的总书记的一贯做法，首创了差额选举中央委员尤其是党的总书记。这是越南政治体制改革的一个史无前例的飞跃。

　　关于中央委员候选人的提名范围和差额选举，共确定了 207 名候选人，其中包括九届中央委员会建议的 174 人、本届大会代表讨论推荐增补的 31 人，以及自荐的 2 人。通过大会代表无记名投票，选举产生了 160 名中央委员，共有 47 名候选人落选，差额率为 29.4%。在中央候补委员候选人的提名和差额选举方面，大会共确定了 46 名候选人，其中包括九届中央委员会

---

① 《环球时报》2006 年 8 月 28 日。

提名的 30 人、大会代表讨论推荐增补的 16 人。通过大会无记名投票，选举产生了 21 名中央候补委员，共有 25 名候选人落选，差额率为 119%。① 关于党的总书记的选举，越共"十大"决定，党的总书记候选人的提名由等额变为差额，即在大会正式选出 160 名中央委员之后，向 1176 名大会代表发放总书记人选的"民主推荐票"，由大会代表从 160 名当选中央委员中推荐自己信任的总书记人选，最后确定两名总书记候选人。② 结果，现任总书记农德孟和现任胡志明市委书记阮明哲成为总书记的候选人，共同竞争越共总书记一职，而农德孟以 76.4% 的得票优势胜出，连任越共总书记，成为革新开放以来唯一获得连任的越共总书记。此举第一次打破了原有的等额提名党的总书记的做法，开创了社会主义国家领导人由竞选产生的先河，表明越共的党内民主竞争机制已经成熟，引起了国内外的高度关注。在此次选举中，还第一次允许党员自荐竞选中央委员，第一次在大会上公布当选领导人的得票率。

诚然，正如李永隆和顾长永两先生所指出的，越南的政治改革并不是其"政治制度"的改革，而是其"政治体制"的改革。③ 也就是说，越南的政治改革，主要是对作为国家根本制度的政治制度的组织方式和管理方式的改革。因为"政治制度"一般是指国家的根本制度的政治属性，而"政治体制"则是指这种根本制度的组织方式和管理方式，④ 从迄今为止越南所进行的政治改革来看，并不是要在政治制度上另起炉灶，并不是要改变越南共产党一党领导的社会主义制度。越南的政治转型是在政治制度不发生根本改变即保证越南共产党的绝对领导地位不动摇的前提下，对其政治制度中的组织方式和管理方式进行自我改良和完善。其主要目的，就是要在坚持共产党一党执政的前提下推进并实行执政的民主化，主要措施包括废除领导干部的终身制、加强国会在管理国家事务中的地位和作用、反腐倡廉、加强决策过程的透明化和民主化、加强基层民主建设、积极推动党内民主（主要体现为实行党政主要领导干部的差额选举制），等等。

---

① 山东大学政党研究所课题组：《全球化信息化条件下越南共产党组织发展趋势研究》，《当代世界与社会主义》2008 年第 1 期。

② 潘金娥：《中越两国关于社会主义理论与实践上的一些差异》，参见李慎明主编《2009 年世界社会主义黄皮书》，社会科学文献出版社 2009 年版。

③ 李永隆、顾长永：《越南政治体制改革之研究》，台湾中山大学东南亚中心，2010 年 5 月 14 日。http：//hanweiyang. cn/yang/dispbbs. asp？boardID = 35&ID = 71905。

④ 朱新民：《1978—1990 年中共政治体制改革研究：80 年代后中国大陆的政治发展》，永然出版社1991 年版，第 24—25 页。转引自李永隆、顾长永《越南政治体制改革之研究》，台湾中山大学东南亚中心，2010 年 5 月 14 日。http：//hanweiyang. cn/yang/dispbbs. asp？boardID = 35&ID = 71905。

2006 年越共"十大"以后，越南政治革新的新举措、新理念层出不穷，为越南的革新事业与社会发展注入了新的活力。继 2006 年推出中央委员、候补中央委员差额选举后，2007 年又推出了通过实质性差额直选国会代表的举措。尤为引人注目的是，于 2011 年 1 月 12—19 日召开的越共十一大明确提出要试行党员直接选举党的书记、副书记和委员的制度，并要先行在不低于 10% 的省级党委和不低于 30% 的县级党委开展试点。从中央委员会通过差额选举产生，到党的总书记通过竞争选举产生、国会代表通过直接差额选举产生，以及实行国会代表质询制度等一系列重大整改措施，都是在进入新世纪以后实施的。政治体制改革的新突破，有力地促进了越南经济和社会转型的新进展。

（二）进入新世纪以来越南经济革新与转型的重大理论突破

进入 21 世纪以后，越南继续成为 GMS 国家乃至东南亚地区改革与转型的引领者，成为国际舆论在改革与转型方面关注的焦点。在 2000 年至 2012 年的 12 年间，越共中央继续成为越南改革与转型的最高决策者和总指挥部，牢牢把握着越南政治、经济、社会改革与转型的大方向。其间，越共相继于 2001 年 4 月召开了"九大"、2006 年 4 月召开了"十大"、2011 年 1 月召开了"十一大"三次全国代表大会。每次代表大会都根据形势的新发展提出改革与转型的新举措，继续将越南的改革与转型推向前进。

在经济改革方面，总体上讲，进入新世纪以来，越南党和政府继续高举 1986 年越共"六大"所确定并由"七大"和"八大"不断完善，并在实践中不断检验和修正的革新开放路线；继续不断完善越南社会主义市场经济的理论。通过对越共三次代表大会相关文件的解读，笔者认为，进入新世纪以来的 12 年间，越南在经济革新与转型方面的主要理论突破大体上可以归纳为以下几个方面：

第一，对越南多年的经济革新进行了高度的理论概括，最终确定了"社会主义定向的市场经济"的提法，并在实践中不断完善和进一步系统化，用于指导越南的经济转型。

自越共"六大"以来，越南党和政府的一贯政策是发展社会主义定向的、由国家管理的、按照市场机制运行的、多种成分的商品经济。如何对上述实践进行高度的理论概括，一直是越南理论家们思考的一个重要问题。2001 年 4 月 19—22 日召开的越共"九大"政治报告第一次明确地将越南所致力于建立的市场经济概括为"社会主义定向的市场经济"。① 2006 年 4 月

---

① 许宝友：《越共"九大"政治报告的新特点》，《国外理论动态》2001 年第 7 期。

18—25 日召开的越共"十大"又明确提出，要继续建设和同步完善以社会主义为定向的市场经济体制，提高国家管理职能的作用和效果；按照健康的竞争机制，同步发展和有效地管理各种基本市场的运作；要继续发展商品和服务市场，包括按照同步、有完整结构的方向，稳步发展财政市场，包括资本和货币市场，扩大和提高资本及证券市场活动的质量；要继续发展不动产市场，确保土地使用权顺利地转变为商品；在革新机制、政策的基础上，要继续发展科技市场，以便使大部分科技产品转化为商品；继续大力发展各种经济成分和各种生产经营组织。① 2011 年 1 月 12—19 日召开的越共"十一大"明确规定，越南将继续坚持社会主义道路，进一步完善"社会主义定向市场经济"体制。②

何谓"社会主义定向"？其基本含义是什么？笔者认为，越共为了防止在革新开放的进程中偏离社会主义方向，便利用"社会主义定向"一词来提醒人们时时刻刻明确革新开放的社会主义方向。"社会主义定向"，一是强调革新开放要坚持社会主义；二是强调越南目前还处于向社会主义过渡时期，还必须允许某些非社会主义的东西存在，但这是为了发展生产力，为社会主义创造条件。

从越南革新开放的进程和措施看，这种"社会主义定向"随处可见。在政治体制上的表现就是"党领导，人民作主，国家管理"，即越南共产党是越南社会主义事业的领导者，是越南唯一的执政党，国家的一切权力属于人民，人民通过国会行使权力，政府对国家的全部政治、经济、文化、社会、国防安全和对外事务进行统一管理。在经济体制上的表现就是"社会主义定向市场经济"，即社会主义因素在市场经济中起"开拓、引导、定向"作用。具体说，"社会主义定向市场经济"是用来促进生产，解放生产力，加快国民经济的发展速度，早日实现国家的工业化和现代化并为全体劳动人民服务的，是以包括国有经济、集体经济和合资、合营经济单位的国有经济和集体经济部分在内的公有制为基础的，国有经济占主导地位，国家根据市场调节和计划调节相结合的原则管理经济，发挥市场的积极作用，限制其消极作用，保护劳动人民的利益，使之正确地按照社会主义方向发展，不让市场自发地走向资本主义，实行按劳动成果和经济效益分配为主，同时也按投入的资金和智力进行分配，并伴之以一定的社会福利，使经济增长、社会公平和进步紧密结合，避免造成社会的两极分化。在思想文化体制上的表

---

① 梁志明：《越共"十大"：成就与启迪》，《南洋问题研究》2006 年第 4 期。

② 《越南共产党第十一次全国代表大会政治报告》，2011 年 1 月 12 日。

现就是，以马列主义、胡志明思想为指导，建设先进的、富有浓郁民族特色的社会主义文化，"建设健康的思想道德和生活方式"，形成高尚美好的精神生活、高度的人民素质、发达的科学技术，以服务好工业化、现代化。

越共认为，要克服发展滞后的危机，不仅要有一条以经济建设为中心、坚持革新开放的政治路线和正确的方针政策，而且要有能极大激发各种经济成分潜在能量，加速经济发展的经济运行机制和系统，这就是"社会主义定向市场经济"。越共提出建立"社会主义定向市场经济"的理论，并非突发奇想如上所述，它是越共长期摸索的结果和对自己多年革新开放实践的理论概括和总结，不但有着深刻的历史、政治、经济、社会原因，而且也有着广泛而且深刻的理论内涵。

首先，越共认为"社会主义定向市场经济"是越南社会主义过渡时期的经济模式。革新开放以前，越南把市场经济看作是资本主义的基本特征，而把计划经济看作是社会主义的根本特征之一，实行集中的"统包统管"的经济体制。随着革新开放的进行和对马克思主义科学社会主义认识的不断深入，越南不断突破对计划与市场、市场经济与社会主义关系的传统认识，提出经济体制改革的目标是建立"社会主义定向市场经济"体制。1986 年，越共"六大"提出发展社会主义商品经济，首次将生产与市场联系起来。1991 年越共"七大"提出建立国家管理的市场机制，认为发展商品经济必须废除官僚统包制度。1996 年越共"八大"重申，要继续发展按照社会主义方向、由国家管理、遵循市场机制运行的多种成分的商品经济。2001 年 4 月，越共"九大"对社会主义市场经济的认识有了突破性的进展，首次明确指出"社会主义定向市场经济"是越南社会主义过渡时期经济体制革新的目标模式，提出要在 2001 年到 2005 年在形成社会主义市场经济体制方面"迈出重要的一步"，到 2010 年"基本上形成社会主义定向的市场经济体制"。

其次，越共认为"社会主义定向市场经济"既是"普遍的"，又是特殊的，即"带有越南走向社会主义方向的特征"。越南共产党认为，市场经济是一种商品经济高度发展的具体形式，市场和市场经济不是资本主义特有的财富而是人类文明的共同成就，"它既可以在资本主义制度下运作，又可以在社会主义的条件下发挥促进经济发展的作用"。任何形式的市场经济都是在一定的社会历史背景下运作的，"社会主义定向市场经济"必然"带有越南走向社会主义方向的特征"，社会主义因素起"开拓、引导、定向"作用，在所有制、管理机制和分配形式等方面与资本主义市场经济有着本质区别。按照越共中央总书记阮富仲于 2003 年的说法，社会主义定向市场经济是市场经济历史上一种新型的市场经济,市场经济是"普遍的",而社会主义定向市场经济则是越南的"特征",它符合越南的具体情况和特点。①

再次,越共认为"社会主义定向市场经济"的目的是"发展生产力,发展经济"。越共认为,发展现代生产力与建设新的生产关系是紧密联系在一起的,把"社会主义定向市场经济"确立为越南过渡时期经济体制改革的目标模式,符合生产关系一定要适应生产力性质和水平的规律。越共"九大"指出,实行"社会主义定向市场经济"的目的是"发展生产力,发展经济,以建设社会主义的物质技术基础,提高人民的生活水平"。

最后,越共认为"社会主义定向市场经济"能够激发多种经济成分的"巨大潜在能量"。越共认为,发展多种所有制经济成分和多种经营形式,是越南过渡时期生产力发展的客观要求,而"社会主义定向市场经济"体制的建立,能为多种所有制经济成分和多种经营形式的发展开辟广阔的空间,"发挥各种经济成分的潜力,包括国有经济、集体经济、个体经济、小手工业者经济、私人资本经济、外资经济",从而解放和发展生产力。这是因为,在市场经济条件下,各种经济成分是平等的,都是"社会主义定向市场经济的有机组成部分",在法律上和市场准入上都是平等的,相互之间既竞争又合作。同时,"社会主义定向市场经济"条件下的政府主要设计是"游戏规则",颁布制度、政策,处理经济社会发展中的宏观问题,解放了企业的手脚,保障企业在生产、经营上的自主权和自负盈亏。②

在越南人看来,"社会主义定向的市场经济"这一提法旨在强调越南的经济体制改革并不意味着越南现有经济的性质有任何改变。首先,越共并不认为市场经济是资本主义性质的,也没有将市场经济与资本主义等同起来,尽管市场经济在资本主义制度中达到了很高的发展水平。其次,市场经济的类型并不完全相同,换句话说,有资本主义的市场经济,也有社会主义的市场经济,每种类型的市场经济都有适应各种社会和国家状况的不同模式。最后,虽然两种类型的市场经济都是按照市场规律运行的,但社会主义市场经济的性质不同于资本主义市场经济的性质。越共"九大"政治报告明确指出了社会主义定向的市场经济与资本主义市场经济在目的、发展方向、所有制、管理和分配等方面的差异。在此基础上进一步指出:"社会主义定向的

---

① 2003年,阮富仲任越共中央政治局委员、越共中央理论委员会主席。见崔桂田《越共处理"四大危机"的理论与实践》一文,山东大学党政研究所网站,http://www.zdyj.sdu.edu.cn/article.php? id=156,2012年12月14日。

② 山东大学政党研究所课题组:《越共处理"四大危机"的理论与探索》,《当代世界与社会主义》2006年第4期。

市场经济是处于向社会主义过渡时期的越南所采取的总的经济模式。"①

第二，将"外国投资经济"成分列为第六种经济成分，继续主张多种经济成分并存共同发展。

在"八大"政治报告中，五种经济成分的排序是：国有经济、合作经济、国家资本主义经济、个体小业主经济和私人资本主义经济。"九大"政治报告将外国投资作为一种经济成分单列出来，于是原来的五种经济成分并存就变成了国有经济、合作经济、个体小业主经济、私人资本主义经济、国家资本主义经济、外国投资经济六种经济成分并存。②"十大"政治报告继续强调，要在三种所有制形式（全民、集体和私人）的基础上，形成多种所有制形式和多种成分的经济，即国有经济、集体经济、私人经济，国家资本经济和外国投资经济；继续革新、发展和提高国有企业的效益，完善各种机制和政策，使国有企业真正在健康、公开、透明的环境中活动，提高其效益；继续革新和发展各种类型的集体经济，加强个体经济和各种私人企业的发展，并大力吸引外国投资。③ 将外国投资作为一种经济成分单列出来，旨在为外国投资经济的平稳发展创造条件，以扩大出口。

第三，在所有制形式上，将"公有制"表述为"社会所有制"。

在所有制形式上，越共"十一大"文件明确指出，我们是社会主义定向的市场经济，这个市场经济在本质既不是私人的也不是国有的，而是"社会"的，就是"社会所有制"。为此，要使股份制企业日益发展，成为普遍的经济组织形式，要促进生产经营与所有制的社会化。"要以股份制企业为主并鼓励它们发展，进而推动生产经营和所有制的社会化。"④ 可见，越共关于社会主义所有制的观点，已经从"公有制"转变为"社会所有制"。⑤"社会所有制"的提法可谓用心良苦，它并非出自越共某位领导人或者某位学者心血来潮时的随意之作，而是经过越共全党上上下下充分讨论并写入越共"十一大"文件向全党全国公布的。它是越共全党智慧的结晶。但是，尽管越共"十一大"提出的"社会所有制"的概念，从理论上讲还

① 许宝友：《越共"九大"政治报告的新特点》，《国外理论动态》2001 年第 7 期。

② 同上。

③ 梁志明：《越共"十大"：成就与启迪》，《南洋问题研究》2006 年第 4 期。

④ 越南共产党第十一次全国代表大会政治报告：《继续提高党的领导能力和战斗力，发挥全民族的力量，全面大力推进革新事业，为 2020 年我国基本成为一个面向现代化的工业国奠定基础》，《社会主义过渡时期国家建设纲领》（2011 年增补），越南共产党网站，2011 年 3 月 4 日公布。

⑤ 潘金娥：《越共十一大一些主要理论观点的变化》，载李慎明《2012 年世界社会主义黄皮书》，社会科学文献出版社 2012 年版。

有待进一步完善，是否算一个理论突破还有待于进一步检验，但越共在革新开放进程中注重理论创新的精神，无疑是值得肯定的。

第四，提出了充分发挥越南的优势，充分利用国外先进技术，通过"跳跃式发展"走"捷径"实现国家工业化的主张。

越共"九大"作出通过"跳跃式发展"实现国家工业化的决定后，[1]2006年4月召开的越共"十大"将其进一步具体化。大会提出，越南2006—2010年的总体目标和方向是：发挥全民族的力量，大力全面和同步地推进工业化、现代化事业，积极融入国际经济体系。2006—2010年越南经济平均增长率为7.5%，努力争取实现最高8%的增长率，到2010年国内生产总值（GDP）达到2000年的1.1倍，人均国内生产总值由2005年的650美元增长到1050—1100美元。这将使越南在2010年前基本摆脱欠发达状况，使越南到2020年基本成为现代工业化国家，实现民富国强、社会公平、民主、文明的目标。[2]"跳跃式发展"，从理论上讲，就是要突破按部就班、循序渐进的套路，跳过某些阶段，实现"超常规"发展。众所周知，遭受了长期的西方殖民统治之后又经历了长期战乱的越南工业基础十分薄弱，即便革新开放26年来工业水平有了很大提高，但距离"工业化"要求仍然十分遥远。要在未来不到10年内实现所谓"工业化"，可谓任重道远，必须树立雄心壮志，采取超常规措施，才有可能实现这个既定目标。这就是"跳跃式发展"。

"跳跃式发展"作为一个理论概念，并非越南的独创。在世界历史发展的进程中，"跳跃式发展"的理论已得到无数的实践所印证。越共将"跳跃式发展"的理论应用于其国家实现工业化的历史进程，尽管面临着无数的艰难困苦，而且其所要实现的"现代的工业化国家"的标准也还非常模糊，但毕竟显示了越共进行经济革新与转型的决心。

第五，就如何巩固和发展越南"社会主义定向的市场经济"提出了一系列对策措施。

理论来源于实践，并且指导实践。越南"社会主义定向的市场经济"体制的建立，或者说，计划经济体制向具有越南特色的市场经济体制的转型，是一项长期的、艰巨的任务。为顺利推进经济转型，进入新世纪以来，越南党和政府采取了一系列措施，而越共"十一大"又将这些措施进一步具体化：

① 许宝友：《越共九大政治报告的新特点》，《国外理论动态》2001年第7期。
② 梁志明：《越共"十大"：成就与启迪》，《南洋问题研究》2006年第4期。

一是在"十一大"政治报告中提出了建设越南社会主义的八个基本方向：第一，大力推进国家的工业化现代化，使之与发展知识经济、保护资源和环境相结合。第二，发展社会主义定向的市场经济。第三，建设先进的、富于民族特色的文化；提高人口的素质，提高人民生活水平，实现社会的进步和公平。第四，保证国防牢固、国家安全以及社会秩序的安定。第五，实行独立、自主、和平、友好、合作和发展的对外路线；主动而积极地融入国际社会。第六，建设社会主义民主，实行民族大团结，加强和扩大民族统一阵线。第七，建设属于人民、来自于人民和为了人民的社会主义法权国家。第八，建设廉洁、坚强的党。

二是在"十一大"政治报告中提出了在落实上述基本方向的过程中必须解决好的"八大"关系：革新、稳定和发展之间的关系；经济革新和政治革新之间的关系；市场经济与社会主义定向之间的关系；生产力发展与建设和逐步完善社会主义生产关系之间的关系；经济增长与文化发展、实现社会进步与公平之间的关系；建设社会主义与保卫社会主义祖国之间的关系；独立、自主和融入国际之间的关系；党的领导、国家管理和人民做主之间的关系。①

三是在"十一大"通过的《2011—2020 经济社会发展战略》中，提出了五个关于"发展"的理念：坚持快速发展和可持续发展相结合；坚持经济革新与政治革新相结合；坚持以人为本；坚持发展生产力和完善生产关系相结合；坚持经济独立自主与扩大开放相结合。②

（三）进入新世纪以来越南政治革新与转型的理论创新

越南的政治革新起步比经济改革晚，进展也比经济改革慢。总体上讲，越南的政治改革是在经济改革进展到一定程度之际，在经济改革的促动下启动并缓慢推进的。从迄今越南政治改革所走过的历程来看，其政治改革或者说革新的一个显著特点，就是在不颠覆现有政治体制，保证越南共产党的领导地位不动摇的前提下缓慢推进的。这是一种尚无成功经验可以借鉴的政治改革。因此，越南的政治改革是一种"摸着石头过河"的行动，需要摸索着前进。

总体上看，进入新世纪以来，越南的革新比较重要的是提出了实现全面

---

① 越南共产党第十一次全国代表大会政治报告：《继续提高党的领导能力和战斗力，发挥全民族的力量，全面大力推进革新事业，为 2020 年我国基本成为一个面向现代化的工业国奠定基础》，《社会主义过渡时期国家建设纲领》（2011 年增补），越南共产党网站，2011 年 3 月 4 日公布。

② 越南共产党第十一次全国代表大会文件：《2011—2020 经济社会发展战略》，越南共产党网站，2011 年 3 月 4 日公布。

革新的路线，从以经济革新为主，走向政治、文化和社会革新；从思维、认识和思想革新走向党、国家和人民各阶层的实践活动革新。

越南政治革新的进程从 20 世纪 90 年代初就开始了，但取得重要突破是在进入 21 世纪以后。

综观迄今越南政治改革与转型的历程，其理论建设方面比较有新意的，大致有以下几个方面：

第一，制定了《社会主义过渡时期的国家建设纲领》，对越南社会主义的基本特征作出了新的阐释，为越南政治改革提供了理论支撑。

多年以来，越共一直坦诚其理论的发展落后于实践的要求，甚至有理论家认为越南当前存在的三大危机是"理论危机"、"人才危机"和"人心危机"，[①] 理论发展滞后，跟不上越南实践发展的要求。为了改变这种状况，近十年来越共特别重视政治理论的创新，力图构建一种新的理论体系，为其政治、经济和社会的改革与转型提供理论支持。在"十一大"召开之前，由政治局委员、时任越共宣教部部长、越共中央理论委员会主席苏辉若主持的一项旨在"形成越南理论体系"的重大研究课题就已经展开。越共"十一大"通过的《社会主义过渡时期的国家建设纲领》，不但对胡志明思想作出了符合时代发展要求的定义，而且也对越南社会主义的基本特征作出了新的阐释。关于胡志明思想，纲领指出："胡志明思想是关于越南革命基本问题的一系列全面而深刻的观点，是创造性地运用和发展马克思列宁主义于我国的具体条件的成果，它继承和发展了我国民族的美好传统价值，吸收了人类文明的精华，它是我们党和人民无比巨大而宝贵的精神财富，永远照亮我国人民争取胜利的革命事业的道路。"[②] 纲领还提出了越南社会主义的八个基本特征，即"我们正在建设的社会主义社会是一个民富、国强、民主、公平、文明的社会；人民当家做主；具有以现代生产力和主要生产资料公有制为基础的高度发达的经济；具有浓郁民族特色的先进的文化体制；人民生活温饱、自由、幸福，并具备了全面发展的条件；全体越南各民族平等、团结、互相尊重互相帮助，共同发展；建立了在共产党的领导下的属于人民、来自人民和为了人民的社会主义法权国家；与世界各国人民建立了友好与合作关系。"[③] 上述理论的提出，为越南政治改革奠定了重要的理论基础。

---

① 潘金娥：《越共"十大"，总结与发展》，《世界社会主义研究动态》2006 年第 40 期。

② 越南共产党：《社会主义过渡时期国家建设纲领》（2011 年增补），越南共产党网站，2011 年 3 月 4 日公布。

③ 同上。

第二，发展了社会主义过渡时期的基本理论。

越南共产党对社会主义过渡时期基本理论的完善与发展，主要体现在以下几个方面：

一是进一步明确越南处于社会主义过渡时期，提出了"越南式社会主义"的目标任务。虽然越共"七大"明确指出越南处于社会主义过渡时期，但是关于越南的社会性质，尤其是处于什么样的时期，理论界和政界均有不同看法。对此，农德孟总书记在《关于越共第十届中央委员会向十一大呈递的各项文件的报告》中强调，"资本主义还处在发展阶段，还有很大的潜力……当前的时代特点是不同社会制度的国家发展程度不同……各国人民为争取和平、独立、民主、社会进步会面临许多困难，但终会有所进步，因为根据历史发展的规律，人类最终要向社会主义过渡"。① 越共"十一大"通过了《社会主义过渡时期的国家建设纲领》，进一步明确要在 2020 年完成过渡时期的目标任务，并对"越南式社会主义"进行了新的表述，提出了如上所述的越南社会主义的八个基本特征。越共"十一大"系统阐述了越共对社会主义的新思想，赋予社会主义过渡时期理论以时代内涵。

二是制定了越南过渡时期的目标任务和基本方针政策，使其关于过渡时期的基本理论更加具有充实感。越共"十一大"规划了未来 40 年发展的总体目标："社会主义过渡时期结束时的总目标是基本完成与社会主义政治、思想、文化等上层建筑相适应的经济基础建设，使我国成为一个日益繁荣的社会主义国家。""从现在到 21 世纪中叶，全党全民要全力以赴把越南建设成为社会主义定向的现代化的工业国家。"而要顺利实现上述目标，必须处理好以下"八大"关系："革新开放与社会发展稳定的关系；经济革新与政治革新的关系；市场经济和社会主义市场经济的关系；发展生产力与逐步完善生产关系的关系；经济增长与发展文化，同步实现社会进步、公平的关系；建设社会主义和保护社会主义国家安全的关系；独立自主与融入国际社会的关系；党的领导与国家管理以及人民当家作主三者之间的关系等。"② 这"八大"关系从社会发展过程的基本矛盾以及生产力和生产关系等方面，深刻揭示了越南当前面临和今后可能遇到的问题。越共提出"八大"关系，充分说明了其对社会主义理论的认识在深化。

---

① 陈元中等：《越南共产党十一大的理论创新》，《当代世界与社会主义》（双月刊）) 2011 年第 4 期。

② Tong bi the Nong Duc Manhtrinh bay Báo cáo cua ban chap hanh trung uong Dang khoa Xve cac van kien Dai hoi XI cua Dang《Bao Nhan Dan》Ngay 13 thang 1 nam 2011.

　　第三，对民主政治建设的实践经验进行了新的理论概括，强调发扬社会主义民主与发挥全民族大团结的统一。

　　越共"十一大"从理论上将"九大"以来民主建设的实践经验概括为："社会主义民主是越南政治制度的本质。既是国家发展目标，也是国家发展的动力。建立和逐步完善社会主义民主，保证国家一切权力属于人民。"[1]越共十一大政治报告强调，社会主义民主属于人民、来自人民、为了人民，要求切实保证人权和公民权，创造条件促使人民全面发展，不断提高自身能力，为人民充分实现自主权创造合理机制，特别是实现直接的民主，发挥人民的聪明才智，为祖国建设提供强大动力。上述理论概括全面阐述了社会主义民主的性质、地位、作用、实现形式和保证，拓展了社会主义民主的含义，表明越共对社会主义民主的认识达到了一个新的高度。另外，报告也强调，发扬民主，必须批判和严惩违反人民当家作主、利用民主扰乱秩序的行为，反对官僚主义，避免形式民主；同时，强调民主离不开国家，离不开党的领导。

　　在民主建设方面，越共的一个重要理论创新是深刻地认识到发扬民主与发挥民族团结的关系，强调两者的一致性；强调发扬民主必须发挥各民族的智慧，加强各民族的团结。因为"民族大团结是越南革命战略路线，是确保建设事业胜利和保卫国家的力量来源及决定因素"。越共深刻认识到发扬民主和发挥民族团结要找到民主与民族团结的共同点，求同存异，弘扬民族精神，提高民族素质，这无疑是对多民族的发展中国家如何发展社会主义民主的一种理论贡献。

　　第四，进一步丰富了共产党国家在转型期党的建设的理论。

　　为提高党的领导能力和战斗力，越共高度重视党的思想理论和政治素质建设，强调要建设"思想纯洁、政治坚定"的党。为此，越共要求党的各级组织要提高思想工作的战斗性、说服力和效率，革新党内政治理论教育工作；要正确认识和科学回答党的建设和社会主义建设这两个基本问题；要为理论研究工作中的民主讨论、科学争论、探索创新、发挥个人和集体的智慧等创造条件，提高各理论研究机构的运作质量，改进理论研究机构以更加符合实际要求。

　　第五，提出了"公民社会"的构想。

　　"公民社会"是越共在政治革新进程中提出的一个新概念。自2006年

---

[1]　Tong bi the Nong Duc Manhtrinh bay Báo cáo cua ban chap hanh trung uong Dang khoa Xve cac van kien Dai hoi XI cua Dang《Bao Nhan Dan》Ngay 13 thang 1 nam 2011.

越共"十大"以来，越共中央理论委员会就组织了越共中央宣教部、越南社会科学院等机构的数十名专家学者，对越南政治系统革新开展广泛研讨，经过多年探讨，专家们提出了建设"公民社会"的构想，即加强公民和社会组织在国家政治生活中的作用，强化公民和社会组织对政府的监督作用，使越南形成政府、市场、社会三只手并行发挥作用的运行机制，推动建立更加开放、民主的社会主义政治体制。"公民社会"构想的提出，是越南政治革新和思想理论创新的一个重要成果。"公民社会"建设将对推进越南政治革新向民主化、法治化发展产生积极影响。尽管"公民社会"构想目前尚未形成系统完整的理论和制度体系，但从越南有关方面的阐述来看，其核心内容主要包括尊重和保障公民权利、进一步扩大言论自由、改革国家权力运行机制、改革党的领导方式、建立社会反腐败体系等，这意味着越南在承认普世价值，尊重和保护公民权利和自由，建设平等、民主的法治社会方面取得了明显进展。①

综观越共迄今为止 26 年来的革新历程，笔者认为，越南在政治改革方面虽然进行了积极的理论探索，取得了一些成绩，但所提出的一些理论概念还比较零碎。总体上看，越南的政治改革明显具有理论创新落后于现实实践的特点。也就是说，越南的政治改革究竟应该怎么搞？最终要达到什么目的，迄今在理论上并没有一个明确的说法。今后要建立一种什么样的政治体制和运行机制，才能适应其"社会主义定向的市场经济"的构建和发展？越共迄今尚未进行过理论概括和总结并且形成一套具有指导意义的理论体系。显而易见，越南的政治革新仍然是"胸中无数"，仍然在"摸着石头过河"。

（四）进入新世纪以来越南社会革新与转型的理论创新

经济改革与转型倒逼政治和社会改革与转型，是近 20 年来几乎所有"渐进转型国家"转型与发展都走过的路线图，而越南更具有代表性。越南的社会改革与转型，也是以实现社会公正、建立和谐社会为目标而展开的。

越南社会建设的目标，是为其经济革新与转型的深化发展，更确切地说，是为越南"社会主义定向市场经济体制"的建立和不断完善创造一个良好的社会环境。而社会建设的主要内容则是通过消除社会弊端和改善民生从而缓和社会矛盾，减少改革与转型的阻力。越共社会建设的相关理论，都是从围绕着上述目标而开展社会建设的实践活动而产生，并又指导其实践深

---

① 马洪波、彭强：《"公民社会"构想与越南政治革新的新进展》，《社会主义研究》2010 年第 2 期。

化发展的。

　　越南改革的成功是由多方面的原因促成的，越共对社会与民生问题所采取的正确决策无疑是一个重要因素。实现社会公正是越共早就关心的话题，实现社会公正首先要实现分配上的公正。革新开放前，越南主要实行的是平均主义的分配制；改革初期，越共强调按劳分配原则。1991 年召开的越共"七大"提出了"主要运用按劳分配原则，注重对人才的待遇政策，同时也运用按照生产经营中的出资比例来分配的原则"。2001 年的越共"九大"进一步完善了这一新的分配原则，指出："社会主义定向的市场经济主要按照劳动的成果和经济效益来分配，同时也按照生产经营中出资比例及其他生产要素、社会福利来分配。"① 值得注意的是，这里的社会公正与之前的简单的平均主义完全不同。正如越共"七大"文件里所指出的"反对平均主义、消除依赖性……鼓励人民在法律规定的框架内实现致富"。②

　　越共在社会建设方面的理论和政策主张源于胡志明的思想。早在战争年代，胡志明就已经指出："党和政府的政策是要尽可能地保障人民的生活。如果人民挨饿、挨冻、得病、文化程度低下，党和政府要负责。"③ 什么是社会主义？按照胡志明的解释，"社会越来越进步，物质生活得以提高，精神生活越来越好，这就是社会主义"。④ 革新开放以来尤其是进入新世纪以来，越共进一步加强了用胡志明思想来指导社会建设，并且将胡志明思想进一步发扬光大。2006 年年初召开的越共"十大"，明确提出了新时期越南社会建设的基本思想，指出："党、政府和人民所建设的社会主义社会是民富国强、民主、公平、文明的社会，这个社会由人民做主……拥有先进的带有民族浓厚特色的文化，人民拥有没有人剥削人的幸福、温饱、自由并得以全面发展的生活；越南各民族平起平坐，团结互助一起谋求进步，在越共的领导下实现为人民服务的社会主义法制国家。"⑤ 以上表述，核心就是促进社会公平，改善民生；显示越共将把增进人民的福祉作为革新开放的最大目标；"要与人民群众团结一致，改革要为人民，靠人民，发挥人民的主动性和创造性，党和政府的政策都要突出人民的意志和利益"。⑥ 这真正展现出

---

　　① 越南共产党：《越共"九大"文件》，河内：国家政治出版社 2001 年版，第 88 页。

　　② 越南共产党：《改革时期越共大会文件》，河内：国家政治出版社 2010 年版，第 368 页。

　　③ 胡志明：《胡志明全集》第 7 集，河内：国家政治出版社 1995 年版，第 572 页。

　　④ 胡志明：《胡志明全集》第 10 集，河内：国家政治出版社 1995 年版，第 591 页。

　　⑤ 越南共产党：《越共"十大"文件》，河内：国家政治出版社 2006 年版，第 17—18、61—63 页。

　　⑥ 越南共产党：《改革时期越共大会文件》，河内：国家政治出版社 2010 年版，第 497 页。

了越共关注民生努力建构社会公平的执政理念，是对胡志明关于社会和民生思想的继承和发展。

为了建设"民富国强、民主、公平、文明的社会"，越共"十大"还提出了五项措施：

第一，建立并完善为公共服务的保障政策体系，做到社会底层人员也能享受到教育、卫生、文化、体育、就业等方面的优惠政策，继续改革，使多样化的社会保障制度、工资制度和收入分配制度日益完善。

第二，鼓励人民在法律规定的框架内实现致富，有效地减少贫困与饥饿，保障社会公正。

第三，改革公共服务领域的管理机制和提供方式，逐渐把各领域的行政机构的分配制转到自主制，不再实行集中包给制。

第四，制定关于提高人民的健康、寿命和提高出生人口质量的国家战略政策。

第五，搞好计划生育，继续稳定低生育水平，注重解决社会中的矛盾问题，鼓励全民参加感恩活动等。①

三　新世纪以来越南改革与转型的主要实践

进入新世纪以来，越南的改革与转型，不但在理论建设方面有创新，而且大胆实践，有力地推动了革新与转型的发展。

（一）关于经济革新与转型的主要实践

进入新世纪以来，经济的革新与转型继续成为越南党和政府的工作重点。其重中之重的工作，一是如何巩固进入新世纪之前已经取得的革新成果，进一步夯实深化革新的基础；二是如何在已有成果的基础上继续推进改革与转型的进程，使改革与转型进一步深化。

越南的经济革新是带着遭受了亚洲金融危机严重冲击的烙印进入 21 世纪的。在进入新世纪以后，越南又在 2007 年、2008 年两年内先后遭遇了两次经济危机的冲击。因此，进入新世纪以来迄今的 12 年，越南经济的发展可谓一波三折，很不顺利。进入新世纪伊始，越南经济的发展由之前的

① 中央思想文化部：《越共"十大"决议学习资料（发给基层干部的党员）》，河内：国家政治出版社 2006 年版，第 50—51 页。

"高速度，高投入的特点"，① 转向了"革新以来最严重的衰退"。②

虽然亚洲金融危机对越南的影响相对于有的东亚国家要小一些，但也使越南经济增长放慢、越南盾大幅度贬值、通货膨胀率上升、外资减少、出口市场萎缩、出口商品价格下跌、对外贸易出现负增长、贸易逆差扩大。③ 金融危机使越南经济中的一些深层次的结构性的矛盾暴露出来。面对严峻的经济形势，越南党和政府不得不认真思考，积极应对，进行调整和改革，主要是加强了宏观调控；实行经济紧缩政策；加强对财政、金融系统和外汇汇率的管控；推进国有企业改革，加速中小企业私有化进程，并且对外贸、外资和外经方面的政策进行了调整，在初级产品进口替代已基本完成后，采取了转向出口替代的战略。

经过调整与改革，进入新世纪以后越南经济逐渐恢复了高速增长，2001—2005 年的五年间，越南经济年均增长达到了 7.5%。这一过程持续了约 6 年后，2007 年至 2008 年，越南又发生了金融危机。此次金融危机的原因，一般认为，一方面是由于越南实施过激的经济政策，如对外资缺乏监管，外贸逆差过大，国企呆账坏账庞大导致越南盾连续贬值，从而引发了金融危机；另一方面，也受到了美国次贷危机的影响。可以说，在 2008 年一年内，越南经济就经历了两次打击，即在上半年经历了本国的金融动荡之后，下半年又经历了由美国次贷危机而引发的全球性金融危机的打击。从 2007 年 10 月开始，越南经济出现了比较明显的经济过热迹象。进入 2008 年后，越南经济出现了一系列的问题：

一是股市、汇市、房市出现"跳水"，股市从上年的最高点 1170 点一路下跌到 2008 年 6 月初的 390 点，房地产价格也跌了 50% 以上，汇市虽然相对稳定一些，但也出现了剧烈波动。6 月 5 日，自由市场美元对越南盾的比价从 5 月底的 1：16500 降至 1：18500。

二是通货膨胀加剧，从 2007 年 10 月到 2008 年 5 月，消费价格指数连续 7 个月达到两位数，5 月的指数高达 25.2%。2008 年 8—11 月，越南的 CPI 指数分别上涨了 28.3%、27.9%、26.7% 和 24.2%，这直接导致政府抑制通货膨胀的目标落空，全年的 CPI 指数平均上涨了 22%。

三是贸易逆差不断扩大。2007 年，越南外贸总额达 1092 亿美元，其中

① Edited by Duncan McCargo, *Rethinking Vietnam*, RoutledgeCurzon, 2004, p.78.

② ［越］邓氏鸾主编：《越南经济革新 20 年（1986—2006）：成就及出现的一些问题》，Ha Noi，NXB dai hoc kinh te quoc dan，2006，p.263。转引自齐欢《革新以来越南的现代化（1986—2011 年）》，云南大学出版社 2012 年版，第 163 页。

③ The Economist Intelligence Unit Limited，*Country Report*：*Vietnam*，October 2000，pp.6-9.

出口 484 亿美元，进口 608 亿美元，贸易逆差达到创纪录的 124 亿美元。进入 2008 年后，贸易逆差继续扩大，头 5 个月的逆差竟达到 144 亿美元，超过了上年全年的逆差数额。

四是投资过热，尤其是外资投资过热。据越外国投资局透露，2008 年前 11 个月，越南吸引的外国直接投资已经突破 600 亿美元，[①] 明显出现了投资过热的苗头。专家们认为，大量外汇流入使越南国内货币供应激增，导致通货膨胀失控。

尽管一年内经历了两次金融危机的打击，但越南总体上还是经受住了考验，越南经济并未从天堂跌入地狱。[②] 第三季度，越南经济增速明显加快，同比从第二季度的 5.8% 增加到 6.5%。[③] 据阮晋勇总理于 12 月底表示，尽管年内经济增幅为近 5 年来最低，但仍然可达约 6.2%，越南经济发展的基本面并没有改变。2011 年年初召开的越共"十一大"对进入新世纪以来的建设成就给予了高度评价，指出：从过去的 10 年看，越南的经济总量和人均总量得到了大幅度提升。2010 年 GDP 总量为 2000 年的 2.01 倍，年均增长 7.23%；人均 GDP 从 2000 年的 402 美元提高到 2010 年的 1160 美元，提高了近 3 倍。出口快速增长，增幅为 GDP 增幅的 2 倍多。2000 年出口总额仅为 145 亿美元，2010 年已达 708 亿美元，为 2000 年的 4.9 倍，年均增长约 17.2%。[④]

进入新世纪以来，越南经济能顶住各种不利因素的影响，保持了较快发展，得益于越南政府采取了下列有效的应对措施：

1. 坚持革新开放政策不动摇，为经济持续发展提供重要动力。2001 年越共"九大"后，越南在全面深化多种所有制结构改革的基础上，重点进行了国有企业改革和发展私营经济。在国有企业改革方面，从 2001 年 8 月到 2003 年 6 月，党和政府先后通过和颁布了《关于继续推进国有企业的重组、改革与发展，提高国有经济效益的决定》《关于国有企业转为股份公司的决定》《国有企业法》修正案等，提出了国有企业改革的政策、方向和措施。对国民经济的关键部门和领域的国有企业实行国家独资或国家控股的公司制，对不需国家独资和控股的部门和领域的国有企业实行多种所有权的股份制，对规模较小、国家资金在 50 亿越南盾以下、难以股份化的国有企业

---

①　《越南电子报》2008 年 11 月 26 日。

②　中国新闻网 – 新京报，2008 年 6 月 5 日。

③　The Economist Intelligence Unit, *Country Report：Vietnam*, October 2008, p. 13.

④　参见《越共十一大政治报告》，以及越南《2011—2020 经济社会发展战略》，《越南共产党第十一次全国代表大会文件汇编》，2011 年 1 月 12—19 日。

实行转让、承包和租赁，对没有效益的国有企业实行破产。到 2002 年，越南的国有企业已由原来的 12300 家减少到 5000 多家。在发展私营经济方面，2002 年越共九届五中全会通过了《关于继续改革、完善机制政策，鼓励并创造条件促进私营经济发展的决议》，认为私有经济是商品经济、市场经济发展的动力，要在体制和社会心理上为私有经济发展创造有利环境，加强有关法律的建设，对一些机制和政策进行补充和修改，以保证私有经济具有与其他经济成分同样的平等发展的权利和条件，要继续完善和加强国家管理，通过政策、法律、法规手段对私有经济监督检查等。从 2002 年 5 月到 2003 年 5 月新增私营企业 2 万多家，新增投资金额 34 亿美元。

2. 针对金融危机的影响，提出了一系列应对措施，其中主要包括以下几个方面：

一是推出《首都河内发展规划》，大手笔加快城镇化步伐。2008 年 6 月，越南国会以 458 票对 4 票通过了雄心勃勃的《首都河内发展规划》，新河内的发展，占地面积将从目前的 920 平方公里扩大到 3344 平方公里，人口将增加到 620 万人；将包括兴建若干个城市功能区和快速交通系统，使河内成为一个庞大的"都市区"。①

二是推出铁路发展新规划，大手笔加强交通基础设施建设。2008 年 10 月初，越南政府批准了一项投资近 150 亿美元兴建河内、胡志明市城市轨道系统的计划。根据计划，河内将得到 73 亿美元，兴建 7 条轨道交通线，胡志明市将得到 75 亿美元，兴建包括高架铁路和地下铁路在内的轨道交通网，其中一条长达 19.7 公里长的轨道交通线优先开工。11 月 20 日，阮晋勇总理又批准了《2020 年越南铁路交通发展规划及 2050 年铁路交通发展远景规划》。规划提出将优先发展越南的城际铁路，兴建河内至胡志明市的南北高速铁路，设计时速 350 公里/小时②，同时兴建老街—河内—海防、河内—岘港城际铁路，并对现有的铁路线路进行改造，更新客运、货运机车，提供客运、货运通过能力。通过新建铁路和现有路线的改造，到 2050 年铁路客运量将占全部客运量的 20%。③

三是推出一揽子刺激经济计划。2008 年 11 月 8 日，越南国会通过了《2009 年越南国家预算方案》，提出了一揽子保经济增长、防止经济出现衰退的措施。方案大幅度削减了来年的政府财政支出预算；同时，国内投资也

---

① The Economist Intelligence Unit, *Country Report*：Vietnam，July 2008，p. 17.

② 这一计划不久后被越南国会否决——笔者。

③ Vietnam targets modern, sustainable railway system，20/11/2008，VNA.

受到严格控制。该预算方案的核心仍然是继续加强国家的宏观调控，治理过热的消费和投资市场，为经济发展营造一个良好的国内环境。为刺激企业生产和出口，11 月 20 日，政府作出决定，在税收和审批制度方面进行改革，有重点地开拓越南产品在中国、日本、俄罗斯和东盟地区的出口市场。

3. 坚定建立"社会主义定向市场经济"的决心，一再承诺将继续推进经济改革。进入新世纪以来，尽管遭受了一连串的挫折，进一步深化经济改革面临严峻挑战，但越南党和政府继续推进经济改革，建立"社会主义定向市场经济"的决心未变。在越共"九大"正式确定了"社会主义定向的市场经济"的提法后，2006 年 4 月召开的越共"十大"总结了革新开放的经验教训，制订了新时期的发展大计，"全面深化革新，继续开放"，成为越共"十大"的主要任务之一。① 2011 年年初召开的越共"十一大"则在对 25 年革新开放理论和实践进行深刻总结的基础上，制定并通过了对越南未来发展具有长期性、战略性意义的多个重要文件，其中包括《社会主义过渡时期国家建设纲领（2011 年补充与发展）》《2011—2020 年阶段社会经济发展战略》《2011—2015 年五年的方向和任务》等，为未来越南的改革与发展指明了方向，作出了规划。2012 年 10 月 16 日，越共中央又发布声明，承诺将继续推行经济改革和整顿国有企业与银行体制，"以便国有企业建立合适的结构和主导科技创新……维持以社会主义为取向的经济"。②

（二）关于政治革新与转型的主要实践

进入新世纪以来，越共在坚持共产党一党执政的前提下，积极推动执政的民主化，政治体制改革取得了引人注目的成绩，主要表现是：

第一，革新越共的领导体制和机制，积极推动党内民主。

一是革新党内选举制度，实行差额选举和信息公开。从越共"九大"开始，越共中央委员会在全国代表大会上通过差额选举产生。选举前，由中央组织部、中央检查委员会等部门对候选人提出评价意见，为方便党员群众反映意见和实施监督，所有候选人的基本情况都要公布于众。2006 年在中央加强选举制，对新一届中委政治局书记处人选实行半数票否决淘汰制，对九届中央推荐的中央委员等候选人名单首次进行逐一讨论和投票表决，中央委员和中央候补委员的差额选举比例分别达到 30% 和 84%，甚至连总书记也由差额选举产生。譬如，2006 年 4 月召开的越共"十大"，推举两名候选

① 亚洲时报在线，2006 - 04 - 26 18：23：48。
② 《越共中委会承诺　继续推行经济改革》，新加坡《联合早报》2012 年 10 月 17 日。

人角逐总书记职务。十一大继续以差额选举方式从 218 名中央委员候选人和
61 名候补委员候选人中选举产生由 175 名正式委员和 25 名候补委员组成的
党的第十一届中央委员会。此外，在各地方试点党委书记由党代表直选产生
的民主方式，且已在 8 个省开始由党代表直接选举产生省委书记的直选尝
试。而且，越共十一大的代表、党委委员差额选举已经开始在全国展开省市
直选试点。

　　二是加强基层民主建设。执政民主化的制度建设并不仅限于中央，还包
括强化基层民主建设。2002 年越南出台了《关于继续推进基层民主条例的
实施意见》，2007 年又发布了《在乡坊市镇实施民主法》，以达到宪法规定
的尊重人民群众权利，发挥人民群众创造力的目的。越共的加强基层民主建
设，着重还是基层党内民主的建设。越共强调要"依靠人民建设党"。越共
十一大继续强调要"发挥民主，提高在各委员会、党组织中自我批评和批
评的质量"。

　　三是革新党自身的领导方式。越共十一大提出：要"注重加强党内建
设，扩大政权建设中的民主，克服党内领导散漫"；要按照民主集中制原
则，将集体领导与发挥个人的主动性、创造性结合起来，在保证党内民主和
党的团结统一的同时，积极发挥各级党组织、党员和党委委员的主动性和创
造性，不断革新中央到地方各级党委的工作作风和思路，从而提高党自身行
政效率、工作质量，提高党的领导能力和战斗力。

　　四是向全民公布党代表大会的文件草案，广泛征求党内外的意见，加强
决策过程的透明化和民主化。越共"六大"召开前，只将政治报告草案发
放到部分党内人士手中，在小范围内征求意见。后来，越共的"七大"、
"八大"也都沿袭了这种做法。从越共"九大"开始，在大会召开前，越共
中央在主要媒体上全文公布《政治报告》草案，并在各大报纸上开辟"人
民意见专栏"，然后根据反映的意见对政治报告逐条进行修改补充。2011 年
年初召开的越共"十一大"的政治报告等三个重要文件，都提前于 2010 年
9 月通过媒体向全民公布，广泛征求党内外意见。这种做法拉近了执政党和
民众的距离，一方面提高了民众对执政党的理论、政策和活动的关切；另一
方面，有利于执政党倾听群众的呼声，做到"党心"和"民意"的统一。

　　五是实行质询制和对国家领导人进行信任投票。2002 年召开的越共九
届中央委员会首次引入质询制度。除正常工作程序外，中央委员会留出专门
时间进行质询，任何一名中央委员都可以对包括总书记、政治局委员和书记
处在内的其他委员提出质询，也可以对政治局、书记处、中检委提出质询。
2006 年 6 月，总理潘文凯因当时交通部副部长腐败案件被曝光，接受了国

会的质询。2010 年 11 月 24 日，越南国家电视台向公众全程直播了阮晋勇总理接受国会质询的情景。阮晋勇就越南船舶工业集团出现的严重财务危机作了检讨。① 2013 年 6 月召开的第十三届国会第五次会议对包括国家主席、国会主席、政府总理、国家副主席、政府副总理、最高人民法院院长及最高人民检察院院长等在内的 47 名高官进行了信任投票。于 6 月 11 日公布的结果显示，信任度最高的是国会女副主席阮氏金银，国家主席张晋创排名第三。"最不值得信任"的是央行行长阮文平，总理阮晋勇也在"信任度最低"官员之列。信任投票结束后，国会代表又于 12 日至 14 日对包括常务副总理阮春福、农业部部长高德发、劳动与社会部部长范氏海传、文化体育旅游部部长黄俊英以及最高人民检察院检察长阮和平等在内的高官进行了面对面质询。②

六是加大反腐败力度，纯洁党的队伍。官僚主义和贪污腐败盛行是发展中国家的一种通病，越南作为处于转型期的发展中国家，贪污腐败尤其盛行，一度被越共领导人称为"国家的头号公敌"。有媒体甚至将腐败现象称为越南的"国难"。③ 历届越共中央和政府都强调和重视惩治腐败，法办了许多贪污腐败分子。2004 年 4 月 22 日，潘文凯总理签发命令，宣布对玩忽职守，造成 700 万美元损失的农业部部长黎辉午给予警告处分并接受其辞去农业部部长职务的请求。④ 同年 5 月中旬，越共中央纪律部门又查处了越南油气总公司两个部门中的贪污腐败问题，50 多名干部受到不同程度的纪律处分。⑤ 2003 年 6 月 4—5 日，历时近两年的张文甘犯罪团伙在胡志明市从事杀人、赌博和组织赌博、走私贩私、行贿受贿、组织他人偷渡出国等犯罪案件的侦破和审讯结束。该案件涉案人员多达 155 人，其中包括多名党的高级干部。结果，张文甘等 6 名首犯被判处死刑，阮晋海等 5 名主犯被判处无期徒刑，2 名被告被判处 20 年以上徒刑，其余被告分别被判处 1—19 年徒刑，28 名被告被判处缓刑，13 名被告获释放。涉案的原越共中央委员、越南之声广播电台台长陈梅幸被判处 10 年徒刑，原最高人民检察院副院长范士战被判处 6 年徒刑，原越共中央委员、公安部副部长裴国辉中将被判处 4

---

① 陈明凡：《越南民主化改革及其对我国的启示》，《探索与争鸣》2011 年第 4 期。

② 《越南 47 位领导人和高官通过信任投票》，新加坡《联合早报》2013 年 6 月 12 日。

③ 《越共总书记挂帅反腐，媒体称腐败已成越南国难》，http：//www.sina.com.cn 2012 年 5 月 18 日 04：04，人民网 – 人民日报。

④ 越南《西贡解放报》2004 年 4 月 29 日。

⑤ The Economist Intelligence Unit , *Country Report：Vietnam*, July 2004, p. 15.

年徒刑。① 张文甘案件审结完成后，时任政府副总理阮晋勇在国会会议上表示，越南政府将严惩一切贪污腐败官员，绝不手软，② 不管他级别有多高，官职有多大。资料显示，在 2000 年至 2004 年的四年间，越南有关部门共查处了 12300 名涉嫌贪污、收受贿赂的领导干部和国家机关工作人员，其中包括 80 名高级领导干部（其中包括多名中央委员和 1 名政府部长），涉案金额达 1.51 亿美元。③ 2009 年 2 月底，越共中央委员会召开全国性的"反对腐败、反对浪费"会议。会议对越共中央关于"加强对惩治腐败和反对浪费活动的领导"的 3 号决议实施两年来的成绩给予了充分的肯定。同年 7 月，越南反腐工作指导委员会主任阮晋勇总理主持召开中央反腐工作会议。阮晋勇会上透露，2009 年上半年越南反腐工作指导委员会共查处了 11 个腐败案件，查处了 24 名腐败分子，政府各部和地方检察机关督导查办了 6909 个案件，追回了 4305 亿越南盾的涉案资金和非法处置的 600 多万公顷土地。④ 2010 年，越南党和政府继续加强打击贪污腐败的工作，相继查处了一批大案要案，其中包括：2 月 3 日，越南投资发展银行副总干事段天勇涉嫌接受超过 10 亿越南盾贿赂的案件⑤、越南国有造船工业集团总裁范清平伪造财务报表及其他违法犯罪行为，等等。⑥ 2012 年，越南反腐继续推进。3 月底，震惊越南全国的越南船舶工业公司（Vinashin）高管渎职案开审。2010 年，这家国有造船厂前董事长范清平和前行政总裁陈广武等 9 名高管涉嫌渎职，导致公司负债 40 亿美元，几乎宣布倒闭。被告如果罪名成立，最高徒刑是坐牢 20 年。⑦ 2012 年 5 月中旬，越共中央十一届五中全会决定成立由中央总书记任主任、由中央政治局直接领导的中央防治腐败指导委员会。越共总书记挂帅反腐，这是越共中央新一届领导班子上任以来向腐败"宣战"的重大举措，被舆论解读为越南共产党正向国内外表明其反腐败的坚定决心。⑧

---

① 越南《西贡解放报》2003 年 6 月 6 日第 1、4 版。

② The Economist Intelligence Unit, *Country Report*: *Vietnam*, July 2003, p. 12.

③ 王士录主编：《东南亚报告（2005—2006）》，云南大学出版社 2006 年版，第 67 页。

④ PM urges agencies to step up anti - corruption, Vietnam Government web, 08/07/2009.

⑤ 《越银行高管受贿被捕》，新加坡《联合早报》2010 年 2 月 4 日。

⑥ 据越南媒体报道，范清平集团自 2008 年以来，由于财务管理混乱，已欠下至少不低于 80 万亿越南盾（约 56 亿新加坡元）的巨额债务，已接近破产。除范清平外，越南国有造船工业集团还有 8 名领导干部落马和遭逮捕。见 Cabinet discuss price control measures，VNS2010 - 11 - 04。

⑦ 《越南国有造船厂负债 50 亿九名前高管涉渎职面审》，新加坡《联合早报》2012 年 3 月 28 日。

⑧ 《越共总书记挂帅反腐，媒体称腐败已成越南国难》，http：//www. sina. com. cn 2012 年 5 月 18 日 04：04，人民网 - 人民日报。

　　总之，通过颁布和完善法律法规、健全规章制度、建立健全监督制约机制、开辟网上反腐直通车等措施，加大反对贪污腐败的力度，在一定程度上震慑了贪污腐败分子，遏制了贪污腐败盛行的势头。

　　第二，在坚持越共一党执政的前提下，革新国会的组织机构和运作方式。

　　一是将国会的职能由虚变实，赋予国会在管理国家中至高无上的权威。越南宪法规定，国会是最高的人民代表机关，是唯一享有立宪和立法权的机关，但国会长期以来徒有虚名，被称为"橡皮图章"，国家重大事务的决策权都掌握在党中央政治局手中，国会只是履行批准手续而已。在政治革新中，越共对执政党和国家政权之间的关系进行了重大改革。在领导职务上严格实行党政分开。党对国家政权的领导主要是路线、方针和政策的领导。对许多重大问题，政治局只是提出方向性的建议，具体问题由国会讨论决定，国会对政治局的建议也可以作出修改。根据《国会组织法》，国会可以对国家和政府领导人进行"信任投票"，有权罢免国家主席、国会主席和政府总理等人的职务，有权否决政府的决定。譬如 2010 年 6 月，政府向国会提交了建设从河内到胡志明市的高速铁路计划，这项计划在国会经过激烈讨论后投票时被以"成本高昂"为由否决。这在越南历史上还是第一次，在国内外引起很大震动。又譬如，根据 2012 年 11 月制定的一项法律，从 2013 年起，现任越南党和国家的最高领导人，包括国家主席、总理和最高法院法官，都必须每年接受国会质询并通过信任票动议。若连续两年无法获得50% 以上的支持票就得下台，投票结果将对外公布。[①] 此外，2012 年 11 月下旬，越南国会以 94.98% 的赞成票通过了《反腐败法》（修正案），该法律要求公开越南高级官员个人财产申报表。据此，越南的领导干部需在每年 1 月 1 日至 3 月 31 日期间，将个人财产申报清单在本人所在机关、组织或单位公布。与此同时，越南国会代表及地方各级人民议会代表应选人的个人财产申报清单也须在选民代表会议上公布。越南国会指定政府负责出台有关领导干部个人所增加的财产定价、申报人的权力与责任、申报手续与程序等的具体规定。[②]

　　二是完善国会代表选举制度，让选民把真正代表自己意志的人选入国会。国会代表的选举程序相当严谨。候选人提名要经过其本人所在单位、居住社区和祖国阵线的三轮无记名投票通过；候选人简历及财产情况须至少提

　　①　《越共规定最高领导人须通过国会信任投票》，新加坡《联合早报》2012 年 11 月 23 日。
　　②　张喆：《越南通过反腐法案要高官公开个人财产》，《东方早报》2012 年 11 月 25 日 06：49。

前 60 天在新闻媒体上公示；民众可对不合资格者予以检举；选举前，候选人至少需安排一周时间与选民直接对话，并接受选民质询；选举实行差额直选。2007 年第十二届国会代表的选举，候选人共 875 名，其中 493 名当选，382 人落选。2011 年 5 月 22 日举行的第十三届国会代表选举，全国共有 6200 万选民参加投票，选出了 500 名国会代表和 301954 名各级人民大会代表。当选的代表也要对选民履好职，服好务。根据规定，国会代表至少每年一次就自己所履行的职责向选民报告；选民对国会代表的工作作出判定。

三是将国会代表分为专职和兼职两种，以使代表能更好地发挥作用。根据新的越南选举法和国会组织法，国会代表分为专职和兼职两种，其中专职代表超过四分之一，而且比例近年还在上升。这种制度使国会代表选举带有很强的竞争性。譬如，在 2007 年的第 12 届国会选举中，差额率达到很高的比例。

第三，加快行政体制改革，革新政府的组织机构和运作方式。

如前所述，行政体制改革是越南政治改革与转型中起步较早但进展较慢的一项改革。尽管由于难度大而进展较慢，但越共一直锲而不舍，努力推进。2011 年年初召开的越共十一大要求继续加快推进行政改革力度，按照建设统一、通畅、廉洁、强大的行政体系的要求，继续革新政府的组织和运作方式。具体措施包括以下几个方面：

一是合理精简机构。政府组织机构按照管理多行业多领域成立，对多头管理的大部门进行调整、缩减（政府下属各部委数量从 29 个减到 22 个）。

二是加强政府运作中的民主性和合法性。在政府运作中必须善于聆听人民意见并接受人民监督，简化行政手续，关系人民权益的机制、标准、规定和政策要依法公布公开，加强公务活动的公开性、透明度和责任性。

三是更加明确各部委的任务、权限、职责和组织分工。有效避免各部门之间出现职能空白或重叠，提高对突发事件的预警、应对和解决能力，建设全心全意为人民服务、专业性强的干部和公务员队伍。

四是对地方政府进行合理分级和规划，把权限和职责紧密联系起来，在授权范围内保证执行政策的自主性和责任性等。[①] 总之，行政体制改革就是要建设稳固、透明的国家行政系统，保证管理统一、畅通、高效，实现国家行政的现代化。

（三）关于社会建设的主要实践

进入新世纪以来，随着越南经济、政治革新的进一步深化和转型步伐进

---

① 陈明凡：《越南民主化改革及其对我国的启示》，《探索与争鸣》2011 年第 4 期。

一步加快，以及经济全球化和区域经济一体化进程的加速发展，社会的公平正义日益受到重视，适应新形势发展的社会转型与发展的紧迫性进一步增强，如何才能为经济政治革新的进一步深化创造一个稳定、有利的社会环境，提上了越南党和政府的重要议事日程。越南的社会转型进入了一个新的时期。首先是社会建设的理论构建日趋成熟；其次是获得了理论支撑的社会建设的实践活动明显增多，更具有针对性。

进入新世纪以来，越南的改革与转型面临着严峻的社会形势。其中最主要的是由于发展不平衡、社会分配不公、贫富差距拉大而产生的民族、宗教冲突，贪污腐败、走私、吸毒贩毒、卖淫嫖娼等。

首先，随着经济革新不断深入，越南的社会结构发生了巨大变化，引发了多方面的冲击。随着革新开放的不断推进而出现的土地集中、贫富分化、个人主义等正迅速冲击着越南传统的基层社会结构。以小农、个体经济为主的经济社会结构受到严重冲击，已经进入一个十分关键的转型期。传统社会向现代社会的转型涉及许多方面，私营经济的发展对越南社会结构带来的直接冲击，有可能导致一定程度的裂变。越南社会发展面临着严峻挑战。

其次，由于贫富差距拉大以及国内外敌对势力的煽动，民族问题、宗教问题以及地区之间发展不平衡的问题往往交织在一起，显得十分复杂，社会问题可能转化为政治问题。作为一个多民族国家，越南除主体民族京族外，其余都是少数民族。其中，75% 的少数民族人口居住在自然条件恶劣、经济落后的山区及高原地区。由于这些地区长期处于国家主流之外，人民生活贫困，对政府有着强烈的不满情绪，因而宗教反动势力的活动也很猖獗。各种事件频繁发生，对政府构成巨大压力。昆嵩、嘉莱、多乐等省是此类问题最突出的地区。其中，嘉莱省作为鼓吹建立独立的"西原共和国"的福尔乐集团活动的中心，骚乱事件时有发生，直至 2004 年 4 月还发生了冲击多个地方政府机关的事件。多乐省则在 2000 年 8 月发生了原住民埃地族与京族争夺土地的暴力事件。2001 年 1 月下旬，执法部门逮捕了两名非法传教及宣传建立"西原自治国家"的少数民族基督教徒，引起了基督教徒和少数民族的不满，嘉莱、多乐两省连续爆发了大规模的民众抗议事件，规模最大的一次有 6000 多人参加。[①]

最后，市场经济的负面影响带来的许多社会弊病的冲击。官僚主义、走私贩毒等在许多地方和部门呈愈演愈烈之势；吸毒、卖淫嫖娼、艾滋病等社会丑恶现象不断蔓延。以权谋私、行贿受贿、贪污腐败屡禁不止，屡打不

---

① 越南《西贡解放报》2004 年 5 月 20 日。

绝，已经成为国家的头号公敌。1999 年查处的一宗腐败案有 77 人受审，侵吞国家资金达 2.8 亿美元的 6 名主犯被判处死刑。2003 年审理结案的"张文甘案件"，涉及杀人越货、走私贩私、赌博和组织赌博、组织他人偷渡、行贿受贿、包庇纵容等犯罪，涉案人员多达 155 人，有多人被判处死刑；有多名高官被拉下水，其中有越共中央委员、越南之声广播电台台长陈梅幸，越共中央委员、公安部副部长裴国辉中将，最高人民检察院副检察长范士战等。①

面对严峻的社会形势，出于为经济政治革新的进一步深化"保驾护航"，创造一个良好的社会环境的目的，越共加大了社会革新的力度，在注重社会革新的理论建设的同时，采取了许多措施来开展社会建设的实践。而其社会建设的所有实践活动，都是围绕着改善民生、革除社会弊端以缓和社会矛盾而展开的。其中，最主要的措施是：

1. 将社会的"公平与正义"和改善民生问题提到关系到党和国家生死存亡的高度来认识，写入党代表大会的政治报告等重要文件，列入党和政府的重要议事日程来实施。进入新世纪以来所召开的历次党代会都强调要"改善民生"。2006 年年初召开的越共"十大"政治报告将越南所建设的社会主义社会解释为"由人民做主"的、"民富国强、民主、公平、文明的社会"。越南党和政府一再重申，将使革新开放成果更多地惠及人民群众。针对近年来经济虽然发展较快，但也存在诸如通胀过高，货币贬值加剧，居民生活面临较大压力，贫富差距继续扩大，贪污腐败继续蔓延，以及敌对势力的破坏继续存在等较为严重的社会问题，2011 年年初举行的越共"十一大"在《越南 2011—2020 年经济社会发展战略》中，除了提到实现经济快速可持续发展，力争到 2020 年基本建成现代化的工业国家外，还提到了政治稳定、社会和谐、发挥民主和全国民族的力量。这说明越共已经意识到社会和谐稳定发展的重要性。

2. 从严治党，试图通过整党提高党员干部的思想觉悟，建立一支廉洁奉公、高效率的干部队伍，从而改善党员干部在民众中的形象，加强党与人民群众的联系。为此，越共中央开展了大规模、长时间的整党建党和整顿干部队伍的运动。运动从 1999 年 5 月 19 日至 2001 年 5 月 19 日，时间长达两年。据称，此次运动获得了很好的效果。

3. 严格执法，充分发挥国家专政机关的震慑作用，加大对各类犯罪分子的打击力度。在这方面，对经济犯罪以及行贿受贿、走私贩毒的查处力度

---

① 越南《西贡解放报》2003 年 6 月 6 日。

已明显加大，因罪大恶极而被判处死刑者逐年增加。

4. 推进"越南先进文化"建设，在加强法治的同时，重视"德治"，以促进"和谐社会"的建立。1999 年召开的越共八届五中全会作出了《建设及发展具有浓厚民族特色的先进越南文化的决议》，将文化道德建设提上了重要议事日程。2001 年召开的越共"九大"对建设越南"先进文化"的意义、目的及内涵进行了更深入的阐述，指出其目的在于培养讲政治，有思想、智慧、道德，有创新能力，有社会群体意识，有仁爱宽容心，尊重情谊，有文明生活方式的，家庭、社区和社会和谐的，全面发展的越南人。2004 年 7 月，越共召开九届十中全会，总结了 5 年来贯彻落实该决议的情况。[1] 弘扬越南传统思想文化与道德价值观念，无疑有助于抵御西方文化价值观的侵袭，构建越南和谐社会。

5. 实施"消饥减贫"计划，加强对少数民族地区的开发扶持力度。越共"九大"、"十大"都强调要进一步加强社会和民生工作，其中包括减少贫困、消除饥饿，"发展经济要与解决社会问题相结合"。"在越共'九大'至'十大'的五年期间，共创造了 7500 万个就业岗位，消除饥饿工作成效显著，贫困率明显下降。至 2005 年底，贫困户比例下降了 7 个百分点，超过预期的下降比例；全国的社区乡级单位都建立了卫生站，其中 15% 达到国家标准；卫生预防活动得到加强，有效预防控制了一些危险的疾病；越南人的平均寿命从 2000 年的 67.8 岁上升到 2005 年的 71.5 岁。"[2] 除此之外，弱势群体的扫除文盲、普及小学、人类发展等指数也明显上升。

在关注少数民族和弱势群体方面，由于种种原因，越南少数民族地区发展明显滞后。据统计，2009 年越南少数民族贫困户占越南贫困户总数的58.8%。农德孟就任总书记后，决定进一步加大对少数民族地区发展的扶持，努力改善少数民族地区的无线电广播、电视等设施，改善教学条件，从而改善其基本生活条件。越共中央还要求基层干部在与少数民族进行交流时，要使用当地民族的语言。中央政府还承诺加快实施 135 个旨在推动少数民族地区社会经济发展的项目和计划。越共十一大文件也强调要继续落实好民族政策和宗教政策。总体来讲，越南少数民族最近几年已经共享到社会福利的保障制度。中央政府对少数民族地区建设和援助的拨款力度也大大提高了。

---

① 越南《西贡解放报》2004 年 7 月 12 日。

② 越共中央思想文化部：《越共"十大"决议学习资料（发给基层干部的党员）》，河内：国家政治出版社 2006 年版，第 16 页。

6. 民生问题得到进一步重视，人的生存权和发展权更加受到尊重。越共公开承认，革新开放以前对社会与民生问题的重要性认识不够全面，措施不得力，导致出现了一系列社会与民生问题，"社会经济不稳定，难以保障人民的生活"。① 革新开放后，国家对社会发展的投资额逐年增加（现在已占国家预算的25%），② 优先向扶贫、教育、职业培训等领域投资拨款。国家还鼓励企业、组织、个人和国际社会参与解决社会与民生问题。为此，进入新世纪以来又相继出台了《儿童保护培养教育法》（2004年）、《教育法》（2005年、2009年）、《农业信贷政策》（2009年）等一系列关于解决社会与民生问题的政策和法规，并且实施了一大批关于发展社会、改善民生的重点项目，如减少贫困消除饥饿项目（2002年）、安全饮用水和环境卫生项目（2006年），等等。这些政策在很大程度上改善了越南的社会面貌，达到了"经济增长率较高，文化社会有所进步，人民的生活得到改善"③ 的目标。为解决弱势群体的住房问题，2012年10月22日开幕的越南第13届国会第4次会议还决定向中国学习，要求越南建设部推出解决社会保障性住房问题的相关措施。④

尽管目前越南还存在着这样那样的社会问题，旧的矛盾解决了，新的矛盾照样还会产生，而且即便是现有的社会矛盾，有些也还非常尖锐和激烈，⑤ 但是越南党和政府在社会建设方面所采取的上述措施对于缓和社会矛盾，促进社会的公平与正义无疑是值得肯定的。

四　改革与转型为越南经济社会的发展提供重要动力

改革与转型的不断深化，为越南经济社会的发展提供了重要动力。如前所述，进入新世纪以来，越南在逆境中继续推进经济政治的改革与转型。而改革与转型作为一种重要的动力，有力地促进了越南经济社会的发展。对于越南革新开放近30年来尤其是进入新世纪以来十多年的经济社会发展成就，

---

① 越南共产党：《改革时期越共大会文件》，河内：国家政治出版社2010年版，第17页。
② http：//viet.vietnamembassy.us/tintuc/story.php? d =20010129163115.
③ 越南共产党：《改革时期越共大会文件》，河内：国家政治出版社2010年版，第303页。
④ 张喆：《越南通过反腐法案要高官公开个人财产》，《东方早报》2012年11月25日06：49。
⑤ 譬如越来越多的经济建设中征用土地引发的冲突，已经严重影响到了社会的稳定。据越南国营媒体称，越南政府2008年总共接获67万份陈情，绝大部分都是与政府征用土地进行基础建设和经济发展有关的，但所提供的赔偿金额远远不及市场价格。越南总理阮晋勇于2012年5月初承认，上述67万份陈情之中，有528份如果没有妥善处理，将引发政治与社会动荡。见《征地困难，开路受阻越南路在何方?》一文，新加坡《联合早报》2012年5月26日。

2011 年年初召开的越共"十一大"政治报告及大会所通过的相关文件作出了以下综合评价："革新开放 25 年来，越南经济社会发展取得了巨大成就，国家经济快速增长，国家工业化、现代化建设事业以及社会主义市场经济正在得到加强，人民生活显著改善；越南的国际地位不断提高；国家综合实力大大增强。"关于进入新世纪以来的建设成就，越共"十一大"文件指出：从过去的 10 年看，越南的经济总量和人均总量得到了大幅度提升。2010 年 GDP 总量为 2000 年的 2.01 倍，年均增长 7.23%；人均 GDP 从 2000 年的 402 美元提高到 2010 年的 1160 美元，提高了近 3 倍。出口快速增长，增幅为 GDP 增幅的 2 倍多。2000 年出口总额仅为 145 亿美元，2010 年已达 708 亿美元，为 2000 年的 4.9 倍，年均增长约 17.2%。人口发展指数大幅提高。适龄儿童入学率、中学普及率得以大幅提高；基本解决就业问题，2009 年农村失业率为 2.9%，城镇为 4.6%；人均寿命约 73 岁。关于未来 10 年的发展目标，根据越共"十一大"审议通过的越南《2011—2020 经济社会发展战略》，越南人均国内生产总值 2015 年要达到 2100 美元，2020 年达到 3000 美元以上；工业和服务业产值占国内生产总值的比重要达到 85%；城市化比例达 45% 以上，全国一半以上的乡镇达到新农村的标准。①

（一）经济发展：改革与转型的新进展有力地促进越南经济实力的提升

统计资料显示，进入新世纪以来，尽管越南相继遭受了 1997/1998 年发端于东南亚的亚洲金融危机余波的影响，以及 2008 年以后美国金融危机及西方主权债务危机的严重冲击，经济增速几起几落，但其经济总体呈现快速发展之势，综合国力大幅度提升。主要表现在以下几个方面：

一是国内生产总值大幅度增加。1992 年越南的 GDP 仅为 99 亿美元，1995 年增加到 202 亿美元。2000 年，越南的 GDP 达到 312 亿美元，2011 年已经猛增至 1162 亿美元，比 2000 年净增了 850 亿美元，增加了 3.7 倍以上，总额相当于 20 年前（1992 年）泰国的水平。②

二是对外贸易总额大幅度增加。1996 年，越南的进出口总值为 184 亿美元（其中出口 73 亿美元，进口 111 亿美元）。2000 年，越南的进出口总额增加到 293 亿美元（其中出口 144 亿美元，进口 149 亿美元）。2011 年越南的进出口总值再创新高，达到 1972 亿美元（其中出口 973 亿美元，进口

---

① 参见《越共十一大政治报告》，以及越南《2011—2020 经济社会发展战略》，《越南共产党第十一次全国代表大会文件汇编》，2011 年 1 月 12—19 日。

② The Economist Intelligence Unit, *Country*: *Report*: *Vietnam*, 2000、2011.

999 亿美元）。① 综观越南进入新世纪以来对外贸易的增长情况，有三个较为突出的特点：第一，从整体上看增长速度较快，增长基数大，其进出口总额从 1992 年的 51 亿美元增加到了 2000 年的 293 亿美元，2011 年增加到 1972 亿美元，20 年间增加了 1921 亿美元，增长了 38.6 倍以上。

三是外汇储备大幅度增加。1992 年，越南的外汇储备为 11.7 亿美元。1996 年为 18 亿美元（比 1992 年增加 6.3 亿美元），2000 年达到 43 亿美元。进入新世纪以后，越南外汇储备增长更快：2003 年为 60.8 亿美元，2005 年达到 73.8 亿美元；2008 年达到最高峰，为 241.7 亿美元。此后，由于东南亚金融危机和美国次贷危机的影响，越南外汇储备一路下滑，2009 年下降至 168 亿美元。2010 年 129 亿美元降至低谷后恢复增长，2011 年增加至 163.9 亿美元。②

四是引进和利用外资大幅度增加。越南在进入新世纪以来引进和利用外资呈现出高速增长势头。资料显示，进入新世纪以前，越南虽然已经成为外商投资的热土，但吸引外资规模不大，总额仍然不多。在 1988 年至 2002 年的 14 年间，越南共吸收外商直接投资协议金额 390 亿美元，③ 其速度和总额均不如以后的 10 年。2001 年以后，外商投资越南逐渐加快，当年批准外资协议金额 24.4 亿美元，2008 年增至 717 亿美元；受国际金融危机影响的 2009 年仍然达到 231 亿美元。2010 年为 185.9 亿美元。10 年间越南共吸收外资项目 9445 个，协议总额 1659 亿美元。④

上述指标显示，进入新世纪以来，越南的综合国力尤其是经济实力显著增强，这无疑是越共坚持革新开放的结果。

（二）经济发展：改革与转型的新进展有力地促进了越南的基础设施建设

改革与转型调整了生产关系，为生产力的发展提供了强大动力。进入新世纪以后，随着改革与转型进程的推进和经济的快速发展，越南的基础设施建设大力度推进，经济建设的内外环境不断改善，经济结构进一步优化。

第一，基础设施建设大力度推进，经济建设的内外环境不断改善。

经过革新开放以来多年的努力，目前越南的交通、电力、水利、通信、文教、卫生等重大基础设施都有了巨大改善，为其经济插上了腾飞的翅膀。

革新开放前，越南陆路交通基础设施十分落后，但近 20 年来尤其是进

---

① The Economist Intelligence Unit , *Country*：*Report*：*Vietnam*, 2000、2011 .

② The Economist Intelligence Unit , *Country Report*：*Vietnam*, 2005、2011 .

③ The Economist Intelligence Unit , *Country Profile*：*Vietnam*, 2003, p.46.

④ 参见 General Statistics Office of Socialist of Republic of Vietnam , *Statistical Year Book of Vietnam in 2011*, Statistical Publishing House, 2011, pp.103 – 109。

入新世纪以来发展迅速。

在陆路交通方面，越南目前铁路、公路干线贯通南北，已经形成以河内和胡志明市为中心的南北交通网络。其公路总长超过 10 万公里；以 1—29 号公路为主干，以两大城市为中心向四方伸展，公路通达各省，以及多数县、乡；水泥和柏油路约占 10%。由米轨、准轨（1435 毫米），以及米轨与准轨混合组成的铁路网达 2600 公里。

在航空运输方面，目前越航已拥有 43 架飞机，平均机龄不足 10 年；已开通连接国内 16 个城市的 23 条航线和连接国外 26 个城市的 41 条航线，并在各国设立 28 个办事处和 1000 多个代理点。

在水运方面，目前在 24 个沿海省市已建成并投入运营 266 个港口，其中主要港口 43 个（北部 7 个，中部 17 个，南部 19 个），目前正在加强以三大港为中心、由 8 组港口组成的海港体系建设。港口货物年吞吐量已经突破 2 亿吨。

在电力基础设施建设方面，目前越南总发电能力约达 1300 万千瓦，其中水电占 36%，燃煤发电占 11%，燃油发电占 2%，柴油发电占 3%，燃气发电占 26%，独立发电占 22%；输电系统有 550 千伏、200 千伏和 110 千伏三种；为满足经济社会发展的用电需求，越南从 2002 年起实施电力发展计划，至 2010 年拟新建或扩建近 40 座电站，总装机容量为 1240 万千瓦。

在邮电通信方面，至 2007 年，越南已提前 4 年完成越共"十大"提出的每 100 人拥有 35 部电话的目标，实现乡乡通电话，成为电话普及速度最快的国家之一。截至 2006 年年底，越南全国邮电服务网点达 18926 个。1997 年互联网进入越南，目前已拥有约 600 万用户，平均每 100 人中就有 20 人使用互联网。

为了实现越南到 2020 年发展成为现代化工业国的目标，越共中央十一届四中全会颁布了《关于建设基础设施配套体系，使越南到 2020 年基本成为迈向现代化的工业国的决议》，提出将集中发展交通、电力供应、水利及应对气候变化、城市建设等十个重点基础设施领域。

关于交通基础设施，在公路建设方面，将优先改造 1 号国道，并对其他国道进行维护和改造，保障运输畅通；要新建南北高速公路部分路段，争取到 2020 年完成约 2000 公里高速公路并投入运行。在铁路建设方面，优先对现有的南北铁路系统进行升级改造；开展高速铁路建设研究。在海港建设方面，将继续投资建设国家级海港系统和国际门户港，优先升级改造两个国际门户港，即海防市的 Lach Huyen 港和巴地—头顿省的盖麦—市围港。在机场建设方面，将优先升级改造 5 个国际机场即河内内排、胡志明市新山一、岘港、芹苴和金兰湾机场，将内排机场改造成北部地区国际门户空港。

关于电力基础设施建设，将优先建设发电功率100万千瓦以上的大型电厂（站），积极发展太阳能和风力发电，集中建设宁顺1号和2号核电站，确保首台机组于2020年投入运行。

关于水利设施建设，将集中改造现有水利系统，建设和加固海堤、河堤、泵站、泄洪道和海水入侵治理工程以应对气候变化和海平面上升影响。

关于城市基础设施建设，将优先改善河内和胡志明市的交通，发展包括公路、轻轨和地铁在内的公共交通，改善饮用水供应、排污和固体垃圾处理系统。

关于工业区和经济区建设，到2020年，将完善各工业区和经济区内社会基础设施建设。

关于商业基础设施建设，将在大型港口区、边境口岸经济区、商品生产和销售集中的区域建设商业基础设施，在农村地区建设农产品集散中心、分销中心、批发中心和便利商店。在大城市、省会城市建设专营商店、超市、商业中心和购物中心，在条件成熟的省会城市建设中等规模的展览中心；大力发展电子商务。

关于通信基础设施建设，将努力形成连接国内外的超级宽带网络，继续发展卫星通信，大力发展信息技术工业，促进软件业迅速、稳定发展。

关于教育基础设施建设，将发展从幼儿园到大学、研究院的教育培训基础设施，在河内、胡志明市和其他重要城市建设具有国际水平的大学，建设并有效利用国家科研基地。

关于医疗卫生基础设施建设，争取到2020年达到26张床位/万人，在重要城市投资建设一些高质量专科医院，形成自下而上各级医疗网络。

关于文化体育和旅游基础设施建设，争取到2015年所有省会以上城市有足够的文体设施，绝大多数乡、县、镇都有文化场所和图书馆。[①]

（三）社会进步：改革与转型促进了越南社会的公平与正义和人民生活水平的提高

进入新世纪以后，改革与转型的新发展有力地促进了越南社会的公平与正义，促进了其社会的转型与发展。如前所述，如今越南人民的生存权、发展权普遍得到尊重，"公民社会"的特征日益显现。

与此同时，改革与转型的新进展还有力地促进了越南社会进步的另外一

---

① 《越南加强基础设施建设促进经济社会建设》，云南省商务厅东盟贸易处。http://www.dh.gov.cn/bofcom/432925036936953856/20120508/322909.html.2012-05-08 15：40：17。

个重要表现，就是进入新世纪以后越南人民生活水平的快速提高。主要表现是：

第一，人均 GDP 快速增长。进入新世纪以来，越南的人均 GDP 实现快速增长，其增长情况如下表所示：

1996—2003 年越南人均国内生产总值（GDP）情况表（1）

（按市场现价计算，单位：美元）

年份 国别	1990	1996	1997	1998
越南	198	337	361	361

Source：ASEAN Finance and Macroeconomic Surveillance Unit（FMSU）Database

http：//www. asean*sec*. org/macroeconomic/aq_ gdp22. htm

2000—2010 年越南人均国内生产总值（GDP）情况表（2）

（按市场现价计算，单位：美元）

年份 国别	2000	2002	2003	2004	2005	2006	2007	2008	2009	2010
越南	439	439	481	555	637	724	837	1053	1119	1160

资料来源：http：//www. asean*sec*. org/stat/Table7. pdf, 2009 – 01 – 10；《越共十一大政治报告》，2011 年 1 月。

上述统计数据显示，进入新世纪以前，越南人均国内生产总值的增长一直在低水平徘徊。一是增长速度不快，二是基数小。从 1986 年革新开放起至 1998 年，越南的人均 GDP 未突破 400 美元。进入新世纪以后，越南人均 GDP 的增长明显提速。2004 年突破 500 美元，2008 年突破 1000 美元。尤其值得一提的是，从约 400 美元到约 500 美元之间约 100 美元的增长用了 4 年时间，而从约 500 美元到约 1000 美元之间约 500 美元的增长仅仅用了约 4 年的时间，其增幅之大令人印象深刻。

第二，社会保障体系进一步完善，人民生活质量日益提高。进入新世纪以来，越南在民生方面不断改善的另一个重要表现，就是越南的社会保障体系进一步完善。

在越南，经济迅速发展使得每个社会阶层都有所收益。到 2010 年，越南已经完成了全国普及九年制义务教育的目标；贫困户所占人口比例下降至 9.5%，越南 HDI 的指数和排名高于世界人均 GDP 的指数和排名，医疗保险覆盖率则达到 60%；城市化率已从 2000 年的 14.2% 上升到 2009 年的 30%。2007 年 9 月联合国盛赞越南是"同时达成发展与均衡的国家"，认为越南将在不长时间内从贫穷国行列中除名。① 2010 年,越南的人均预期寿命已经提高到 75.2 岁,在世界各国人均寿命排行榜上列第 57 位,在大湄公河次区域五国中排第一位,高于泰国的 74.1 岁。② 2011 年 1 月召开的越共"十一大"提出要大力推动社会发展,要构建社会民生和社会福利体系,制定 2011—2020 年社会民生战略,这表明了越共重视社会发展,努力实现"民富国强、民主、社会公平、文明"的社会发展目标的决心。

展望未来,越共将继续采用"非政治化"和"国家社团主义化官民合作体制模式"对社会进行整合,构建"市民社会与国家间良性的结构性互动关系"。在社会发展模式上,由于农村仍然存在大量的富余劳动力,越南还将长期实施"高增长,低福利"的发展模式。虽然劳动密集型的增长模式在老东盟国家已经过时,但在越南仍然处于旺盛、蓬勃发展时期,因此"越南改变单纯追求经济增长,大幅提高国民生活质量的时代还未到来"。③尽管如此,笔者认为,关注民生,追求社会的公平与正义,已经成为越南社会发展的一个不可逆转的趋势。

五 越南转型与发展的前景

越南的改革与转型,迄今已经走过了 26 个春秋,取得了引人注目的成绩。今天的越南,改革和转型已经有了更坚实的基础,但要继续推进,仍然面临着许多新情况、新问题和压力。改革越往前走,人们对它的期待越高,遇到的困难也越多,需要支付的成本也越高。更为复杂的挑战在于,随着改革与转型的不断深入,那种皆大欢喜的普惠式改革空间越来越小,因而越来越难。因此总体来看,越南按照自己的模式而进行的改革与转型仍将是一个漫长的过程,短期内不可能完成。

越南的改革与转型,由于经济改革与转型的空间已经很小,未来改革的重点将转向政治改革,即通过政治体制的改革来进一步调整生产关系,在更大程度上释放生产力。当前国际舆论关注的是,越南政治体制的改革到底怎么改?是继续迄今为止越南一直所坚持的在越南共产党的坚强领导下,建立

---

① 齐欢、吴喜:《革新以来越南的现代化(1986—2011 年)》,云南大学出版社 2012 年版,第 333 页。

② 联合国开发计划署(UNDP)公布的 2010 年人类发展指数。见《越南共产党电子报》2010 年 11 月 21 日。

③ 齐欢、吴喜:《革新以来越南的现代化(1986—2011)》,云南大学出版社 2011 年版,第 437 页。

和完善社会主义的民主政治呢，还是另起炉灶，搞西方所希望的那种多党议会民主制？

综合各方面的情况来看，在今后相当一个时期内，尽管越南国内存在着不满越共现政权的敌对势力和鼓吹多党制的思潮，但并不具备搞多党制的气候和条件。一是越南共产党作为执政党掌握着国家机器尤其是强大的舆论和专政工具；二是越共政权的革新开放成效显著，人民总体上是满意的，越共政权继续赢得了绝大多数人民的拥戴。三是迄今为止，越南党和政府对于搞多党制始终予以坚决抵制，对于煽动和搞多党制的言论和行动毫不手软予以坚决打击，并且一再重申"越南不搞多党制"，将继续"坚持党对政治革新的领导"。因此，在将来可以预见的时期内，不论越南政治改革如何发展，有两点不会改变：一是走社会主义道路；二是坚持共产党的领导。因此，未来越南的改革与转型，仍将坚持在越南共产党的领导下，建立和完善社会主义的民主政治，以此来促进越南政治、经济和社会的转型与发展。

当然，形势是在不断发展变化的，我们也不能完全排除越南发生"苏东剧变"那种突发性事件的可能性。但可以肯定的是，这种可能性不会来自外部，也不会来自其中下层，只有可能来自其高层。因此，进一步坚定越南各级党员干部尤其是高级干部的理想信念无疑是当前及今后相当一个时期越南党和政府面临的一项重大政治任务。

第四章

新世纪以来老挝的转型与发展

老挝是东南亚唯一的内陆国家,地处中南半岛腹地,国土面积23.68万平方公里;北邻中国710公里,南界柬埔寨514公里,东连越南2069公里,西北接缅甸236公里,西南连泰国1898公里。作为一个多民族国家,老挝约620万人口中包括四大语系49个民族,其中泰—老语系8个民族占总人口的58%;孟—高棉语系32个民族占总人口的29.65%;汉—藏语系7个民族占总人口的2.65%;苗—瑶语系2个民族占总人口的9.25%。[①] 在宗教信仰方面,老挝虽然以上座部佛教信仰为主,佛教信徒占总人口的85%以上,但也是多种宗教并存,除佛教外,还有原始宗教、天主教、基督教、伊斯兰教等。

由于国情与越南相似并与越南有着"特殊关系",在大湄公河次区域五国中,老挝的改革与转型受越南影响较大,尤其在经济改革(革新)方面,从改革的原因、模式、做法乃至目标等方面来看可以说与越南如出一辙。但显而易见的是,从改革与转型的进度、广度和深度方面看,老挝的改革显然远远落后于越南,尤其是在政治体制的改革与转型方面。笔者认为,造成这种情况的原因很多,如果从社会文化的视角讲,恐怕也是一个重要原因。譬如越南人受中国儒家文化的影响较深,而老挝人则受上座部佛教文化的影响较深。儒家思想的特点之一是以"齐家、治国、平天下"为己任,有较强的进取心,求变心理强;而佛教则主张行善积德、注重来生,清心寡欲,逆来顺受,按部就班,求变心情不迫切。这恐怕是造成老挝社会生活节奏相对缓慢、人民安于现状、幸福感较高的一个重要原因。因此,反映在改革与转型方面,较之于越南,老挝的进度、广度和深度都存在较大的差距。

---

① The Laos Department of Statistics of Ministry of Planning and Investment, *Statistical Year Book of Lao in 2009*, Vientiane Capital, June 2009, p. 10.

一　进入新世纪前老挝的改革与转型：进展与问题

老挝的改革与转型起步于 20 世纪 80 年代末期，与越南的革新开放同时起步，是在中国改革开放的影响下开始的，前后跨越了两个世纪。如果从 1986 年的老挝人民革命党"四大"算起，截至 2012 年，老挝的改革与转型已经走过了 26 个春秋，其中在进入新世纪前经历了 14 年，进入新世纪后经历了 12 年。在进入新世纪前的 14 年中大体上经历了酝酿（摸索）和启动两个阶段。

在进入新世纪前，老挝的改革与转型取得了很大进展，为进入新世纪以来改革与转型的进一步深化奠定了基础，但也面临着很多困难与问题。

（一）老挝改革与转型的原因与背景

近代，法国对老挝实施了长期的殖民统治。第二次世界大战后，老挝人民革命党（于 1972 年 2 月由老挝人民党改称老挝人民革命党）领导老挝人民，经过 30 年的抗法抗美斗争，最终取得了民族民主革命的胜利。1975 年 12 月 2 日，由老挝人民革命党一党领导的老挝人民民主共和国成立，老挝历史翻开了新的一页。

老挝人民革命党夺取政权后，与邻国越南一样，选择了苏联模式的政治、经济体制和发展道路。

在政治体制方面，老挝原来实行君主立宪制。1975 年老挝人民民主共和国建立后，老挝与越南一样选择了苏联模式的政治体制，主要特征是：实行严格的、高度集权的老挝人民革命党一党领导，不允许其他政党存在；甚至内阁也仿效苏联称"部长会议"，而总理则仿效苏联称"部长会议主席"。根据新宪法，老挝人民民主共和国是以工人、农民和知识分子为主体的，实行人民代表大会制的社会主义国家；老挝人民革命党为唯一执政党，是领导老挝人民进行社会主义事业建设的领导核心。老党中央总书记凯山·丰威汉在老党"三大"政治报告中指出，"作为工人阶级的先锋队——（老）党已经成了全社会的真正领导者。党在各方面都负担起领导重任"。[1]

在外交方面，老挝党和政府选择了向苏联和越南"一边倒"的外交方针，直至 1982 年，老党中央总书记凯山·丰威汉还在老党"三大"政治报

---

[1]　凯山·丰威汉：《在老挝人民革命党第三次代表大会上的政治报告》（1982 年 4 月 27 日），张宝贵译，《老挝人民革命党第三次代表大会文件汇编》，云南省社会科学院资料情报室印行，1982 年 10 月，第 42—43 页。

告中坚持这一外交方针，宣称："在外交方面，我们制订了一条坚决依靠苏联……增强同越南人民……的特殊战斗联盟……的路线。"[1] 凯山的报告尤其强调了老越联盟的重要意义，声称"老越联盟……是夺取我国民族民主革命胜利的基本的和决定性的因素之一"。[2]

在经济体制方面，在夺取政权前夕，老挝人民革命党在1972年2月召开的"二大"上提出，要在民族民主革命胜利以后走社会主义道路。在1975年10月召开的老挝人民革命党二届三中全会上，老党提出要按照1972年党的"二大"通过的政治纲领，在完成民族民主革命后，为不经过资本主义发展道路直接进入社会主义准备一切条件。[3]

1975年12月2日老挝人民民主共和国成立后，老挝人民革命党不顾老挝经济社会落后的实际，急于向社会主义过渡，立即进入了社会主义改造和建设时期（1976—1979年），先后实行了农业合作化、工业国有化、商业统购统销等一系列计划经济体制特征的政策和措施。

根据老挝人民革命党的决定，1975年12月2日老挝人民民主共和国成立后，立即在全国掀起了农业合作化运动，提出"以农林业作为发展工业的基础"的方针，并且采取了"兴修水利、恢复农田、开垦荒地、种双季稻，以及科学种田"等措施。1978年5月，老挝部长会议通过了《在全国开展农业合作化运动的决议》，不久后又成立了"老挝中央农业合作化运动指导委员会"。农业合作化运动在老挝全面展开，至同年12月，已在全国建立起1400多个农业合作社。[4] 1979年4月，根据老党中央的决定，又在万象召开了全国第一次农业合作社会议，提出要在年内掀起合作化运动的高潮。

在工业领域，老挝党和政府在大力推进农业集体化和合作化的同时，也在全国实施工业国有化运动，将原来由外国人、王室和老挝私人经营的工厂、矿场、作坊、林场和其他企业收归国有，由政府委派干部进行管理和经

① 凯山·丰威汉：《在老挝人民革命党第三次代表大会上的政治报告》（1982年4月27日），张宝贵译，《老挝人民革命党第三次代表大会文件汇编》，云南省社会科学院资料情报室印行，1982年10月，第4页。

② 同上书，第11页。

③ 直至1982年，老党中央总书记凯山·丰威汉还在老党"三大"政治报告中强调，"不经过资本主义的发展道路而直接把（老挝）引向社会主义"是老党英明果断的决策。见凯山·丰威汉《在老挝人民革命党第三次代表大会上的政治报告》（1982年4月27日），张宝贵译，载《老挝人民革命党第三次代表大会文件汇编》，云南省社会科学院资料情报室印行，1982年10月，第4页。

④ 《老挝人民报》1983年11月15日。转引自马树洪编著《当代老挝经济》，云南大学出版社2000年版，第30页。

营，产品由国家统一调拨。老挝党和政府实施工业国有化运动的目的，在于加快社会主义建设，打击资本主义势力，建立工业基础设施。但由于脱离了本国国情，产生了许多负面影响，并未达到预期目的。

与此同时，老挝党和政府在商业领域则实施了统购统销政策。根据这一政策，"禁止农民到市场上出售粮食和其他农产品"；"禁止私商收购、贩运和销售农产品和其他商品"，"禁止私人商号进口和出口商品"；推广公私合营。①

客观地讲，农业合作化、工业国有化、商业统购统销等一系列社会主义计划经济政策的实施，在老挝人民民主共和国建国初期，在医治战争创伤、稳定社会、恢复经济、重建家园等方面起到了重要作用，但由于缺乏经验，严重脱离了老挝国情，这些关闭自由市场、限制商品流通和企业"吃大锅饭"等过激的经济政策，严重阻碍了生产力的发展。农业合作化运动遭到群众的普遍抵制，有的人宁肯砍掉果树，杀掉牲畜，也不愿交给合作社；有的人在偏远地区采取流动耕种的方式从事农业生产，以躲避政府的控制。为了逃避国有化，许多企业主逃往国外，不但带走了资金、技术，还带走了一些技术人员，造成大部分工厂、作坊、林场和矿场开工不足，有的直接关闭或破产。在商业方面，老党和政府采取的"限制、利用、改造"尤其是统购统销的商业政策严重挫伤了私商的积极性，造成大量商店关闭，商人弃商务农或出逃，商品短缺，市场萧条。老挝经济处于徘徊乃至停滞状态。

在上述背景下，1979 年 11 月，老挝人民革命党召开了二届七中全会，旨在为面临绝境的国家经济寻找出路。会议对老党的经济政策进行了重大调整。老挝的改革（后来仿效越南称为"革新"）进入了酝酿阶段。在会上，老党总书记凯山·丰威汉要求党的干部在进行生产关系革命中，要考虑到目前老挝生产力的发展状况和水平，明确表示急于消除资产阶级私有经济将造成生产力下降，并指出当时老挝的价格、工资政策违反了客观规律，需要调整。根据上述会议精神，同年 12 月 19 日，老挝政府发布了《关于管理政策的命令》，宣布废止"国家垄断贸易"和"禁止私商进口、收购和贩卖商品"等政策，决定重新开放自由市场，允许农民在自由市场上出售粮食、农副产品和手工艺品。以后又宣布放宽对商品流通的限制，废除各省市质检的税收壁垒和商品检查站，并逐步取消商品流通的中间环节、价格双轨制和各种关卡，建立和扩大了商品网络和流通渠道。1980 年 1 月，老挝政府正

---

① 《老挝人民报》1983 年 11 月 15 日。转引自马树洪编著《当代老挝经济》，云南大学出版社 2000 年版，第 37 页。

式决定执行新的物价政策，大幅度提高国家对大米、家畜、家禽和其他农副产品的收购价格；宣布取消政府对外贸的垄断，把外贸权下放到各省市，并允许私商经营进出口贸易。为了调动职工积极性，还决定提高政府职员工资170%，并且允许国家干部在闲暇时间从事第二职业。

与此同时，所有制和农业、工业领域的改革也开始了"试水"。

所有制改革是经济改革的基础和关键，如果所有制形式不能突破，一切改革都不可能实现突破。根据1979年11月的二届七中全会精神，1982年4月27—29日召开的老挝人民革命党"三大"提出："要充分利用现存的包括私人资本主义在内的各种经济成分。"① 从此，老挝党和政府正式决定允许多种经济成分并存，老挝经济改革的"试水"取得重大突破，为后来形成自然或半自然经济、小商品经济、私人资本主义经济、国家资本主义经济（公私合营）和社会主义经济五种经济并存的所有制经济结构奠定了基础。

农业领域的改革是老挝经济改革中起步最早的领域，老挝改革或"革新"的"试水"，最初就是从农业领域开始的。1979年11月的老党二届七中全会后不久，老党中央就于1980年6月发布了《关于整顿农业合作化运动中若干问题的紧急指示》，决定废止1976年以来关于开展农业合作化运动的相关文件，决定在农业社中推行家庭承包制，将土地、牧场、鱼塘和果园等分由农户承包。1984年以后，老挝政府逐步解散了国营农场。

在工业领域进行改革的"试水"起步稍晚。1984年8月10日至27日召开的老党三届六中全会提出废止"工商业国有"、"工商业社会主义改造"和"政府统包制"等政策，通过了工业体制改革的方针，主要内容是"要把经济管理体制与生产经营机制分开，把生产经营权下放到企业，实行企业核算、自负盈亏"，并决定开始在部分企业中试行。同年10月，老挝政府颁布了《关于国营企业管理的暂行规定》，提出"要使利润动机合法化"，要"提高私营企业的地位"，"企业可以直接与外商进行经贸活动"。

上述政策措施的提出，无论从时间背景还是内容来看，都与越南大致相同。鉴于老越关系中越南所处的强势地位，老挝的改革无疑受到越南的影响。

需要特别指出的是，在这一时期，老挝人民革命党关于经济发展道路思想认识的转变和政策调整还是探索性的，其在实践中所进行的一些尝试也还是初步的，其急于向社会主义过渡的思想并没有发生根本性的转变。资料显示，就在1979年11月老党二届七中全会决定对经济政策进行重大调整之后

---

① 申旭、马树洪编著：《当代老挝》，四川人民出版社1992年版，第173页。

不久的同年 12 月，老挝全国的农业合作社数量还创下新高，达到 2600 个，入社农户占了全国总农户的 30%，农业合作社的耕地面积占全国耕地面积的 35%。① 即便在 1980 年 6 月发布《关于整顿农业合作化运动中若干问题的紧急指示》，决定在农业社中推行家庭承包制后，老挝的农业合作化运动也并未停止。直至 1982 年，老党中央总书记凯山·丰威汉还在老党"三大"政治报告中用了较长的篇幅论述了对农业进行社会主义改造的重要性和必要性，以及相关的目标和措施，声称：要"动员农民在农业合作社的形式下走集体谋生的道路，把个体所有制转向社会主义集体所有制，为在农村完成三项革命任务创造条件，为改造自给自足的经济，在农村消灭剥削，发展农林业生产，沿着社会主义大生产方向前进作出贡献"。为此，凯山的报告提出了下一个五年计划拟成立农业合作社的目标是："在水田区基本实现农业合作化。在既有旱地又有水田的地方，如果有有能力的干部，人民又有这种要求，就可以建立合作社；条件如果不具备，可以成立团结变工组。在以种旱地为主的地区，要找出集体生产的恰当的组织形式。"报告继续强调"要巩固已有的国营农场和林场，保证沿着社会主义企业方向发展"。与"二大"政治报告不同的是，"三大"政治报告承认了五种经济成分的合法存在，强调："必须特别关心并帮助合作社社员发展家庭经济。"② 到 1985 年 11 月，老挝的农业合作社数量再创新多，增加到 3378 个，入社农户占了全国总农户的 52.65%，在全国 17 个省市中，已经有乌都姆赛、丰沙里、桑怒、川圹、占巴塞 5 个省基本实现了农业合作化。③

尽管老党在革新开放方面弯子转得较慢，但不可否认的是，这一阶段的探索却为更大范围、更深层次的革新开放政策的制定和实施奠定了基础。

（二）"有原则的全面革新路线"的出台：老挝改革与转型正式启动

在经过了 1979 年至 1985 年 6 年的理论准备和初步的尝试以后，老挝进行全面革新开放的条件日益成熟。首先，此时，开始于 1979 年的中国改革开放已经进入第六个年头，取得了引人瞩目的成绩，显示了强大的生命力，为国情与中国相似的老挝和越南进行革新开放树立了一个标杆。其次，老挝

① 《老挝人民报》1983 年 12 月 1 日。转引自马树洪《当代老挝经济》，云南大学出版社 2000 年版，第 30 页。

② 凯山·丰威汉：《在老挝人民革命党第三次代表大会上的政治报告》（1982 年 4 月 27 日），张宝贵译，载《老挝人民革命党第三次代表大会文件汇编》，云南省社会科学院资料情报室印行，1982 年 10 月，第 22—23 页。

③ 《老挝人民报》，1983 年 12 月 1 日。转引自马树洪《当代老挝经济》，云南大学出版社 2000 年版，第 31 页。

人民革命党经过 6 年的尝试和摸索，对于革新开放的路如何走，越来越明确，逐渐"胸中有数"。

在上述背景下，老挝实施全面革新开放政策已势所必然。

1986 年 11 月 13—18 日，老挝人民革命党第四次代表大会召开，代表着全国 45000 名党员的 303 名正式代表出席了会议。具有里程碑意义的老党"四大"总结了夺取政权以来 10 年的经验和教训，重新认识了老挝的国情，检讨了党的领导工作，正式决定进行经济体制和政治体制改革以及调整外交政策。因此，"四大"被认为是老党历史上的一次重大转折。从"四大"开始，老挝正式进入了全面革新开放时期。此后的老党四届五中、六中、七中和八中全会，又相继制定了一些具体的政策措施，以推动革新开放不断深入发展。

老党"四大"认真审视和总结了 1979 年二届七中全会以来探索革新开放的经验和教训，讨论和研究了扩大和深化革新开放的一系列问题，首次提出"必须从改变自然经济开始，逐步变自然经济为商品经济"的经济革新路线，具体措施包括：

一是企业除了把其年度产值的 20% 上缴国库作为政府税收外，其生产规划、产量目标、招工、产品分配和积累等都由企业负责。

二是取消企业补贴，企业利润自行留成，实行多劳多得，把工资分为基础工资和计件工资两个部分，奖勤罚懒。

三是允许私人投资办企业，允许其自行雇工，允许自由出售其产品。①

从 1986 年老党"四大"起至 2000 年即将跨入新世纪的 14 年间，老挝党和政府根据本国国情和中国、越南等国改革开放的经验，制定并不断完善了"有原则的全面革新路线"，即在坚持社会主义目标、马列主义指导思想、党的领导、民主集中制、人民民主专政、爱国主义和国际主义相结合的"六项基本原则"基础上进行全面经济体制改革，改革的目标是实现土地和企业私有化及市场经济。概括起来有以下几点：

1. 关于经济革新的目标

从综合革新开放以来老党的各种重要表述和做法来看，老挝进行经济改革的总目标是：建立富强、人民幸福、社会文明公正的国家。老党认为，革新应从思想变革开始，它是行动变革的基础。有了正确的思想，才会产生正确的行动。老挝的改革涉及政治、经济、社会、对外关系等方方面面，是一个浩大的系统工程。与越南的改革是一样，老挝的改革也不是一哄而上，齐

---

① 马树洪编著：《当代老挝经济》，云南大学出版社 2000 年版，第 208 页。

头并进，而是从经济领域开始的。经济改革也经历了先行先试、逐步展开的过程。这是因为，经济直接关系到人民生活的改善，首先是上百万人的温饱问题。人民的温饱问题不解决，一切都无从谈起。经济方面的革新进行到一定的程度，又倒逼政治和行政体制进行革新。因为政治和行政管理是确保经济革新路线顺利推进的重要基础。

在 2001 年 3 月召开的老党"七大"上，老党总书记坎代·西潘敦在《政治报告》中对老挝革新开放的目标作出了明确的概述，就是："使老挝摆脱不发达的状况，将老挝发展成为一个政治稳定、社会安定、有秩序的国家，一个经济上相对快的发展速度，并保持持续、稳步发展的国家。""七大"提出的新任务是："加强党内和全国人民的团结一致，发扬爱国主义和独立、自主、自立、自强的精神，充分发挥国内的潜力，并与积极争取外国的援助及合作相结合，以保卫和建设祖国，继续有力地推动革新，促进发展；全党全国人民要把发展经济建设作为中心任务。"①

总体上看，在革新开放、发展经济、造福人民的总方针、总目标上，老党上下认识是一致的，但在采取何种方式、如何具体实施等问题上又出现不同的意见。革新开放之初，有的人认为老挝的革新开放应当采取"越南模式"，有的则认为应当采取"中国模式"。但是，"越南模式"和"中国模式"并没有本质上的区别，而且事实上就是一种模式。从理论构建到具体做法，越南主要也是在向中国学习。老党"七大"后，进行了一些人事调整，使党内分歧减少，意见更趋统一。

2. 关于经济革新的主要内容

如前所述，老挝的革新开放涉及政治、经济、社会、对外关系等方方面面，其中经济革新又包括以下一些主要方面：

一是所有制关系革新。按照老党领导人的说法，所有制关系革新是勇敢的理论突破，是运用列宁新经济政策并结合老挝特点的创造，也是实事求是的正确探索。如前所述，20 世纪 70 年代中期老挝人民革命党夺取政权后选择了苏联和越南模式的政治经济模式和发展道路，政治上以老党为唯一执政党，经济上实行以中央集权为特征的计划经济体制，拟通过社会主义改造，发展国营企业、农场、农业社，建立与中央集权为特征的计划经济体制相适应的新型生产关系，以期达到快速建设社会主义的目的。然而，实践证明这条道路不符合老挝国情，1979 年 11 月的老党二届七中全会后，老挝逐渐走上了经济革新之路，从计划经济体制转向市场经济体制。不过老挝所要建立

① 王士录主编：《东南亚报告（2002—2003）》，云南大学出版社 2003 年版，第 73 页。

的市场经济体制并非西方所鼓吹的"自由市场经济",按照老党所定下的"有原则的全面革新路线"的基调,其所要建立的市场经济体制,应当是"有原则的市场经济体制"。这种"有原则的市场经济体制",本质上与越南"社会主义定向的市场经济"的提法是一致的。越南的市场经济是"社会主义定向的",而老挝的市场经济则是"有原则的"。这个"原则",也就是老党领导地位的不可动摇和社会主义方向的坚持。在这一原则下,工业企业国有化、农业集体化运动被终止,多种经济成分并存的所有制形式得到承认,私营经济尤其是家庭经济受到保护和鼓励。在第二个五年计划(1985—1990年)期间,五种主要的所有制形式得到认可和推广。不仅如此,老党中央还于1988年颁布了"关于私营和个体经济政策的决议",以党的文件的形式确定了私营和个体经济的地位。更为重要的是,通过党和政府自上而下的工作,彻底改变了以往人们对农民、手工业者个体经济和私营经济的不公正认识。1988年1月,老党四届五中全会就国营、集体所有制形式统一了认识,并在党的"五大"、"六大"和"七大"会议上进一步深化,认为国营、集体所有制形式是奠定社会主义基本要素、创造经济效益的重要经济成分,国营经济既要掌握国家经济的重要命脉,又要充当把先进科学技术有效运用于生产、服务和经营的优秀代表。因此,初期的国营和集体所有制革新是实行经济核算制,用市场指导生产和服务,进一步划清政府在行政管理和经营方面的职能,发挥基层经济实体的自主权。这一时期,个体经济和私营经济只是国营经济和集体经济的补充,只是充当配角。

根据老党中央的指示,为了减少政府扶持国营企业所带来的沉重经济负担,老挝政府采取了合并、解散、出售、持股、出租等重大举措,重新设置、调整国营企业,从而使国营企业的数量从800家减少到1997年的130家。上述改革,不但提高了企业的经营自主权,有效地改善经营管理体制,解决了亏损,而且使国家的财政状况有了好转。

二是农业领域的革新。老挝农业革新的探索起始于1979年11月的老党二届七中全会,而确定老挝农业领域革新政策的重要起点则是老党"四大",而老党"五大"、"六大"、"七大"则确定了农业改革的工作规划和具体措施。在经历了1979年11月至1983年的农业政策调整之后,从1984年的老党"四大"开始,老挝的农业革新进入了一个新的阶段。这一年,老挝政府开始逐步解散国营农场,将农场的土地、耕牛和其他生产资料分给各个家庭经营,鼓励各个家庭发展专业化生产或多种经营。1987年,老挝政府正式实行"分田到户",将之前由农户承包的土地重新分配给该农户经营,并向农民发放了《土地证》,规定农民对其土地拥有使用权和继承权,从而实现了土地的私有化。同年 7 月，老挝部长会议（即政府内阁）颁布了《关于税收问题的决议》，规定种植水稻者按四类情况征税，即上缴"公粮"。1989 年，老挝政府又颁布新的《关于税收问题的决议》，较大幅度下调了农业税，减轻了农民的负担。截至 90 年代末期，老挝农业基本上实现了土地和其他生产资料的私有化，农户自行进行耕作、养殖和其他经济活动，其产品除了缴纳税收外，都可以到自由市场进行交易。政府还鼓励农户在种植和养殖业之外积极从事经商、开办制铁、制陶、编织、碾米、磨面等多种经营活动。[①] 1993 年 5 月，老挝政府颁布实施了《老挝土地法》，明确规定"国家承认老挝公民占有和使用土地的权利并发给土地证，允许移交、继承、出租、具开发性的抵押、入股、出售土地所有权和使用权"。[②]

农业革新释放了生产力，大大促进了农业的发展。从老挝农林部编印的《老挝 25 年农业统计》一书对 1995—2000 年农业种植结构的分析中可以看出，其间，农作物种植面积和产量均实现了持续快速增长。其中，约占种植总面积 70% 的稻谷产量平均增长了 9.20% 、玉米增长了 18.36% 、蔬菜为 59.44% 、咖啡为 22.34% 、甘蔗为 36.65% 、黄豆为 2.23% 。

三是工商业领域的改革。老挝人民革命党夺取政权后，在工业领域先后开展了"工业国有化"、"工商业社会主义改造"和"三大革命"等运动，使大部分由旧政权职员、侨民和本国资产者经营的工厂、作坊和其他企业纷纷倒闭，许多企业主和技术人员携带资金外逃，全国仅剩下 295 家各种工厂和作坊，被收归政府统一经营。结果造成工业衰败，市场商品紧缺，国内所需建筑材料和日用商品 90% 以上需要进口，国家财政更加困难，人民怨声载道。为了改变这种状况，通过 70 年代末期至 80 年代中期的摸索，以 1986 年 11 月召开的老党"四大"为标志，工业领域的革新全面展开。

老党"四大"认真总结了前一个时期对革新开放的摸索的经验教训，讨论和研究了深化体制改革的一系列问题，提出了进一步深化改革的具体措施，其中主要包括：

——企业除了把其年度产值的 20% 上缴国库作为政府税收外，其生产规划、产量目标、招工、产品分配和积累均由企业负责。

——取消企业补贴，企业利润自行留成，实行多劳多得，把工资划分为基础性工资和计件工资两个部分，奖勤罚懒。

——允许私人投资办企业，允许其自行雇工，允许自由出售其产品。

---

① 马树洪编著：《当代老挝经济》，云南大学出版社 2000 年版，第 201—202 页。
② 同上书，第 206 页。

上述开创性规定彻底颠覆了建国以来所执行的"工业国有化"政策，老挝民主共和国的工业发展另起炉灶，开始朝向另外一个方向即更加符合老挝国情的方向发展。

1988年1月，老党召开四届五中全会，制定了"进一步调整部门经济结构，灵活运用各种经济成分和扩大对外经济交流和合作"的深化革新的方针。同年2月，老党总书记兼部长会议主席①凯山·丰威汉在老挝最高人民议会（即国会）作了题为《关于调整经济结构政策》的报告，提出"要实行企业核算制和经营自主制，企业可以根据自身的条件和能力并根据市场的变化情况，制定经营计划，自行安排生产，企业有权决定同外国和其他企业进行合作和联营"；要"取消官僚统包制，应用经济手段来管理经济"。进入90年代以后，老挝党和政府又进一步推行了股份制和私有制，规定"国营企业的管理干部可以租赁或承包其管理的企业和其他工矿企业"；"国营工厂和其他企业可以出售或租赁给私人或外国公司经营"。

1991年3月的老党"五大"继续坚持并进一步完善了"四大"以来经济改革的方针和政策，进一步巩固了工业改革的成果。至1992年年底，老挝已有110个国营工业企业实现了私有化，外商独资、联营和合资的企业达到240家。国营工厂减少到60余家。②

老党"五大"以后，老挝工矿业领域的改革继续向股份制、合作制和私有化方向发展。商业领域的改革也不断推向深入。80年代以来逐步废除"国家垄断贸易"、"统购包销"、"禁止农民在市场上出售粮食和其他农副产品"等政策得到有效执行。"五大"以后，老党和政府又对商业政策进行进一步的调整。将大部分原先由国家经营的商业公司、商场以及其他商业设施出售、租赁或者承包给私人经营，鼓励和支持私营商业企业的发展。

1996年的老党"六大"，继续强调要加快革新步伐和加大革新力度。强调要"按照市场的需要和消费者的爱好"来进行生产。"六大"尤其强调要加大招商引资力度，"要在确保国家利益的基础上"加强与外国的合作；要"多渠道引进外资，要重点选择效益高和偿还能力强的项目引进外资和与外商合作"。

---

① 部长会议主席，亦即政府总理。1975年老党夺取政权后，与越南一起选择了"苏联模式"的政治经济体制和发展道路，在政治结构上将政府改称"部长会议"，将领导内阁的总理改称"部长会议主席"。这在很大程度上显示了这一时期老挝和越南对苏联的追随。

② 马树洪编著：《当代老挝经济》，云南大学出版社2000年版，第209页。

3. 关于政治革新

从 1986 年老党"四大"提出"有原则的全面革新路线"起，至进入 21
世纪前的 14 年间，老挝的政治革新较之于其经济革新，进展显然要慢。其
间，政治体制上并未发生结构性的变化。政治革新的举措主要还是围绕着作
为执政党的老挝人民革命党为适应国内外形势的发展变化，在促进老党理论
建设、思想建设和组织建设，以及行政体制上围绕提高行政效率、反对贪污
腐败、办事拖拉等所进行的工作。

因此可以说，与越南的政治改革一样，老挝的政治改革也并非政治制度
的变革，而是这个制度下的相关运行机制的完善。从一开始，老党就为其革
新定下了基调，即"有原则的全面革新路线"。也就是说老挝的革新无论是
经济革新还是政治、社会革新，都是"有原则"的。这个"原则"不是别
的，就是老挝人民革命党执政地位的不可动摇；也就是说这个革新无论怎么
革，怎么改，都必须在老党的掌控之下进行，不能损害老党的利益。"有原
则的全面革新路线"，综合地讲，就是要以经济建设为中心，坚持六项基本
原则，坚持革新开放。在政治体制改革上，老党强调要采取"荷花不变颜
色，水不变浑"的方式，即采取不给社会造成动荡、不给人民群众思想造
成重大冲击的方法，逐步地、谨慎地开展，以保证国家的安全和社会的
稳定。

1991 年 3 月 27—29 日召开的老挝人民革命党第五次全国代表大会有其
特别意义。此时，东欧社会主义各国的工人阶级不再掌权，社会主义不再成
为一个体系，老挝一直以来所倚重的苏联也行将解体。上述剧变对老挝造成
了巨大影响。老党内部一些人产生了动摇、失望的念头。在这种背景下，老
党"五大"重新认识了老挝的社会性质，修订了党的基本路线和政策；它
确定，老挝正处在继续建设和发展人民民主制度，为逐步走上社会主义创造
起码因素的阶段；它指出，老挝"走向社会主义"还需经过几个长期的
阶段。

"五大"除了重申继续坚持"四大"以来经济革新的路线外，着重阐明
了老党关于政治体制革新的观点和政策。"五大"政治报告强调，政治体制
改革不是改变政治制度，不是削弱党的核心作用和领导地位，而是在明确各
机构职能基础上完善政治体系的组织，改革其活动方式，保障党的领导作
用，加强党的领导地位，提高政府机构管理效能，发挥群众组织作用，使整
个政治体系各机构能充分发挥自己的作用，能灵活地、协调地运转。

"五大"提出，今后的党建工作要遵循五项原则：一是以马列主义普遍
原理为思想理论基础，吸收人类智慧的精华，按照本国实际运用各国的理论

和经验；二是正确领会和执行民主集中制原则；三是增强在党的路线、政策和民主集中原则基础上的团结一致；四是建立党群血肉关系，在群众运动中建党；五是以提高质量和效率为主地整顿各级党组织。至于喧嚣一时的"民主"问题，"五大"明确提出，发扬民主必须与加强纪律和集中，加强党的领导作用并行，用宪法和法律来保证，有利于社会的稳定和秩序，有利于发挥全民的创造能力和增强民族国家的团结统一。[①]

80年代末期，国际共产主义运动陷入低谷，东欧社会主义国家纷纷向资本主义"缴械投降"，老党一直所依靠并且希望将来也永远依靠的苏联"老大哥"自乱阵脚，最终于1991年12月25日宣布解体，老挝无所适从，陷入危机重重的境地。老挝人民革命党迎来了执政以来的第一次大考。党内许多人表现出痛心、失望、甚至恐惧等各种悲观情绪。在这生死存亡的关头，老党立即召开中央委员会会议研究对策。会议统一了意志，声称"我们不能缴械投降，我们不能坐以待毙，我们要起来作斗争！"会议认真分析了苏联解体后老党面临的政治危机，认为主要来自两个方面：一是来自国内的威胁，苏联瓦解后，在美国及其盟友支持下的原老挝万象政权蠢蠢欲动，有可能重新回来夺权。二是来自国外的威胁，尤其是与泰国的关系可能会趋于紧张。此外，由于建国后的路线、方针和政策失误，社会经济发展缓慢，国家公务员、大中小学教师、军队干部和警察常常领不到工资，广大人民群众生活遇到许多困难。经济上的困难也可能引发社会的不安定，敌对势力有可能利用经济上的困难挑动人民群众反对党和政府的领导。

通过深入分析，老党认为，苏联和东欧国家执政的共产党倒台的主要政治原因是：这些国家的共产党领导人及其国策背离了马克思主义基本原理、违反了社会发展规律，没有坚持党对社会各领域的领导。更为严重的是党的领导人，比如戈尔巴乔夫等所采取的"新思维"从内部瓦解了共产党的斗志，使这些国家的共产党经不起敌人和平演变的攻势，敌人未发一枪一弹自己就倒下去了。而主要经济原因则是：这些国家长期以来执行集中的、官僚主义的经济管理模式，严重阻碍了国家社会和经济的发展，导致广大人民群众的不满及对社会主义制度的错误理解，使党失去群众基础；苏东的改革从政治改革开始，在改革过程中没加强党的领导，从而迷失方向。会议认为，老党要深刻吸取"苏东剧变"的经验教训，一方面要加强党的建设，教育广大党员、干部和人民群众识破敌人和平演变的阴谋诡计；另一方面要重新审视老党原有政策，对那些不符合老挝国情、妨碍老挝社会、经济发展的政

---

① 蔡文枞：《老挝人民革命党第五次代表大会简况》，《东南亚研究》1991年第3期。

策做及时调整。

会议从理论与实践的结合上对处于逆境中的老挝的革新开放进行了深入分析和新的理论概括，并对其未来发展提出了新的思路。概括起来，主要有以下几个方面：

第一，加强老党建设，巩固老党的领导地位，掌握好老党对国家的领导权。为防止苏联东欧事件在老挝重演，老党决定：一是要进一步坚定对马列主义和社会主义的信念；二是要从政治、思想和组织方面加强党的建设，把老党建成一个强大的党；把握好老党对国家的领导权，以防止和镇压敌人的颠覆、篡权活动。

第二，提出了老挝处于社会主义过渡时期初期阶段的基本判断，为承认多种经济成分并存，承认市场经济的合理性提供了理论依据。通过结合"苏东剧变"的深刻教训和老挝国情，重温马克思主义经典作家尤其是列宁的相关论述，使老党领袖尤其是总书记凯山认识到老党之前的一系列政策过"左"，尤其是以为消灭了一切私有经济就会很快实现社会主义的观点是错误的。老挝人民民主共和国虽然建国已经十几年，但各方面仍然很落后，因此不能直接向社会主义过渡，需要经历一系列特殊的历史阶段和中间环节，这就是社会主义过渡时期，而从老挝现实来看，是处于社会主义过渡时期的初期阶段。因此，老党必须根据老挝这一国情制定社会主义建设的路线、方针和政策。

第三，提出了老挝当前的主要任务，即大力发展生产力、提高劳动生产率。列宁新经济政策中关于国家资本主义的论述，给老党领导人的启发很大。他们认识到历史起点低、条件差的老挝，必须利用国家资本主义作为提高生产力的手段和途径，利用资产阶级积累的经验、知识和技术为老挝社会主义建设服务。根据这一认识，老党充分肯定了前期革新开放的措施和成果，进一步把非社会主义性质的经济成分纳入了国家资本主义轨道加以利用。

第四，进一步调整经济政策，努力推进"有原则的市场经济体制"的建立。老党"四大"把改革重点放在经济领域而不是政治领域，并且要求非常谨慎地、有原则性地、逐步扩大范围地推进。"四大"确立的路线为老挝改革开放指明了方向，但它只是个起点或者说只是个基础，真正落实这条路线并使它不断完善的是"苏东剧变"后召开的"五大"、"六大"、"七大"、"八大"，而"苏东剧变"就是老党下决心修正错误，加大改革开放步伐的重要因素。"苏东剧变"后老党经济领域政策的调整主要表现在：

一是进一步承认非社会主义性质经济成分的合法地位，鼓励非社会主义性质经济成分参与国家经济建设。老党"四大"虽然提出要利用非社会主义性质经济成分为国家建设服务，但并没有明确承认其地位和作用以及应得到的待遇。"苏东剧变"后召开的"五大"、"六大"的政治报告都强调：老挝的经济结构是一个多种经济成分、多种所有制形式和多种经济组织形式长期共存的经济结构，每一种经济成分在法律面前都有平等权利，在政府管理下按市场经济管理机制运作，相互既合作又竞争。

二是彻底废除了官僚主义的、救济式的经济管理机制，建立并不断完善以企业核算为基础的新的经济管理机制。最先提出这个问题的是前老党总书记凯山·丰威汉，他在"四大"政治报告中指出："老挝现在的经济管理机制是官僚主义的、救济式的管理机制"；"国营企业做不好的，就给集体企业做，集体企业做不好的，就给私人或个体企业做"。与"四大"相比，"五大"有关经济管理机制改革的政策和措施更为成熟。"五大"把"社会主义企业核算机制"改为"市场经济管理机制"，从而基本确立了市场经济管理机制。坎代主政的第六届和第七届中央委员会期间（1996—2006年），老党按市场经济管理机制开展经济建设，从而成为老挝经济发展较快的时期。

三是进一步强调农业的基础性作用，以农林业的革新和发展带动老挝经济的改革与转型。老挝是一个落后的农业国，20世纪90年代初期，农业人口占全国总人口90%以上，农林产值占国民生产总值的约70%。基于这种情况，老党把经济发展重点放在农林业上，认为只能从发展农林业开始，才能解决绝大多数国民的吃饭问题，这是当时老挝的头等大事，它关系到老挝社会的稳定和国家的存亡。为此，老党在解散农业合作社、鼓励发展家庭经济的基础上，在更大程度上推行农业私有化，把土地和山林按户分给农民，让农民自由利用这些土地和山林进行生产，发展家庭经济。这一政策不仅使农民受益，也使城里干部和知识分子受益。为解决干部和知识分子生活上的困难，政府还按级别给干部和知识分子分配土地，鼓励他们利用业余时间搞家庭经济，改善生活。这保证了干部和知识分子即使连续几个月领不到工资也不会没饭吃，对解决当时老挝的经济困难起了很大作用。这也是为什么老挝处在最困难的时候，人民群众也没有反党、反政府的原因之一。

第五，外交政策从"一边倒"转变为积极、主动与世界各国建立外交关系。直至1986年，老党还在坚持向越南、苏联"一边倒"的外交政策。凯山·丰威汉在老党"四大"政治报告中谈到与外国建立经济关系时，除苏联、越南和当时的柬埔寨等几个社会主义国家外基本没有提到其他国家。然而从1991年的"五大"起，老党开始调整其外交政策：一是改变了对中国的冷淡态度，恢复了与中国往来。二是调整了与泰国等东南亚国家的关系；在凯山于 1991 年底以国家元首身份首次访问泰国、修复了与泰国的关系后，老挝于 1999 年加入东盟，正式融入了东盟。三是以积极姿态主动与世界各国和国际组织开展经济、科技和文化的合作与交流。总的来说，"苏东剧变"后，老挝逐渐实现了从一个自我封闭的国家向开放型国家的转变。

（三）老挝与越南改革与转型的初步比较

综观老挝的政治经济转型，其方式、进程和目标与越南大同小异，属于一种类型。所不同的只是老挝改革开放的进程较慢一些，改革的力度也不如越南大。由于老挝国情更为特殊，人口更少（只有越南总人口的约 1/13）；国家经济规模较小，商品经济发展缓慢，在经济改革方面，国家宏观控制的力度更大一些，非市场经济的因素更多一些。与越南相比，在政治体制的改革方面，老挝尚无大的举措。

总体上讲，老挝和越南的经济改革，都是从其经济的体制和运行机制的改革开始的。老、越两国的党和政府都希望，一方面尽可能地利用市场的力量来自行调节经济运行，另一方面又保留政府在必要时进行适当干预的权力。而且在老挝，党和政府保持干预的程度更大。正如前面所述，老挝人民革命党早在 1991 年的"五大"上就为其革新开放的发展定下了基调，即"有原则的全面革新路线"。这个"原则"，就是老党的领导。它旗帜鲜明地宣告：老挝的革新开放必须在老挝人民革命党的严格监控之下，在不损害老党领导地位的前提下进行。与老挝"有原则的全面革新路线"下所推动建立的"有原则的市场经济"相一致，越南在革新开放初期所推动建立的市场经济被叫做"国家宏观调控下的市场经济"。老挝和越南所要建立的市场经济都是有条件的，二者在本质上是一致的，都是在不改变原有政权性质的前提下，通过渐进方式来推动革新的。

从转型的"路线图"来看，老挝和越南的转型都是从经济体制改革开始，将中央集权的济体制转变为"社会主义市场经济体制"，进而在经济革新的促动下开始进行政治和行政体制的革新，建立和完善社会主义的民主政治。但是，老、越两国的转型在程度上又是有差别的，越南政治经济体制改革与转型的速度明显要快，程度也更深。

（四）进入新世纪前老挝改革与转型面临的主要困难和问题

老挝人民革命党在 1991 年召开的"五大"确定了有原则的全面革新路线，坚持把马列主义普遍原理与本国实际相结合。这一路线的确定体现了老挝人民革命党继续坚持马列主义、坚持社会主义方向的决心。从 1986 年算起，至 2000 年，在进入新世纪之前，老挝的革新开放已经摸索了 14 年，摸索出了许多经验，取得了如上所述的一些进展，但要进一步深化，还面临着许多问题。

政治方面的主要问题：

一是党内有时意见不够统一。如在革新模式的选择上，有人主张"中国模式"，有人主张"越南模式"；有人主张在更大范围内加大革新力度，加快革新步伐，有人则主张"稳步"革新，不能"贪大"和"求快"。特别是老挝原主管经济和财政的总理府部长、被视为老挝改革派领袖的坎赛·苏发努冯被革职又出逃的事件发生后，对老挝政界、商界和学界的震动很大。

二是党政军领导干部中的腐败问题严重。他们有的利用手中的权力经商、非法与民争利，有的收受外商的贿赂，有的将国家或者集体的资金占为己有，有的生活作风腐化，使老党形象受到严重损害。发扬党内民主、严肃党纪、整顿党风，已经成为老党建设的当务之急。

三是国内反政府武装尤其是受美国支持的王宝集团活动猖狂；国内尤其是党内持不同政见者蠢蠢欲动，有的进行直接的破坏，有的公开反对老党领导，要求实行多党制，对老党政权构成了严重威胁。

经济方面的主要问题：

一是高额的外债。以 1996 年为例，截至当年，老挝的外汇储备只有 2000 万美元，而同期其外债总额则达到约 22 亿美元。

二是过分依赖来外国投资。1994—1996 年，老挝政府批准的外国直接投资达到国家投资的 91%。外资已经左右了老挝的经济发展。

三是外贸逆差大。以 1996 年为例，当年老挝外贸出口约 3 亿美元，进口却接近 5 亿美元，逆差达到约 2 亿美元。[①]

二　进入新世纪以来老挝的转型与发展

进入新世纪以来的 2001 年至 2012 年的 12 年，为老挝革新开放的一个重要历史时期。其间，老挝人民革命党先后召开了三次全国代表大会，即 2001 年 3 月召开了"七大"、2006 年 3 月召开了"八大"、2011 年 3 月召开了"九大"。其间，又明显地可以划分为两个基本阶段，即 2001—2005 年为一个阶段，2006—2011 年为另一个阶段。

---

① 参见王士录主编《东南亚报告（2002—2003）》，云南大学出版社 2003 年版，第 85—86 页；贺圣达、王士录等《走向 21 世纪的东南亚与中国》，云南大学出版社 1997 年版，第 376—378 页。

（一）进入新世纪以来老挝革新开放的基本特点

综观进入新世纪以来的 12 年，与进入新世纪前所经历的 14 年相比，总体上看老挝的革新开放显得较为平稳，无论从政策设计还是实际措施来看，都没有惊人之举。与其邻国越南相比，其间老挝在经济革新方面无论广度和深度都明显不及。总体上看，革新开放以来，越南的市场经济发育程度更高、更为成熟。虽经 26 年革新开放历练，但是无论在经济的市场化方面，还是国际化程度方面，老挝都还处于较低层次。老挝的引进和利用外资、股市汇市都还落后于越南。在政治革新方面，与越南相比，老挝显得更为保守，可谓稳重有余，创新不足。其间，与越南相比，老挝的政治革新基本处于停止状态。仔细研读老党"七大"、"八大"和"九大"政治报告不难发现，三个政治报告基本上均未认真谈及政治革新问题即如何推进老挝政治民主化的问题，连篇累牍讲的都是如何改善和加强老挝人民革命党的领导地位和控制力。在行政体制改革方面，老挝迄今仍然停留在字面之上，实际行动不多，对体制机制这一根本性问题尚未触及，也尚未进行到对总书记和总理搞差额选举，以及一些重要党政干部职位通过直接选举产生的阶段。

综上所述，与进入新世纪以前相比，进入新世纪以后，老挝改革与转型的步伐明显放慢了。如果说在老党"五大"以前老挝的革新开放新意不断的话，那么 1991 年东欧剧变、苏联解体后就基本上少有新内容了，这一情况一直延续至进入新世纪以后。

1. 苏联东欧剧变是拐点，政治革新更加强调"原则性"。在苏联东欧剧变的危急关头，于 1991 年 3 月召开的老挝人民革命党第五次代表大会，是老挝改革与转型的拐点。也就是说，老党"五大"是老挝的革新开放步伐由快变慢的一个标志性事件。苏联东欧亡党亡国的所谓改革为老挝的革新开放提供了活生生的血的教训。老党引以为戒，及时召开了"五大"，对国内外形势以及老党的前途和命运进行了深入分析，制定应对之策。总体上讲就是继续坚持革新开放的"原则性"（即老党的领导），强调革新开放必须稳妥地进行。为此，老党"五大"突出强调了加强老党领导的议题。"五大"以后，老挝的革新开放尤其是政治改革的步伐明显趋缓。所谓的政治革新主要讲的是如何改善和加强老挝人民革命党的领导，而不是如何推进老挝的民主化。

"苏东剧变"后，老党加强了理论探索和政策调整，从而使老挝渡过了一个非常的、艰难的时期。在老党"五大"、"六大"、"七大"的政治报告中，老挝人民革命党都用较长的篇幅论述了党的建设问题。"五大"政治报告提出要提高党领导全社会的责任心。党在任何时候都要遵守宪法和法律。要制定和完善各个领域的基本路线、政策，使之符合社会发展规律和老挝的实际情况。加强思想理论工作，继续研究马克思主义基本原理，继续研究关系老挝发展的重大现实问题，为老挝的革新事业奠定坚实的理论基础。要根据新情况改革党的组织，正确地贯彻民主集中制，在党的路线方针和民主集中制原则的基础上，增强党的团结，增强党和人民的血肉联系。进一步做好干部工作，以贯彻落实党的政治任务的成绩作为衡量干部好坏和能力高低的标准。搞好党群关系，做好监督检查工作，不允许任何党组织和党员干部凌驾于党的监督之上。

老党"六大"政治报告指出，要继续改进加强党的思想政治建设、组织建设、作风建设，加强党的建设的目的是不断提高党的能力和战斗力，真正能够胜任政治体系的领导核心的职责，成为工人阶级、劳动者乃至全老挝民族利益的忠实代表。

老党的"七大"政治报告继续强调在政治、思想、组织、领导作风上加强党的建设的重要性，提出要建设思想政治成熟稳定的党。关于思想建设，老党"七大"提出要建设思想政治稳定的党；要开展思想政治教育工作，旨在保证从中央到地方的党员干部政治知识水平得到提高，保证各族人民、各基层人士能够经常学习政治。要加强思想政治工作队伍建设，为思想政治工作配备先进的技术设备，修订思想政治教材的内容，使之更加符合实际。要及时总结党的路线和党的领导、政府管理工作的经验，使之上升为科学理论。同时要学习、借鉴兄弟社会主义国家的经验及其理论。关于组织建设，"七大"提出各级党组织和各位党员同志要严格遵守规章制度，主要是遵守民主集中制。为了使党的组织系统更加牢固，必须建立稳定的党的基层组织。要发挥党员干部的先锋模范作用。关于领导作风，"七大"提出改进党的领导作风的目的是为了提高党在人民民主制度中的核心领导作用，加强人民群众对党的信任。

2006年3月召开的老党"八大"继续将加强老党的领导，巩固老党的执政地位作为主题加以研究。"八大"政治报告再一次明确了以马列主义为基础的政治方向；肯定了党的正确领导和先锋模范作用；同时提出了加强政治体制改革的要求。报告指出，将进一步采取有力措施加强党的领导，巩固党的执政地位。一是要加强政治思想教育，发扬党的优良传统和作风，坚持马列主义的战略地位；二是要坚持党的民主集中制组织原则，改善党的领导；三是要加强基层建设，提高党的基层组织能力；四是要加强党的纪律监督检查工作；五是要加强干部队伍建设以及干部管理教育工作，加强安全保卫工作。①

总之，"苏东剧变"、老党"五大"之后，老党突出加强了党的领导的工作。老党党建理论的探索和党建工作的调整使党的领导作用和领导能力进一步提高，党的组织、纪律更加严密，老党队伍进一步壮大。根据老党"五大"、"六大"决议和"八大"政治报告中所提供的数字，1991 年老党党员共有 6 万名，1996 年增至 7.8 万名，2006 年达到 148590 名，是 1991 年的两倍多。

2. 行政体制改革有限进行，更加注重制度的完善而不是重建。苏联东欧剧变后，尽管老党调整了政策，强调在保证老党领导地位不被动摇的前提下更为稳妥地推进革新开放，因而明显放缓了改革尤其是政治改革的进程，但其政治和行政体制改革仍然有限地予以推进。

作为进一步发扬民主努力的体现，老挝人民革命党在发动全党全民讨论"五大"政治报告和新宪法草案后，党的"六大"政治报告和关于修改党的章程的报告草案再一次在全党、全民中进行了讨论，广泛听取并吸收了各方面的修改意见。为体现民主，1996 年召开的老党"六大"还邀请了四位高僧列席会议。特别引人瞩目的是，老党"六大"在选举中改革了选举制度，首次采用了差额选举，从 56 名候选人中选出了 49 名中央委员。这与越南的做法有相似之处，但力度显然没有越南大。

2001 年的老党"七大"，是进入新世纪以后老挝人民革命党召开的第一次代表大会。"七大"强调将继续推行"有原则的全面革新"路线，强调老挝将继续坚持党的领导和社会主义方向。在"七大"政治报告中，老党提出要继续推进政治建设和政治体制改革，主要包括立法机关、行政机关和司法机关的建设和改革。关于立法机关建设，"七大"提出首先要提高国会的地位和作用，改善国会的活动和组织结构；要提高国会议员的政治素质和知识能力水平，创造条件使各个议员能够有更多的机会接近各自选区的群众；要改善国会的工作作风和制度，使之与政府其他机构的配合更加密切融洽。关于行政机关的改革，"七大"提出要提高法律法规的威信和行政权力机关的效率和威信。要继续完善中央、地方基层的行政机制，明确规定好各自的职责、权力和管辖范围，以保证能够严格按照法律法规，正确、快速地解决问题，保证公正和透明度，保证适应市场机制的要求，并且进行严格、全面的检查。在中央各部门之间、各级政府机构之间建立起畅通、融洽的配合机

---

① The Economist Intelligence Unit，*Country Profile：Laos*，2006，p. 6. 王士录主编：《东南亚报告（2006—2007）》，云南大学出版社 2007 年版，第 63 页。

制。要把现代的管理技术运用到行政管理中去。消除官僚主义作风、抵制各种形式的贪污受贿。要重视培养高质量的干部，并严格执行公务员制度和其他各种政策制度。关于司法机关的改革，"七大"提出要更加重视发挥司法机关在维护宪法、法律，检查宪法、法律的执行情况中的作用。要加强公民的法律意识，进一步划分好检察院、人民法院和侦察机关的权力和职责。要建立健全司法系统，加强村级协调小组和协助司法工作组织的积极作用；加强对律师协会的指导；设立法律咨询、顾问机构。①

2006年3月召开的老党"八大"提出，仍将坚持以往对老挝社会主义发展阶段的基本判断，并强调"为了最终实现社会主义的目标，根据老挝的国情特点，老挝需要用很长的时间，经历很多的发展阶段。目前，老挝的革命和建设仍然处于向社会主义过渡期的初期，所以要坚持党的领导、社会主义方向和革新路线，不断推进国家的进步和党的发展"。这表明老挝人民革命党对本国社会主义发展阶段的认识进一步深化，这一认识为老挝人民革命党制定正确的方针、路线和发展战略提供了依据。

2011年召开的老党"九大"通过了八届中央《政治报告》《"七五"计划报告》等重要文件，并选举产生了新一届中央领导班子。政治报告对八届中央取得的成就及其存在问题作了总结评价，对未来五年的大政方针作了纲要性部署。朱玛里总书记在《政治报告》中总结了2006年八届中央以来老党取得的主要成就，其中"最重要和最基本的，就是维护了老挝国家的独立、主权和领土完整"；同时，保持了政治上的稳定，在经济社会发展和外交方面取得了多方成果。报告继续强调加强老党建设、增强党的团结和统一，提高党的战斗力。报告总结认为，增强全体人民及党内的团结一致，是确保政治安定的基本因素；确保社会环境安定、有序，是实施保卫和建设祖国两大战略任务和同国际接轨取得成效的重要条件。报告还指出，必须求真务实，加强对各部门各行业的统一领导和指挥，重视培养、发挥党员干部的知识和能力，加强对党员干部的监督检查。报告提出要改进党的工作作风，深入实践，深入基层，对每一项工作的落实都要进行经常性检查、评价，实事求是地看待和灵活地解决问题。

报告在对五年来党的领导和自身建设情况特别是基层党的建设做出总结评价后，就加强党的建设提出了四点总体要求：

一是加强党的政治思想建设，深入推进理论研究和创新；

---

① 张传鹤：《老挝人民共和国的政治建设和政治体制改革》，《当代世界与社会主义》（双月刊）2006年第4期。

二是继续加强党的组织建设；

三是整顿党的领导作风，提高党的执政能力；

四是加强对党的检查监督，改进党的管理。

3. 经济革新转向前期成果的巩固而不是推出新举措。进入新世纪以后，老挝人民革命党继续奉行革新开放的经济政策，但与前期相比，重大举措并不多见，主要的措施在于进一步巩固前期经济改革的成果，不断完善社会主义市场经济。鉴于苏联东欧剧变的深刻教训，进入新世纪以后，老挝革新开放无论是政治革新还是经济革新，都更加强调巩固和加强老挝人民革命党的领导这个"原则性"。

经过进入新世纪以前 14 年的革新开放，在经济领域，老挝已经纠正了过去急于铲除非社会主义经济的"左"的政策，逐步形成了"三多一平"等的经济结构，即多种经济成分、多种所有制形式和多种组织形式长期并存的方针；各种经济成分平等竞争，共同发展；巩固和发展国有经济，使之在某些部门起骨干作用。进入新世纪以后，在老挝人民革命党的坚强领导下，其经济革新与转型仍然遵循着老党"四大"定下的基调，以及老党"四大"以来不断完善的政策措施来缓慢推进，主要任务转向了巩固已经取得的革新成果。

在老党"四大"精神的指引下，老挝曾经一度加速了对内外经济政策和经济管理体制的调整和改革。1988 年 1 月，老挝人民革命党四届五中全会指出，国家机关与企业实行分开管理，要减少或废止国家机关对企业的干预，取消指令性的管理方式，实行企业责任制。1990 年 3 月，老挝政府发布《关于把国营企业转变为其他所有制形式的决定》。《决定》规定，除在国民经济、社会和国防中有重要意义的企业之外，其他无须保留的国营企业以租赁、出售、股份制或承包经营的形式，转为其他所有权形式，开始对国营企业实行私营化改革。老挝起初只是对效益差的国营企业进行所有制转换。1991 年 2 月，在第一届日用商品和出口商品生产工作会议上，凯山明确指示要继续主动地把从事日用商品和出口商品生产的企业，转向其他所有制形式。根据这一精神，政府决定除电力、邮政、自来水、公路桥梁建设、采矿和军品生产等少数骨干企业外，其他企业均陆续通过承包、租赁、合资、股份制等不同形式由公有制转为其他所有制。老挝中央和省市两级成立了"国有企业租赁和拍卖委员会"，对现有国营企业进行财产评估和登记，划分类别，分出保留的企业、租赁的企业、拍卖的企业和实行股份制的企业，对国营企业的民营化进行具体指导。到 1997 年，除了具有战略性的国营企业外，多数国营企业都实行了私营化。

在农业和林业领域的改革，老党也一直坚持了"四大"以来的农村经济政策并使其不断巩固和完善。总体上说，就是允许并鼓励广大农民以家庭为基础积极地实现从自然经济向商品经济转变，农业的物质技术基础得到进一步的改善和发展，农林产品加工业在一些地方开始有所发展，有些地方在实施分地、分林给农民保护、管理和使用的政策上有许多创新。2001年老挝人民革命党"七大"报告指出，根据老挝的经济特点，老挝要把家庭作为实施自然经济向商品经济转变的基本单位。

值得注意的是，此时，在鼓励私营和个体经济发展的同时，老挝党和政府也强调要坚持国家的宏观调控，强调巩固和发展国有和集体经济、发挥其引领作用的重要性。我们注意到，2006年3月召开的老党"八大"，在继续强调积极发展家庭经济，促进人民增收和提高人民生活质量的同时特别指出，在发挥各种经济成分力量和作用的同时，要巩固和建设国有经济和集体经济，使之成为经济的"主干"和"中坚力量"；要发展生产力，建设和巩固与生产力相适应的生产关系。这再一次表明进入新世纪以后，老党更加重视和强调革新开放的稳妥性，将稳妥地进行革新开放放在了第一位。这再一次表明老党所要建立的市场经济并不是西方所希望的那种"自由市场经济"，而是有条件的、"有原则的"市场经济。

2011年3月召开的老党"九大"继续强调要进一步巩固经济革新成果，促进经济的转型与发展。为此，老党"九大"就未来发展提出了以下方针：

一是继续坚持以经济发展为中心。二是提高政府的经济管理能力和效率，改进经济管理的体制和机制。三是加大扶贫脱贫和农村建设力度，促进商品生产；发展协作型农业，保障粮食安全，保护和恢复森林植被。四是实施工业化、现代化战略，合理配置和高效使用资源。

为贯彻执行上述方针，朱玛里总书记在报告中提出了四点要求：第一，解放思想，在思维解放上要有突破，要解决党内的教条主义、保守主义、懒惰及极"左"极右观念。第二，加强人才队伍建设，在人才发展上要有新突破，特别要加强对干部的培养，提高党员干部的知识和能力，使党的人才队伍能够适应形势发展的需要。第三，完善体制机制，对束缚生产经营和服务活动的行政管理制度进行改革、完善，在建立健全体制机制上要有新的突破。第四，下大力解决贫困问题，要挖掘各种资金来源渠道，运用特殊的鼓励政策，有重点地推进经济社会基础设施建设，进而推动其他领域的发展。

4. 对外交往更加注重"经济利益"。在对外开放方面，进入新世纪以来，老挝党和政府也继续秉持老党"四大"所定下的全方位开放的基调，在继续巩固和发展与越南的"特殊关系"的同时，大力发展与世界各国、各地区和各种经济合作组织尤其是与周边国家的关系，将"经济外交"作为对外交往的重中之重，积极开展"多方位"的经济外交，以优惠条件吸引外商到老挝投资，学习和借鉴外国的管理经验和技术，积极参与区域经济合作，逐步走向国际市场。2001 年 3 月召开的老挝人民革命党"七大"在认识到全球经济相互渗透是客观趋势的基础上，提出老挝要进一步采取扩大对外经济合作的积极姿态。2002 年 1 月，老挝发布《总理令》，宣布建立老挝第一个经济特区即"沙湾塞诺经济特区"。为了进一步吸引外资，老挝政府于 2004 年 10 月对外国投资法进行修改，以更为优惠的外资政策加大吸引外资的力度，如外商所引进的机器和设备免除进口税、在 1—7 年内免除盈利税、租赁和使用土地的期限可延长至 50 年、准许投资年限也可达到 50 年等政策规定，对外商都是非常具有吸引力的。2006 年 3 月召开的老党"八大"强调继续坚持"多方位与多种形式"的对外交往，提出要加强与各战略伙伴国的合作，在与地区和世界各国接轨时加强主动性和竞争力，以促进生产和服务的发展。① 在 1997 年成功加入东盟后，进入新世纪以后老挝又为加入东盟自由贸易区和世界贸易组织作全面准备。尽管入世手续复杂，直至 2010 年仍未如愿以偿，但老挝仍然锲而不舍，按照相关要求进行准备，希望尽快成为世贸组织的一员。加入世界贸易组织，将标志着老挝在融入世界经济体系方面所取得的进步得到了国际社会的认可。

（二）新世纪以来老挝改革与转型的理论建设

按照马克思主义的观点，没有理论的实践是盲目的实践，而没有实践的理论则是空洞的理论。转型国家的政治经济转型要少走弯路获得成功，必须要有正确的理论作指导，必须进行理论创新。然而，老挝的革新开放在理论建设方面自始至终都显得创新不足，其基本理论总体上都向越南学习，而越南则又向中国学习。不过，在某些方面，老挝人民革命党根据本国国情，还是有一些创新的。

综合各方面的情况来看，笔者认为，老挝人民革命党在革新开放的理论建设方面，称得上"理论创新"的，大致有三个方面：

一是提出了"有原则的全面革新路线"。这可以说是老党革新开放理论创新的一个重要成果，而且较为突出地体现了老挝的特色，这一直成为指导老挝改革与转型的理论基础。2001 年召开的老挝人民革命党"七大"决定将继续推行"有原则的全面革新路线"，进一步强调老挝将继续坚持党的领

---

① 张传鹤：《老挝人民民主共和国的经济建设与经济体制改革》，《山东教育学院学报》2007年第 1 期。

导和社会主义方向。

"有原则的全面革新路线"的提出和贯彻执行，既确保了老挝经济社会发展具有宽松的政治环境，又保障了老挝人民革命党的领导地位。

二是对老挝现行社会进行了重新定位，作出了"老挝仍然处于社会主义过渡期"的基本判断，为老挝发展市场经济提供了理论依据。进入新世纪以后，老党继续坚持这一基本判断。1986 年 11 月召开的老党"四大"明确提出老挝当前处于"向社会主义过渡的初级阶段"，表示要纠正过去的急躁冒进、不合实际的跨越式发展思想。20 年后，于 2006 年召开的老党"八大"再次强调，将继续坚持以往对老挝社会主义发展阶段的上述基本判断，并强调"为了最终实现社会主义目标，根据老挝的国情特点，老挝需要用很长的时间，经历很多的发展过程。在目前，老挝的革命和建设仍然处于向社会主义过渡期的初期"。认为过渡期就是建立和发展人民民主政权时期，这个时期的社会主要矛盾是落后生产力与社会日益增长的物质文化需求之间的矛盾（以前认为社会的主要矛盾是社会主义与资本主义两条道路之间的矛盾）。根据老挝贫困、落后和欠发达的国情，老挝在过渡期的主要任务是解放生产力，通过持续地发展生产力，使生产力和生产关系达到协调，为逐步走向社会主义奠定基础。① 所以，要坚持老党的领导、社会主义方向和革新路线，不断推进国家的进步和党的发展。过渡时期基本理论的提出，表明老挝人民革命党对本国社会主义发展阶段的认识进一步深化。这一认识为老党制定革新开放的正确方针、路线和发展战略提供了理论依据。

总体上讲，老党在贯彻"有原则的全面革新路线"中，除了立场坚定之外，还具有两个鲜明的特点，即"渐进"与"务实"。渐进指的是老挝党不盲目，不草率，不从一个极端进入另一个极端，对社会主义的认识更加理性和成熟了。务实指的是实施符合国情的政策，将国内外政策重新定位为主要解决贫困问题。经过 20 多年的革新，老挝在社会主义建设阶段、工作重心和外交路线三方面逐步实现了符合国情的转变，开创了国家建设的新局面。②

三是转变思维方式，以和谐社会的理念处理党群、民族和宗教关系。夺取政权以来，老挝党和政府在社会稳定方面一直面临着巨大压力，能否建立良性互动的党群关系、民族关系和宗教关系，成为关系到老党生死存亡的大

① 王蓉霞：《国际关系视角下老挝选择社会主义制度的必然性》，《中北大学学报》（社会科学版）2010 年第 3 期。

② 同上。

问题。

在党群关系方面，作为执政党的老挝人民革命党要保证其执政地位不动摇，就必须清除党内的腐败现象，维护党的纯洁和发挥党的先锋模范作用，只有这样才能保证党不变色，才能保持党与人民群众的血肉联系。为此，老党一贯重视党的建设，将打击贪污腐败、纯洁党的队伍作为头等大事，先后查处了一批批大案要案，改善了老党在人民群众中的形象，巩固了老党的领导地位。

在民族关系方面，以新的思维方式化解了与赫蒙人的矛盾，为实现民族和谐创造了条件。老挝是一个多民族国家，建国以后号称有三大族系共 68 个民族，进入 21 世纪重新进行民族识别和分类后，被归并为"四大"语系 49 个民族。① 建国后，老挝党和政府奉行各民族平等的政策，民族关系总体比较和谐。但由于建国初期实行极"左"的政治经济政策，也挫伤了一些弱小民族的感情。尤其是 70 年代初期美国侵略老挝期间采取分而治之的政策，利用以王宝为首的赫蒙人武装与老党武装对抗，埋下了分裂和仇恨的种子。建国后，大批赫蒙人因拒绝承认老挝人民革命党政府，拒绝接受社会主义制度而沦为难民流落泰国，王宝一伙则逃亡美国，在美国支持下继续从事颠覆和破坏人民政府、图谋建立赫蒙人王国的活动，从而成为老挝党和政府所面临的一大威胁。为了创造民族团结与和谐氛围，消除不稳定因素，老挝党和政府与时俱进，相向而行，相继制定了许多具体措施。譬如：在政治方面，重视在少数民族地区建立党的基层组织，加强党的民族政策的宣传；对部落首领、头人进行政治培训，使其在民族团结方面切实发挥作用。在经济方面，在民族地区实施特殊政策：一是把山林和土地分给每一个家庭，让他们各自管理和使用；二是实施禁止毁林造地、禁止种植罂粟工程；三是加大对少数民族干部的培养和使用力度。目前，在老挝各级领导中，都有少数民族的干部。例如老党第七届中央委员会的 55 名委员中，有 10 名委员是少数民族（赫蒙人 5 人、更姆族 5 人）。国会中，有 25 人是少数民族（赫蒙人 9 人、孟—高棉语族 16 人）。赫蒙人有的当上了国会副主席、建国阵线中央副主席、总理府部长，有的则担任了一些省的省长。在正局级领导干部中，有 20 人是赫蒙人；在全国 140 个县中，有 12 个县的县长是赫蒙人。② 2007 年，困扰老挝党和政府多年的在泰国的老挝赫蒙人难民的遣返也取得重大进

① The Laos Department of Statistics of Ministry of Planning and Investment, *Statistical Year Book of Lao in 2009*, Vientiane Capital, June 2009, p. 10.

② 陶红：《关于老挝的民族问题》，《东南亚纵横》2004 年第 3 期。

展。以前老挝政府一直拒绝承认他们是老挝公民，但是最终于 2007 年同意接收他们。老挝外交部发言人也公开表示，老挝政府保证赫蒙人在返回老挝后将会受到公正对待；还表示将邀请来自泰国的代表和媒体参观这些难民的"新家园"。① 与此同时，随着老挝与美国关系的改善，以美国为反老基地的王宝一伙也失宠于美国。② 赫蒙人问题的妥善解决，标志着老挝一个重大社会矛盾的化解，为老挝赢得和平稳定的政治社会环境奠定了重要基础。

在宗教信仰方面，以新的思维方式处理信仰马列主义与信仰宗教之间的关系，为和谐社会的建立奠定了理论基础。老挝虽然以上座部佛教信仰为主，佛教信徒占总人口的 85% 以上，但也是多种宗教并存，除佛教外，还有原始宗教、天主教、基督教、伊斯兰教等。随着革新开放的不断深入，老挝党逐渐认识到，虽然马克思主义关于宗教是统治人民的精神鸦片的论断是正确的，但鉴于老挝的国情，不能简单地套用马克思的这一理论。老党认为，在老挝当前生产力发展还处于较低水平的条件下，宗教特别是佛教仍将在很长一段时期内继续存在并发挥作用。在老挝的现实状态下，社会主义尚不具备主宰宗教的能力，因此宗教将长期存在。鉴于宗教在老挝社会生活中的特殊影响和作用，老党在对宗教的理解上采取了一种新的、有别于其他社会主义国家执政党的思维方式，其主要特点：一是不把宗教与社会制度对立起来，而是从老挝国情出发，更多地从两者的共同目标上寻找契合点，在一定时期和一定条件下把宗教与社会主义制度融合起来。二是强调把佛教教义融合到党的政治路线和政策中去，用以对广大人民进行政治宣传教育。如把佛教教义中的行善、清心、互助、施恩、虔诚演绎到忠诚、敬业、廉洁、奉公、助人、为民服务的党的政治理念和方针政策中去。三是淡化宗教与老党意识形态的差异，不刻意渲染无神论思想，而是多从两者的共同目标上寻找契合点，如它们都主张建设一个和谐、平等、宽容的社会。为此，老党努力将马克思主义的宗教思想与本国实际相结合，以便确立具有老挝民族特色的宗教理论和政策。首先，对宗教信仰和宗教活动采取较为宽容的政策。比如，包括军人在内的所有人都可以上庙拜佛，使佛教的影响无处不在。其次，发挥建国阵线这个统一战线组织的特殊作用，健全佛教组织机构和制

---

① The Economist Intelligence Unit, *Country Report*：*Laos*, October 2007, p. 13.

② 2007 年 6 月，10 名赫蒙人在美国遭到逮捕，他们被指控"违背美国中立法案（the U. S. Neutrality Act），阴谋推翻老挝主权国家"。老挝政府对此表示了欢迎。被逮捕的人中，大名鼎鼎的一个就是前老挝皇家军队的将军王宝（Vang Pao）。他是领导反对老挝现政府的赫蒙人的代表人物。据称他们制定了一个详细的、预算总额达 2800 万美元的反对老挝现政府的计划，其中约 1000 万美元将用来购买武器。见 The Economist Intelligence Unit , *Country Report*：*Laos*, July 2007, p. 13。

度。再次，利用佛教进行爱国主义和公民道德教育，发挥佛教的独特优势。譬如近年来，老挝佛教联合会针对社会上青少年中不良风气扩散的现象，会同该会所属的道德委员会制定了道德教育宣讲计划，主要向青少年进行思想教育，树立青年人热爱民族传统文化、讲互助、讲纪律、爱祖国、爱学习的精神。最后，加强对宗教工作依法管理的力度，具体措施是：坚持依法治教；坚持以教治教；加强宗教的制度化管理等。①

总之，尽管老党在革新开放方面迄今并未有称得上惊天动地的理论创新，但老党根据自己的国情在上述几个方面所提出的设想和采取的政策措施，无疑也是理论创新。

(三) 存在的主要困难和问题

进入新世纪以来，尽管老挝的革新开放进程明显放慢，稳定成为老挝党和政府压倒一切的首要任务，但其革新开放事业仍继续缓慢推进。但是，在肯定成绩的同时，我们也注意到，目前老挝的改革与转型仍然面临着许多困难和问题，其中主要问题如下：

一是在发展经济、改善山区少数民族生活水平方面还有较大差距。虽然老党在这方面采取了许多措施，也已经取得了一些成绩，但进展缓慢。因此，至今仍然有部分少数民族群众生活极其贫困。据有关资料，老挝全国39%极其贫困的人口中有一半是少数民族，而少数民族人口占全国总人口的约32%，按这个数字计算，还有约半数少数民族群众生活在极其贫困之中。这些人可以说吃不饱穿不暖，病了没地方医治，孩子没有学校读书。发展山区经济改善少数民族群众的生活水平进展缓慢的原因是多方面的，最主要的原因是老挝国家本身经济发展比较落后，财政困难，资金严重缺乏，很多发展计划难以实施。贫困问题不能有效解决，将使广大民众对党和政府失去信心。

二是老挝党和政府目前对经济的宏观调控能力还不够强，其主要原因是国有企业长期处于低绩效状态。国有企业享受着国有银行的优惠贷款，却不能产生令政府满意的经济效益，反而给银行业的发展和改革带来了消极影响。尽管政府一再强调经济体制改革的重要性，但来自既得利益集团的反对，使这种改革很难进行。②

针对上述困难和问题，2011 年 3 月召开的老挝人民革命党第九次全国代表大会在总结"八大"以来老挝社会经济发展所取得的成就的基础上，

① 王士录主编：《东南亚报告（2006—2007）》，云南大学出版社 2007 年版，第 64 页。
② 同上书，第 66 页。

总结经验教训，提出了老挝如何在世界政治经济形势多变的背景下继续保持快速稳定发展的五点经验，即必须坚持稳定压倒一切、提高党的领导能力、发挥党员先进性、改进工作作风和深入实际、务实外交等。对于继续推进政治和经济体制改革的问题，"九大"提出了"四突破"原则。对于老挝人民革命党自身的建设和改革、提高执政能力的问题，"九大"提出了坚持"六重点"的原则。①

三　新世纪以来老挝改革与转型的主要实践

改革与转型促进了老挝经济的发展、政治的稳定和社会的进步，这种效应在进入新世纪前已经初步显现，进入新世纪以后则越发明显。进入新世纪以来，老挝党和政府以"有原则的全面革新路线"和关于"社会主义过渡时期"的基本理论，以及建立和谐社会的基本思路为指导，继续稳妥地推进老挝的改革与转型，在政治、经济和社会建设方面努力实践，取得了不俗的成绩。

（一）新世纪以来老挝政治革新的主要实践

进入新世纪以后，老挝人民革命党继续坚持"有原则的全面革新路线"，稳妥地推进政治体制和机制的革新。尽管这种革新实质上是一种治标不治本的革新——不触动其政治制度这个根本，而只是对原有政治制度中相关运行机制的完善，但其促进政治社会稳定和经济发展的成效却是显而易见、毋庸置疑的。

进入新世纪以来，老党在推进政治、行政体制革新方面的实践，主要表现在以下几个方面：

1. 关于执政党即老挝人民革命党的建设

鉴于苏联东欧共产党的惨痛教训，进入新世纪以来，作为老挝的执政党，老挝人民革命党更加重视老党的自身建设，更加强调老挝革新开放的"原则性"，强调老挝的改革与转型必须在老挝人民革命党的坚强领导下，稳妥地推进。

进入新世纪以来，老挝人民革命党的建设，着重体现为其组织建设和作风建设即反对贪污腐败两个方面。

关于党的组织建设，老挝人民革命党认为，要保证党的战略目标能够顺利实现，必须加强组织建设，坚持和发展民主集中制原则。2001年老党

---

① 王士录主编：《东南亚报告（2011—2012）》，云南大学出版社2012年版，第61—62页。

"七大"通过的新党章对民主集中制原则作出了下列五个方面的规定，进一步明确了老党的组织原则：一是党的各级领导机构必须由同级党的代表大会或党员代表大会选举产生，党的各级领导机关采取集体领导与个人分工负责相结合的制度；二是党的各项决议和各级选举都必须由多数票通过，党员有充分发表意见的权利；三是党的各级委员会应向党的同级委员会例行会议、特别会议、代表大会和党的上一级委员会汇报工作并对它负责，按时向下级党组织和党员通报必要的情况；四是在不违背党的路线、政策和决议及国家法律的情况下，各级党组织有权决定自己职权范围内的各种问题；五是党的各项决议应得到严格执行，个人服从组织，少数服从多数，下级服从上级，全党服从中央。在上述五个方面中，有四个方面是有关民主的，有一个方面是关于集中的。从实践看，老挝党力求在民主集中制的基础上发扬党内民主，也就是中国共产党历来所倡导的"民主基础上的集中，集中指导下的民主"。2006 年 3 月 18—21 日召开的老党"八大"全面回顾和总结了革新开放 20 年的成就和经验，提出了未来发展的目标和任务。大会就继续推进革新开放提出了加强党内团结统一和全民凝聚力；发挥各种经济成分力量，巩固和建设国有经济和集体经济；积极发展家庭经济，促进人民增收等七条总方针和总任务。2011 年 3 月 17—21 日召开的老党"九大"确立了新的发展方针、思路和目标，继续推进老挝的转型与发展。"九大"提出，政治上将坚持"四突破"和"五经验"；① 在党的建设方面将坚持六个重点；② 在推进经济转型与发展方面要实施"一、二、三、四、五、六"发展方略。③

关于作风建设，老党把反对党内腐败现象作为新形势下党建的一项重要内容来抓，并且在进入新世纪以来一以贯之，这与中国共产党和越南共产党的做法是一样的。老挝人民革命党在 1992 年党的五届五中全会上明确提出

---

① 四突破：一是在思维解放上要有突破；二是在人才发展上要有强力突破；三是在行政管理制度上要有突破；四是在解决人民贫困方面要有突破。五经验：一是稳定压倒一切；二是提高党的领导能力；三是发挥党员先进性；四是改进工作作风，深入实际；五是实行多元务实外交。见陈定辉《老党"九大"新政解读》，打印稿，2011 年 4 月。

② 六个重点：一是加强党的政治思想建设，重视并加强理论研究工作；二是继续在组织上巩固党；三是整顿领导作风，提高党的执政能力；四是加强纪检工作；五是整顿党内管理和保卫工作；六是干部工作和干部队伍培养要讲求质量。见陈定辉《老党"九大"新政解读》，打印稿，2011 年 4 月。

③ "一、二、三、四、五、六"发展方略："一"就是以经济发展为中心；"二"就是实施"经济社会发展与保卫祖国两大战略任务"相结合；"三"即实施北、中、南三个区域发展战略同步进行；"四"即实现经济社会"四大"发展目标；"五"即坚持五项发展方针；"六"即实现六项宏观经济指标。见陈定辉《老党"九大"新政解读》，打印稿，2011 年 4 月。

了反腐败问题，通过了反贪污腐败条例。1993 年 6 月成立了中央反贪污委员会并在各省设立了相应的反贪机构。1996 年党的"六大"和 2001 年党的"七大"都强调，对有贪污、受贿、以权谋私行为的干部要坚决进行纪律处分或依照法律处置，保持党的纯洁性，提高党在人民民主政治制度的核心领导作用，加强人民群众对党的信任。2003 年，老挝人民革命党七届六中全会罢免了有严重经济问题的波乔、甘蒙两省的省委书记兼省长。为加大反腐力度，国家监察局起草了一份要求政府申报财产和收入的总理令，以推动反腐败工作。① 尽管反腐工作步履维艰，但老挝党和政府的决心却依然坚定。2010 年 12 月举行的老挝六届国会第十次会议期间，在距离其本届政府任期届满尚有近半年之际，一度成为老党耀眼政治明星的政府总理波松·布帕万突然向国会提交辞呈，引起国际舆论众多猜测。尽管老挝党和政府没有公开其辞职原因，《万象时报》也仅用"家庭原因"几个字提及，但是坊间的各种分析认为腐败是其被迫提前辞职的主要原因。政府总理波松落马，充分体现了老党反对腐败、改善党的形象的决心。

通过持之以恒地推进党的组织建设和作风建设，老党的执政地位和执政能力不断得到改善，老党队伍不断扩大，党员人数从 1996 年"六大"时的78 万人增加到 2001 年"七大"时的 103 万人，再增加到 2006 年"八大"时的 149 万人。至 2011 年老党召开"九大"时，老挝人民革命党已经发展成为一个拥有 200 多万名党员的生机勃勃的强大的执政党。

2. 关于对国家权力机关的改革和调整

作为老挝政治革新的另一项主要内容，就是在老党领导下，对包括立法和行政机关在内的国家权力机关所进行的改革。

在立法机关的改革方面，进入新世纪以来，老党继续稳妥地推进国会工作的革新，主要集中在强化国会代表的政治素质和能力水平等方面。2001年的老党"七大"提出，要提高国会的地位和作用，提高国会代表的政治素质和知识能力水平。但必须指出的是，与越南"老大哥"相比，老挝在国会工作的改革方面力度并不大。譬如越南国会早已在推行"质询制"和"专职国会代表制"等，老挝则还没有大的动作。

在行政体制改革方面，老挝的改革重点放在转变政府职能和行政机构的改革等方面，即对过去那种政企不分、以政代企、机构臃肿、效率低下的政府管理体制进行改革和调整。在政府职能转变问题上，主要是改革从前政府对经济调控的直接干预，通过健全的法律、政策体系和其他配套管理手段，

---

① *Inspectors want civil servants to declare their wealth*, vientianetimes. June 08, 2010.

加强对国家经济的宏观管理。例如，在农业管理上，老挝政府通过《国家农林业发展规划》《老挝土地税法》《老挝土地法》等政策和法规对农业和农村的发展进行引导和调控，农民依法对土地拥有经营权、转让权、继承权和出售权，而政府则按照土地的多少和优劣征收农业税。在政府与企业的关系问题上，老挝实行政企分开的改革，使企业真正成为市场竞争的主体。在理论上，老挝继续强调必须分清政府和企业的两种职能，减少或废止国家机关对企业的干预，实行企业的自主经营。进入新世纪以后，着重继续巩固和完善前期的改革成果，进一步深化政企分开的改革，除了具有"战略性"的国有企业外，多数国有企业都实行了"私营化"。目前，企业的经营管理已经完全走向市场，政府只对其收取所得税和经营税。在政府机构的改革方面，主要是根据精兵简政、提高办事效率的原则，对政府机构进行了改革和调整，将中央部委从 1986 年的 42 个减为 2002 年的 13 个。[①]

3. 关于法制的改革与建设

老挝人民革命党在推进民主政治建设和经济革新的进程中，比较重视法制建设。1991 年颁布的老挝人民民主共和国宪法规定，"国家政权以宪法和法律治理国家。党和国家的各部门、各群众团体、各社会组织和各阶层人民都必须在宪法和法律的范围内进行活动"。进入新世纪以来，老党一再强调，人民的权利要以权威的依法管理得到保证，要建设一个遵守宪法，依法行政的，真正来自群众，依靠群众，一切为了群众的政府。为此，老党继续大力度推进法制建设，相继制定并不断完善了一大批法律法规，使得老挝在党和国家的治理方面有法可依，走上了法制化的轨道。

（二）新世纪以来老挝经济革新的主要实践

根据老党中央关于当前老挝仍然处于"向社会主义过渡的初级阶段"，主要政治社会矛盾仍然是先进的生产关系与落后的生产力之间的矛盾，调动一切积极因素发展生产力，促进经济发展是今后相当一个时期的主要任务的理论，进入新世纪以后，老挝党和政府对老挝的革新开放进一步作了认真反思，对老挝国情的认识进行了重新定位。在经济方面，承认老挝仍然是世界上最贫穷的国家之一，贫困面广，贫困家庭仍占全部家庭的 28.7%。整个国家的产业结构落后，虽然经过五个五年计划的发展，2001—2005 年的"五五"计划期间纵向比较经济已有很大发展，但至 2005 年农业占 GDP 的比重仍然高达 45.4%，工业仅占 28.2%。与此同时，农业也占用了大部分

---

① 崔桂田：《越、老、朝、古四国政治体制改革的主张与进展》，《当代世界社会主义问题》2005 年第 3 期。

的劳动力，所占比重高达 76.6%。在"六五"计划期间（2006—2010 年）安置的 65.2 万名劳动力中，仅农林业就安置了 40.6 万名，约占 62%。然而相对工业和服务业来说，农业发展则是滞后的。"五五"期间，工业平均每年增长 11.3%，服务业增长 6.7%，而农业的增长仅为 3.4%。同时，国家对农业的投资也很低，"五五"期间外来的总投资额中，工业占 69%，服务业占 27%，而农业仅占 4%。并且，农业产品的商业化也没有得到政策的长期保障。

　　针对上述情况，老挝党和政府根据老党中央的既定方针，在确保政治社会稳定的前提下，将发展经济作为转型与发展的首要任务加以贯彻执行，进入新世纪以来经济发展进入了持续高速发展期，取得了可喜成绩。与东南亚其他国家比较，我们可更清楚地看到这一点。例如 2001—2005 年 GDP 年增长率：柬埔寨为 5.3%、印度尼西亚为 3.5%、马来西亚为 3%、菲律宾为 3.9%、泰国为 4%、越南为 7.5%，老挝是 6.2%，可以看出老挝经济发展速度是相对较快的，仅次于越南。从人均 GDP 来看，也反映政策调整后老挝经济发展的成就。1985 年老挝人均 GDP 是 114 美元；1994 年增至 211 美元；1995 年为 380 美元；2000 年为 350 美元；2005 年为 490 美元。再以农业的发展为例：1990 年生产大米 150 万吨；2000 年 250 万吨；2005 年 260万吨，这一年人均粮食约 316 公斤大米。现在老挝的粮食不仅自给自足，而且有所剩余。至 2005 年，全国有 45% 的家庭用上电，64% 的家庭喝上干净水；80% 的县和 60% 的村庄通了电话。

　　第六个五年计划期间，老挝经济继续保持了持续高速发展的态势。虽然从 2008 年起先后遭遇美国次贷危机及欧洲主权债务危机持久而深远的影响，世界经济一直处于低迷状态，邻国越南这样的新型市场也未能幸免，但老挝却能够独善其身，继续保持高速发展态势，成为东南亚经济发展中一颗闪亮的星星。

　　上述经济发展的成果，使得老挝党在 2006 年 3 月的"八大"上，更加充满信心地宣布，根据国际国内环境，到 2020 年必须摆脱国家欠发达状况，人均收入较 2006 年提高 3 倍。老党"八大"强调，2006—2010 年是奠定今后发展基础的重要时期，必须努力保证国家政治稳定，实现国民经济年均增长 7.5% 的目标；到 2010 年人均年收入达 800 美元，人民物质文化生活水平进一步改善。① 资料显示，老党"八大"定下的经济发展目标是达到了：

———————————

　　① 王蓉霞：《国际关系视角下老挝选择社会主义制度的必然性》，《中北大学学报》（社会科学版）2010 年第 3 期。

2006 年，老挝实际经济增长率达到 8.7%，2007 年为 7.8%，2008 年 7.2%，2009 年 7.6%，2010 年 7.7%。[1] 到 2009 年，老挝人均 GDP 已经达到 910.5 美元，[2] 2012 年已经突破 1000 美元。

综观老挝革新开放的基本经验，我们认为最突出的一点就是，在革新开放、调整经济结构的过程中，老挝坦然面对现实，承认落后并奋起直追。在学习借鉴其他国家成功经验的同时，也结合本国特点制定并实施了多项经济发展策略：一是大力吸引外资。1994 年 4 月至今，老挝多次修改外国投资法，以更为优惠的政策吸引外商投资，譬如允许外资企业汇出所获利润、外商可在老挝建独资或合资企业、头 5 年不向外资企业征税等优惠政策。仅 2010 年，老挝吸引外商投资合同金额就达到 16.41 亿美元，超过计划 64%。二是重视经济特区建设。2003 年以来，老挝政府已经批准了 3 个经济特区和 2 个经济专区项目，还有 14 个经济特区和专区正在审批之中。三是全面推进对外贸易、产品生产和进出口管理、过境贸易服务、市场开发和商品管理、人才开发和行政管理 6 大贸易战略。四是加强区域经济合作。在立足东盟、融入亚洲理念的指导下，老挝近年来重视发展与东盟国家、亚洲国家和地区之间的经济合作，特别是在吸引投资、基础设施建设、进出口贸易、人力资源开发、高新科技发展等领域广泛受益。五是积极发展环保型的新兴产业。其中旅游业发展最为快速，2000 年以来，外国游客人数年均增长 25%，2011 年接待外国游客达到 295 万人次。老挝"七五"规划（2011—2015 年）的宏观目标是：国民经济快速、稳定、持续发展，达到联合国千年发展目标，主动融入地区和国际经济体系，争取早日加入世界贸易组织，并到 2015 年完全加入东盟自由贸易区，为 2020 年摆脱最不发达状态夯实经济基础。各项主要经济指标为：国内生产总值年均增长 8% 以上，财政赤字控制在 3%—5% 的水平，国家外汇储备每年增长 3%—5%；5 年吸引投资总额不低于 150 亿美元，其中外国直接投资占 50%—56%；出口年均增长 18%，进口年均增长 8%；保证 104 万公顷农田生产，农田水利灌溉面积 2015 年达到 30 万公顷，年均生产大米 420 万吨，森林覆盖率达到 65%；年均接待外国游客 280 万人次，创汇 3.5 亿美元；贫困人口比例降至 19%；到 2015 年，人均国内生产总值达到 1700 美元。从这些主要的经济指标中不难看出，老挝对实现 2020 年前消除贫困、摆脱世界最不发达国家状态的大目标充满

---

[1] The Economist Intelligence Unit, *Country Report*：Laos 2012.

[2] Selected basic ASEAN indicators as of 15 February 2011. 参见 http：//www.aseansec.org/stat/Table 1.xls，2012 年 1 月 10 日。

信心。

（三）新世纪以来老挝社会革新的主要实践

进入新世纪以来，老挝党和政府将发展经济、改善民生作为创建和谐社会的主要抓手，继续坚持以新的理念和思维方式处理以党群干群关系问题、民族问题、宗教问题为核心的社会问题，根据国内外形势的新发展逐渐调整了社会关系，创造了一种和谐稳定的社会环境。如今的老挝，政治稳定、社会和谐，经济持续高速发展，人民安居乐业，社会建设成果功不可没，主要体现在教育、公共福利、就业、新闻和脱贫等民生事业的发展方面。

在教育事业的发展方面，老挝的儿童入学率已经由 2001 年的 79% 提高到 2005 年的 84.2%，初中入学率由 46.6% 提高到 54.8%，高中入学率提高了 11.8%。在 2005 年联合国开发计划署公布的人文发展指数中，老挝的排名由 1993 年在 173 个国家中排名第 141 位，上升到 2005 年在 177 个国家中名列第 133 位。2006 年以来，老挝的教育事业继续快速发展，至 2011 年老党"九大"召开时，各项教育发展指标都有大的提高。

与此同时，老挝人民的精神文化生活也得到党和国家的高度重视，文化设施建设投入大幅度增加，大众文化事业蓬勃发展。老挝信息与文化部艺术司所属的各类表演艺术团体已经达到 33 个，2006 年进行的各类表演达到 4260 场次，参加演出的人员累计达到 20340 人。[1] 截至 2005 年，全国已经建立了 85 个文化村，人民的精神文化生活得到了很大丰富。

在脱贫尤其是促进边远民族地区经济社会发展方面，老挝党和政府做了大量工作，取得明显成效。为了使全国人民都能够享受革新开放带来的发展成果，进入新世纪以来，老挝党和政府不断加大脱贫工作力度。2001 年时，老挝全国还有 30 万个家庭挣扎在贫困线上，到 2005 年时，党和政府共解决了 13.75 万个家庭的生活困难，使贫困家庭数大幅度下降至 28.7%。至 2011 年，全国家庭贫困率已从 2002 年的 20.4% 下降至 18.7%。[2]

为充分体现社会的公平与正义，老挝党和政府在努力发展经济，让全国人民更多地分享革新开放成果的同时，也不断加大党员干部队伍的建设，改善党群干群关系。面对严重的政府官员的贪污腐败问题，老挝人民革命党发誓要采取措施严厉打击。2007 年 4 月，老挝国家副主席本扬·沃拉芝（Bounyang Vorachit）公开要求媒体在反对贪污腐败等"危险问题"中应该发挥积极作用。7 月初在国会开会期间，波松总理又号召要铲除政府官员的

---

①　http://www.culturalprofiles.net.laos/Units/377.html.
②　王士录主编：《东南亚报告（2011—2012）》，云南大学出版社 2012 年版，第 65 页。

"贪污和奢华"行为。因为在调查中发现，官员收受各类"赞助"以及小数额的贪污行为在老挝官场比较普遍，对老党和政府的形象造成了消极影响。此外，老挝政府还决定逐步提升公务员的工资待遇，通过改善公务员待遇以遏制贪污腐败蔓延的势头。[①] 经过多年的整治，党员干部队伍中贪污腐败案件高发的势头得到了遏制，党群干群关系有所改善。

四　改革与转型为老挝经济社会的发展提供重要动力

改革与转型是老挝经济社会发展的不竭动力。如前所述，进入新世纪以来，老挝在政治经济的改革与转型方面作出了很大努力，取得了积极进展。而改革与转型作为一种重要的动力，也有力地促进了老挝经济社会的发展。老挝党和政府也不断对其革新开放的成就进行总结和归纳，以便激励全党全国人民继续为国家的繁荣富强而奋斗。

（一）经济发展：改革与转型的新进展有力地促进了老挝经济实力的提升

进入新世纪以来，改革与转型对老挝经济实力的提升的促进，主要体现在以下四个方面：

一是经济增长率较高，国内生产总值大幅度增加。

进入新世纪以前，老挝经济在大部分年份处于低增长、高通胀状态。进入新世纪以后，老挝经济进入持续高速增长轨道，从老党"七大"以来的10 年间，老挝经济增长率年均达到7% 以上。其中，老党"八大"至"九大"的五年间，经济增长率分别如下：2007 年增速为 7.8%，2008 年为7.2%，2009 年为 7.6%，2010 年为 7.7%，2011 年约为 8.3%。

在国内生产总值方面，进入新世纪前的 1992 年，老挝的国内生产总值仅为 12 亿美元，1996 年增加到 19 亿美元，2007 年增加到 41 亿美元，2008年达到 51 亿美元，2009 年 57 亿美元，2010 年达到 64.8 亿美元，2011 年达到约 70 亿美元；人均国内生产总值突破 1000 美元，达到 1030 美元；

二是对外贸易总额大幅度增加。

1992 年，老挝的进出口总值仅为 3 亿美元，其中出口 1 亿美元，进口 2亿美元；1996 年增加到 9 亿美元，其中出口 4 亿美元，进口约 5 亿美元。进入新世纪以后，随着老挝对外开放的不断扩大和深入，对外贸易快速发展。2007 年，老挝的进出口总额达到 19.88 亿美元，其中出口 9.23 亿美

---

① 王士录：《东南亚报告（2007—2008）》，云南大学出版社 2008 年版，第 85 页。

元，进口 10.65 亿美元；2008 年进出口总额为 24.9 亿美元，其中出口 10.85 亿美元，进口 14.05 亿美元；2009 年进出口总额为 23.58 亿美元，其中出口 10.31 亿美元，进口 13.27 亿美元；2010 年进出口总值猛增至 34.6 亿美元，增幅达 57.99%。

三是外汇储备大幅度增加。

1992 年，老挝的外汇储备仅为 0.4 亿美元，1996 年更是减少到 0.2 亿美元。进入新世纪以后，外汇储备开始大幅度增加。2007 年，老挝的外汇储备达到 5.33 亿美元，2008 年增加到 6.29 亿美元，2009 年达到 7.03 亿美元。[①] 目前，老挝的外汇储备已经接近 10 亿美元。

四是引进和利用外资大幅度增加。

20 世纪 80 年代以来，与越南和柬埔寨一样，老挝在长期的战乱之后百废待兴，在其革新开放的大背景下，出台了具有吸引力的外资法，外商投资老挝热情持续高涨，成为推动经济发展的重要引擎。1997 年亚洲金融危机后，老挝实际利用外资一度下降，其中 2000 年下降最大，与 1995 年相比出现约 3% 的负增长。进入新世纪后，老挝利用外资开始大幅度增长。2001 年 3 月老挝颁布更为优惠的外资法实施细则后，增长更为显著，2005 年出现外资增长高达 70% 以上、协议投资金额达到 25 亿美元的高潮。2006 年至 2009 年老挝外资增长达到高峰期，三年内吸引外资 67 亿美元。在 1990—2009 年的 10 年内，老挝共吸引外资 124 亿美元，项目共 1557 个。其中泰国 330 个项目，投资额 48.06 亿美元；越南 178 个项目，金额 21 亿美元；中国 306 个项目，金额 12 亿美元；法国 119 个项目，金额 11.7 亿美元；韩国 163 个项目，金额 5 亿美元；马来西亚 49 个项目，金额 4.6 亿美元；日本 50 个项目，金额 4.35 亿美元；印度 8 个项目，金额 3.52 亿美元；澳大利亚 51 个项目，金额 3.5 亿美元；美国 48 个项目，金额 1.97 亿美元；其他 225 个项目，金额 8.29 亿美元。[②] 2010 年，老挝引进外资继续保持高速增长，全年共批准投资项目 300 项，协议投资金额 16 亿美元，其中国内投资占 15%，其余均为外商投资。[③]

（二）经济发展：革新开放的新进展有力地促进了老挝的基础设施建设

老挝的革新开放调整了生产关系，为其生产力的发展提供了强大动力。

①　The Economist Intelligence Unit , *Country Report*：*Laos*, 2011.

②　The Laos Department of Statistics of Ministry of Planning and Investment, *Statistical Year Book of Lao in* 2010, *Vientiane Capital*, *June2010*, pp. 77 – 80.

③　The Economist Intelligence Unit , *Country Report*：*Laos*, December 2011 .

进入新世纪以后，随着革新开放进程的推进和经济的快速发展，老挝的基础设施建设不断取得新进展。

在交通基础设施建设方面，老挝是内陆国家，没有出海口，交通运输主要依靠公路，其次是内河航运，再次是航空。老挝约有公路 4 万公里，以13 号公路为主干贯穿南北，连接各支线，沟通国内主要城镇，与邻国都有公路连接。进入新世纪以来，由于与国外实施了多个合作建路项目，老挝境内的公路状况加速改善，其中包括连接中国昆明和泰国曼谷的昆曼国际大通道。"六五"计划期间，公路建设增长 17%，从 33803 公里增长到 39568 公里，年均增长 4.6%，约 1824 公里，其中柏油路年均增长 7%，从 4582 公里增长为 4882 公里。铁路建设实现零的突破，于 2008 年建成并投入使用的老挝第一条铁路，全长 3.5 公里，从万象经跨湄公河大桥连接泰国廊开府。目前，建设从老挝磨丁至万象的高速铁路，已经列入老挝基础设施发展规划。在水运方面，从北到南贯穿全国的湄公河是老挝水运的大动脉。湄公河在老挝境内河段通航里程 1600 多公里，从万象北上琅勃拉邦至中国云南景洪，南下沙湾拿吉，全年可以通航。近几年老挝航空业发展较快，全国已有12 个机场，其中万象瓦岱机场、琅勃拉邦机场和巴色机场为国际机场，目前已经开辟万象—昆明、万象—曼谷、万象—清迈、万象—河内、万象—胡志明市、万象—金边、万象—暹粒、琅勃拉邦—清迈等多条国际航线。按照计划，"七五"期间，老挝将完成万象瓦岱国际机场改造项目，以便提升其档次。

在电力基础设施建设方面，截至 2010 年年底，老挝全国已有 27 座水电站，总装机容量 256.1 万千瓦，年发电 115.14 亿度。其中，在"六五"计划期间完成建设 5 座电站，装机 191.9 万千瓦，新增发电 80.22 亿度。截至2010 年年底，老挝全国共有输变电线路 29601 公里，其中 500 千伏高压输变电线路 138 公里，230 千伏输变电线路 406 公里，115 千伏输变电线路2061 公里。全国 98% 的县城、61% 的村寨和 72% 的家庭实现通电。按照老挝电力发展规划，到 2015 年供电率要达到 90%。目前老挝正在加紧筹备兴建 29 个新的发电站，到 2020 年电力出口将达到 8000 兆瓦；此外老挝政府已发给超过 130 家公司牌照，已发展 200 个发电项目。

在通信基础设施建设方面，老挝的邮电通信比较落后，但进入新世纪以来发展较快，"六五"期间年均增长 7.8%，占经济总量 4.6%。截至 2010年底，老挝全国共建设 13200 公里光缆，99 座电话交换中心，电话装机 360万门，其中固定电话 14.93 万门，移动电话 339 万门，电话覆盖率达到每百人 48 门。

根据《老挝 2020 年实现工业化，建成次区域大通道战略规划》，老挝政府将基础设施建设作为重中之重，予以优先发展。在陆路交通方面，将优先改善 9、8、12、18 号公路，提高 1 号、13 号公路等级；打通联贯越南的通道；修建沙湾拿吉、琅勃拉邦、会晒、甘蒙、巴蒙跨湄公河大桥以及 9、8、4、12、2、3 号公路沿线桥梁；努力推进万象北上至中国边境的铁路的建设。在水路交通方面，将加大力度整治老中边境上湄公河航道，改善和修建波乔省国际标准的码头；加强与越南的互联互通，推进对越南海港的使用。在航空方面，将在万象修建 1 个可以起降波音 747 客机的机场，在琅勃拉邦、沙湾拿吉、川圹、巴色各修建 1 个可以起降波音 737 飞机的机场；将在万赛县和昆帕平修建新机场；还将对南塔、波乔、乌多姆赛、沙耶武里四省可起降 75 座飞机的机场进行改造；对丰沙里、赛松本、华潘、腊哨、沙拉湾、阿速坡可起降 30 座飞机的机场进行改造。在邮电通信方面，将继续发展移动通信电话、公共电话及国际互联网系统，发展超短波系统，架设贯通南北的光缆系统。①

（三）社会进步：改革与转型的新进展有力地促进了老挝的公平与正义

进入新世纪以来，改革与转型的推进促进了老党高层执政理念的转变，使其更加注重解决经济转型中的民生和社会公平问题。重视民生、重视社会的公平正义，日益成为老挝党和政府的工作重心，党的文件不再空谈"民主"，空谈社会的"公平正义"，而是更加实在，措施更加具有可操作性。2006 年 3 月召开的老挝人民革命党第八次代表大会将革新开放 20 年来所取得的主要经验归纳为五条，其中第二条就是始终坚持了"依靠群众、发挥群众巨大力量、一切为了群众利益"的路线，并且把"提高人民生活水平、建设富强的国家"、"建设真正民有、民治、民享的政府"，以及"有效解决社会问题，建设精神文明与社会公正"等写入党的决议，列为未来党和政府的重点工作。② 2011 年 3 月召开的老党"九大"继续重视社会的公平正义，大会提出的总的方针口号强调将"继续引领国家迈向富强、带领人民实现富裕幸福、逐步建设团结、和睦、民主、公正和文明的社会"。③

在进入新世纪以来的 12 年中，老挝人民的物质生活和精神生活水平都

---

① 老挝政府：《老挝 2020 年实现工业化，建成次区域大通道战略规划草案》，2011 - 05 - 12 15：05：21 。华夏土地网：http：//bbs. hxland. com/forum. php? mod = viewthread&tid = 7456524& page = 1。

② 王璐瑶：《一次承前启后的大会——老挝人民革命党第八次全国代表大会侧记》，（中共中央对外联络部主办）《当代世界》2006 年第 5 期。

③ 陈定辉：《老党"九大"新政解读》，打印稿，2011 年 4 月。

有了显著的提高，老挝的 GDP 年均增长达到 7% 以上，人均 GDP 从 1985 年的 200 美元提高到 2000 年的约 350 美元，再增加到目前的近 1100 元；人均寿命也明显延长，从 1980 年的 50 岁增加到了 2005 年的 61 岁，再到目前的近 70 岁。卫生条件得到了很大改善，目前老挝全国有约 70% 的家庭用上了干净水。总之，老挝人民的生存权和发展权在很大程度上得到保证。

（四）社会进步：改革与转型的新进展有力地促进了老挝人民生活水平的提高

2002 年老挝政府"脱贫致富办公室"公布的数据显示，经过 15 年的革新开放，老挝全国贫困人口已经下降至 30%。虽然该办公室认为这一结果令人鼓舞，但也承认在许多山区贫困人口的比例仍然很高。据世界银行的统计，2002 年老挝的人均 GDP 仅 320 美元，有 45% 的人口处于温饱线以下。

进入新世纪以后，老挝党和政府进一步加大对民生的关注，努力促进经济发展，人民生活水平快速提高。经过 25 年的艰苦奋斗，老挝经济建设取得长足的进步。1991—1996 年，经济年均增长 7%；在安全度过 1997 年亚洲金融危机严重冲击后，2001—2006 年经济快速复苏，年均增长 6.8%；2006—2010 年，年均增长率更是高达 7.9%；人均 GDP 逐年提高，并在 2010 年达到 1030 美元。经济的增长在一定程度上缓解了就业的压力。"五五"期间（2001—2005 年），老挝共安置了 350 万—400 万人就业，并且对 10 万人进行了职业培训。入学率大幅度提高，其中小学入学率从 2001 年的 79% 提高到 2005 年的 84.12%，初中入学率从 46.16% 提高到 54.8%，高中入学率提高了 11.8%。生活条件得到了很大改善，有 67.2% 的家庭用上了干净水。[1] 2008 年，老挝病床数达到 7115 张，每千人中医务人员达到 12 人（其中医生 2 人）。2008 年，全国高等院校在校大学生达到 37796 人，教师 1271 人。[2] 人均寿命早在 2008 年就已达 65.2 岁，超过此前设定的在 2010 年实现人均寿命 63.5 岁的目标。[3] 2011 年，老挝人均寿命达到 67.5 岁，在世界各国人均寿命排行榜上列第 130 位，在 GMS 五国中仅次于越南的 75.2 岁和泰国的 74.1 岁。尤其是减少贫困的努力初显成效，得到了国际社会的赞许。2001 年，老挝的贫困家庭数达到 30 万个，到 2005 年已经减少到 13.75 万个。2010 年 12 月召开的老挝国会确定了老挝到 2015 年的减贫目标

① 潘岳：《老挝人民革命党第八次全国代表大会》，《当代世界社会主义问题》2006 年第 3 期。

② The Laos Department of Statistics of Ministry of Planning and Investment, *Statistical Year Book of Lao in 2010*, Vientiane Capital, June 2009, pp. 81—806.

③ 老挝卫生部长本梅·达拉洛：《老挝人均寿命达 65.2 岁》，新华网，2011 年 1 月 16 日。

是贫困率进一步下降到19%；贫困家庭从15%下将到11%，人均收入达到1700美元。① 但是，由于老挝基础条件较差，底子较薄，要实现上述目标，还必须付出艰苦的努力。根据老挝国家农村发展和减贫领导委员会的调查，2011年全国家庭数为1053337户，家庭贫困率高达18.7%。目前老挝仍有198678个贫困家庭和3175个贫困村，45个贫困县。② 这意味着要实现上述目标难度是很大的。

五　老挝转型与发展的前景

老挝的改革与转型，迄今已经走过了26个春秋，取得了举世瞩目的成绩。但是要进一步发展仍然面临着许多困难和问题。其中最主要的是：

1. 老挝人民革命党自身的建设还难以适应革新开放进一步深化，以及政治转型进一步推进的需要。党的建设要求在实际中还得不到全面的执行，在许多领域，党的执政能力还有待提高，一些党员和干部理想信念的退化影响到党和政府的形象，党的基层组织建设还没有达到预期的目标，爱国阵线等组织的力量还没有得到有效的发挥。

2. 一些政府执行部门缺乏责任意识，对法律、政策执行不力，从中央到地方缺乏有效的协调执行机制，从干部中抽调骨干下基层的方针还没有执行。

3. 宏观经济情况还不够平稳，削减贫困没有实现预期的目标，主要经济单位的经济活动没有实现其应有的经营效率和效益，农业多种经营方式还没有得到扩展，政府还缺乏对市场经济进行协调的机制和必要的法制机制，国有企业的改革进展缓慢，持续增长的债务没能得到有效纠正，防止诸如滥用职权、腐败等各种消极现象发生的措施还不够有力，在发展规划、财政金融和决策者之间还缺乏有效的协调。

4. 社会文化的发展缺乏必需的资源，在很多地方，人民得不到应有的教育和卫生服务，在城市家庭和乡村，树立社会正气、抵制消极社会现象的效果不能令人满意，法律和规章没有得到严格的执行。

总体上看，未来的改革与转型，老挝人民革命党仍然将继续坚持"有原则的全面革新路线"，老党对政治革新的领导不会放松。如前所述，老挝

---

① Govt needs to work harder on poverty reduction，http：//www. vientianetimes. org. la/FreeContent/Free_ Govt. htm.

② 王士录主编：《东南亚报告（2006—2007）》，云南大学出版社2007年版，第65页。

与越南国情极为相似，其未来的转型与发展总体上也应该是相似的。应当讲，迄今为止，老挝人民革命党在国内所面临的挑战要比越南共产党目前所面临的挑战小得多，从老党自身的利益和其所肩负的历史使命来看，老挝未来的转型与发展，只能在老挝人民革命党的领导下来进行，其政治改革只能是对现行"社会主义民主政治"的完善。因此，未来老挝的政治革新，空间似乎已经不大，结构性的、伤筋动骨的变革的可能性已经不大。未来的政治革新，在很大程度上只会是对此前革新内容的完善和充实。

在经济改革与转型方面，未来老挝在经济领域仍然将是对此前革新内容的完善和充实。在所有制结构、资源配置方式、分配方式，以及对外开放的体制机制和政策等方面的改革，迄今为止老挝都已经做了大量工作，能放开的都已经基本放开，因此进一步完善和充实经济革新的已有成果，将是未来老挝经济革新的主要任务，更进一步的、结构性改革的可能性不大。

第五章

新世纪以来柬埔寨的转型与发展

在大湄公河次区域五国中，越南的改革与转型具有一定的代表性。老挝的改革与转型受越南影响较大，可以说如出一辙。由于其独特的历史，柬埔寨的改革与转型则几经变更，走上了另外一条独特的道路。一方面，在所谓"金边政权"时期，柬埔寨的转型和改革也受前期越南改革与转型的影响，主要做法就是开放搞活；恢复货币流通，恢复自由市场，允许私营经济存在和发展；等等。1993 年恢复国内和平以后，柬埔寨迎来了真正意义上的改革与转型：在联合国驻柬临时权力机构的监督下，柬埔寨制定了新宪法，举行了多党民主选举。根据新宪法，柬埔寨实行君主立宪制下的多党民主政治体制和自由市场经济体制。然而，随着改革与转型的不断推进，柬埔寨的政治体制逐渐由君主立宪制下的多党民主制转向了事实上的"一党独大"的威权政治体制。另一方面，作为"后战乱国家"，柬埔寨政治经济转型的方式也明显不同于越南和老挝，越南和老挝的转型属于渐进式的"自我转型"，是其"内生动力"在起作用，而柬埔寨的转型则是全盘由外部移植，"是完全新的制度移植，也就是外力干预大于内部自觉的转型"。①

一 1993 年前柬埔寨的改革与转型：进展与问题

由于国情特殊，自独立以来，柬埔寨的政治经济转型几经周折，先后实行过六种不同类型的政治体制及与此相适应的经济体制：一是 1953 年以前的法国殖民统治政权及其殖民地经济体制；二是 1953—1970 年西哈努克亲王时期的君主立宪制及其混合经济体制；三是 1970—1975 年朗诺政权时期的共和制及其战时经济体制；四是 1975—1979 年红色高棉时期的一党专制政权及其极端共产主义经济体制；五是 1979—1993 年"金边政权"时期的

---

① 陈世伦：《柬埔寨经济结构之转型问题研究：以产业发展为例》，硕士学位论文，台湾成功大学，2003 年。

一党集权制及其社会主义计划经济体制；六是 1993 年以后的君主立宪制及其自由市场经济体制。可以说，经过近半个世纪的折腾，直至 1993 年柬埔寨才真正实现了向多党民主政治体制和市场经济体制的成功转型。

（一）柬埔寨改革与转型的原因与背景

柬埔寨是一个多灾多难的国家，近代以来，内忧外患频发，人民长期处于水深火热的煎熬之中。1953 年 11 月，在经历了长达 90 年（1863—1953年）的法国殖民统治（其间，1941 年 8 月至 1945 年 8 月的 4 年处于日本人的实际占领之下）之后，柬埔寨终于获得独立。但独立后的柬埔寨仍未能彻底摆脱内忧外患频发的宿命。独立以来直至 1993 年的 40 年间，柬埔寨先后经历了两次大规模的外国武装干涉和五次大规模的政权更迭，其政治经济发展模式变来变去，一直未能找到适合于柬埔寨自身发展的道路和模式。

表1　　　　　　　　独立以来柬埔寨法律、政治、经济体制的演变

时间	法制体系	政治体系	政治力量	经济体系
1953 年前	法国式民法与司法体系	受法国的殖民"保护"	由法国殖民者掌控	殖民式经济体系
1953—1970 年柬埔寨王国	法国式民法与司法体系	君主立宪制	由担任首相的西哈努克亲王掌控	先市场化后搞国有化
1970—1975 年高棉共和国	法国式民法与司法体系	共和制	由朗诺集团所掌控	市场、战时经济
1975—1979 年民主柬埔寨	法治体系遭到彻底破坏	原有的制度全部被废除，实行极端共产主义	由红色高棉所掌控	极"左"的"军事共产主义"经济
1979—1989 年柬埔寨人民共和国	亲越南模式	共产党中央委员会与地方分支	柬埔寨人民革命党	苏联式中央计划经济
1989—1993 年柬埔寨国	更大的经济权力	共产党中央委员会与地方分支	柬埔寨人民革命党	中央计划经济的自由化
1993 年起柬埔寨王国	法式民法混合实质习惯法	君主立宪制	人民党与奉辛比克党分享权力	向市场经济转型

资料来源：陈世伦译自 Cambodia Development Research Institute（CDRI）and Asia Development Bank, *Cambodia Enhancing Governance for Sustainable Development*, Phnom Penh, Cambodia: CDRI, April, 2000, p. 18。转自陈世伦《柬埔寨经济结构之转型问题研究：以产业发展为例》，硕士学位论文，台湾成功大学，2003 年。

1. 两次大规模的外来武装干涉

第一次外来武装干涉发生在 20 世纪 70 年代初期。1970 年 3 月 18 日，

乘西哈努克亲王出国访问之机，朗诺集团发动军事政变，夺取了政权，宣布建立"高棉共和国"。朗诺集团上台后，进一步投靠美国，引狼入室，很快使美国将侵越战争的战火扩大到柬埔寨，使国内政治斗争国际化。流亡国外的西哈努克亲王与红色高棉和柬埔寨国内一切拥护西哈努克的爱国人士结成广泛的统一战线，展开了抗击美国和朗诺——施里玛达集团的斗争，经过整整五年艰苦卓绝的斗争，柬埔寨人民终于取得了胜利，于1975年4月解放了柬埔寨。然而，政权落入了作为统一战线中主力的红色高棉之手。由于红色高棉上台后推行极"左"政策，柬埔寨和平发展的时机并未到来。

第二次外来武装干涉发生在20世纪70年代末期。1978年年底，红色高棉统治下的柬埔寨与越南的关系恶化，在愈演愈烈的一系列边界冲突之后，1979年初在因反抗红色高棉统治而逃亡越南的韩桑林、谢辛和洪森等人的引导下，越南大规模出兵柬埔寨，推翻了以波尔布特为首的红色高棉政权，扶持建立了以韩桑林为首的"柬埔寨人民共和国"（俗称"金边政权"）。此后，退入丛林的红色高棉军队与分别由西哈努克亲王和前首相宋双领导的武装派别再次结成统一战线，展开了长期的大规模"抗越救国斗争"。经过长达近10年的斗争，在国际社会的压力下，越军于80年代末期撤出柬埔寨，为柬埔寨问题的和平解决奠定了重要基础。然而由于红色高棉仍然作为一支拥有强大实力的武装派别而被排斥于国家主流之外，柬埔寨仍未能真正获得和平。

以上两次大规模的外来武装干涉，使柬埔寨人民遭受了长达23年的战乱煎熬。

2. 五次重大的政权更迭

自1953年11月独立至1993年大选的40年中，柬埔寨政局动乱频仍，政权更迭频繁，国家政治体制几经变更，国内政治斗争与国际政治斗争紧密交织，显得异常复杂、尖锐和激烈，给人民群众带来了深重的灾难。从政治体制来讲，其间大的政权更替就发生过5次，平均不到10年就发生一次。而且，绝大部分时间内，都是两个或者两个以上的政权并存。其间，在五次重大的政权更迭中，又包含了六次经济转型。

1953年以前的法国殖民统治和殖民地经济模式。

在1953年11月至1970年3月的16年间，柬埔寨实行的是君主立宪制。国家政治经济军事大权稳稳操控在西哈努克亲王手中。

1970年3月18日，由于不满西哈努克亲王的一系列对内对外政策，朗诺集团在美国支持下发动政变，推翻了西哈努克政权，宣布废除君主立宪制，建立"高棉共和国"。与此同时，流亡国外的西哈努克亲王则在北京宣布成立"柬埔寨王国民族团结政府"，建立起广泛的统一战线，展开反对朗诺集团和美国侵略者的斗争，从而形成了两个政权并存的局面。"高棉共和国"存在了 5 年零 1 个月后，于 1975 年 4 月被推翻，政权落入红色高棉之手。

1975 年 4 月红色高棉夺取政权后，于 1976 年 4 月宣布建立由柬埔寨共产党（俗称"红色高棉"）一党专政的"民主柬埔寨"政府，但仅仅存在了 4 年（1975—1978 年）就被柬埔寨人民革命党领导的"金边政权"所取代。

1979 年 2 月，柬埔寨人民革命党宣布建立"柬埔寨人民共和国"。与此同时，退入西部和西北部丛林的红色高棉与流亡海外的西哈努克亲王领导的"独立、中立、和平与合作民族联合阵线"和由前首相宋双领导的高棉民族解放阵线结成了统一战线，于 1982 年宣布成立"民主柬埔寨联合政府"，由西哈努克亲王任主席、乔森潘任副主席、宋双任总理。这样，柬埔寨又形成了民柬联合政府（1982—1993 年 5 月）与"金边政权"两个政权并存的局面。

1989 年，在越南宣布从柬埔寨撤军后，为适应国内外形势的新发展，迎接民族和解的到来，"金边政权"主动实施自我转型，将"柬埔寨人民革命党"更名为更加中性的"柬埔寨人民党"，将国名由"柬埔寨人民共和国"更名为"柬埔寨国"。1990 年 8 月，联合国安理会达成了全面政治解决柬埔寨问题的框架文件；9 月，组成了包括"金边政权"和三派抵抗力量共"四大"派别在内的"柬埔寨最高委员会"（1990 年 9 月至 1993 年 5 月）。这个委员会是向最终实现全面和平、在大选后建立新政府的过渡。

1993 年 5 月 23—25 日，在联合国的直接干预下，在红色高棉宣布退出大选的情况下，柬埔寨举行了大选。大选后，根据得票率，组成了以奉辛比克党主席拉那烈为第一首相，以人民党副主席洪森为第二首相的联合政府。根据新宪法，柬埔寨采用君主立宪制的政治体制，实行自由市场经济。① 从此，柬埔寨进入了向民主政治体制和自由市场经济体制转型后的完善和巩固期。

上述六次转型，可以再依其转型过程的剧烈程度，将其区分为"和平转型模式"和"武力转型模式"。其中，和平转型模式包括 1953 年的独立运动、1989 年金边政权的过渡转型，以及 1993 年的联合政府成立三个转型

① 关于独立以来柬埔寨政治经济体制的沿革，详细情况请参阅王士录《当代柬埔寨经济》，云南大学出版社 1999 年版，第 41—43 页。

点。武力转型模式则包括 1970 年 3 月的朗诺政变、1975 年 4 月的红色高棉解放运动、1979 年 1 月的越南出兵柬埔寨三个转型点。[①]

（二）柬埔寨的经济转型：从独立至 1979 年经济体制的演变

从经济体制与产业结构演进的角度来看，可以将近代以来柬埔寨的经济转型与发展的进程分为五个不同的阶段，即西哈努克亲王时期的混合型经济体制（20 世纪 70 年代以前）；朗诺时期的战时经济体制（1970 年至 1975年）；红色高棉时期的"军事共产主义"经济体制（1975 年至 1979 年）；"金边政权"时期的社会主义计划经济体制（1979 年至 1993 年）；1993 年君主立宪制确立以来的"自由市场经济体制"。

表 2　　　　　　　　独立以来柬埔寨经济体制转型情况

时间	经济力量	经济体制	转型起点
1953 年以前	由法国殖民者所掌控	殖民地经济	1953 年的独立
1953—1970 年柬埔寨王国	由担任首相的西哈努克亲王所掌控	混合型经济	1970 年的朗诺政变
1950—1975 年高棉共和国	由朗诺集团所控制	战时经济	1975 年柬埔寨共产党（红色高棉）的解放战争
1975—1979 年民主柬埔寨	由红色高棉所控制	极"左"的"军事共产主义"经济	1979 年越南出兵柬埔寨
1979—1989 年柬埔寨人民共和国	由柬埔寨人民革命党控制	苏联和越南的中央计划经济	1989 年越南撤军，改国名为柬埔寨国
1993—2012 年柬埔寨王国	由人民党和奉辛比克党分享权力	自由化市场经济	1993 年在联合国驻柬临时权力机构监督和主持下举行大选成立联合政府

资料来源：陈世伦：《柬埔寨经济结构转型问题研究：以产业发展为例》，硕士学位论文，台湾成功大学，2003 年，电子版，第 143 页。

1. 从殖民地经济向西哈努克时代混合经济的转型（1953—1970 年）

这一时期的转型起始于法国约 90 年的殖民统治，而终结于 1970 年朗诺政变。从经济体制上讲，这一时期经历了从封建经济过渡到殖民地经济，再到西哈努克亲王执政时期的混合经济体制的演进。

西哈努克执政初期（1953—1960 年），柬埔寨的经济体制大致延续了第二次世界大战后协助柬埔寨获得独立的英、美、法的自由经济模式。其间，在大量外来援助下，柬埔寨逐渐建立了简单的、小规模的工业与服务部门。

[①]　陈世伦：《柬埔寨经济结构之转型问题研究：以产业发展为例》，硕士学位论文，台湾成功大学，2003 年。

1960 年以后，在东西方的利益竞争下，加上为了稳定逐渐失衡的经济发展，西哈努克逐渐向社会主义倾斜，开始了一系列以"国有化"为手段的统制性经济的改革与发展。由于上述两个阶段的经济发展政策的制定来自于两种不同意识形态的理论基础，因此，一些西方学者将西哈努克执政的柬埔寨王国的经济制度归类为"混合经济制度"。然而，西哈努克的混合经济制度并未能解决柬埔寨经济发展的问题，相反，经济状况日益恶化，从而也激化了柬埔寨国内的政治矛盾。结果，在西哈努克政权的国有化政策中损失巨大的利益集团勾结由美国支持的军人首相朗诺及其一伙，乘机发动政变推翻了西哈努克，同时结束了柬埔寨从殖民时代以来的首轮经济增长。

2. 从朗诺时代的战时经济到红色高棉的极"左""军事共产主义"经济（1970—1979 年）

这一时期是柬埔寨经济发展最黑暗的十年，它不仅正式宣告柬埔寨在政治上进入武力冲突和对抗，而且在经济上更是开始了"从有到无"的负增长。这十年可以明确地划分为两个时期：一是朗诺政变后成立的高棉共和国时期（1970 年 3 月—1975 年 4 月），二是红色高棉主政的民主柬埔寨时期（1975 年 4 月—1979 年 1 月）。

在高棉共和国时期，整个过程基本上都处于战争状态，其经济秩序被彻底打乱，处于战时经济状态，国家经济的发展经历了"从失序到失控"的过程。原本以右派势力为主的新政治精英发动军事政变的动机来自西哈努克的"左倾"，同时也为宣示结束西哈努克执政下财富分配的扭曲、土地所有权集中的社会乱象；然而在政变之后，以支持西哈努克为名的高棉民族统一阵线结合前王国政府首相宋双所组织的武装力量同以波尔布特为首的柬埔寨共产党（俗称"红色高棉"）结成同盟，与朗诺指挥的、得到美国支持的共和国正规军展开斗争，而朗诺政权内部新的政治经济精英们则在统筹管理、运用西方国家阵营所提供的高达数十亿美元的经济援助的过程中，通过徇私舞弊、贪赃枉法等肮脏手段而成为新的财富阶级。结果，前王国政府时期留下的经济问题不但没有解决，战争、贪污腐败以及尚未来得及建立的所谓共和国的公共权力，使柬埔寨的经济发展从政变前的混乱、扭曲发展，转变为完全失控的战时经济，也给了原本处于地下等待时机的柬埔寨共产党联合西哈努克亲王等抵抗力量共同以武力反对朗诺集团，进而解放柬埔寨提供了一个难得的机会，朗诺政权最终于 1975 年 4 月被彻底埋葬，柬埔寨历史进入了红色高棉统治的"民主柬埔寨"时期。

在红色高棉执政的民主柬埔寨时期，柬埔寨经济则又经历了"从乱到失序"的战时经济再到"从失序到结构破坏"的经济全面崩溃的转变过程。

在这一阶段中，以波尔布特和乔森潘为首的红色高棉从教条主义的立场出发，不顾客观实际，不顾国情，超越了社会发展阶段，试图"跑步进入共产主义"，实施了一连串对原有经济制度进行解体和重组、对原有生活形态进行改革、对原有生产活动进行重组的极"左"的被称为"军事共产主义"的做法，[①] 不顾柬埔寨的国情，妄图在一夜之间就实现他们幻想中的"共产主义"。初期，在武力杀戮的威胁下，红色高棉取得了一些正面的经济发展，然而其后不到一年之内，伪造的经济生产数据、违反人性的新经济制度，加上失去原有经济秩序而陷入停顿的生产活动，使得红色高棉在面对越南军队和反叛的"柬埔寨民族团结救国阵线"对金边发动进攻之时显得不堪一击，1978 年底在仅仅 10 天的越军进攻之后就全面崩溃，同时也结束了红色高棉空前绝后的"共产主义经济试验"。

　　夺取政权不久后，红色高棉即展开了政权建设，构建具有其显著特色的政治体制。在尚未公开的柬埔寨共产党主导下，于 1975 年 12 月 14 日举行了一次国民大会，通过了新宪法草案。根据 1976 年 1 月 5 日颁布的《民主柬埔寨宪法》，"柬埔寨王国民族团结政府"正式改称"民主柬埔寨"。宪法规定，要在柬埔寨建立"一个具有真正幸福、和平、正义和民主，没有富人和穷人，没有剥削阶级和被剥削阶级的社会"。政治领导原则为"集体制"，而不像其他社会主义国家的"民主集中制"。宪法还规定："立法权属于……人民代表大会，其职权是'制定民主柬埔寨国内的法令和规定其他政治路线'。" 3 月下旬，柬埔寨开始了解放以后的第一次普选。柬共总书记沙洛特绍第一次以化名波尔布特与公众见面。4 月 11—13 日，选出的 250 名人大代表举行了第一次全体会议。会上选举了人大常委会，农谢当选为委员长，努则和波苏分别为第一、第二副委员长。代表大会经过讨论，任命了民主柬埔寨国家主席团：乔森潘任主席，索平和宁罗分别为第一和第二副主席。大会还任命了民主柬埔寨政府成员，其中波尔布特为总理，英萨利为负责外交的副总理，温威为负责经济的副总理，宋成为负责国防的副总理。

　　为巩固政权，建立其理想中的共产主义社会，红色高棉在夺取政权后采取了一系列非人道和违反常规的政策措施，其中主要包括：大规模杀戮、清空城市人口、取消货币、取消市场、消灭私有制，实行农业集体化，实行供给制等不可理喻的做法，不但使红色高棉经过长达 20 年奋斗所得来的胜利果实毁于一旦，而且将柬埔寨人民带入了灾难的深渊。

―――――――――――――

　　① 　Ben Kiernan, *Pol Pot and the Kampuchean Communist Movement*. Edited by Ben Kiernan and Chanthou Boua, *Peasants and Politics in Kampuchea 1942—1981*, London Zed Press, 1982. pp. 295 – 297.

　　所谓大规模杀戮，是指 1975—1978 年红色高棉统治时期柬埔寨人民的大量非正常死亡，虽然迄今为止在这个问题上仍然有不同的说法，但一般认为在 100 万至 200 万之间，而 100 万是一个可以接受的估计。然而对于一个当时人口在 700 万到 800 万之间的小国来说，即使 100 万也是一个难以想象的数字。死亡的主要原因，一是为"净化社会结构"，所谓"敌对分子"、"剥削阶级"的知识分子、殖民帮办、前政府官员大量遭到屠杀；[①] 二是在大规模人口迁徙和强制劳动中饿死、病死、累死；三是在逃亡途中因各种非正常原因死亡。据称，其中包括在柬埔寨的 2 万越南裔；43 万华裔死了21.5 万；1 万老挝裔死了 4000；2 万泰裔死了 8000；25 万伊斯兰教徒（占族人）死了 9 万。[②] 在红色高棉政权存在的三年中，这种大规模的人口迁移曾出现过三次高潮。第一次是 1975 年，主要是疏散城市人口。第二次是1976 年，主要是南部的人口迁往较富庶的西北部。第三次是 1978 年，主要是将受越南影响较深的东南部人口迁往西北部，以防越南的渗透。

　　在柬共领导人作出疏散城市人口决定的同时，还决定采取其他一系列社会改造的重大措施，其中包括废除货币和私有制，取消市场，实行供给制，实行农业集体化，取消宗教。革命胜利不到两个月，红色高棉就宣布消灭了私有制，把所有工厂、企业、商店、土地收归国有，只允许个人拥有日用品。在农村，按照前解放区的农业集体化办法，很快建立起了合作社和农村公社、新村。至 1976 年年初，柬埔寨全国实现了合作化。"由于大量人口集中于农村，又缺乏生活设施，合作社往往采取住集体宿舍、吃集体食堂的生活方式。统统没有平民生活，每个人都下到丛林和稻田，银行家、小店主以及流亡到城市的难民都概莫能外。"[③] 撤退到乡村的城市居民被严格编组，成为政经职能合一的农业合作社体制的一部分。大致情况是：起初以 10 家为一单位，稍后就转为作业队，其人数从 30 人到 100 人以上不等。最低一级的作业队总数是 33 人，由 3 个 10 人小组组成并配备三名领导："行动"领导，负责劳动力的组织和安排生产计划；"政治"领导则处理道德人伦与文化事务；"经济"领导负责作业队的物资供应，包括农具、食物和药品。三个如此规模的作业队往往又被合并成一个更大的作业队，同样配备三名执行上述任务的干部。依情况需要还可能编成更大规模的生产实体。比较典型

---

　　① Buckley, William, *What is Potism*, National Review, Vol. 49,（Sept. 29. 1997），p. 67.

　　② 程映虹：《以革命的名义——红色高棉大屠杀研究》，网络资料。

　　③ Craig Etcheson, *The Rise and Demise of Democratic Kampuchea*, Westview Press, Colorado in the United States of America, 1982, p. 144.

的"样板组"有 30 名、80 名和 1200 名临时工人。除了生产粮食的作业队
以外，还有专门制作布匹和农具的工匠组成的作业队，他们"以其剩余部
分与其他生产不同的日用品和农产品的组进行物物交换。"在转为作业队以
前，起初以 10 家为一生产单位的每个家庭，一般还可以通过在工作现场做
饭吃饭而保留原来家庭的意义。但不久之后食物开始改由作业队共同烹调，
队里每个成员要把他们的"经济"领导发给的口粮拿到公共饭堂。配给的
口粮数量多寡以每天完成的劳动指标计算，并且在"最基本的人均标准"
的基础上实行每日奖惩而上下浮动。公共食堂 1977 年年中在全国普遍建立。
它不仅成为国家垄断食品分配的基本形式，也是支配大多数作业队的主要
方式。①

　　与城市撤民和取消城市机制相伴生的民柬农业合作社实际上已成为一种
政经合一、城乡合一、半军事化管理的生产劳动体制和社会基本单位，具有
军事共产主义的浓厚色彩。对于红色高棉推行兵营式的社会主义，把城市居
民全部撤到农村，以农村合作社为单位，过兵营式的生活，共同劳动，共同
生活；废除商品、货币、工资，实行全民供给制等做法的目的，澳大利亚学
者本·基尔南（Ben Kiernan）深刻地指出，这不只是一种简单的经济含义，
更主要的是他们把集体劳动作为"党和国家极端化的思想政治教育的一个
重要环节"。正如其官方媒介所言："生产稻谷是非常重要的一课。城里人
从不知道什么是农业，不知道牛为何物，不知道收获是什么。我们课程的主
旨是实际的工作。实际的工作将提供经验，如果我们有了经验，伴以附加的
措施，它就会成为科学。"② 因此，对城市市民进行洗心革面的思想改造是
民柬城市撤民和组织农业作业队的重要的思想动因之一。在民柬领导人看
来，社会主义还是同消灭私有制的进程紧密联系在一起的，而金边作为全国
经济中心城市则是孕育私有制活力的最危险的温床。1975 年民柬《革命旗
帜》杂志就相当清楚地表明了这种看法，它认为，"如果我们留在金边，它
（即私有制）将还会具有很大的力量。当我们居住在农村时，可以肯定，比
之私营成分，我们更强有力，更具有影响。然而在金边我们或许会成为它们
的仆从，我们不允许它们留在金边，所以私有制已经没有力量"③。由此来
看，红色高棉从城市撤民并不是一个孤立的行动，它是和取消城市机制特别

---

① Edited by Ben Kiernan and Chanthou Boua, *Peasants and Politics in Kampuchea 1942—1981*, London Zed Press, 1982. pp. 321 – 323.

② Ben Kiernan, *Pol Pot and the Kampuchean Communist Movement*. Edited by Ben Kiernan and Chanthou Boua, *Peasants and Politics in Kampuchea 1942—1981*, London Zed Press, 1982. p. 242.

③ Ibid. , p. 244.

是取消与城市相联系的商品货币机制、建立党和政府高度集权控制的乡村社会体制等一系列社会行为联系在一起的，是柬共建国初期既定的政治路线，是其试图创造一种柬埔寨式的社会主义模式的尝试。

俗话说得好："欲速则不达。"由于红色高棉推行的是一种违背发展规律和人伦道德的做法，因此从其公开执政的第二年起，政治、社会尤其是经济状况每况愈下，上台不到四年便被推翻。尽管红色高棉统治柬埔寨时间很短，但其对柬埔寨经济社会发展的伤害，至今仍无法平复。

（三）在废墟上重建经济秩序：为向市场经济转型作前期试验（1979—1993 年）

1979 年 1 月，以韩桑林为首的柬埔寨人民革命党在越南军队的支持下推翻了红色高棉，宣布建立"柬埔寨人民共和国"（俗称"金边政权"），柬埔寨进入了一个新的历史时期。尽管"金边政权"一直未能统一全国，国内还存在着另外三个不同政治背景的武装派别，但其政权基础日益巩固，在各方面日益取得优势。这个号称"柬埔寨人民共和国"的"金边政权"在越南和苏联的支持下，控制了以金边为中心 70% 的土地和约 80% 的人口；政治上经过不断调整和清洗进一步得到巩固，经济逐步恢复，基本解决了粮食自给问题，经济生活逐渐趋于正常，军事上建立了一支约 6 万人的武装。[①] 垮而未灭的红色高棉则仍然拥有数万正规军，控制着西北部约 30% 的国土面积。另外一支以"柬埔寨独立、中立、和平与合作民族团结阵线"为名的武装力量支持流亡北京的西哈努克亲王，高峰时期兵力达到约 1.5 万人，在柬埔寨西部拥有很大的势力范围。而由前柬埔寨王国政府首相宋双所建立的"高棉民族解放阵线"也在农村地区活动，高峰时期兵力达到约 2 万人。[②] 尽管国际上多数国家都不承认由越南支持的"金边政权"，而由红色高棉与另外两派结成的联盟则得到大多数国家的承认，拥有在联合国的正式代表权，然而，"金边政权"却依赖所控制的经济、人口、产业、媒体等方面的优势尤其是越南的支持和其领导人的励精图治，逐渐扩大了势力范围，到 1986 年前后，"金边政权"已经逐步获得多数国家的外交承认，也在军事上逐步取得优势。因此，这一时期"柬埔寨人民共和国"即"金边政权"实际上主导了这一时期柬埔寨政治和经济体制转型与发展的基本面貌。

---

① 至 90 年代初，金边政府军已经发展到 10 多万人，由陆、海、空三军组成。见王士录编著《当代柬埔寨》，四川人民出版社 1994 年版，第 131 页。

② 王士录编著：《当代柬埔寨》，四川人民出版社 1994 年版，第 130 页。

在越南扶持下建立的"柬埔寨人民共和国"以由韩桑林等为首的柬埔寨人民革命党为核心，其政治和经济体制采用苏联和越南的模式，主要特征是政治上实行柬埔寨人民革命党一党集权制，行政体制上的政府实行部长会议制，即首相（或总理）称为"部长会议主席"；在经济体制上，实行中央集权的社会主义计划经济体制。

国际学术界一般认为，"金边政权"时期的经济转型可以明确地划分为两个时期：1979年夺取政权至1984年10月召开人民革命党第五次全国代表大会为第一个时期，即"经济结构修复期"；而1984年10月召开人民革命党第五次全国代表大会至1991年由联合国驻柬埔寨临时权力机构接管为第二个时期，即建立"以市场为基础的社会主义经济"的经济改革试验期，也就是向市场经济转型的逐渐开放的时期。[①]

1979—1984年间，金边政权逐步恢复了货币制度、市场交易、教育体系与重建遭到洗劫一空的金边市首都区，确立了社会主义的政治经济体系。首先废除了强迫劳役体制，将劳动力释放回正常的生活体系中，也重新登记土地使用和耕作权，在大量越南顾问的协助下，重新制定并公布法令规章，对私营部门的经济活动采取容忍态度，以弥补红色高棉时期强制取缔的非农经济结构的空白。1980年3月20日，货币瑞尔重新发行。1982年，柬埔寨的经济秩序逐渐稳定。

值得注意的是，鉴于红色高棉亡党亡国的前车之鉴，以及此时正处于国际形势剧变、冷战格局解体的前夜，中国的改革开放已经启动，越南、老挝等国向市场经济的转轨正在酝酿，因此"金边政权"建立伊始，即采取措施废止了红色高棉时期的极"左"政策，努力恢复政治、经济和社会秩序，对其所实行的社会主义计划经济体制下其他所有制经济尤其是私营经济的发展也采取了较为宽容的态度，并开始酝酿新的经济体制的改革与转型。

1984年2月，在越南的主导下，柬埔寨、老挝和越南三国领导人在越南胡志明市开会，会议决定三国同时从1986年起实施一个以改革为宗旨的五年经济建设计划。这一具有里程碑意义的会议，可以视为柬埔寨"金边政权"实施试验性经济改革的开始。本次会议之后，柬埔寨人民革命党中央政治局随即在同年7月27日通过了第247号决议，决定允许金边地区以家庭经济为单位的手工业扩大规模。之后，在10月底召开的人民革命党"五大"上决定进行柬埔寨国家经济的总体调控，使国家由"社会主义计划

---

　　① 陈世伦：《柬埔寨经济结构转型问题研究：以产业发展为例》，硕士学位论文，台湾成功大学，2003年，电子版，第95页。

经济"体制逐步向"以市场为基础的社会主义经济"调整，还决定以"一五"计划为蓝图，从所有权改革、市场制度建构、经贸自由化、引进和利用国外投资等方面着手，改善已经渐渐恢复的柬埔寨的经济秩序。① 同年11月，人民革命党在全国干部会议上正式决定全面"承认私有经济的地位"，以利于充分利用民间所有的资金、技术和劳动力，也有利于加强对走私活动与赋税的管理。② 从此，"金边政权"正式启动了经济改革与转型的进程。

总体上讲，在1979—1984年"金边政权"统治下的柬埔寨人民共和国实行的是社会主义计划经济体制，在计划经济体制下分别划分了国有经济、集体经济和家庭经济三种经济成分。三种经济成分也大致以产业部门为主轴，国有经济部门以需要较大规模资本、人力投入的农业经济和工业生产为主；集体经济指的是在广大农村地区的大规模初级产业，包括粮食生产、林牧渔业为主的生产合作组织；而家庭经济部门则是协助市场货物流通的服务部门，包括零售、民生需求、手工制品等小规模的家庭经济。这样多样化的经济部门形态不但迅速填补了红色高棉时期被破坏的经济结构，逐步恢复的政治、经济、社会秩序，也提高了对经济开放的需求。这一时期虽然在理论上仍然强调社会主义计划经济体制，但金边当局对于原属于非法的私有经济部门已明显采取默许态度，使得此时的柬埔寨经济得以不受意识形态的限制，市场秩序与产业结构迅速恢复和发展，从而迎来了内战末期柬埔寨经济的首次发展，进入柬埔寨经济市场化的初步阶段。

1984年年底"金边政权"统治下的柬埔寨正式启动了经济改革的进程，不但具有越、老、柬三国统一行动的有利的外部环境，也具有其政权日益巩固、内部政治经济环境日益改善的有利的内部环境。1984年12月，时任外交部部长的洪森接替病逝的姜西成为"金边政权"的总理，开始了柬埔寨一个新的时代。洪森执政之初即定下两大目标：一是"消灭红色高棉残存势力，并与境内的其他派系展开和谈"，其最主要的目标便是实现统一与民族和解；二是全面开展经济重建工作。洪森深知只有满足人民的基本生活需求才是主政者的重要责任，加上越南的协助，便于1986年正式开始了向市场经济转变的改革。1986年2月7日柬埔寨人民共和国第一届国会第十次会议通过《柬埔寨人民共和国宪法》，正式承认了私有经济的地位。此后，"金边政权"通过《外资法》，大力度招商引资，积极与西方及周边国家交

① 陈世伦：《柬埔寨经济结构转型问题研究：以产业发展为例》，硕士学位论文，台湾成功大学，2003年。

② 洪森：《柬埔寨十年——柬埔寨人民重建家园的艰辛记录》，第116—119页。

往，以寻求经济上的支持与政治上的承认，"金边政权"统治下的"柬埔寨人民共和国"的经济改革与发展日益引起国际社会的关注。在1986年2月通过宪法明确赋予私有经济、私有产权合法的地位后，"金边政权"对国际贸易、汇率自由化也逐步放开。但遗憾的是，"金边政权"的经济改革计划并未完全落实，主要原因在于1989年以后柬埔寨人民革命党政府将执政的重心转向推进政治整合和实现民族和解和国内和平方面，而于同年完全撤军的越南也无法继续公开对柬埔寨经济的转型提供技术指导，加上1991年联合国驻柬临时权力机构的进驻，架空了人民革命党金边政府的政策执行，从而使得这一阶段柬埔寨的经济转型步伐大幅度放慢。但不可否认的是，这一时期"金边政权"的经济改革不但为1993年及其以后柬埔寨政治经济的成功转型尤其是经济起飞做好了准备，同时也为"金边政权"原班人马主导柬埔寨的政治改革与转型奠定了重要基础。

二　颠覆性的政治体制变革：1993年后柬埔寨的政治改革与转型

1993年7月，在联合国监督和主持下，柬埔寨成功举行了大选，组成了统一的新政府，结束了长期的战乱。1993年11月，在红色高棉缺席的情况下，由柬埔寨王国国民议会通过了《柬埔寨王国宪法》。根据新宪法，柬埔寨系君主立宪制王国，实行多党自由民主制和自由市场经济，立法、司法、行政三权分离。国王是终身国家元首，在位但不当政。[①] 从此，柬埔寨从"金边政权"主导的一党集权制顺利转向了君主立宪制的多党民主制。必须特别指出的是，柬埔寨的这种政治转型既不同于越南和老挝的"自我完善的改良型转型"，也不同于罗马尼亚等东欧国家的暴力式转型。柬埔寨的这种政治转型虽然是一种颠覆性的政治变革，相对于之前的政治体制来讲是一种"另起炉灶"，但它并非通过暴力而是以和平方式实现的。也就是说，柬埔寨的政治转型是一种"外置型"而并非"内生型"的转型。

（一）1993年后柬埔寨政治改革与转型的理论构建

1993年柬埔寨的政治经济变革无论在理论上还是实践上，都有其自身的突出特点，特别是与同时代发生的越南和老挝的改革与转型可谓截然不同。

鉴于当时柬埔寨特殊的政治、社会和历史条件，1993年柬埔寨的政治

---

① 《柬埔寨王国宪法》，第二章第七条。

社会变革的流程截然不同。在一般情况下，是先组成制宪会议，制定一部宪法，然后再根据宪法的规定组织大选、组成议会，进而组成新政府。柬埔寨则是采取了一种被戏称为"先有儿子后有爹"的做法，即在超国家力量——联合国驻柬临时权力机构监督和主持下，先于 7 月举行大选，根据各参选政党在大选中所得票数组成新政府后，才于近两个月后的 9 月 21 日由立宪大会通过了新宪法，并在同年 11 月经过新产生的西哈努克国王的批准而生效。

　　特别值得注意的是，与"金边政权"时期试验性的"体制内经济转型"不同，1993 年以后柬埔寨的经济改革与转型也被称为"后冲突国家的政经体制重构模式"。① 也就是说，"金边政权"时期的经济转型是"内生型"的，即由"金边政权"在原有体制内，通过对自身经济体制的改革和完善而不是全盘否定来实现经济的转型，其所要建立的是柬埔寨人民革命党一党领导下的社会主义特色市场经济，其政治和经济体制并未发生本质的改变。而 1993 年及以后柬埔寨所发生的政治经济转型则不然，它是在外来势力即由英、美等西方国家居主导地位的联合国主导下，彻底打碎了柬埔寨原有的国家机器以后对柬埔寨政治经济体制的重构，是一种"另起炉灶"的、"外置型"的改革与转型。正如台湾学者陈世伦先生所指出的，1993 年，在外来势力的介入、协助与干预下，终结了柬埔寨内部的武力冲突、对立，并在外来势力提供的体制平台上进行体制内的竞争，从而将西方的多党民主竞争的政治体制和开放自由的经济体制移植到新的柬埔寨，从而使其实现了转型。

　　因此，无论从理论上还是从实际上看，1993 年以后柬埔寨政治经济的改革与转型与越南的改革与转型都截然不同。作为"后冲突国家的政经体制重构模式"，柬埔寨采纳的是全面废除旧有的政经体制，在超国家力量即联合国的主持与柬埔寨各界的妥协、同意下，将原有对立的柬埔寨政治经济精英、利益团体、社会大众重新置入新的制度体系之内。经过不断磨合，在政治体制上不断进行调整、修正，经济发展也始终能保持自由市场经济体制的根本结构，总体上维持了政治社会的稳定和经济的较快发展，其转型也得到了国际社会的正面的评价。②

　　时至今日，许多学者仍然对当时掌握着全国约 80% 国土面积并掌控着

---

① 陈世伦：《柬埔寨经济结构之转型问题研究：以产业发展为例》，硕士学位论文，台湾成功大学，2003 年。

② 同上。

全国12万各色武装力量中8万余正规军的柬埔寨人民党及其"金边政府"为何心甘情愿接受这一显然于己不利的变革疑惑不解。难道这个经历了13年艰苦斗争逐渐成长起来，拥有200多万名党员，控制了约80%国土面积和人口，拥有8万正规军、掌握着国家绝大多数资源的日益强大的政党也要像苏联和东欧国家的共产党一样，自我淘汰，自动解体，拱手交权吗？事实证明，这样的情况在柬埔寨并未发生，不像苏联东欧国家的共产党，柬埔寨人民革命党不是消极地面对而是积极主动地应对将要发生的重大历史转折。为了在新形势下求生存求发展，人民革命党领袖韩桑林、谢辛、洪森等人早就在进行事先的谋划和准备。为了在即将到来的重大历史转折中从容应对而不自乱方寸，人民党及其领袖们既进行了充分的理论准备，也在事前采取了一些重要具体措施，以便在这一重大历史转折中争取主动。

在措施方面，核心是强基固本，把握主导，具体做法有三条：

一是强化军力，以武力为后盾。在越南等国家的援助下，到1993年，人民党控制的正规军已经达到8万余人，而红色高棉等其余派别所拥有的武装仅仅有4万多人。1993年大转折后，通过其掌握的强大军队，经过1997年与奉辛比克党的军事摊牌和红色高棉军事力量的彻底瓦解，人民党终于将军队和警察完全控制在自己手里。控制了军队的人民党并不强调军队的政党属性，而是坚持军队属于国家，强调军队中立，反对任何政党建立自己的军队，但实际上这支军队从上到下仍由人民党牢牢控制。

二是为了迎合即将到来的大选，1989年"金边政权"主动将"柬埔寨人民共和国"更名为较为中性的"柬埔寨国"（the State of Cambodia）；1990年，执政的"人民革命委员会"又决定将人民革命党更名为"柬埔寨人民党"。

三是早在1991年，人民党就开始为国家转型作准备，在国家资产私有化过程中，将一批重点国有企业以私有形式控制在自己的手中。这些企业在1993年之后，成为人民党重要的资金来源。人民党是大选竞争中财源最雄厚的党。①

在理论的思考方面，以往大多数国际观察家乃至学者一般都认为，面对这场即将到来的重大变革，人民党及其领袖们似乎并无深入的思考，始终处于不得已而为之的被动应对局面。他们认为，1993年的大选以及大选以来的初期形势发展证明了这一点：人民党接受了自由、民主、多党制和君主立

---

① 邢和平：《第二柬埔寨王朝十年政治总结》，广西社会科学院东南亚研究所：《东南亚纵横》2003年第3期。

宪制度，承认市场经济制度……面对一夜之间柬埔寨发生的剧烈变化，人民党已经不再是共产党，柬埔寨社会发生了本质变化。但据资深柬埔寨问题研究者邢和平先生看来，人民党是有变化，但它只是根据柬埔寨的实际情况和国际形势的变化，调整了实现目标的途径，他们在党的组织建设方面与其他共产党依然有着共同语言。早在 1985 年，人民党就根据变化的国际形势和共产党国家开展改革开放的实践，重新认识柬埔寨的现状和未来并最终作出了战略性调整，采取了一系列政策措施，以迎接马上就要到来的新国家。①

　　按照邢和平先生的说法，1999 年他在翻译洪森的著作《柬埔寨 130 年》时专访了洪森，曾经向洪森提出一个问题：1993 年建立柬埔寨联合政府时，作为共产党的柬埔寨人民党，不但改变了党的名称，还放弃了柬埔寨原来的国名、国旗、国歌、宪法，柬埔寨变成了君主立宪制和多党民主制国家，这是否表示人民党放弃了原来的理想？洪森肯定地回答说，他和人民党并没有放弃原来的社会主义理想。他同时表示邢和平先生之所以有这种感觉，可能是《柬埔寨 130 年》没有收入论文的第三部分即《战争与和平并存条件下的柬埔寨人民民族民主革命》所致。鉴于 1991 年柬埔寨问题正处在政治解决的关键时刻，还没有到公开的时机。直到 2009 年，邢和平才看到这部分。这部分论文的内容显示，早在 1991 年洪森在越南共产党中央直属的阮爱国学院攻读政治学博士学位时写下的论文中，洪森就深入地研究和论述了柬埔寨革命的特殊性和复杂性，为人民党后来的发展及转型进行了充分的理论准备。该论文的理论核心是，柬埔寨的特定国情决定了柬埔寨实现社会主义将是一个漫长的历史过程，在此过程中，民族资产阶级不但不应该消灭，相反必须让其存在和发展，并在经济生活中扮演重要角色。无产阶级政党不应放弃对国家的领导权，要警惕和防止资产阶级随着其经济力量的壮大，逐渐取得干预和主导国家政治发展的地位。②

　　在洪森看来，就当时的情况来讲，政治解决柬埔寨问题是当务之急，而"政治解决是妥协"。只有妥协才能结束武力争端，才能实现和平的民族团结。而在实现"政治解决"后，各政党将停止军事对抗，在同一个社会范围内和平共处，展开竞争，这是人民党为实现和平和人民利益必须付出的代价。在这样的政治背景下，人民党的作用将与从前不同，它失去了独自领导

　　①　邢和平：《第二柬埔寨王朝十年政治总结》，广西社会科学院东南亚研究所：《东南亚纵横》2003 年第 3 期。
　　②　邢和平：《洪森关于柬埔寨人民民族民主革命的理论和实践》，广西社会科学院东南亚研究所：《东南亚纵横》2010 年第 9 期。

地位，将与其他政党展开竞争，按照政治解决协议，即便人民党继续掌握政权，其他政党也会作为合法政党继续存在。根据洪森的上述理论，人民党制定了柬埔寨"政治解决"后人民党的战略方针和目标：在多党制的竞争中，人民党将"不是从形式上主导国家，而是从实质上主导国家，由人民党制定和执行建设国家、结束过去残存的战争的各项政策"。[①] 自 1993 年实现民族和解与国家和平以来，人民党一直是按照这个既定方针和目标而努力奋斗的。事实上我们可以很清楚地看到，在今天的柬埔寨，不论是形式上，还是实质上都是人民党在主导国家。柬埔寨真正形成了君主立宪制的多党民主制架构下的一党独大的政治体制。按照洪森的这个基本理论观点，人民党在柬埔寨开拓了独具特色的发展道路，它不但推动了国家经济的长足发展，也将国家政权继续掌握在实质上的无产阶级手中。[②] 根据邢和平先生的观点，今天的柬埔寨，已经在形式上从人民党领导的社会主义国家，转变成君主立宪、多党民主、市场经济国家。人民党正主导着一个保皇势力强大、按照资本主义政治和经济规则运行、向社会民主理想发展的国家。这是今天柬埔寨的政治形态，一个当今世界少见的国家形态。[③]

建立一党独大的威权政治体制，必须有控制力很强的威权人物。洪森就是这样的人物。迄今他已经在柬埔寨政坛叱咤风云 35 年，其中任总理和首相 30 年，是当代柬埔寨名副其实的政治强人。首先，洪森具有统领人民党的超凡能力，虽然他只是人民党的副主席，但党的名誉主席、主席乃至全党都听他的；其次，洪森具有控制国家机器的超强能力，并成功地重建了国家经济；再次，洪森具有与王室打交道的能力，并具有丰富的党派斗争经验；最后，洪森还具有丰富的外交经验，是一位出色的外交家和国务活动家，他不但带领柬埔寨重新回归国际社会，活跃于地区和国际舞台，而且为柬埔寨争取了大量国际援助，加速了柬埔寨经济社会的复兴。

（二）君主立宪政体的确立与实施

1993 年 5 月，在联合国驻柬临时权力机构这个"外力"的主持和监督下，柬埔寨成功地举行了大选，组建了联合政府，颁布了新宪法，确立了君主立宪制的政治体制。这个具有划时代意义的重大事件，既标志着柬埔寨政

①　邢和平：《洪森谈人民党和他本人的执政经验——专访柬埔寨人民党副主席洪森》，广西社会科学院东南亚研究所：《东南亚纵横》2008 年第 6 期。

②　邢和平：《洪森关于柬埔寨人民民族民主革命的理论和实践》，广西社会科学院东南亚研究所：《东南亚纵横》2010 年第 9 期。

③　邢和平：《第二柬埔寨王朝十年政治总结》，广西社会科学院东南亚研究所：《东南亚纵横》2003 年第 3 期。

治、经济和社会从乱到治的开始，也标志着柬埔寨政治、经济和社会转型的正式起步。从政治转型的视角讲，柬埔寨从此开始了在君主立宪制的多党民主制下政治体制的重构。通过改革建立新型的政治体制成为战后柬埔寨的中心任务之一。

如前所述，从形式上看，柬埔寨的政治改革是一场从人民党一党制到君主立宪制的突变式的变革，几乎可以说是在一夜之间完成的，因为从 1993年 5 月底大选结束到 9 月 21 日联合政府成立，中间只有短短的不到 4 个月的过渡时间。但是，从实际运作的情况看，柬埔寨的政治改革又是一场渐进式的变革。因为柬埔寨转型是一个浩大的系统工程，涉及政治、经济和社会等方方面面，各种问题尤其是政治社会问题错综复杂，可谓积重难返。举行大选和组成新政府仅仅是改革和转型的开始。对于在国际社会干预下建立的君主立宪制的多党民主体制，包括人民党、奉辛比克党以及其他政党来说都是一个新生事物，都必须经历一个调整和适应的过程。因此，虽然确立了君主立宪政体，联合政府也如期成立，但实际运作难免要出现反复。因此，1993 年以后柬埔寨的政治改革与转型明显地可以划分为两个时期：1993 年至 1998 年第二届大选为由乱到治的时期；第二届大选至今为"一党独大"威权政治体制的形成和巩固时期。

柬埔寨虽然 1970 年以前实行君主立宪政体，但 1993 年再次恢复这种政体已经时隔 22 年，国际国内形势已经发生了天翻地覆的变化。因此这一新的政治体制的确立与巩固不可能一蹴而就，必然要经历一个调适与磨合的过程。事实上，在柬埔寨，君主立宪政体确立后，经历了长达近 10 年的政治动荡，付出了惨重的代价，通过不断调整和磨合，直至新世纪前后才逐渐趋于巩固。

柬埔寨的政治转型是随着 1993 年的大选及大选后王国政府的成立而正式开始的。

大选计票显示，奉辛比克党获得 45.47% 的选票，而人民党则获得38.22% 的选票，得票率落后于奉辛比克党 7.25% 。根据得票率，在国民议会 120 个议席中，奉辛比克党获得 58 席，人民党获得 51 席，宋双领导的自由民主佛教党获得 10 席。① 由于没有一个政党获得单独组阁权，组建奉辛比克党和人民党联合执政的政府就成为必然的选择。尽管作为保皇党的奉辛比克党以微弱多数领先人民党，但鉴于人民党强大的执政基础和所掌握的巨大资源，讨价还价的结果，联合政府的组成出现了戏剧性的结果：人民党主

---

① 王士录编著：《当代柬埔寨》，四川人民出版社 1994 年版，第 136 页。

席谢辛出任国民议会主席，奉辛比克党主席拉那烈王子出任第一首相，人民党副主席洪森出任第二首相。联合政府不但有两位首相，而且重要的部门也都设有两位部长，他们具有同等权力，两个政党都掌握着属于各自政党的武装，其中人民党的武装约占80%以上。这种奇特的权力结构，在世界上可谓绝无仅有，这为以后的柬埔寨政治混乱埋下了伏笔。

这种奇特的政府权力结构，其产生虽然有一定的合理性，它反映了柬埔寨人民希望和平、稳定的愿望，希望通过这样一种特殊的体制安排来弥合各党派之间的矛盾，但这种形式的联合政府实际运作起来弊端丛生。出于党派利益，联合政府中的两党总是同床异梦，相互掣肘，相互拆台和明争暗斗，谁也无法把精力放在国家的重建之上，结果是第一届联合政府政绩平平，一直在风雨飘摇中挣扎，险象环生。1994年中，奉辛比克党的高级干部桑兰西因"公开批评政府的政策和抨击政府的腐败现象"而被解除了联合政府财政部部长的职务。1995年5月，奉党又被迫将桑兰西清除出党，国民议会也罢免了他的议员资格。退出奉党的桑兰西随后组建了高棉民族党（简称"桑兰西党"）。柬埔寨政坛格局出现新变化。1995年，时任奉辛比克党秘书长、联合政府外交部部长的施里武亲王又被指控密谋策划暗杀洪森，从而遭到监禁，后被流放国外。较量中，处于第一大党的奉辛比克党逐渐被削弱。

日益激烈和残酷的党派斗争，不仅发生在联合政府内部，同时也发生在整个政治舞台之上，而且随着下一轮大选的日益临近而渐趋激烈，1997年达到白热化程度。

3月31日，桑兰西党组织示威群众在国会门外静坐，一颗手榴弹被扔进了示威人群中，当场炸死数人，桑兰西也被炸伤。事发后，因桑兰西暗指系人民党所为，结果遭到猛烈攻击并受到诽谤罪的指控，因而桑兰西被迫流亡国外，直至年底才返回国内。

愈演愈烈的争斗，终于引发了震惊国内外的"七月事件"。事件的直接起因是奉辛比克党和人民党争夺红色高棉残余武装的收编权，以及为赢得1998年大选而互挖墙脚。1993年红色高棉退出大选后，处境日益尴尬，1996年8月，又发生了波尔布特与三号人物、红色高棉外交部部长英萨利的公开分裂，英萨利率部向政府投诚。在英萨利投诚后，红色高棉内部的分裂进一步加剧，多数欲借机投向政府，各自都拥有武装的人民党和奉辛比克党为壮大自身力量，都加紧了对这些红色高棉残余武装的争夺。1997年7月2日，正当第一首相拉那烈即将与红色高棉残部达成受降协议时，忠于奉辛比克党的武装和忠于人民党的武装在金边以北30公里处发生冲突，5—6

日，两党武装在金边周围爆发更大规模的冲突，波成东国际机场和一些重要的政府办公大楼几经易手。结果，人民党控制的军队获得了最后胜利，并逐渐控制了柬埔寨的局势，拉那烈被迫流亡国外。事后，洪森以试图从西哈努克港偷运武器和勾结红色高棉的罪名，对拉那烈提起诉讼并缺席判处 30 年徒刑。多数奉辛比克党领导人也因受影响而逃往国外，奉辛比克党议员翁霍取代被罢免的拉那烈，被任命为第一首相。奉辛比克党控制的军队也被洪森的军队收编。进入 1998 年以后，人民党控制的政府军加强了对红色高棉残余武装的围剿。4 月 15 日，红色高棉最高领导人波尔布特病死，至 12 月，几乎所有残存的红色高棉武装都已宣布向政府投降并得到赦免。洪森瓦解红色高棉的目标最终得以实现。

"七月事件"导致奉辛比克党严重衰落，人民党的权力地位则进一步提升。在大局总体稳定的形势下，柬埔寨于 1998 年 3 月开始筹备第二届大选。大选前的形势对人民党特别有利，可以说是稳操胜券。据此，为赢得国际社会的好感，经洪森主动请求并经西哈努克国王下令赦免，拉那烈得以回国参加大选。7 月 26 日第二届大选的结果是，以洪森为代表的人民党获得 42% 的选票，在国民议会 122 个议席中占有 64 席；拉那烈领导的奉辛比克党获得 32% 的选票，占 43 席；桑兰西党获得 14% 的选票，占 15 席。人民党一跃成为国会第一大党，而奉辛比克党则沦为第二大党。尽管还没有获得三分之二的绝对多数，不能单独组阁（需获得至少 82 席才能单独组阁），但人民党在柬埔寨政治中的主导作用进一步增强，从第一届大选后的形式上的配角变为形式上和实际上的主角。

由于对大选结果不满，奉辛比克党和桑兰席党等反对派组织了大规模的示威活动，骚乱、打斗事件时有发生，随之而来的镇压使局势一度十分混乱，面临失控的危险。大选后数月仍未能组成新政府。紧要关头，在西哈努克国王的干预和调解下，最终达成妥协，反对党尤其是拉那烈不得不承认现实，同意继续与人民党合作，组成两党联合政府。新政府最终于 1999 年 1 月 23 日组成。讨价还价的结果是，内阁不再设两首相，由洪森作为唯一首相，拉那烈任国民议会主席。作为补偿，新组建由 61 名议员组成的参议院，原国会主席、人民党主席谢辛改任参议院主席，副主席则由奉党人员出任。内阁中的职位也相应地进行了分配：第一副首相由奉党人士出任；在 14 个部中，国防和内政两个关键部设双部长，由两党联合控制，其余各控制 6 个部。但事实上要害部门均操控在人民党之手，洪森领导的人民党基本控制了柬埔寨政局。① 洪森的权力地位进一步巩固，柬埔寨的政治改革与转型进一步朝向"一党独大"的威权政治方向发展。

（三）畸形发展：新世纪以来一党独大威权政治体制的形成

经过 1998 年大选，柬埔寨政治逐渐走向稳定，并且出现了一些比较明显的变化。两首相制经过一段时间的实践，最终被证明是一种失败的试验。在柬埔寨这样的国家，搞所谓绝对平等的民主政治是行不通的，建立有效的威权才能使民主政治秩序得以有效维护，没有一定的威权，政治和社会秩序必然要乱。

经 1998 年大选，在 1999 年 1 月组建第二届联合政府后，柬埔寨政治的发展以一种崭新的面貌进入了 21 世纪。这就是：君主立宪政体和多党民主制作为一件外衣被人民党很好地加以利用，洪森等人领导的人民党以君主立宪政体和多党民主政治之名，行一党独大威权政治之实，既保证了政治社会的稳定，又促进了经济的快速发展。洪森及其人民党卧薪尝胆进行角色转换，经过多年的努力，重新确立了对柬埔寨转型的主导地位，实现了在多党制竞争中，不但从形式上而且从实质上主导着国家，"由人民党制定和执行建设国家、结束过去残存的战争的各项政策"② 的愿望。

综观进入新世纪以来柬埔寨的政治发展，一个基本特点是，人民党越来越强大，洪森及其人民党的地位越来越巩固；反之，反对党则越来越弱小，在不断分化和重组中绝大多数反对党领袖都被斗得头破血流，身心疲惫，难以发挥作用。

回顾进入新世纪以来柬埔寨政党政治的发展，有两个趋势比较明显：一是三足鼎立政党架构的形成与瓦解；二是人民党"一党独大"威权政治的形成与发展。

1. 三足鼎立政党架构的形成与瓦解

自 1993 年至今，柬埔寨恢复和平，实施君主立宪的多党民主政治改革至今已经整整 20 年。其间，共经历了四次大选，其中进入新世纪前举行了两次大选，进入新世纪以来举行了两次大选（第五次大选于 2013 年 7 月举行）。

如果说进入新世纪以前柬埔寨的政治转型主要是在一种独特的社会政治

---

①　王士录主编：《2000 年东南亚发展报告》，云南省社会科学院东南亚研究所编印，2011 年 4 月，第 275—276 页。

②　邢和平：《洪森谈人民党和他本人的执政经验——专访柬埔寨人民党副主席洪森》，广西社会科学院东南亚研究所：《东南亚纵横》2008 年第 6 期。

背景下试行多党民主竞争的政治体制，使君主立宪制的政治体制逐渐走向成熟，并在激烈的多党政治斗争中重新确立了具有牢固政治社会基础的洪森及其人民党的统治地位的话，那么进入新世纪以后柬埔寨政治改革与转型的主要特征，则是人民党一党独大威权政治体制的形成与发展。

事实上，人民党一党独大威权政治的形成并非一朝一夕之事，在 1998 年洪森及其人民党基本稳定了柬埔寨政局以后，还经历了一个政党力量的消长即"三足鼎立"政治结构的形成与瓦解的过程。

如前所述，1993 年大选后，柬埔寨政坛形成了奉辛比克党与前执政党人民党联合执政的格局，当代柬埔寨政党政治的发展进入一个新的阶段。此后，柬埔寨又分别于 1998 年 7 月、2003 年 7 月和 2008 年 7 月举行了三次大选。尽管柬埔寨政坛风云多变，但每次都维持了人民党与奉辛比克党联合执政的局面。所不同的，一是两党的位次发生了变化，奉辛比克党由国民议会中的第一大党沦为第二大党。2008 年的第四届大选，奉辛比克党仅得 2 席，进一步退居第五，沦为一个小党，① 而人民党则获得国会 123 个议席中的 90 席，以绝对多数赢得胜利，牢牢控制了政府、军队和议会中的大权。② 二是原来位居第三的高棉自由民主佛教党逐渐衰落，而曾任第一届联合政府财金大臣的奉辛比克党高官桑兰西于 1995 年退出奉辛比克党后组建的高棉民族党（简称"桑兰西党"）则成为"后起之秀"，一跃而成为第三大政党和最主要的反对党，从而形成了柬埔寨政坛"三足鼎立"的政治架构。

从力学结构的原理来讲"三足鼎立"的"三足"互相支撑，互为存在的条件，是较为稳固的。柬埔寨政坛三足鼎立的政治架构自 1998 年至 2008 年，大体上维持了近 10 年，也有利于维持柬埔寨政治社会的稳定。其间，人民党、奉辛比克党和桑兰西党三大政党一直活跃于柬埔寨政坛，其他政党都显得无足轻重。而且一直都是人民党与奉辛比克党联合执政，桑兰西党成

① TheEconomist Intelligence Unit, *Country Report*：*Cambodia*, September 2008, p. 10.
② 1993 年的第一届大选，奉辛比克党获得国会 58 个议席（超过人民党的 51 席），成为国会第一大党，与人民党联合组阁，拉那烈成为联合政府中两首相的第一首相，而洪森为第二首相。1998 年的第二届大选，奉辛比克党获得国会 122 个议席中的 42 个议席而退居第二，人民党获得 64 席，跃居第一，两党联合组阁，洪森成为唯一首相，拉那烈任国会主席。2003 年的第三届大选，人民党获得国会 123 个议席中的 73 席，仍为第一大党，奉辛比克党虽仍位居第二，但仅获得 26 席，只比第三位的桑兰西党多 2 席，人民党和奉辛比克党继续联合组阁，虽然洪森仍任首相，拉那烈仍任国会主席，但许多要害职位都被人民党占据，奉辛比克党进一步大权旁落。2008 年的第四届大选，人民党获得国会 123 个议席中的 90 席，以绝对多数赢得胜利，奉辛比克党仅得 2 席，进一步退居第五，沦为一个小党。由于各方面的原因，完全可以单独组阁的人民党继续坚持与已经没有拉那烈的奉辛比克党这个"小伙伴"合作组建联合政府。

为反对党。而人民党与奉辛比克党虽然联合执政，但奉辛比克党却一直充当配角。形成并长期维持这种政党格局的主要原因，笔者认为有以下三个方面：

首先，这是由柬埔寨政党政治发展的特殊性所决定的，即它是由一党制转变为多党制的。在1993年柬埔寨实行政治转型即重新确立君主立宪制下的多党制之前，原先称为"柬埔寨人民革命党"的人民党已经独立经营柬埔寨近14年，建立了牢固的权力基础，其党员人数号称已达200多万人。①在新的形势下，柬埔寨重新选择多党制并不是另起炉灶，而是原来执政的人民党将部分权力和执政机会让渡出来，通过大选与其他政党分享。与人民党相比，其余参选政党的历史短暂、党员人数有限、影响不大：曾经一度作为第一大政党的奉辛比克党，从1989年算起，至1993年大选时才有4年历史，而其真正作为一个政党，是从1992年2月才开始的，参选时刚刚才一年。由于机制不全，基层组织体系还不完善，党员人数即便按照其过高的估计，充其量也不过10万人。当时的第三大政党即由宋双领导的高棉自由民主佛教党，作为一个政党的历史，是从1992年5月才开始的，至1993年大选时也才有一年的历史，党员人数不过万人，第一次大选后很快就衰落了。②即便在1993年大选后兴起并一直以第三大政党在柬埔寨政坛上产生了重大影响的桑兰西党，也只是一个"暴发户"，因为其根基不牢固，其活动范围仅限于城市。至于其他政党，基本上都是一些组织不健全、纲领不明确、影响十分有限，只是为了参与议会"分肥"而临时拼凑起来的政治团体，其中大多数在大选结束后便"土崩瓦解"。相较而言，除人民党外，只有奉辛比克党和桑兰西党更为成熟一些，规模更大一些，因而能产生持久的影响。

其次，三大政党代表了当今柬埔寨政治社会生活中的三大基本力量，有着较为深厚的基础。人民党有着成熟、严密的组织体系，控制着从中央到地方的绝大部分权力，尤其代表着军队和广大农民的利益。奉辛比克党则代表王室的利益，其多位高官都有着王室背景，一直得到在柬埔寨有着广泛影响的王室尤其是被尊称为"国父"的西哈努克明里暗里的庇护；其高官，包括拉那烈、施里武、夏卡朋等王室成员在与人民党的争斗中一旦失败而被追究刑事责任，最终都能够得到国王的赦免。桑兰西党则号称是柬埔寨新兴力

---

① Russell R. RossEdited, *Cambodia : a Country Study*, U. S. Government Printing Office, Third E-dition, First Printing 1990, pp. 215－220.

② 王士录：《当代柬埔寨》，四川人民出版社1994年版，第142—143页。

量（阶层）尤其是工人和知识分子的代表，并且有着广泛的"海外关系"，得到国外柬埔寨人以及西方的同情和支持。这三大政党各有其特定的政治社会基础，这是现今柬埔寨其他政党所不能比拟的。有鉴于此，无论政治风云如何变幻，上述三大政党尤其是奉辛比克党和桑兰西党都得以继续生存下来，并继续在柬埔寨政治舞台上发挥着作用。

最后，是主要执政党即人民党维持国家政治社会稳定和经济发展的需要。如前所述，在柬埔寨的现行政党架构中，最有影响的三大政党之间力量也是很悬殊的。人民党处于超强地位，势力最大而且又具有长期执政的经历和丰富的执政经验。尽管奉辛比克党由于有王室背景并常常得到国王庇护，其势力和影响仅次于人民党，而代表新兴力量的桑兰西党虽然长期处于在野地位，但仍然具有很大影响。尽管如此，人民党的势力和影响仍然远远大于上述两党，实际上处于"一党独大"状态。值得注意的是，尽管自 1998 年大选以来，奉辛比克党在国民议会中的议席一再下滑，2008 年已经沦为第五大政党，人民党完全可以单独组阁，或者联合其他政党组阁，但人民党却一直选择与奉辛比克党这个"老冤家"合作，组成联合政府。人民党之所以这样做，系出于多种考虑，而最关键的是，这样可以维护"以我为主"的局面，可以得到王室的合作，最终保持政局的稳定。从这一立场出发，人民党一直奉行与奉辛比克党联合执政的方针，即便赢得单独组阁的足够席位，其方针也未改变。为此，包括洪森在内的人民党领导人都曾经多次声称要与奉辛比克党进行"长期的"合作。[1]

三足鼎立的政党架构可以说是人民党的一种最佳选择，这样既装点了门面，又维护了自己的统治地位，还保持了社会政治的稳定，可谓"一石三鸟"。因此，我们可以说，三足鼎立实则一党独大的政治架构能够在柬埔寨得以长期维持是与处于超强地位的人民党所推行的政治战略分不开的，而且这样可以有效维持柬埔寨政治社会的稳定。

2. 三足鼎立政治架构的瓦解与"一党独大"威权政治格局的形成

值得注意的是，虽然进入新世纪以来至 2008 年大选，柬埔寨政坛一直维持了人民党、奉辛比克党、桑兰西党三足鼎立的基本政治结构，但其力量对比一直处于快速变化之中。其基本特点，一是人民党变得越来越强大，基本主导了柬埔寨政治的发展；奉辛比克党则越来越衰弱，并且最终在 2006 年年底发生分裂，党的创始人拉那烈被缺席罢免党主席职务，其在国家权力结构中的地位已经由第一届联合政府时的主角变为配角乃至人民党的陪衬和

---

① The Economist Intelligence Unit, *Country Report*: *Cambodia*, August 2005, p. 12.

"政治装饰品"。截至 2013 年新一届大选前，国会主席、参议院主席、内阁首相、军队主要职位、各主要部长职位均由人民党把持，国家大权基本上被人民党所操控。二是位居第三，处于在野党地位的桑兰西党发展较快，2003年第三次大选时，其影响已经超过奉辛比克党。三是政治舞台上分化组合加剧、异军突起的特点明显，人权党、拉那烈党等新政党跻身柬埔寨政治舞台，显示了较强的生命力，从而改变了柬埔寨"三足鼎立"的政党格局，进一步突出了人民党的地位，加速了一党独大威权政治格局的形成。

造成这种状况的原因，笔者认为主要有以下几个方面：

第一，这是处于超强地位的人民党对奉辛比克党和桑兰西党等反对党长期打压的结果。

打拉结合，以打为主，一直是人民党对待反对党尤其是其合作伙伴拉那烈及其奉辛比克党的政治战略。时至今日，在柬埔寨的多党政治中，尚未形成一种公开、公平、公正的平等竞争局面。为争夺权力，各政党之间常常不择手段互挖墙脚；每当大选临近，相互之间的争斗就日益激烈，最终达到白热化程度，由相互攻击、诋毁的"口水战"升级为暴力的打压，由"动口"演化为"动手"，枪击、爆炸等暗杀事件此起彼伏。而在这种异常残酷的斗争中，往往都是掌握着国家立法、司法、行政和军事大权等重要资源的人民党处于上风并最终获得胜利。在这种极不平等、极不对称的政治竞争中掌握强大资源的人民党地位越来越巩固而反对党则日益被削弱。但是，为了装点门面，为了以多党民主政治之名行一党独大威权政治之实，人民党又竭力维护与奉辛比克党的合作，即便拉那烈被开除出奉辛比克党后也是如此，甚至对在野党桑兰西党最终也能网开一面。

事实上，与奉辛比克党而不是与其他政党合作组建"一党独大的联合政府"而不是"一党政府"，一直是人民党尤其作为柬埔寨头号政治强人的洪森的施政战略。人民党需要奉辛比克党充当配角。洪森及其人民党深深懂得，没有奉辛比克党不行，奉辛比克党权力太大了也不行。人民党的领袖们对坚持与奉辛比克党合作做过多次宣示。2005 年年初，洪森在一次讲话中公开表示，"培育和保护"与奉辛比克党的联合"是绝对必要的"。同年 6 月，人民党主席、参议院主席谢辛也在人民党建党 54 周年纪念大会上的讲话中指出，人民党需要与奉辛比克党进行"长期合作，以便解决"国家面临的突出问题。[①] 但是，人民党又利用所掌握的国家机器不断对合作伙伴奉辛比克党和桑兰西党进行打击，以便削弱其影响力。在人民党的长期打压

---

① The Economist Intelligence Unit，*Country Report：Cambodia*，August 2005，p. 12.

下，虽然奉辛比克党领袖拉那烈和桑兰西党领袖桑兰西总体上被压服了，但其绝大多数部属并不服，结果导致奉党内部矛盾激化，广大党员、干部对拉那烈越来越不满，分裂倾向越来越突出。

第二，这也是拉那烈斗志锐减，对残酷的政治斗争失去信心，对奉党疏于管理，置党的命运于不顾的直接结果，也可以说是拉那烈自甘堕落的结果。

进入新世纪以后，拉那烈的斗志明显减弱，其主要表现，一是对洪森及其人民党转而采取了明显的让步乃至奉承态度，任其挖墙脚。他先是听任洪森及其人民党所控制的国家权力机关罢免了一批奉党人士所担任的高级职务（其中包括奉党议员施里武的副首相兼内政部联合部长职务、奉党议员涅本才的国防部联合部长职务等）①，甚至在不久之后又主动宣布辞职，将自己所担任的国民议会主席一职拱手让给了人民党名誉主席韩桑林，致使本应由奉党担任的许多重要职务落入了人民党之手，奉党进一步大权旁落。二是明显放松了对奉辛比克党的领导和管理，对其放任自流，甚至于 2006 年上半年置党的事务于不顾，将其党主席的职务委托他人，自己则偕红颜知己躲到巴黎享清福，造成了恶劣影响。② 党主席不理党务，导致党内高层人士勾心斗角，内部派系斗争激化，支持率直线下滑，不但人民对该党失去信心，党员乃至民众也是牢骚满腹。在这样的背景下，奉辛比克党一批不满拉那烈的高级干部于 2006 年 10 月 18 日在拉那烈缺席的情况下召集了据说有 5000 名党员参加的特别会议，罢免了拉那烈的党主席职务，选举了新的党主席、副主席，组建了新的中央委员会。③ 远在法国的拉那烈一得到这个消息便立即表示了愤慨，声称不但要提起诉讼，而且还可能建立一个新的政党。11 月初拉那烈回国后，长期默默无闻的"高棉民族阵线党"邀请其出任该党领袖，旨在借用他的声望和影响来改造、壮大该党。尽管拉那烈费了一番心思，将高棉民族阵线党改造成了以自己名字命名的"诺罗敦·拉那烈党"，该党并未能演出"历史的新场面"，在 2008 年的大选中，该党与奉辛比克党一样，仅仅获得 2 个国会议席。④ 而且，随着时间的推移，近年来党内对拉那烈的不满日益加剧，厌倦了政治斗争的拉那烈则已多次公开声明要退出政治，去过"寓公"的生活。

---

① 柬埔寨《星洲日报》2006 年 3 月 22 日。
② 拉那烈在出国前任命施里武亲王代理奉辛比克党主席。见柬埔寨《星洲日报》2006 年 3 月 22 日。
③ 柬埔寨《星洲日报》2006 年 10 月 19 日。
④ The Economist Intelligence Unit, *Country Report*：*Cambodia*, September 2008, p. 10.

　　分析人士普遍认为，长期稳坐柬埔寨第二大政党交椅的奉辛比克党的分裂，是当代柬埔寨政治转型中的一件大事。奉党分裂，已经改变了柬埔寨以往"三足鼎立"的政治版图，加速了柬埔寨一党独大威权政治的发展。截至 2011 年，已经形成下列五大政党逐鹿柬埔寨政坛的局面，即由现任参议院主席谢辛（人民党主席）、国会主席韩桑林（人民党名誉主席）和政府首相洪森（人民党副主席）领导的柬埔寨人民党为执政党；由诺罗敦·拉那烈王子创立而发生分裂后由高布烈斯梅等领导的奉辛比克党；由桑兰西领导的桑兰西党；由拉那烈等组建的"诺罗敦·拉那烈党"，以及由庚速卡领导的人权党。在拥有 123 个议席的本届国民议会中，人民党独揽 90 席，桑兰西党有 26 席，人权党有 3 席；奉辛比克党和民族主义党各有 2 席。

　　3. 近年来柬埔寨"一党独大"威权政治的巩固与发展

　　2008 年大选后的五年期间，柬埔寨政治社会一直保持了稳定发展的态势，执政的柬埔寨人民党节节胜利，地位更加巩固。人民对执政的人民党及洪森政府的满意度持续居高。反之，反对党则不断被削弱，全都处于守势；党员干部大量倒戈，投向人民党。尽管既定于 2013 年举行的第五次大选的日期已经日益临近，但反对党对人民党的执政地位始终未能发出任何有力的挑战。人民党不但正在满怀信心迎接即将到来的大选，而且正踌躇满志，为长期执政做理论准备、思想准备和组织准备。早在 2010 年年初，已有 400 多万名党员的人民党就已正式宣布将在 2013 年全国大选时提名洪森继续担任首相职位。洪森也公开表示，他已决定会一直参选首相到 2028 年（届时他将 76 岁），他绝对不会"中途辞职"，而人民党也会支持他的决定。他说："如果人民投票支持，为何我不能再做首相呢？"[1]

　　值得注意的是，尽管柬埔寨政坛继续维持了人民党一党独大的政治格局，洪森首相的执政地位不可撼动，但来自反对党的挑战一刻也未彻底解除。反对党仍然抓住时机重组力量以求在 2013 年的大选中"背水一战"。

　　为在 2013 年的大选中寻找出路，2012 年拉那烈党与奉辛比克党就两党合并紧锣密鼓地进行了沟通、谈判。8 月 10 日，拉那烈突然宣布辞去"诺罗敦·拉那烈党"主席职务并宣布退出政坛。8 月 13 日，"拉那烈党"正式更名为民族主义党，拉那烈党秘书长邵拉尼被推选为民族主义党代主席。这次拉党改名，意味着拉那烈亲王完全退出了政坛，从此不再过问政治。8 月 25 日，民族主义党与奉辛比克党正式宣布合并。[2] 两党合并后，党名仍为奉

①　柬埔寨《星洲日报》2010 年 7 月 20 日。

②　《保王派政党合并，放眼明年大选壮大》，柬埔寨《星洲日报》2012 年 9 月 2 日。

辛比克党，合并的目的是希望能在 2013 年大选中赢得更多的票数，强化君主主义。① 另外，桑兰西党与人权党的联合也取得了重大突破。桑兰西党领导人桑兰西决定将桑兰西党交由其夫人领导，而自己则以个人身份加入人权党充当其领袖，而人权党则改名称为"救国党"。从此，柬埔寨政坛原有的"四大"主要反对党就变成了两个。笔者认为，重新组合后的反对党力量无疑会有所增强，但显然难以对执政的人民党构成有力挑战。在拟定于 2013 年 7 月举行的大选中，人民党以多数票胜出已成定局。不过，根据以往的经验，人民党将不搞单独组阁，很可能将继续拉奉辛比克党入阁，让渡几个无关紧要的职位给奉辛比克党组成"联合政府"，从而不但可以显示其"民主"色彩，而且还可以分化反对党的力量。

总而言之，在柬埔寨这样的民族国家，民主化仍然有一个不断巩固和完善的过程，其政党政治发展所需要的良好环境仍然需要不断培育和巩固。在今后一个时期内，人民党一党独大的威权政治体制将进一步巩固和发展。而实践也已经证明，人民党一党独大的威权政治体制也有利于柬埔寨的政治社会稳定和经济发展。可以说，在当前柬埔寨政治舞台上，没有哪一个政党和政治团体可以取代人民党。

看来，柬埔寨的政治转型走上了一条畸形发展的道路，其君主立宪多党民主政体逐渐演变成了一党独大的威权政治体制，这恐怕是西方所不愿意看到的。然而，这种被有的学者称为"务实威权主义"② 的政治体制却有利于柬埔寨的政治社会稳定和经济发展，这是我们不得不认真反思的。

三　自由市场经济的确立、巩固与完善：1993 年后的经济改革

如前所述，柬埔寨的经济改革是在越南的影响下，于 20 世纪 80 年代中期开始的，大致与越南和老挝的经济改革同时起步，但是由于当时柬埔寨仍然处于战乱和国家分裂状态，因此柬埔寨的经济改革只是在人民革命党"金边政权"控制的地区得以有限的推行，从而为 1993 年大选后经济的全面改革与转型做了理论和物质准备。总体上看，1993 年至今，柬埔寨的经济改革大体上可以划分为两个阶段：1993—1998 年是柬埔寨王国经济改革

① 《脱离沈党人权党，3607 人转入奉党》，柬埔寨《星洲日报》2012 年 9 月 2 日。
② 陈世伦：《柬埔寨经济结构之转型问题研究：以产业发展为例》，硕士学位论文，台湾成功大学，2003 年。

的第一阶段，这一阶段经济改革最主要的目标是恢复和重建经济秩序，破旧立新是这一阶段改革的主要特色。1998 年以来至今为第二阶段。与前一阶段的经济改革相比，这一阶段的经济改革由于两首相制变为了单一首相制，洪森的权威得到确立，扯皮现象和矛盾大大减少了，所受到的政治干扰要少得多，因而改革具有更多的连贯性。政治稳定有利于经济改革政策的实施，经济快速发展。因而这一阶段成为柬埔寨经济改革成果最大，经济发展最快的时期。

（一）1993 年后柬埔寨经济改革与转型的理论构建

如前所述，1993 年柬埔寨的经济改革和转型，与其政治改革和转型是同步进行的，与越南和老挝的经济改革截然不同，是由联合国驻柬临时权力机构这个外力将西方模式的政治体制和经济体制移植到了柬埔寨，政治体制实行的是君主立宪制的多党制，经济体制实行的则是"自由市场经济体制"。

因此从理论上讲，柬埔寨的经济改革与转型无须理论的建树，宏观上讲采取的是"拿来主义"的做法，将西方的"自由市场经济"体制引进柬埔寨。"自由市场经济"体制被以法律的形式确定下来，载入了 1993 年 9 月 21 日由国民议会通过并于 11 月经西哈努克国王签署而生效的《柬埔寨王国宪法》中。这部宪法的第 5 章第 56 条明确规定：柬埔寨王国实行自由市场经济体制。

"自由市场经济"发端于西方，在欧洲萌芽、成长历经多个世纪。从理论上讲，"自由市场经济"就是教科书中通常所说的"市场经济"，又称为"自由企业经济"，它是一种经济体制，在这种体制下，产品和服务的生产及销售完全由自由市场的自由价格机制所引导，而不是像计划经济那样由国家所引导。就像计划经济被用作社会主义的同义词一样，市场经济也被用作资本主义的同义词。在市场经济里并没有一个被称为"有形之手"的中央协调的体制来指引其运作，而是通过市场的"无形之手"来调整和运作。也就是说，市场将会通过产品和服务的供给和需求产生复杂的相互作用，进而达成自我组织的效果。事实上，目前世界上并没有市场完全自由的国家存在，自由是相对的。许多被称为资本主义制度的国家并不一定会符合自由市场的层次，即使是最能代表资本主义的美国，也对市场施加一定的限制，其经济自由度指数还不如中国香港。也就是说，市场经济也有可能存在政府的干预。正所谓资本主义也有计划，社会主义也有市场。

尽管柬埔寨在 1993 年实行政治体制转型后从西方引入了市场经济体制，但其在运行和完善过程中也逐渐形成了自己的特点，并非完全照搬，完全照搬也有可能"水土不服"。

在 1998 年的第二次大选中，洪森及其人民党取得了柬埔寨的政治主导权后，相应地也取得了经济改革与发展的主导权。此后，柬埔寨的经济改革在很大程度上体现了洪森及其人民党的经济思想。洪森及其人民党在 1985 年至 1991 年"金边政权"时期所进行的经济改革的政策，在 1998 年以后得以创造性的贯彻执行。

总体上讲，1993 年以后柬埔寨所实行的"自由市场经济"参照了泰国的做法，其基本特征是：农村土地全部分给农民；企业绝大部分实行私有化，国家不控制工业企业；国家除了不出卖土地之外，任何行业和领域都允许外国投资者前来投资；外汇可以自由兑换，也可以自由汇出国外。[①] 有鉴于此，在东南亚地区，柬埔寨的经济自由度指数被认为是很高的。

在取得了对柬埔寨政治经济发展的主导权后，洪森及其人民党有条件和机会从理论和实践的结合上推进柬埔寨经济的改革与转型。洪森经济改革的理论，主要体现在由其提出的"三角战略"和"四角战略"中。

在 1998 年的第二次大选中，在经历了上一年"七月事件"的惨败后，拉那烈王子领导的奉辛比克党元气大伤，由第一大党沦为第二大党，而由洪森等人领导的人民党则赢得大选胜利，成为国会第一大党，洪森成为唯一政府首相，拉那烈则担任了国会主席的闲职。洪森在就职演说时，提出了稳定局势、重建经济、融入国际社会的"三角战略"。五年后的 2003 年，柬埔寨举行第三次大选，人民党继续扩大战果，在赢得大选胜利后再次组建了以人民党为主导的政府。2004 年 7 月 16 日，洪森在宣誓就职后于当日下午召开了首次内阁会议，并提出了"四角战略"。洪森说，在上届政府提出的"三角战略"目标基本实现的基础上，本届政府提出以优化行政管理为核心，加快农业发展、加强基础设施建设、吸引更多投资和开发人才资源的"四角战略"。他要求全体内阁成员必须认真贯彻落实这一战略，争取在任期内使经济增长率保持在 6%—7%，通胀率控制在 1 位数以内。洪森强调，柬埔寨唯有在确保国家和平、稳定的基础上坚持全面深入的改革才有出路，才能使国家不断发展，人民逐步摆脱贫困。而改革的关键是根除各种形式的腐败现象。政府将为此采取必要措施，包括尽快出台反腐败法，成立反腐败

① 王士录编著：《当代柬埔寨经济》，云南大学出版社 1999 年版，第 77 页。

机构，加强财政管理与监督。①

此后，随着洪森及其人民党一党独大威权政治体制的进一步确立，洪森及其人民党关于经济改革与转型的理论得到有效贯彻，柬埔寨的市场经济体制不断巩固和完善。在自由经济体制下，柬埔寨成为亚洲最开放的经济体之一。2003年在170个国家和地区的经济自由度排名中，柬埔寨排第35位，与日本同一名次，远高于其周边国家泰国（第40位）、马来西亚（第72位）、印度尼西亚（第99位）、越南（第135位）和老挝第（第153位）。在全球49个最不发达的国家中，柬埔寨经济是最开放的。随着国内经济自由化和现代化程度的不断提高，柬埔寨的国际竞争力也不断提高。②

（二）市场经济体制的确立：进入新世纪前柬埔寨王国政府的经济改革

1993—1998年是柬埔寨王国经济改革的第一阶段，这一阶段经济改革最主要的目标是在新宪法决定在柬埔寨实行"自由市场经济"体制后，按照宪法的规定，努力推进市场经济体制的建立和有效运行。主要措施包括：

1. 破旧立新，努力恢复和重建经济秩序。新政府成立伊始，面对的是长期战乱留下的一副烂摊子。因此，稳定政局以及战后经济社会的重建，成为柬埔寨新政府的头等大事。尽管由于组成联合政府的两党即奉辛比克党和人民党更确切地说是由于代表两党执政的第一首相拉那烈和第二首相洪森之间的矛盾不断激化，从一开始政局就不稳，因而经济改革和经济秩序的重建困难重重，但在掌握实权的洪森及其人民党的努力下，仍然取得了很大进展。其间，新政府在摒弃旧的经济体制机制的同时，努力建立和整顿了各级经济领导部门，以便保证政府的经济改革和发展政策能够得到有效的贯彻执行。在中央一级设立的29个部中，直接与国家经济复兴有关的就有13个部。这些部大多数在各省乃至各县都有自己的派出机构，直接指导经济建设第一线的工作。60年代末期西哈努克时代即在政府经济部门担任要职的著名经济学家吉春等被新政府起用，长期担任要职，成为洪森政府经济改革和转型的重要决策者之一。正是在新政府的努力下，柬埔寨的经济秩序逐渐得以恢复。

2. 确立了以改善人民生活为中心的经济建设路线，制订并实施了新的经济发展计划。新政府成立不久，西哈努克国王就根据当时柬埔寨的实际情

---

① 《柬埔寨王国政府〈四角战略〉——洪森首相2004年7月16日在第三届内阁第一次全体会议上所做政府施政报告》，文章来源：中华人民共和国驻柬埔寨大使馆经商处子站，2004 – 12 – 13 23：38。http：//cb. mofcom. gov. cn/aarticle/jmxw/200412/20041200318821. html。

② 克瑞德：《柬埔寨吸引外商直接投资优惠政策之探究》，来源：中国论文下载中心［2008 – 10 – 06 09：16：00］。

况，提出了以改善人民生活为中心的经济建设方针，指出，新政府当前的首要任务应当是解决人民的吃饭问题，安定民心，并在此基础上逐步提高人民的生活水平，全面开展柬埔寨经济的重建，医治战争创伤，从而全面振兴柬埔寨社会、经济和文化，缩小同周边国家的差距。为此，西哈努克国王责令新政府计划部立即在原金边政权实施的第二个五年计划（1991—1995 年）的基础上，制订年度发展计划，其主要内容包括：

一是大力发展农业，号召全国上下齐心协力兴修水利，多种多产稻谷，力争尽快使大米生产达到战前即 20 世纪 60 年代末期的水平，彻底解决人民的吃饭问题。

二是要把改善农民的生活放在首位，争取在 5—6 年内初步改变农村贫穷落后的面貌。

三是采取切实可行的措施维修、整治原有铁路、公路、航道、码头、机场，尽快改善交通基础设施状况。

四是重视和加强教育，改善办学条件，努力培养经济建设急需人才；大力发展公益事业特别是医疗卫生事业，提高人民健康水平。

在上述思想指导下，王国政府于 1994 年 5 月 16 日制订了《1994—1995年度国家社会经济恢复发展计划》，并获国民议会通过。

3. 加强经济立法，以法律法规保障市场经济体制的建立、完善和有效运行。为此，柬埔寨新政府成立后，相继颁布了新的《柬埔寨王国投资法》（1994 年 8 月）、《私有化条例》（1995 年）、《外汇法》（1996 年）、《柬埔寨王国公司法》（1997 年）、《柬埔寨王国劳工法》（1997 年）和《柬埔寨王国税收法》（1997 年 1 月）等法律法规，为柬埔寨的经济改革与转型起到了保驾护航的作用。

4. 实施全方位对外开放战略，加强柬埔寨经济与世界经济的交流。为增强自身经济活力，使柬埔寨的经济复兴计划能够顺利实施，联合政府成立伊始，即向国际社会明确表示要实行全方位对外开放政策，从以下方面入手，加强与世界各国的经济交往：

一是以优惠条件大力吸引外资，积极利用外资参与柬埔寨经济的重建。新政府明确表示要继续执行金边政府于 1989 年制定的《柬埔寨外商投资法》，并根据新形势发展的需要，着手制定新的外商投资法。经过一年多的努力，国民议会于 1994 年 8 月通过并颁布了新的《柬埔寨王国投资法》，以更加优惠的政策大力吸引外商前来柬埔寨投资。新的投资法确实起到了比较明显的刺激作用，前来洽谈投资的外商明显增多，到 1996 年年底，柬埔寨的协议外资总额已接近 50 亿美元。

二是坚持经济优先的原则，贯彻多元化的外交方针，广交朋友，扩大经济贸易关系。新政府成立后，积极推行全方位、多元化的外交政策，拓宽对外交往的渠道。美国在新政府成立后宣布解除对柬埔寨的贸易禁运，日本、法国、澳大利亚等西方国家也在积极扩大同柬埔寨的经济贸易关系。柬埔寨与东南亚国家的关系也得到全面改善和发展，与东盟的交往日渐频繁，来自东盟国家的贸易和投资日渐增多，对柬埔寨的经济重建工作形成了有力的支持。

三是积极寻求国外援助，为经济的重建和全面复兴筹措资金。联合政府把寻求外国援助作为其外交工作的一个重要方面，加大了与有关国际组织交往的力度。西哈努克国王和两位首相频繁出访，也积极邀请有关国家和国际组织领导人前来访问，先后签订了一系列的经济合作协议，从国际援助柬埔寨会议、联合国开发计划署等国际组织、亚洲和欧洲有关国家和地区获得了近30亿美元的现款和大批物资援助。①

由于采取了上述措施，柬埔寨的经济重建取得了明显进展，其自由市场经济体制不断巩固，其成效主要体现在以下几个方面：

第一，宏观经济呈现出良性运行态势，经济增长率稳定地保持中速偏高水平。这一时期柬埔寨的财政预算、农业、工业、引进外资、争取外援等方面都有明显的发展，基础设施建设也有明显的进步，绝大多数经济和社会发展指标都有较大的提高，人均国内生产总值从大选前的约80美元增加到1997年的约220美元。

第二，农村经济秩序逐渐恢复，农业生产有了很大的恢复和发展。新政府成立之后，将恢复和发展农业、改善人民生活作为其经济工作的头等任务，采取了取消合作社、实行私有化经济以及将土地全部分给农民等一系列有利于农业生产的措施，在很大程度上调动了农民的生产积极性，农业生产实现快速发展，年均增长约5%。到1997年，种植面积已回升到280多万公顷，粮食总产量已达到340多万吨。

第三，工业生产有所恢复，新兴工业部门发展势头良好。新政府成立后采取积极措施恢复生产，一方面大力倡导自由市场经济和私有化，扶植民族工业发展；另一方面扩大开放，积极引进外资重建和新建了一批工业项目。到1997年年底，食品工业、加工工业、日用消费品工业的复兴已取得突出成绩，特别是服装加工业发展迅猛，迅速成为柬埔寨的一个新兴工业部门。

第四，基础设施得到逐步恢复和发展，经济发展的条件得到初步改善。

---

① 王士录编著：《当代柬埔寨经济》，云南大学出版社1999年版，第79—80页。

第五，对外贸易持续增长，引进和利用外资成绩明显，并争取到数量可观的外来援助。新政府成立后，对贸易结构和贸易对象进行了调整，贸易状况有了明显改善。截至 1996 年年底，柬埔寨的外资项目已达到约 500 个，协议外商投资总额约 50 亿美元。从 1992 年 6 月至 1996 年年底，柬埔寨政府仅从援柬国际会议上就获得了 26.53 亿美元的援助。

尽管在进入新世纪之前，柬埔寨的经济改革逐步推进，取得了一定的成绩，其经济走上了重建和复兴的道路。但与此同时，面临的问题仍然比较突出。由于历史原因，柬埔寨内政仍然潜伏着重重危机，复杂激烈的政治斗争严重影响了政治社会的稳定，进而对经济重建经常产生严重干扰。另外，柬埔寨经济自身的结构也不太合理，结构性问题也在制约着经济发展。农业基础设施落后，发展后劲不足；工业基础薄弱，难以期望有大的发展；政府、企业的管理水平低下，使得柬埔寨的投资环境较差，外商投资裹足不前；对外贸易逆差长期居高不下，影响进出口贸易上规模、上档次；政府财政连年赤字，难以开展基础性投资，必需的财政支出常常是捉襟见肘。这些困难还有待通过进一步的经济改革来克服，出现的问题也有待于通过下一步的改革来解决。

（三）市场经济进一步巩固和完善：新世纪以来柬埔寨的经济转型与发展

1998 年第二次大选后，尽管人民党与奉辛比克党继续组成联合政府共同执政，但洪森及其人民党已经取得了柬埔寨政权的主导权，进而在更大程度上主导柬埔寨经济政策的制定与经济改革。人民党洪森政府建立后，继续实行以建立"自由市场经济"为目标的经济改革。

与前一阶段的经济改革相比，1998 年以后尤其是进入新世纪以后柬埔寨的经济改革所受到的政治干扰要少得多，因而改革具有更多的连贯性。第二次大选后，柬埔寨的政治格局发生了显著变化：实行两首相制、形势上由拉那烈及其奉辛比克党主导而实际上由洪森及其人民党主导的政治格局，演变为单一首相制，无论在形式上还是实际上都由洪森及其人民党主导，拉那烈及其奉辛比克党退居次要地位。这种政权结构避免了扯皮现象，有利于维持政局的稳定、政策的制定和贯彻执行。

进入新世纪以后，虽然政党间的斗争从来没有停止过，但斗争的方式有了明显的改变，理性的成分越来越多，非理性的成分越来越少，合法斗争成为各党派斗争手段的首选。经过 1997 年"七月事件"和 1998 年大选这两次大的争斗后，奉辛比克党在失败之后审时度势，收敛锋芒，作出与人民党合作的选择。洪森及其人民党在国家政治、经济和社会生活中的主导作用进一步强化。政治环境的改善，使得柬埔寨政府及国家主要领导人能够将精力主要用于经济改革和经济建设。

从 1999 年起，柬埔寨政府实施了一系列新的发展经济的政策和措施，其中主要包括：继续坚持改革，裁减军队编制，精简行政机构，完善司法条例，健全行政和财政管理制度，建立税收监督体制，加强反腐倡廉，以及扩大对外开放以吸引更多的外资，争取更多的外援等。在农村地区，政府积极引进外资，大力发展水利、交通、电力、通信等基础设施；鼓励银行向贫穷、落后和边远地区发放贷款；动员农民科学种田，增加单位面积产量；加强森林及其他资源的管理，鼓励农民发展橡胶种植，增加农民收入；由政府把非法出售和占用的土地收回后再分配给农民耕种，并给予农民税收优惠。① 以上各项政策措施是洪森政府在 1999 年提出的"三角战略"的具体体现。所谓"三角战略"，用洪森首相的话说，就是柬埔寨社会经济发展的三大长期性目标：一是维护国家和人民的和平、稳定和安全；二是柬埔寨融入国际社会，并与国际金融机构实现关系正常化；三是使柬埔寨坚定不移地走上改革开放的道路，重点就是要做好复员军警、财政、管理和司法改革以及严禁非法砍伐树木等方面的工作。为了有效实施"三角战略"，洪森政府相继采取了以下几项重要措施：

1. 制订了第二个社会经济发展五年计划（2001—2005 年）。2000 年制订的这个五年计划，确立了三个主要预期目标：一是在未来五年内使柬埔寨经济保持6%—7%的年增长率；二是在经济发展成果的分享方面缩小城乡差别和男女之间的差别；三是做到资源的合理利用与开发，处理好人与自然的关系，确保柬埔寨经济的可持续发展。

2. 进一步完善经济领域的法律法规，在出台新的法律法规的同时，根据形势发展的需要对原有的法律法规作出修改和补充。2000 年，洪森首相在访问新加坡期间明确提出，柬埔寨将在农业、基础设施建设、电力、劳动密集型和出口导向型工业、旅游业、人力资源开发"六大"领域优先吸引和利用外资。2001 年，柬埔寨又通过了新的《投资法》，规定了新的投资鼓励领域，包括出口导向型工业、旅游业、基础设施、能源和矿业。为了吸引更多的外商前往柬埔寨投资，洪森政府还提出了在柬埔寨建立经济特区的打算。

3. 创立"私营部门论坛"，建立政府与私营企业沟通的桥梁。为加强政府与私营企业之间的沟通，洪森政府于 1999 年建立了"私营部门论坛"，

---

① 王士录主编：《2000 年东南亚发展报告》，云南省社会科学院东南亚研究所编印，2011 年 4 月，第 297 页。

定期召开会议，作为政府与私人投资者之间的联络渠道。①

2003 年第三次大选后，再次当选的洪森在 2004 年 7 月 16 日宣誓就职后，发表了本届政府的施政纲领，提出了"四角战略"即"以优化行政管理为核心，加快农业发展、加强基础设施建设、吸引更多投资和开发人才资源"。根据"四角战略"，截至 2008 年 7 月的第三届政府任期内，柬埔寨的经济增长率将达到 6%—7%，通胀率控制在 1 位数以内；在削减贫困，打击贪污腐败等方面取得积极进展。② 柬埔寨进入政治社会持续稳定、经济持续高速发展时期。资料显示，在第三届王国政府期间，洪森首相提出的"四角战略"目标得以顺利实现。2004—2007 年，柬埔寨经济一直保持了持续高速增长的势头，年均经济增长率达到 11.1%，超出洪森政府施政纲领中 6%—7% 的增长率近一倍；旅游业、成衣业和建筑业为其主要支柱产业。2007 年，柬埔寨的人均 GDP 已经达到 638 美元，国内生产总值为 92.52 亿美元，同比增长 9.7%，各项经济指标的完成都有较好表现。③

在大好形势下，柬埔寨迎来了 2008 年大选。结果，人民党赢得国会123 个议席中的 90 席而继续稳坐钓鱼台，它虽获得单独组阁机会但继续选择已经分裂并且已排除了拉那烈领导、在本次大选中已经沦为第五大政党的奉辛比克党合作组成联合政府。人民党的地位进一步巩固。人民党一党独大威权政治的确立，进一步优化了柬埔寨经济改革与转型的政治环境。

但是，没有常开不败的鲜花，由于世界经济波动频繁，不确定因素增多，特别是 2008 年下半年国际金融危机的影响，新一届洪森政府一上台便经受了严峻的考验，进入新世纪以来持续高速增长的柬埔寨经济亮起了红灯。一些国际经济组织和柬政府都相继调低了 2008 年柬埔寨的经济增长预期。国际货币基金组织官员认为，因受美国和欧盟经济增长放缓的影响，2008 年柬埔寨的经济增长率可能会放缓至 6.5%，若危机进一步加深，2009年的经济增长率则只能达到 4.8%。④ 面对不利的国际经济环境，新一届柬埔寨政府采取了多种积极的应对措施。柬经济财政大臣吉春表示，面对危

---

① 王士录主编：《2000 年东南亚发展报告》，云南省社会科学院东南亚研究所编印，2011 年 4月，第 297—298 页。

② 《柬埔寨王国政府〈四角战略〉——洪森首相 2004 年 7 月 16 日在第三届内阁第一次全体会议上所做政府施政报告》，文章来源：中华人民共和国驻柬埔寨大使馆经商处子站，2004 - 12 - 1323：38。http://cb. mofcom. gov. cn/aarticle/jmxw/200412/20041200318821. html.

③ 见中国驻柬埔寨大使馆经商处网站，2008 年 4 月 17 日。转引自王士录主编《东南亚报告》(2008/2009)，云南大学出版社 2009 年版，第 88 页。

④ 柬埔寨《星洲日报》2008 年 11 月 8 日。

机，柬政府将通过节约开支、提高商业银行保证金和控制房地产领域商业贷款等措施，使柬经济"软着陆"。① 由于措施得当，2008 年尽管柬埔寨经济增速明显放缓，按照亚洲开发银行估计年通货膨胀率达到 25%，② 但其经济增长率仍然达到了 7% 的较高水平。③

经过 2009 年的低水平徘徊，进入 2010 年以后，随着全球经济的回暖，柬埔寨成衣业、农业、旅游业复苏，外资流入恢复增长，柬埔寨经济显现出明显的复苏势头，经济重新回到了稳定增长轨道，达到 6.3%，④ 通货膨胀率也降至 3.1% 的低水平。随着经济的回暖，政府的经济改革继续推进。为实施"四角战略"第二阶段目标，洪森政府采取了积极和宽松的财政政策，拟通过加大基础设施投入、增加社会公共福利开支、扩大财政赤字等措施，使柬埔寨经济尽快走出国际金融危机的阴影。实践证明，这一政策的效果是明显的。5 月 31 日，柬国会批准了《2009—2013 国家发展战略计划》。该计划总预算资金为 62.78 亿美元，强调将更加关注农业、教育、卫生等领域的发展，特别强调了农业在柬埔寨的基础作用。4 月 5 日，柬国会通过了《外国人房屋产权法》，规定外国公民可以在柬埔寨拥有二楼及以上房屋产权，并可以以自己的名义购买、出售和出租这些房屋，但土地产权仍不能为外国公民拥有。舆论认为，随着《外国人房屋产权法》的颁布实施，将吸引更多外国人来柬投资。⑤

2011 年，柬埔寨经济形势进一步好转，各项经济指标都有良好表现：物价基本稳定，通胀压力减弱；金融形势稳定，资产增长明显；全年经济实际增长率再次飙升至 7% 以上。稻谷总量达到 799.952 万吨，除自给外，还剩余约 400 万吨稻谷（约 250 万吨大米）；制衣及制鞋企业增长至 470 多家（仅年内就新增 91 家），创造了 30 多万个就业机会，成衣出口额达 30 亿美元，其中仅对美国的出口就达约 20 亿美元；全年接待外国游客人数达到 280 万人次，同比增长 13.4%；得益于成衣、纺织品和农产品出口的大幅增长，对外贸易逆势增长，全年外贸总额达到 158.08 亿美元，其中出口 67.24 亿美元，进口 90.84 亿美元；引进和利用外资逆势上扬，实现大幅度增长，前 9 个月共批准投资项目 101 个，总额达到 56.74 亿美元。⑥

2012 年，得益于成衣出口、旅游业、农业和建筑业的良好表现，柬埔

①　王士录主编：《东南亚报告（2008/2009）》，云南大学出版社 2009 年版，第 22 页。

②　The Economist Intelligence Unit（London），*Country Report*：*Cambodia September*，*2008*，p. 12.

③　王士录主编：《东南亚报告（2009/2010）》，云南大学出版社 2010 年版，第 130 页。

④　王士录主编：《东南亚报告（2011/2012）》，云南大学出版社 2012 年版，第 92 页。

⑤　柬埔寨《华商日报》2010 年 4 月 26 日。

⑥　王士录主编：《东南亚报告（2011/2012）》，云南大学出版社 2012 年版，第 94—101 页。

寨的经济继续保持了高速增长势头，增长率可达7%以上，对外贸易、引进和利用外资、接待外国游客都保持了较高的增长水平，通胀率也大幅度下降至2.2%—1.4%的低水平。柬埔寨经济进入良性发展状态。

（四）对新世纪以来柬埔寨经济改革与转型的总体评价

经过持之以恒的改革，目前柬埔寨的市场经济不断完善，并进一步成熟。柬埔寨已经成为一个成功实现了政治经济转型的国家。

在肯定柬埔寨经济改革成绩的同时，也必须指出，柬埔寨20年的经济改革仍然存在着不少问题，面临着许多困难。受国内政治环境和国际及区域经济发展的影响，柬埔寨的经济改革大多数时候显得步伐很快，但有些时候又显得步伐滞重，特别是近几年来其经济改革的步伐有所放慢，离国际社会的期望有着明显的距离。一些国际经济机构尤其是国际援助柬埔寨会议在评价柬埔寨的改革成果时，不时对柬埔寨政府在继续推进某些领域的改革方面措施不力、改革进程放慢提出批评，认为其在林业、司法改革、根除腐败等方面缺乏实质性进展。针对舆论批评，柬埔寨政府一方面请求国际社会客观公正地评价柬埔寨在改革和发展方面取得的成绩，另一方面也表示将进一步加大改革力度，为经济发展创造更好的内部环境。除此之外，柬埔寨的经济改革还面临着一系列的实际困难，比如基础设施严重滞后、经济结构极不合理等。要从根本上解决这些困难和问题，切实改善国内政治和经济环境，还需要一定的时间。从这个角度讲，柬埔寨的经济改革还有很长的路要走。

四　社会改革与转型：为社会现代化奠定重要基础

社会改革与转型，是新世纪以来柬埔寨实施的三大改革与转型之一（另外两大改革与转型分别为政治改革与转型和经济改革与转型）。由于长期的战乱，柬埔寨的政治经济和社会秩序被彻底打乱，1993年恢复和平，新的柬埔寨王国政府成立时所面临的是一个社会秩序严重混乱的局面，各种社会矛盾突出，不稳定的因素滋长。在这样一种背景下，柬埔寨新政府一以贯之，在不断推进国家政治、经济改革与转型的同时，积极推进社会的改革与转型，为国家的社会现代化奠定基础。

（一）军队改革：整编军队，压缩规模，减少国防开支以加强经济建设

将由党派控制的军队整编为统一的国家军队，压缩军队规模从而减少军费开支以加强经济建设，是1993年以后柬埔寨新政府面临的主要任务之一，它不但是一项重大的军事改革，也是一项重大的社会政治和经济改革。这项改革主要有以下两个方面的内容：

第一，整编军队，实现军队的"国家化"。

新政府成立初期，柬埔寨存在着分别由"四大"政治—军事派别控制的武装。

一是人民党前金边政权的"柬埔寨革命军"，总兵力约 8 万人，由陆、海、空三军组成，总司令由人民党主席韩桑林担任，控制首都金边及其周围广大地区。

二是俗称"红色高棉"的民主柬埔寨国民军，总兵力约 5 万人，主要活动于西部和西北部丛林地区，在波尔布特宣布"退休"之后，由宋成担任总司令，塔莫·切春任总参谋长。

三是由诺罗敦·拉那烈王子领导的奉辛比克党控制的柬埔寨民族独立军，总兵力约 2 万人，由拉那烈王子任总司令。

四是由宋双领导的自由民主佛教党控制的高棉人民民族解放军，总兵力约 1.5 万人，总司令为沙索沙康。

在"四大"武装派别中，红色高棉因抵制大选成为非法政党，而其领导的民柬国民军也相应地成为非法武装。其余三个政党都参加了大选，因而其武装就取得了合法地位。大选后建立的柬埔寨王国军队就由这三支武装合编后组成，总兵力约 12 万人，由西哈努克国王为最高司令，但不负责指挥军队，由西哈努克任命联合政府第一首相拉那烈和第二首相洪森为柬埔寨王家军和其他准军事部队的联合总司令。

由于组建后的柬埔寨王家军实际上仍然分属于不同党派，常常卷入党派斗争，甚至发生暴力冲突，成为国内政治社会稳定的一大隐患。1997 年 7 月，忠于洪森的由人民党控制的军队与忠于拉那烈的由奉辛比克党控制的军队爆发武装冲突，导致政治社会动荡。结果，忠于洪森的军队获得胜利。"七月事件"后，柬埔寨国会于 9 月 15 日通过了一项旨在使军队保持中立的法案。1998 年底第二届联合政府成立后，取得主导权的洪森首相于 1999 年 1 月 25 日主动辞去军队总司令职务，把该职务移交给时任参谋长的人民党将军盖金扬。奉辛比克党则同意将其武装部队全部归并到政府军序列，并统一由政府进行精简。至此，经过 5 年多激烈的争斗，在人民党取得了对国家事务的主导权后，才终于实现了军队的国家化。2000 年 4 月 20 日，洪森首相在一次讲话中公开指出，军队是国家的军队，绝不允许任何政党操纵军队，军队脱离政治将避免 1997 年军队内部冲突的再次发生。[1] 经过多年的

---

① 王士录：《2000 年东南亚发展报告》，云南省社会科学院东南亚研究所编印，2011 年 4 月，第 309 页。

努力，柬埔寨政府在军队的中立化改革方面已经取得了实质性进展。

第二，进行大规模裁军，以便减少军费开支，支援国家经济建设。

柬埔寨王家军建立后，随着大批红色高棉投诚人员的加入，规模急剧膨胀，1998 年已经从约 12 万人增加到 15 万人之多，成为国际国内安全环境已大大改善的柬埔寨政府的一大经济负担。为减少开支以支援国家经济建设，第二届王国政府建立后，于 1999 年 1 月 27 日作出了裁减军队的决定，拟在 2005 年年底以前将 15 万人的军队裁减至约 11 万人。根据部署，2000 年柬政府开始实施裁军行动，计划在年内裁员 1 万人，至 2005 年共裁军 4 万—5 万人。5 月 7 日，柬政府在贡布市裁军中心举行裁军仪式，正式启动了裁军计划。按每人 250 美元安家费和 150 公斤大米的标准，不到两月就裁减了约 2000 人。[①] 尽管先后遇到了一些困难，但至 2005 年，基本完成了裁军计划。

（二）强力整治突出社会问题，推进社会的公平与正义建设

自恢复和平以来，柬埔寨政府在国际社会的大力援助下重建政治、经济和社会秩序，取得了举世公认的成绩，如今的柬埔寨政治稳定、经济发展，社会秩序越来越好，各项社会发展指标都不断得到提升。2009 年 12 月中旬联合国开发计划署（UNDP）发布的《2009 年人类发展报告》显示，在 182 个入榜国家和地区中，柬埔寨的人类发展指数排名已经上升到第 137 位。报告指出，柬埔寨的人类发展指数为 0.593，人均寿命已经上升到 60.6 岁；15 岁以下人民的识字率也达到 76.3%；[②] 由于执法部门重拳出击，首都金边罪案明显减少；由于减贫计划的有效实施，尤其是推行鉴定分级助减贫困计划，柬埔寨贫困人口也明显减少。但必须指出的是，尽管成绩斐然，但处于转型期的柬埔寨存在的社会问题也不可忽视，其中比较突出的问题有以下几个方面：

1. 贫困面大，犯罪案件仍然较多，社会治安仍需进一步改善

尽管贫困人口明显减少，但据亚洲开发银行的报告，截至 2009 年年底，柬埔寨仍有超过 10% 的人口生活在赤贫线以下，每天收入不足 5000 瑞尔（约 1.25 美元）；柬埔寨仍被列为全球 19 个最贫穷国家之一。[③] 而据 2011 年底的资料，截至 2010 年，柬埔寨贫困率仍然高达 25.8%。国内 40% 的 5

---

① 王士录：《2000 年东南亚发展报告》，云南省社会科学院东南亚研究所编印，2011 年 4 月，第 307 页。

② 柬埔寨《华商日报》2009 年 12 月 18 日。

③ 柬埔寨《星洲日报》2009 年 11 月 1 日。

岁以下儿童发育不良，贫血率达55%，每20名儿童中，就有一人在5岁前死亡；每1000名新生婴儿中，大约有45名死亡。①

　　贫穷已经成为毒品、贩卖人口、贪污腐败等各种社会问题滋生蔓延的温床。进入新世纪以来，柬埔寨的社会治安一直未有根本性改观，犯罪率仍然居高不下。据柬埔寨内政部的报告，2007年警方共破获刑事案件3351起，约占总案件的89.79%；拘捕犯罪嫌疑人4600名，平均每天发生一起凶杀案。②2008年，柬埔寨犯罪案件有所下降，社会治安呈总体平稳，局部严峻的局面。但是，2009年犯罪案件又反弹，全国发生犯罪案件3456起，较前年上升了20%（即多出575起）。2010年，随着经济形势的企稳回升，犯罪案件相对减少，但总体上仍然处于高发态势，③而且呈现出以下一些新特点：一是在犯罪手法方面，已由街边掠夺转向打劫商店和住宅，且带有专业、系统化的特点，许多犯罪分子还动用各类先进作案设备甚至武器作案。二是复案率呈上升趋势。在作案者中，许多是刑满刚出狱者，或是在逃通缉犯，职业罪犯增加。三是凶杀与强奸案明显增加。四是拐卖妇女儿童案呈高发态势。由于犯罪案件多，以致监狱人满为患。截至2012年10月，全国18个监狱的囚犯总数高达13530名，同比呈增长态势。④

　　2. 贪污腐败盛行，严重侵蚀国家机体，影响外援外资流入

　　国家公务员中贪污腐败盛行，是柬埔寨政治社会的一个大痼疾，不但严重影响社会的公平正义，给国家造成损失，而且严重影响外资外援的流入。在2006年国际贪污指数排行榜中，柬埔寨在163个国家和地区中名列第151位。而柬经济学会的研究显示，2006年柬商业机构为贪污付款高达3.3亿美元。⑤而据透明国际（Transparency International）的报告，在2008年全球贪污排行榜中，柬埔寨排在倒数第14位，为亚洲地区贪污腐败最严重的国家和地区第二名（第一名为缅甸）。⑥2009年6月，美国驻柬埔寨大使卡罗琳曾公开指责柬埔寨政府每年的受贿金额高达5亿美元。

　　尽管贪污腐败人人喊打，但却屡禁不止。治贪须用重典，但柬埔寨反贪立法一直进展缓慢，屡遭国际机构批评。2007年年初，国际货币基金组织就曾对柬埔寨因贪污腐败盛行而动摇投资者信心表示不满。在6月中旬举行

① 《5岁以下儿童，40%发育不良》，柬埔寨《星洲日报》2011年10月25日。
② 柬埔寨《华商日报》2008年3月13日。
③ 柬埔寨《星洲日报》2010年8月29日。
④ 《虽增建空间仍不足，18个监狱囚13530人》，柬埔寨《星洲日报》2012年11月7日。
⑤ 柬埔寨《星洲日报》2006年12月29日。
⑥ 柬埔寨《华商日报》2008年9月26日。

的援助柬埔寨国际会议上，援助者们慷慨解囊，答应提供高达 6.89 亿美元的援助，但同时也对其反贪法迟迟不能出台表示"严重关切"。①

为了遏制贪污腐败泛滥的势头，洪森政府采取了各种措施，取得了一些成效。其中最主要的，一是加快了反贪立法工作。二是加大了打击贪污腐败的力度。

关于反贪立法，在经历了长期的扯皮之后，在政府及国民议会的协调努力下，取得了积极进展，最终经国民议会批准，公布实施了《反贪法》，从而做到了有法可依。2012 年 1 月 30 日，在王家管理大学举行的《反贪法》宣传活动仪式上，国家反贪机构副主席善波拉透露，反贪机构已经查出约1500 名涉及贪污的高官，其中"已经有 419 名贪官受到反贪机构警告"。②就连参议院主席谢辛的前任侍卫长慈参坛也因涉及一系列军事犯罪，包括私卖多辆军车及私吞国防部资金而遭逮捕，并于 2 月 16 日被判处 10 年徒刑和罚款 500 万柬币（约 1250 美元）。

为了严厉打击贪污腐败犯罪，勒令政府官员申报财产。洪森首相还作出了表率，提前按规定于 2011 年 4 月 1 日向国家反贪机构申报了个人财产和债务状况，表明其月薪为 460 万柬币（约 1150 美元）。这一做法起到了很大的震慑作用：在距离最后期限 4 月 7 日还有不到一周之际，已有 11329 名官员依法办理了申报财产和债务状况的手续，占须申报官员总人数的 46%。③

在严打措施下，许多政府官员乃至手握重权的高官都因贪污腐败而被追究。2011 年 1 月初，身为洪森首相侄子的班迭棉吉省总警长洪贤，因涉嫌多项舞弊和滥用职权而遭副总理兼内政部部长苏庆革职；④ 11 月初，前柬埔寨驻文莱大使南西又因涉嫌侵吞国家约 43 万美元建设大使馆工程款而被逮捕。4 月中旬结束的全国公务员普查，共查处 4000 名有名无实的"幽灵公务员"，这种"吃空额"的行为，每年使国家损失 400 万美元。⑤

3. 土地纠纷案件频发，成为政府不得不面对的一个严重社会问题

由于长期战乱打乱了原有的土地制度，恢复和平以来柬政府对土地的管理基本上一直处于近乎失控的状态，以致进入新世纪以来土地纠纷频发，成

---

① The Economist Intelligence Unit（London），*Country Report：Cambodia*，September 2007，pp. 15 – 16.

② 《反贪机构调查行动，1500 名官员涉贪》，柬埔寨《星洲日报》2012 年 1 月 30 日。

③ 《森总理申报财产，月薪 460 万柬币》，柬埔寨《星洲日报》2011 年 4 月 2 日。

④ 《卜省警长涉舞弊滥权，洪森侄儿洪贤遭革职》，柬埔寨《星洲日报》2011 年 1 月 10 日。

⑤ 《年耗 400 万美元，揪出 4000 幽灵公务员》，柬埔寨《星洲日报》2011 年 4 月 21 日。

为影响社会稳定的一大问题。有人乘管理混乱之机，非法侵占大量土地，然后倒卖给公司开发。据洪森首相所说，被非法侵占的土地，已从 20 世纪 90 年代初期的 1 万公顷增加到 2006 年的 20 万公顷。①

土地纠纷导致暴力冲突、示威游行等群体性事件频繁发生，引起了洪森政府的高度重视。2009 年 2 月底，副总理兼国家解决土地纠纷机构新任主席本成于严肃指出，"土地纠纷是大家应注意的问题，有可能会演变成人民革命"。② 为了遏制土地纠纷案高发的态势，柬政府主要采取了以下两项措施：

一是重拳出击，既打"苍蝇"，也打"老虎"。2007 年 2 月中旬，洪森首相指出，打击（非法占地的）不法行为，不只要向低级官员下手，还要敢于首先向大官开刀。3 月初，针对一名三星上将涉嫌侵占土地的案件，洪森作出批示，要求国防部部长亲自处理，称若该名将军仍不肯交回该土地，将在一周内遭撤职。11 月 19 日，洪森郑重宣布：反侵占土地的"战争"已经开始，不肯放手者将遭受惩罚。③ 在严打中，执法部门加大了对土地纠纷案件的立案和审结力度。据柬国土规划建设部披露，截至 2010 年，柬埔寨土地纠纷诉讼案累计已达 5364 起，其中 1926 起已经审结，占地面积达 3148 公顷，占土地纠纷案总面积的 55.64%。④

二是寻求国际援助，实施土地管理和行政改革计划。鉴于问题的严重性，2009 年 9 月，在国际社会的帮助和资金支持下，柬埔寨政府开始实施"土地管理和行政改革计划"，其中，世界银行援助 2430 万美元，芬兰、德国和加拿大等国援助 1300 万美元。该计划的主要目的，是在柬埔寨进行土地改革，重整在红色高棉时代遭严重破坏的地契注册系统。该计划实施以来，取得了显著成绩，当然也存在不少问题。根据世界银行数据，截至 2010 年年底，柬埔寨政府已发放了约 110 万张土地证。

4. 劳资纠纷突出，罢工频繁，不但影响外资流入，而且影响社会安定

制衣厂工人频繁罢工，是进入 21 世纪以来柬埔寨的一种引人注目的社会现象。据柬埔寨相关部门统计，截至 2006 年年底，全国共有 420 家成衣厂和 19 家鞋厂，工人总数达 287005 人。而在从 2004 年至 2006 年的三年间，这些制衣厂共发生了 594 起劳资纠纷事件，其中 288 起是由工会领导的

① 柬埔寨《星洲日报》2007 年 2 月 16 日。
② 柬埔寨《星洲日报》2009 年 2 月 26 日。
③ 柬埔寨《星洲日报》2007 年 11 月 20 日。
④ 柬埔寨《星洲日报》2010 年 2 月 5 日。

罢工，占 48.48%。发生劳资纠纷的工厂累计达到 557 家。① 近几年来，罢工事件继续呈高发态势，其中绝大多数为制衣工人的罢工。2009 年柬全国共发生罢工事件 100 起，较往年有所下降，但是绝对数字仍然很高。2010年，罢工事件仍然此起彼伏，而且呈规模化、统一化的趋势。以往各工厂孤立的、单独的罢工和游行示威正转向全市统一的、有组织的行动，而且有暴力化倾向，老板被围堵甚至被殴打、机器设备遭破坏，车辆被焚烧可谓屡见不鲜。有的罢工，甚至破坏机器设备，搞人身伤害，不但严重影响了社会治安，影响经济发展，而且也严重影响了柬埔寨的国际形象，恶化了投资环境。

劳资纠纷频发的主要原因，一是工人要求厂方遵守劳工法，发给所有津贴和补贴；二是要求增加工资；三是反对厂方随意开除工人；四是要求改善劳动条件，减少工作时间，等等。

频繁发生的非理性的罢工，引起了柬埔寨政府和相关人士的关注。2009年 7 月初，劳工部国务秘书翁棉公开表示，要劝告工人应该理性看待增加工资问题。2011 年 3 月 4 日，柬政府劳工部发出通告，声称"大规模罢工不可取"，并且强调，"希望公众、劳方、资方、国内外非政府组织给予必要的合作及支持，避免发生罢工事件，破坏资劳双方的利益，影响国家社会安定"。②

在各方的协调配合下，近来罢工开始向理性化方向发展。2012 年 4 月26 日，柬埔寨国家工会理事会（CCNU）宣布成立，这是全国 62 个工会的联盟，旨在协调劳资关系，保护工人、教师和其他国内外工人的利益和权利；同时也参与维持政治秩序和保持投资状况。③

5. 战争遗留爆炸物仍然大量存在，人民生命财产继续遭受严重威胁

过去多年的战乱，使数十万件武器流散于民间，成为柬埔寨社会治安的一大隐患。枪支的走私、非法倒卖司空见惯，由此引发的恶性案件层出不穷。为减少暴力犯罪，柬埔寨政府一直在进行缉枪行动，曾于 1999 年 5 月5 日当众销毁了收缴的 4000 余件武器，但据认为，这仅仅是冰山一角，目前仍有大量武器流散于民间。

长期的战乱，还留下了大量未爆炸的爆炸物，其中尤以地雷为多，据称总数达 30 万枚，给战后柬埔寨人民的生命财产造成巨大威胁。据统计，自

---

① 柬埔寨《星洲日报》2007 年 1 月 24 日。

② 《大规模罢工不可取》，柬埔寨《星洲日报》2011 年 7 月 14 日。

③ 《工会理事会正式成立》，柬埔寨《星洲日报》2012 年 4 月 27 日。

1979 年截至 2012 年 7 月，地雷或未爆炸弹已致死 19644 人，44487 人受伤。① 尽管在国际社会的援助下，花费 3 亿多美元（其中仅 2001 年至 2011 年就已耗费 2 亿多美元），经过 5000 多名专业排雷人员多年的努力，已经排除了大量地雷，触雷伤人事件也逐年递减，从 1996 年至 2008 年，地雷与未爆物的爆炸事件从每年的 4320 起降至 266 起，完成的排雷面积已经达到 460 平方公里，② 但估计仍需要至少 10 年时间，才有可能将所有地雷清除干净，残留爆炸物仍然威胁着柬埔寨人民的生命财产。2012 年 1—10 月，因误触地雷和未爆炮弹的伤亡人数仍然达到 122 人，其中死亡 31 人，另有 91 人受伤或截肢。③

　　针对上述情况，柬埔寨政府继续持之以恒推进排雷工作，经费困难影响排雷工作，柬埔寨国家领导人尤其是洪森首相到处化缘，寻求国际援助。经过多年的努力，清除地雷的工作已经取得了决定性的胜利，最后胜利已经为期不远。

五　改革与转型为柬埔寨经济社会的发展提供重要动力

　　改革与转型使柬埔寨国情发生了天翻地覆的变化，使柬埔寨人民逐渐走上了和平、幸福的轨道。对于曾经灾难深重的柬埔寨来讲，这样的评价一点也不为过。新世纪以来改革与转型对于柬埔寨经济社会发展的促进是多方面的，其中主要表现在以下几个方面：

　　（一）经济发展：改革与转型的新进展有力地促进了柬埔寨经济实力的提升

　　1993 年实现国内和平，举行大选组建新政府时，柬埔寨正所谓国弱民穷。新政府面对的是长期战乱留下的一副烂摊子。当时，柬埔寨的国内生产总值约合 21 亿美元，人均 GDP 约合 200 美元，年对外贸易总额 9.41 亿美元（其中出口 5.19 亿美元，进口 4.22 亿美元），外债总额为 18.29 亿美元，外汇储备仅 2420 万美元，年内吸收外资 5410 万美元。④ 然而，随着政治经济改革与转型的不断推进，柬埔寨的经济实力稳步提升。截至进入新世纪

---

① 《21 死 79 伤，上半年百宗地雷案》，柬埔寨《星洲日报》2012 年 9 月 27 日。
② 柬埔寨《星洲日报》2009 年 7 月 7 日。
③ 柬埔寨《星洲日报》2012 年 9 月 27 日、10 月 2 日。
④ 王士录编著：《当代柬埔寨经济》，云南大学出版社 1999 年版，第 112、474 页。

前最后一年的 2000 年，柬埔寨的主要经济指标已经是今非昔比：总人口
1320 万人，国内生产总值 36 亿美元，经济增长率 7%（上一年为 10.8%），
通货膨胀率 - 0.8%，进出口总额 33.34 亿美元（其中出口 14.01 亿美元，
进口 19.39 亿美元），外汇储备 5.02 亿美元。[①] 柬埔寨经济进入持续高速发
展的快车道。

到了 2006 年，柬埔寨的主要经济指标又呈现一番新的景象：总人口
1410 万人，国内生产总值 73 亿美元，经济增长率 10.8%，通货膨胀率
4.2%，进出口总额 84.63 亿美元（其中出口 36.92 亿美元，进口 47.71 亿
美元），外汇储备 14.11 亿美元，外债 35.27 亿美元。[②]

2010 年的统计资料显示，柬埔寨总人口 1530 万，国内生产总值达到
161 亿美元，人均国内生产总值 693 美元；对外贸易总额 158 亿美元（其中
出口 67 亿美元，进口 91 亿美元）；外汇储备 41 亿美元；外债 48 亿美元。
进入新世纪以来的 10 年，国内生产总值从 36 亿美元增加到 161 亿美元，翻
了 4 倍还多；人均 GDP 从约 250 美元增加到约 700 美元，翻了近 3 倍；对
外贸易总额从 33 亿美元增加到 158 亿美元，增加了约 4.8 倍。

其间，柬埔寨各部门经济都取得了巨大进步。

在农业方面，农业基础有了显著改善，抵御自然灾害的能力大大增强，
粮食耕地面积和产量大大提高。2011 年全国农业种植面积已达 5.5 万平方
公里，占其土地总面积的约 30.6%；稻谷总产量超过 800 万吨，除了满足
国内需求外，约有 400 万吨稻谷可加工成 250 万吨大米供出口。柬埔寨从一
个缺粮少米的国家一跃成为世界第"六大"大米输出国。[③] 木薯种植业面积
从 2002 年的 19500 公顷，猛增至 2011 年的 391700 公顷，木薯产量达到 800
万吨。[④]

在工业方面，经过 20 年的发展，工业企业尤其是中小型微型企业数量
猛增，工业产值有了很大提升，结构不断改善。根据计划部的普查报告，截
至 2012 年 3 月中旬，柬埔寨全国共有 505134 家企业，从业工人达到
1676263 人。按行业划分，批发、零售、摩托车维修和汽车企业为 28.9 万
家，占 57.2%，制造企业共 7.5 万家，占 14.9%，餐饮住宿企业共 7 万家，
占 13.8%，其他企业 3.3 万家，占 6.4%。其中，制衣业仍然是柬埔寨工业

① The Economist Intelligence Unit（London），*Country Report Cambodia*，November，2004.
② The Economist Intelligence Unit（London），*Country Report*：*Cambodia*，November，2010.
③ 《全国稻谷总产量，今年料逾 800 万公吨》，柬埔寨《星洲日报》2012 年 10 月 2 日。
④ 《木薯种植面积扩大，备受国际瞩目》，柬埔寨《星洲日报》2012 年 3 月 27 日。

的支柱，截至 2011 年年底，柬埔寨共拥有 500 多家成衣厂，吸纳近百万人就业，出口金额高达 43 亿美元。

在旅游业方面，近年来，柬埔寨旅游业发展迅速，已成为其支柱产业。2011 年，柬埔寨共接待外国游客 2881862 人次，同比增长了 14.9%。其中，中国游客约 247197 人，增长约 39%，继越南和韩国后，位居第三名。[①] 柬旅游部门定下的目标是 2012 年完成接待 300 万外国游客，2015 年达到 450 万人次，2020 年突破 700 万人次。

在对外贸易方面，发展也很快，外贸总额从 2000 年的 33 亿美元增加至 2006 年的 84 亿美元，再到 2010 年的 158 亿美元。在出口商品中，成衣占了 87%，其余依次是大米、木薯、橡胶、水产品、黄豆、米玉、花生、腰果、黑胡椒等。进口主要是机械设备、石油化工、日用百货等产品。

在引进和利用外资方面，柬埔寨经济的持续高速发展，外资扮演了重要角色。资料显示，1994 年至 2011 年的 17 年间，柬埔寨共吸引外资 246.8 亿美元，其中中国为最大投资来源国，累计对柬投资 89.1 亿美元，其次为韩国 40.4 亿美元，马来西亚 26.1 亿美元，英国 23.9 亿美元，美国 12.8 亿美元，越南 12 亿美元，泰国 7.46 亿美元。[②] 由于其较高的经济自由度和优惠的吸引外资的政策，柬埔寨成为最受外商欢迎的国家之一，进入新世纪以来，柬埔寨引进外资一直呈快速增长之势。近年来发展态势良好的柬埔寨经济特区，就得益于外来投资的拉动。据柬埔寨发展理事会的报告，自 2006 年至 2011 年，柬经济特区累计已吸纳 96 项外来投资项目，创造了 61400 个就业机会。其中仅 2011 年柬全国经济特区就吸引了 39 个外来投资项目，总投资额达 7.25 亿美元。

总之，改革开放为柬埔寨经济的发展提供了强大的动力，随着改革开放的不断深化，柬埔寨的经济实力也迅速提升。

（二）经济发展：改革开放的新进展有力地促进了柬埔寨的基础设施建设

柬埔寨基础设施的巨大改善，是在进入新世纪以后。随着改革开放的推进和经济实力的增强，以及人民党一党独大格局的逐渐形成，洪森的地位日益巩固，柬政府有更多的精力来搞经济建设，基础设施建设进入快速发展时期。

经过多年重建和新建，目前柬埔寨已经建立起较为完善的公路交通网

---

① 《庞大市场设定目标，强攻中国游客市场》，柬埔寨《星洲日报》2012 年 4 月 25 日。

② 柬埔寨《星洲日报》2012 年 2 月 12 日。

络。柬埔寨公路网以金边为中心，通过 1—8 号一级国道，将首都金边与全国大部分省会城市连接。省会之间则通过二级国道相连。全国公路通车里程达到 30652 公里，其中包括 2117 公里一级国道，3146 公里二级国道，6441 公里省道，18948 公里乡村道路。目前，世行、亚行和中、日、韩三国是帮助柬埔寨进行公路建设的主要力量。截至 2009 年年底，中国使用援助、优贷和优买资金帮助柬已建、在建和待建公路总里程达 1271 公里。

在铁路建设方面，目前柬埔寨全国仅有两条铁路线，均为单线米轨，无客运列车。南线从金边至西哈努克港，全长 264 公里，1969 年建成；北线从金边至西北部城市诗梳风，全长 338 公里，1942 年建成。两条铁路因遭受战争严重破坏而长期停运，进入新世纪以后在国际援助下修复通车，但因设施严重老化速度和运力很低，目前正在外商帮助下进行提级改造。

在水运方面，主要港口有西哈努克海港和金边河港两个港口，20 世纪七八十年代因战乱损毁。进入新世纪以后，利用日本优惠贷款重建和扩建西港码头，目前，西港码头已经扩大至 400 米长，水深 9 米，能停靠万吨级船舶，年集装箱吞吐量为 40 万标准箱，成为一个重要国际性海港。位于金边市中心湄公河畔的金边港是柬内河航运的重要枢纽，通过湄公河与越南范蓬湾港（Van Phong Bay）连接，也经历了新世纪以来的重建与扩建，2009 年吞吐量约 130 万吨，集装箱吞吐量为 4 万标准箱。

在航空运输方面，柬埔寨主要有金边机场和暹粒机场两个国际机场；主要航空公司有暹粒航空公司、吴哥航空公司；开辟有金边—曼谷、金边—胡志明市、金边—万象、金边—吉隆坡、金边—新加坡五条国际航线。外方航空公司在柬的主要航线有：金边—曼谷、金边—广州、金边—香港、暹粒—曼谷、金边—上海、金边—新加坡、金边—台北、金边—高雄、金边—胡志明市、金边—万象、金边—普吉等航线。西哈努克港、马德望、上丁等国内机场有定期航班通行，可起降中、小型飞机。

在电力基础设施建设方面，迄今柬埔寨已建和在建多个大中型水电站，电力生产和供应大为改善。目前柬政府已计划在全国范围内建设三大主电网，努力完成"2020 年将电力覆盖到全国，2030 年使全国 70% 的家庭有电用"的目标。

在信息基础设施建设方面，为改变落后状态，近年来柬埔寨政府加大了投入和建设力度，目前，已成立国营柬埔寨电信公司，该公司既是柬最大的网络运营商，也是网络提供商。拥有连接柬、老、泰、越的光纤网络，可提供 2.5Gbps 传输带宽，总长超过 1300 公里。[①] 截至 2011 年年底，柬埔寨已有 15678829 个移动电话用户，以及 535685 个固定电话用户；固定电话运营商 8 家，移动电话运营商也有 8 家；互联网服务公司已达到 28 家，其中有 7 家公司获得政府颁发 3G 系统服务的营业执照。据邮电部长苏坤 4 月 9 日透露，柬埔寨将于 2013 年首季发射第一颗通信卫星并投入使用。该卫星由一家俄罗斯公司制造。[②]

在柬埔寨基础设施建设方面，中国给予了大力支持。正如柬埔寨副首相索安所说，许多中国企业到柬埔寨投资建设道路、桥梁、水电站等，使柬基础设施大幅改善，尤其是边远贫苦地区，随着交通条件的好转，当地农民可以更好地经营农田或发展其他产业，生活水平明显提高。[③] 2010 年 6 月 24 日，中国交通部与柬埔寨公共工程和运输部在金边签署一项谅解备忘录，旨在加强中、柬两国有关部门在道路、桥梁等交通基础设施建设领域的合作。[④]

（三）社会进步：改革与转型的新进展有力地促进了柬埔寨社会的公平与正义

柬埔寨是传统的农业国家，80% 的人口生活在农村。与多数亚洲国家相同，柬埔寨的贫困问题十分严峻。由于长期的战乱，柬埔寨贫困面很大，进入新世纪以前，柬埔寨的贫困人口占全国人口总数的近 30%。恢复和平后尤其是洪森及其人民党在国家政治经济生活中的主导地位确立以后，柬埔寨政府致力于通过实施改革开放政策推进战后经济的重建，将发展经济、改善民生作为政府施政的第一要务。洪森首相在 1999 年第二任期推出的"三角战略"，以及 2004 年第三任期推出的"四角战略"，最终目标都是发展经济，提高人民生活水平。作为第三届洪森政府施政纲领的"四角战略"开宗明义指出："本届政府将遵循人民的意愿，以维护和平、民族团结、保持社会秩序稳定、坚持民主、尊重人权、维护国家独立主权、领土完整为神圣职责，给国家带来可持续发展，为人民创造一个安居乐业、和睦繁荣的生活环境，乃是本届政府执政的宗旨"，进而郑重承诺：本届政府"将把柬埔寨

---

① 驻柬埔寨使馆经商处，2010 年 3 月 26 日，http://template1. mofcom. gov. cn/aarticle/db/cz/201110/20111007780838. html。

② 《柬首个人造卫星，有望明年首季发射》，柬埔寨《星洲日报》2012 年 4 月 10 日。

③ 张丹：《柬埔寨着力完善投资环境，邀中国企业加大对柬投资》，中国新闻网，2010 - 07 - 17 22：49：19。

④ 《中柬签署交通基础设施建设合作备忘录》，2010 - 06 - 24 21：42：09　来源：新华网（广州）。

社会建设成为具有和平稳定，拥有良好社会秩序，并充分享有民主与人权的社会，使人民在国家的可持续发展中，均能提高文化知识水平，并在社会大家庭中充分享受着美好的生活"。① 根据上述宗旨和承诺，历届柬埔寨政府一以贯之，相继实施了一系列促进经济社会发展的计划和措施，其中包括扩大耕地面积，促进粮食尤其是大米生产的措施；减少贫困，缩小城乡差距的措施；严厉打击贪污腐败尤其是国家工作人员队伍中的贪污腐败，促进社会公平正义的措施；等等。新世纪以来，柬埔寨政治社会稳定，经济逆势上扬，教育、卫生等各项社会事业快速发展，人民安居乐业。

洪森及其人民党之所以能够连续执政 20 年并且其地位至今不可动摇，关键还是民心所向，即其所实施的一系列政策能持久地赢得民心。由于政府奉行"亲民惠民"政策，经济发展的成果也越来越多地为普通民众所享受，经济改革与发展的成果越来越多地惠及普通民众，洪森及其人民党政府自然受到人民的拥戴。

（四）社会进步：改革与转型的新进展有力地促进了柬埔寨人民生活水平的提高

新世纪以来柬埔寨改革与转型对其社会进步的贡献，还体现为改革有力地促进了柬埔寨人民生活水平的提高。

首先是柬埔寨的人均 GDP 快速增长。如前所述，20 世纪 90 年代初期，柬埔寨人均 GDP 不足 200 美元，2009 年已经达到 692.6 美元，② 目前已经接近 800 美元。

其次是社会保障体系进一步完善，人民生活质量日益提高。

柬埔寨社会保障体系的进一步完善和人民生活质量的提高，在进入新世纪以来也是非常明显的。早在洪森首相于 2004 年 7 月提出的《四角战略》中，就系统阐述了建立和完善社会保障体系以便提高人民生活质量的设想。作为洪森政府的施政报告，"四角战略"的内涵就是"增长、就业、平等、效率"。"四角战略"第四角的基本任务，就是要"为公务员、职员和工人设立社会保障体系"，要创造更多的就业机会，减少贫民……提高老年人、孤儿、受害妇女、流浪者、退伍军人及其家属的生活条件；要执行男女平等政策，尽最大的努力改善妇女的地位；要努力落实《2003—2007 年卫生领

① 《柬埔寨王国政府〈四角战略〉——洪森首相 2004 年 7 月 16 日在第三届内阁第一次全体会议上所做政府施政报告》，文章来源：中华人民共和国驻柬埔寨大使馆经商处子站，2004 - 12 - 13 23：38。http：//cb. mofcom. gov. cn/aarticle/jmxw/200412/20041200318821. html。

② Source：Table1，Selected basic ASEAN indicators as of 15 February 2011. http：//www. aseansec. org/stat/Table1. xls，2012 - 01 - 10.

域战略规划》，加强卫生领域的投资以提高公民的健康，要优先考虑在全国各省和各县建立医院和医疗中心，以便为每位公民，特别是贫困和容易受伤害者提供有效、平等和持久的医疗服务。[①]毋庸置疑，《四角战略》提出和实施 8 年来，柬埔寨在提高人民生活质量，促进社会进步方面成绩显著，社会保障体系逐渐建立并日益完善。目前，柬埔寨的人均寿命已经从 1993 年恢复和平时的约 48 岁（其中男子 46 岁，女子 49 岁），[②]提高到 2010 年的 63.1 岁，在世界各国人均寿命排行榜上列第 142 位。

（五）外部环境改善：改革与转型有效地改善了柬埔寨经济社会发展的外部环境

柬埔寨奉行独立、和平、永久中立和不结盟的外交政策，反对外国侵略和干涉，在和平共处五项原则基础上同所有国家建立友好关系。进入新世纪以来，柬埔寨政府继续实行全方位外交政策，推动国家的对外开放，积极融入国际社会，争取外援发展经济，对外交往搞得有声有色，在地区和国际事务中的地位和作用日益增强。迄今，柬埔寨已经与 100 多个国家建立了外交关系。在 1999 年正式加入东盟后，柬埔寨又积极推进加入世界贸易组织的进程并不断取得新进展。

对外关系的不断改善，为柬埔寨经济的发展赢得了良好的外部环境，外资和外援源源不断涌入柬埔寨，对外贸易快速发展。如今，柬埔寨享受美、欧、日等 28 个国家给予的普惠制待遇（GSP）和最惠国（MFN）待遇；尤其是其纺织服装产品的出口，获得美国等国给予的较宽松的配额和减免增收进口关税的优惠待遇，这大大有助于柬埔寨对外贸易的发展。

六　柬埔寨转型与发展的前景

20 年来尤其是进入新世纪以来，柬埔寨的改革与转型成果斐然。目前，柬埔寨的政治经济和社会改革都已经度过了阵痛期，新的体制机制已经建立起来并不断磨合和巩固，逐渐适应了柬埔寨的特殊国情。但是，与其他转型国家一样，柬埔寨的转型也是一个不断巩固和完善的长期的历史过程，仍然需要不断深化，需要通过改革的深化不断释放出"内生动力"，不断刺激、

---

① 洪森：《柬埔寨王国政府的"四角战略"——2004 年 7 月 16 日洪森首相在第三届内阁第一次全体会议上所做政府施政报告》，中国驻柬埔寨使馆经商参处网站 2004 年 12 月 14 日。http://www.shandongbusiness.gov.cn/index/content/sid/11858.html。

② 王士录：《当代柬埔寨经济》，云南大学出版社 1999 年版，第 27 页。

促进国家政治、经济和社会的健康发展。由于种种原因，未来柬埔寨的转型与发展，总体上前景看好，但也存在着一些不利因素。

（一）未来柬埔寨政治转型的前景

如前所述，1993 年起柬埔寨的政治经济转型，总体上是从越南（苏联）模式的政治经济体制向君主立宪制的多党民主政治体制和自由市场经济体制的转型。这种转型是在外部压力下，在改变了政权性质的前提下，以"一步到位"的方式来实现的。但是在柬埔寨的特殊国情下，新建立起来的君主立宪制的多党民主政治体制在巩固和完善的过程中发生了异化：具有多年执政经历的柬埔寨人民党始终处于强势地位并一直掌握政权，而其他政党则相继衰落并被边缘化，逐渐形成了事实上的"一党独大威权政治"体制。近 20 年来的发展表明，鉴于柬埔寨国情的特殊性，"一党独大威权政治"体制对于巩固 1993 年以后柬埔寨政治、经济和社会转型的成果，为成熟的民主政治体制在柬埔寨的建立奠定更为扎实的基础无疑起了积极的作用。但是"一党独大威权政治"毕竟已经是一种不合时宜的政治体制，也不是柬埔寨政治体制转型的终极目标，而仅仅只一种过渡性产物。因此笔者认为，柬埔寨的政治转型进程远未完成，还面临着由"一党独大威权政治"向现代民主政治体制转型的任务。当然，这种所谓的"现代民主政治体制"不一定就是西方民主政治，而必然带有柬埔寨自身的特点，至于未来将如何发展，我们仍需拭目以待。

对于未来柬埔寨政治转型与发展所面临的不利因素或者说是风险，人们普遍认为主要的，一是政治风险，二是公共行政成本风险。

关于政治风险，存在着不同的理解。以欧美为主的观察家认为，当前柬埔寨面临的诡异气氛来自"剧烈的政治经济制度转型带来的阵痛期"，[1]然而柬埔寨的政治参与者、柬埔寨裔的海外学者观察家却普遍认为"现行的民主制度已然名存实亡"，Sorpong Peou 更认为柬埔寨民主正逐渐式微，洪森的霸权地位将逐渐取代公平的民主竞争。[2]而台湾学者陈世伦则认为，柬埔寨的政治发展只有两种可能的结果，亦即"威权统治的形式民主"，或者是"长期的民主停滞困境"。然而，单从产业发展环境考量，柬埔寨面临的还是一个稳定的威权统治，还是宿命的政治对抗带来的国力

① 陈世伦：《柬埔寨经济结构之转型问题研究：以产业发展为例》，硕士学位论文，台湾成功大学，2003 年，电子版，第 151 页。

② Peou, Sorpong, *Intervention and Change in Cambodia Towarads Democracy*, Singapore：St. Martin's Press, 2000, pp. 289–404.

内耗？毋庸置疑的是，唯有一个稳定的政治环境，方能提供经济、产业发展的温床。①

换言之，按照陈世伦先生的观点，柬埔寨一党独大威权政治的形成已经是一个既成事实。这并非什么坏事。进入新世纪以来柬埔寨政治社会稳定发展的现实表明，一党独大威权政治看来总体上适合于柬埔寨的基本国情。在可以预见的未来，一党独大威权政治在柬埔寨将继续巩固，柬埔寨政治社会将继续保持稳定。这是一个基本的判断。正如一位外国学者所指出的，由于洪森、谢辛、韩桑林、贺南洪等人民党元老已经经营人民党多年，而且现在仍然牢牢控制着人民党，人民党的领袖、国家、军队尤其是掌握实权的军事领袖都互为存在的条件，结成了一个命运共同体，其政治资源得到了很好的利用，因此，人民党越来越强大。② 人民党已经成为一个强势政党，其政府也是一个强势政府；再加上代表人民党执政的洪森首相执政经历长、经验丰富，政局长期保持稳定，经济重建成果显著，人民满意度越来越高，因此近年来柬埔寨政治发展中人民党"一党独大"的格局日益巩固，反对党力量则日益萎缩，很难组织起有力反抗。"一党独大"威权政治的发展，有力地强化了未来柬埔寨政局稳定的基础。③

柬埔寨能够实现长治久安和快速发展，这与洪森及其人民党不断增强的执政能力和正确决策是分不开的。恢复和平以来，人民党政府始终重视政权建设和执政能力的提高，重视法制建设，司法制度不断完善。柬埔寨政局继续保持稳定，人民对执政的人民党及洪森政府的满意度持续居高。就连作为国父的诺罗敦·西哈努克也对国家发展所取得成绩表示满意。在 2011 年 10 月底庆祝其 90 岁华诞之际，西哈努克高度赞扬了在西哈莫尼国王和洪森首相领导下，国家和平与稳定并推动国家经济社会各领域取得的重大发展成就，声称："洪森正确带领发展，乐见国家团结富强。"④ 综上所述，在可以预见的未来，一党独大威权政治在柬埔寨将继续巩固，柬埔寨政治社会将继续保持稳定。

①　陈世伦：《柬埔寨经济结构之转型问题研究：以产业发展为例》，硕士学位论文，台湾成功大学，2003 年，电子版，第 151 页。

②　Sorpong poeu, *Combodia after the Killing Fields*, in Government and Politics in Southeast Asia, ed-John Funston, 59（Singapore：Institute of Southeast Asian Studiies, 2001）. Kheang Un、Sokbunthoeun So, *Politics of Natural Resource Use in Cambodia*, Asian affairs：An American Reviaw, 2009, Volume 36, Numbre3, p. 125.

③　王士录：《柬埔寨：政局稳定，经济发展环境看好》，载王士录主编《东南亚报告（2009—2010）》，云南大学出版社 2010 年版，第 122 页。

④　《国父：洪森正确带领发展乐见国家团结富强》，柬埔寨《星洲日报》2011 年 10 月 31 日。

但是，尽管未来柬埔寨政坛将继续维持人民党一党独大的政治格局，洪森首相的执政地位不可撼动，但未来柬埔寨一党独大威权政治的巩固与发展并不会一帆风顺，仍将充满矛盾和斗争。首先是来自反对党的挑战不可能彻底解除；其次是由于各政治力量的不断分化和重新组合，执政党和反对党自身力量的消长一刻也不会停止。事实上，随着 2013 年第五次大选的如期临近，柬埔寨政局在总体上继续保持稳定的同时，也是暗流涌动，发展很不平静。一方面，柬埔寨人民党在继续巩固其一党独大执政地位的同时，也面临着来自各反对党明里和暗里的挑战，尽管这种挑战似乎显得软弱无力。另一方面，随着 2013 年大选日期的临近，包括桑兰西党、人权党、拉那烈党乃至参政的奉辛比克党在内的各反对党的分化、重组则进一步加剧。

值得注意的是，尽管反对党深知人民党一党独大，其地位难以撼动，但并不甘愿坐以待毙，仍然抓住时机重组力量以求在 2013 年的大选中"背水一战"。随着大选的日益临近，各政党之间的角逐逐渐加剧。因逃避法院判决而自 2010 年年初就流亡海外的反对党领袖桑兰西迫切希望回国领导本党参加来年的大选，虽数次向洪森政府提出申请均被拒绝。但是，国内多个民间组织都表示支持桑兰西回国参选。为此，自 2011 年以来，桑兰西党一直在加紧活动。[1] 为备战 2013 年的大选，2012 年 6 月底，更名为"民族主义党"的拉那烈党也开始采取行动，其中一个重大行动就是拉那烈打算与奉辛比克党联合组成反对党以便壮大力量。8 月 25 日，民族主义党与奉辛比克党正式宣布合并。两党合并后，党名仍为奉辛比克党，合并的目的是希望能在 2013 年大选中赢得更多的票数，强化君主主义。[2]

另一方面，主要反对党桑兰西党和由庚速卡领导的人权党的结盟也紧锣密鼓，取得重大突破。有柬埔寨学者认为，两大反对党的结盟，将能壮大民主力量，给执政的人民党带来一定的压力。2012 年 7 月底，庚速卡连任党主席之后，即将酝酿了多时的与桑兰西党的合并提上议事日程，着力予以推动。其结果是，长期流亡海外的桑兰西党主席桑兰西同意只身加入人权党，而人权党则改名称为"救国党"，由桑兰西出任党主席，庚速卡任副主席，旨在积蓄力量，"与人民党抗衡，出征明年的大选"，[3] 而桑

---

① 《民间组织联合力量，要让沈良西回国》，柬埔寨《星洲日报》2012 年 10 月 23 日。

② 《脱离沈党人权党，3607 人转入奉党》，柬埔寨《星洲日报》2012 年 9 月 2 日。

③ 《成立政党条件，救国党寻 4000 支持者》，柬埔寨《星洲日报》2012 年 9 月 9 日。

兰西党则继续成为一个独立政党，由多年来出任代主席的贡光为主席、桑兰西之妻朱蓉素玛拉为副主席率领，继续成为反对党，支持"救国党"参加大选。①

关于公共行政成本风险，是说柬埔寨政府面临着严重的贪污文化，将大大增加其政治改革与转型的成本。"贪污腐败降低公共行政效率、增加交易成本"，这是当前外商投资柬埔寨最为疼痛的问题，虽然柬埔寨政府已经在亚洲开发银行的支持下展开了一连串的行政革新、司法改革与公务人员调薪等改革工作，但可以预见的是，从殖民时代即存在的"帮办文化"演变为今天的"索贿"，这大大增加了产业发展成本、交易成本，同时也增加了各类国际援助效能的额外公共成本。这种独特的政治文化，将成为柬埔寨产业发展的障碍之一。尽管洪森政府重拳出击整治贪腐，一批腐败分子被法办，但法不治众，必须持之以恒才能取得成效。

综上所述，柬埔寨的政治转型仍然充满变数。

（二）未来柬埔寨经济转型的前景

从理论上讲，经济改革与转型包括经济体制的改革与转型和经济结构的改革与转型两个方面。经过近20年改革，目前柬埔寨已经成为经济自由化程度较高的国家。在所有制结构、资源配置方式、分配方式，以及对外开放的体制机制和政策等方面，能放开的都已经放开，因此柬埔寨经济体制改革与转型的目标已经基本实现，未来所面临的主要任务是应对经济结构的改革与转型，从而实现增长方式的转变。

目前，制约柬埔寨经济健康、稳定发展的障碍，主要是工农业基础设施落后、经济结构单一、市场发育程度较低、贫困人口较多、城乡二元结构突出等。改变上述状况，需要保持政局的稳定和政策的连续性。事实证明，柬埔寨经济能够较快发展，首先得益于国内长期的政治稳定和政府强有力的领导。2012年5月1日，总部设在美国的国际共和研究所（IRI）在金边公布了一项柬埔寨民意调查报告，在2000名受访者中有81%的人（1623人）认为目前柬埔寨走的道路是正确的，这个百分比比2011年的同样民意调查增加了5个百分点。87%的受访者信任洪森，只有13%的人不信任。这个结果显示，绝大多数的柬埔寨民众肯定了洪森政府的工作，并继续表达了对他的支持。其他重要的因素还包括：宽松的经济政策、高度的对外开放、良好的国际关系、不断完善的民主制度等。2004年7月16日第三届政府的第一次内阁会议上，洪森

---

① 《沈良西妻任副主席，贡光成沈党主席》，柬埔寨《星洲日报》2012年11月3日。

强烈表达了他继续推进柬埔寨改革事业，加快经济发展，重建历史辉煌的决心。洪森对与会的部长们说："我曾在国内外讲台上反复表示，柬埔寨没有其他选择，只有继续坚决和谨慎地推进各方面更广泛和深刻的改革才有出路。改革是关系到柬埔寨存亡的事业。我们的民族曾经享受过荣耀，备受世人的尊敬和赞扬。只有团结一致进行改革，我们才有希望摆脱贫困轮回的桎梏，重建柬埔寨民族的尊严。相反，如果拒绝改革，我们将失去手中的运气和机遇，继续置身在无休止的穷困、争斗和动荡之中"；"柬埔寨需要加快发展经济的步伐，提高人民生活水平。最好的办法就是借鉴别人的成功经验，尽量少走弯路。要充分发挥柬埔寨的后发优势和比较优势"。[1] 洪森的指导思想是正确的，态度是坚决的。

据此判断，如果政治上不发生重大转折，柬埔寨的经济改革将继续推进，经济社会将能继续保持健康、稳定的发展。

---

① 《经济转型或成为柬埔寨复兴的关键》，《高棉经济》2012 年第 4 期。

第六章

新世纪以来缅甸的转型与发展

在大湄公河区域五国中，缅甸是一个国情较为特殊的国家。第二次世界大战后独立初期的吴努时期，缅甸对发展道路的选择可谓非西非东，即在政治体制上选择了近似于西方的议会民主政治，[①] 而在经济体制上则又受东方即苏联模式的影响，搞所谓"吴努的社会主义"，其基本特点就是"带有浓厚的佛教色彩，越到后期，佛教色彩就越浓厚"。[②] 但是，由于历史、政治、社会等各方面的原因，吴努的"社会主义"道路未能走多远，便被奈温的政治上的军事独裁和经济上的所谓"社会主义"所取代。此后虽然几经折腾，军事独裁统治一直沿袭下来，直至进入新世纪以后，缅甸政治、经济和社会转型的"春天"才姗姗来迟。缅甸的改革与转型可谓"路漫漫其修远"！需要特别指出的是，根据当前的时代特征，我们所说的"政治转型"，就是讲政治体制的民主化转型；而"经济转型"则是讲非市场经济体制向市场经济体制的转型。缅甸虽然在 2010 年 11 月 7 日举行大选成功实现由军人独裁政治体制向民主政治体制的转型，经济体制也从实质上开始向市场经济体制过渡。但是，目前的缅甸仅仅只是走上了转型的轨道，仍然需要一个长期的进一步巩固和完善的过程。再说，民主政治体制也有多种类型，缅甸未来的民主政治也不可能完全照搬美国模式，必然会形成一种具有自身特点的模式，至于会是一种什么样的模式，仍然需要进一步摸索。正如一位国际观察家所说，缅甸的改革与转型探索过程漫长但来得又太迅猛，即便是最著

---

① 这种政治体制被一些学者称为"一党优势制的西方民主制度"。见陈响富《缅甸军政府政治转型之影响》，硕士学位论文，台湾成功大学政治经济研究所，2008 年，第 68 页。

② 在从 1948 年 1 月 4 日缅甸独立到 1962 年 3 月吴努担任总理的 12 年间，吴努政府一贯标榜社会主义，在缅甸宣布独立的当天，缅甸总统苏瑞泰就在施政纲领中声称："我们长期以来欲达之基本目的是：在缅甸联邦废弃资本主义，建设一个由人民掌握国家一切事务的社会主义国家。"但是吴努的"社会主义"不仅在社会理想方面带有浓厚的佛教色彩，而且其社会经济政策也是实现其传统佛教文化目标的工具。见李晨阳《佛教对缅甸社会主义思潮的影响》（博客文章），http：//blog. voc. com. cn/blog_ showone_ type_ blog_ id_ 7444_ p_ 1. html。

名的缅甸专家也无法确定该国会何去何从。① 但是笔者认为，尽管面临着许多不确定因素，缅甸的转型似乎已经不可逆转。2010 年 11 月大选以来缅甸推动转型所散发出来的"正能量"令人瞩目，其转型成果值得期待。

一　进入新世纪前缅甸的改革与转型

缅甸地处"两洋""三亚"（"两洋"即太平洋和印度洋，"三亚"即东亚、东南亚和南亚）的结合部，地理区位优越，自然资源丰富，具有实现经济现代化的有利条件。正如有的学者所说，"缅甸是坐在'聚宝盆'上的幸运儿"。但是独立 60 多年后的今天，缅甸却沦为"捧着金碗要饭"的世界最穷国之一。就其深层次的原因，是缅甸所选择的发展道路有问题，缅甸的政治经济体制需要转型，而且为此缅甸人民已经上下求索了半个多世纪。

（一）缅甸改革与转型的原因与背景

缅甸为何要进行改革与转型？国际分析家的普遍看法是：经济发展迭遭挫折，积贫积弱，穷则思变。

众所周知，第二次世界大战前，缅甸曾是东南亚地区经济发展程度较高的国家，在英国殖民统治时代，缅甸曾经是亚洲最大的大米出口国。② 按照马克思关于西方殖民统治具有双重作用即破坏性作用和建设性作用的论断，英国在对缅甸长期进行残酷的殖民压迫和剥削的同时，出于掠夺的需要，在缅甸进行了大量的基础设施建设，客观上也带动了一些相关产业的发展。独立前夕，缅甸的经济发展处于东南亚国家的前列。其中，有利于英国加强对缅甸的殖民统治并能为英国殖民者带来外汇收入的铁路交通、稻米、木材及矿业生产片面发展。到 1940 年，缅甸铁路里程达到 3314 公里，在东南亚国家中居于首位；水稻年产量平均达到 750 万吨左右，大米出口每年在 300 万吨以上，是世界上最大的大米输出国；石油年产量约 800 万桶，曾一度排在石油生产国中第 13 位；1937 年，缅甸的外贸出口额达到 1.95 亿美元，是泰国出口额的近 3 倍。缅甸在当时东南亚各殖民地国家中经济发展程度较高，被称为"东南亚富庶之国"。③

1948 年 1 月缅甸摆脱英国的殖民统治成为独立的主权国家后，吴努政

---

① 《缅甸迅猛转型不可逆?》，亚洲外汇网，2012 – 03 – 09 13：40：51。

② Koichi Fujita, Fumiharu Mienu and Ikuko Okamolo, edited, *The Economic Transition in Myanmar After 1988: Market Economy verssus State Control*, Kyoto University Press, 2009, p. 1.

③ 陈明华编著：《当代缅甸经济》，云南大学出版社 1997 年版，第 5 页。

府推行具有浓厚佛教色彩的"社会主义",实施了大规模的土地改革运动和经济发展计划,尽管其间政治矛盾、民族矛盾和社会矛盾交织并发,经济发展磕磕碰碰,但在"二战"期间遭到重创的缅甸经济总体上仍然实现了较为平稳的恢复性发展。1950—1962 年,缅甸年均经济增长率达到 5.6%;1961/1962 年度,稻谷产量由"二战"刚结束时的 383.6 万吨恢复增长到 672.6 万吨,大米出口量由 42.4 万吨增加到 170 万吨,石油产量由 19 万桶恢复到了约 485 万桶。[①]

然而好景不长,1962 年 3 月以奈温为首的军人集团发动政变夺取政权后,在缅甸建立起军事独裁统治,并且公开声称要在缅甸搞"社会主义",将国名由"缅甸联邦"更改为"缅甸联邦社会主义共和国",开始在经济领域推行所谓的"缅甸式社会主义发展道路",在全国实施更大规模的国有化运动,对大量国有企业进行国有化改造,将国家的经济命脉收归国有。在对外政策方面,盲目排外,实行闭关锁国政策,国家经济长期在低层次上运行。奈温的"缅甸式社会主义"实质上是一种僵硬的低层次计划经济,执行的结果是严重阻碍了社会生产力的发展。

到 20 世纪 70 年代期间,面对国内生产滑坡、经济发展停滞的困境,奈温政府也曾经对经济发展政策进行了一些调整。其中,政府虽然在加大利用外资、刺激农业发展、推动工业化进程等方面作出了一些新的尝试,但整个发展思路的重点仍然放在发展国有经济、抑制私营经济、强化计划统筹上,因而这种调整并未改变整个国家经济的发展模式。

政治上搞军事独裁统治,经济上实行国有化和计划经济体制,使得奈温政权时期缅甸经济每况愈下。到 1987/1988 年度,水稻种植面积下降到 1150 万英亩,比"二战"前的 1240 万英亩(1 英亩约等于 0.4047 公顷)还减少了 90 万英亩。全国人均稻米产量由 1962—1965 年的 520 公斤下降到 1986—1988 年的 320 公斤;稻米出口量由 1961/1962 年度的 170 万吨下降到了 1987/1988 年度的 32.6 万吨,不足同期泰国稻米出口量的 8%。[②] 在奈温独裁统治的 25 年中,缅甸经济年均增长率仅为 2.5%,基本被其人口的自然增长所抵消。1985 年,缅甸的人均 GDP 仅为 190 美元,1986 年 12 月,联合国将缅甸列入"最不发达国家"之列。自 80 年代中期起,缅甸经济进一步出现严重衰退,1986/1987—1988/1989 年度,缅甸经济出现负增长,年均下降 5.6%。由于经济持续下滑,对外贸易严重萎缩,外汇储备大幅度

---

① 陈明华编著:《当代缅甸经济》,云南大学出版社 1997 年版,第 7 页。
② 同上书,第 11 页。

减少，外债急剧增加。到 1987 年第三季度，国家外汇储备减少到 2380 万美元的奈温上台以来的最低点，仅够维持三个星期的进口之用，而外债则攀升至 48 亿美元的最高点。缅甸经济已经到了崩溃的边缘。在此背景下，奈温公开承认其"缅甸式社会主义经济发展道路"的失败并提出辞职，同时建议就是否结束一党专政并实行多党制进行公民表决。

（二）进入新世纪前缅甸政治改革与转型的流产

奈温辞职下台，标志着当代缅甸改革与转型进程的正式开始。但是奈温下台后，其继任者盛伦拒绝就缅甸民主改革进行全民公决，由此引发了全国范围的大规模骚乱和流血冲突。几经周折，1988 年 9 月 18 日，以国防军总参谋长苏貌为首的军人集团宣布接管政权，成立由苏貌任主席的"国家恢复法律和秩序委员会"，开始了"新军人集团"的军事独裁统治时期。"新军人集团"接管政权后，对缅甸实行军事管制，将国名由"缅甸联邦社会主义共和国"恢复为"缅甸联邦"。在政治上，宣布放弃缅甸社会主义纲领党时期实行的一党制而恢复实行多党民主制，并答应在条件成熟后举行大选，成立新政府，"还政于民"；在经济上，宣布放弃执行了近 30 年的计划经济体制，建立市场经济体制。

为创造条件举行大选，军政府于 1988 年 9 月颁布了政党登记法，规定所有参加大选的政党必须到民主大选委员会登记。截至 1989 年 3 月，共批准了 233 个政党为合法政党。在经济上，军政府开始推行一系列的新经济政策，拉开了缅甸经济改革的序幕。1988 年 12 月 1 日，缅甸颁布了《缅甸联邦外国投资法》，开始吸收外资来发展缅甸经济。

在国内外舆论的压力下，新军人政府不得不兑现诺言，允许于 1990 年 5 月 27 日举行大选。选举结果出乎军政府预料：亲军方的由"缅甸社会主义纲领党"摇身一变而来的民族团结党仅赢得国会 10 个席位（位居第四），而由反对党领袖昂山素季领导的全国民主联盟则大获全胜，赢得国会 485 个议席中的 396 席，根据规定，应由大选中获胜的政党组成新政府。但是，军政府却失信于民，拒绝交权，提出要"先制宪，再交权"。5 月 30 日，苏貌公开宣布军队将继续执掌政权，直到制定出一部新宪法并组成一个强有力的政府。根据军方的规定，其间只有"恢复法律和秩序委员会"才拥有立法、行政和司法权。

由于军政府拒绝交权，军人集团与昂山素季领导的全国民主联盟和其他反对党之间的矛盾日益激化，军人集团进行了大规模的镇压，数以千计的反对派民主人士相继被捕入狱，其中包括 90 多名各反对党的领导人，大量未被逮捕者也亡命天涯，流落国外。在军政府的严厉打压下，至 1991 年 7 月，绝大多数反对党都已名存实亡，民盟领袖昂山素季也开始了被长期监禁的生涯。缅甸的民主化进程再一次严重倒退。

新军人集团夺取政权后，旧的国家机器被彻底打碎，成立了以国防部部长兼三军总参谋长苏貌将军为首的 17 名高级军官组成的国家恢复法律和秩序委员会，并组成以苏貌为总理的 9 人内阁。1992 年 4 月，国家恢复法律和秩序委员会发生人事变动，丹瑞取代苏貌担任主席、政府总理和国防部部长。1997 年 11 月 15 日国家恢复法律和秩序委员会进行政府改组，并将该委员会更名为国家和平与发展委员会，下设内阁处理国事。

由新军人集团建立的新政权其军人威权统治的特征十分突出。

由清一色将军组成的国家和平与发展委员会是缅甸的最高权力机关，由 13 名将军组成，主席由国防部部长兼三军总司令丹瑞大将（Senior General Than Shwe）担任，副主席由三军副总司令兼陆军总司令貌埃副大将（Deputy Senior General Maung Aye）担任。其他成员包括三军参谋长杜拉瑞曼（Thura Shwe Mann）将军、2007 年 10 月总理梭温病逝后接任总理的登盛将军（General Thein Sien），代替登盛出任和平与发展委员会第一秘书的丁昂敏吴（Tin Aung Myint Oo）中将，以及国防部第一特战部部长、国防部第二特战部部长、国防部第三特战部部长、国防部第四特战部部长、国防部总后勤部部长、国防部三军联合军训部部长、国防部国防工业部部长、海军司令、空军司令等，军衔最低的为少将（空军司令）。委员会的主席即"太上皇"，一切大权集于一身。该委员会每年召开若干次会议，以决定主要政策。[①] 国家和平与发展委员会确立的三大基本任务是：维护联邦的巩固，维护民族团结，维护国家的主权。该委员会还制定了四个政治发展目标、四个经济发展目标和四个社会发展目标。[②]

在国家和平与发展委员会之下设内阁处理国家的日常事务，总理及各部部长人选均由国家和平与发展委员会商定，由和发会主席丹瑞任命。总理为和发会的高级将领，内阁成员绝大多数都是现役将军。在最后一任和发会

---

① The Economist Intelligence Unit (London), *Myanmar（Burma）: Country Profile 2007*. p. 9.

② 四个政治发展目标是：国家稳定，社会和平与安宁，法律和秩序得到普遍遵行；国家统一；新宪法的颁布和实施；按照新宪法建设一个现代的发达的国家。四个经济发展目标是：农业为基础促进经济全面发展；以市场为导向的经济体制的适度改革；引进国内外的技术和投资来发展经济；国家经济必须掌握在国家和人民的手中。四个社会发展目标是：提高全民族的风气和道德水平；提高民族威望，保护文化遗产和民族特性；增强人民的爱国热情；提高全民族的健康和教育水平。参见 Source, The New Light of Myanmar. Ian Holliday, *National Unity Struggles In Myanmar: A Degenerate Case of Governance for Harmony in Asia*, Asian Survey, Vol. ⅩⅥ, No. 3, May/June2006, University Of California Press, p. 188。

中，最重要的农业、商业、国防、能源、财政、外交、内政、矿业、电信，以及第一工业部、第二工业部 11 个部的部长中，除第一工业部部长外，其余 10 人都是将军，军衔最低为准将。①

省（邦）、市、县乃至镇等地方各级政权，都有相应的和平与发展委员会，各级地方行政机构相应地接受其领导。在全国 14 个省（邦）和平与发展委员会中，主席绝大多数为少将和准将级将军，少数为上校级军官。

现行司法体制也具有军人政权的色彩：许多法官都具有军队背景。最高法院副院长是军队的少将，中央审计署审计长也是军队的少将。

这种政权结构的基本特点是以军队将领为核心，军人政权的色彩十分突出。这就保证了军队对国家政权的绝对控制权，从而保证了军队在国家政治生活中的统治地位不被动摇。②

1988 年以后建立的军政府其组织架构具有军事独裁政权的突出特征。在这一点上，奈温军人政权与 1988 年以后的军人政权的所作所为如出一辙。其所实施军事独裁统治的手段可以概况为以下一些方面。

一是军队将领自上而下控制一切。如前所述，在新军人集团时期，全由现役高级将领组成的国家和平与发展委员会控制着国家的一切，地方各级和平与发展委员会依次受上一级和平与发展委员会的垂直领导，这个和平与发展委员会系统从中央深入到社会的基层，全国的政治、经济、军事、文化、社会等一切活动都在其掌控之中。主要由军人组成的从中央到地方的各级政府机构，也都相应地要接受该一级和平与发展委员会的领导和监督。许多政治、经济、社会、文化等部门的管理职务都由现役军官担任。军队在缅甸的政治、经济和社会生活中起着决定性的作用，正如美国《新闻周刊》的一篇文章所说的，在缅甸，"你到俭朴的农村去，买一把米，就可以看到做买卖的中士。在税务局接待你的是尉官。"③

此外，军政权还组成政党或者具有政党性质的政治组织，通过吸收军人和各阶层人民参加，以便通过政治纪律来约束他们，让其效忠自己。

奈温时代，军政权试图利用缅甸社会主义纲领党来巩固与文官和其他支持军政权的人的联合。军政权规定纲领党对所有人开放，入党才能做官，文

---

① The Economist Intelligence Unit（London）：*Country Report*：*Myanmar*（*Burma*），Novermber 2007. p. 4.

② 王士录：《缅甸军人政权缘何能长期存在？——一些西方学者的观点解析》，《当代亚太》2008 年第 3 期，第 126—127 页。

③ ［苏］格·伊·米尔斯基：《"第三世界"：社会、政权和军队》，中译本，商务印书馆 1980 年版，第 380 页。

官们都必须加入纲领党，不加入将带来消极后果。① 在 1970 年 6 月至 1971
年 6 月的一年内，纲领党党员由 2 万人激增至 7.3 万人，预备党员计 26.1
万人，此外还有 33.4 万同情者。在 7.3 万名正式党员中，有 4.2 万人是军
人，150 名中央委员中军人占 120 名。缅甸社会主义纲领党的各级领导机构
中军人占 71%。②

　　在 1988 年以后的"新军人集团"时代，则于 1993 年 9 月 15 日创立了
具有政党性质的"联邦巩固与发展协会"（Union Solidarity and development
Association，USDA）。其宗旨是维护联邦统一，维护民族团结，维护国家主
权；提高民族尊严，发扬爱国主义精神；为国家的发展并使之成为和平繁荣
的先进国家而作不懈努力。其章程规定任何国民都可以加入该组织，10—18
岁为青少年会员，18 岁以上为成年会员。凡加入协会者不得加入其他任何
政党。协会有从中央到省邦、区县、镇乃至村组和街道的各级组织，其成员
最终超过 2000 万人。该组织实际上是军人集团的政治羽翼。据称，2007 年
8—9 月缅甸以僧侣为首的反政府示威期间，该组织的成员还被派去游行队
伍中进行捣乱。③

　　二是对民盟等反对党的持久压力及对其反军政府活动的无情打击。国际
社会普遍认为，缅甸军政府对反对派的打击是非常残酷和无情的。英国
《国家报告》指出，以昂山素季为首的全国民主联盟（the National League for
Demoracy，简称"民盟"）成员及其家属遭到了不公正的对待。1990 年大选
以后，绝大多数民盟的干部都被迫流亡国外，许多该党的支持者被投入监
狱。将军们一直将民主派领袖昂山素季视为主要威胁。在截至 2011 年的 22
年中，昂山素季有 15 年是在软禁中度过的。2002 年，国家和平与发展委员
会稍微放松了一点对民盟的限制，一度释放了昂山素季，使得她能到仰光郊
区旅行。2003 年 5 月底，昂山素季乘坐的汽车在北部旅行途中受到攻击，
发生流血事件，昂山素季和全国民主联盟副主席丁吴（Tin Oo）被捕，昂山
素季再次被软禁。④

　　与此同时，许多反对派民主人士也被长期关押。虽然在国内外舆论的强
大压力下，军政府在后期陆续释放了一些被认为表现较好的政治犯，但多数

---

　　① Christina Fink, *Living Silence*: *Burma under Military Rule*, Published in Thailand by Lotus Compa-
ny Ltd. 2001. p. 33.

　　② ［苏］格·伊·米尔斯基：《"第三世界"：社会、政权和军队》，中译本，商务印书馆 1980
年版，第 379 页。

　　③ The Economist Intelligence Unit（London），*Myanmar（Burma）*: *Country Profile 2007*，p. 11.

　　④ Ibid.，p. 6.

人仍然被继续关押。① 美国学者克里斯蒂娜·芬克（Christina Fink）指出，20 世纪 90 年代期间，缅甸的监狱通常都关押着 1000—2000 名政治犯。释放了一批又抓来一批。他们都是政治活跃分子和反对党成员。② 又有西方媒体声称，缅甸的政治犯通常保持在 1300—1400 人，他们中大多数是全国民主联盟成员及其支持者。③ 曾有报道说，军政府声称，2004 年已经释放了1.9 万名犯人，但反对派组织说其中只有极少数人是政治犯。④ 在 2007 年 9 月的政治动乱中，共有 13 人被打死（缅官方公布的数字是 10 人），有两千多人被抓。进入 10 月以后，军政府作出和解姿态，开始释放被捕人员。截至 10 月 9 日，军方宣称已释放了被逮捕的 2171 人的半数；被捕的 533 名僧侣中，有 400 人已被释放，并被送回寺庙。⑤

三是培植亲信，排除异己。一些西方学者指出，无论是在过去的奈温时代还是后来的丹瑞时代，最高领导为了巩固自己的统治，都非常重视培植自己的亲信和势力。他们通常是通过提拔和封官许愿来控制下级，如果他们对自己的权力地位构成潜在威胁，他们就将被调离重要岗位；一旦他们对自己的权力地位构成直接威胁，就进行无情打击，轻则被提前退伍，重则以贪污罪或者其他罪行被起诉，投入监狱。国家恢复法律和秩序委员会和国家和平与发展委员会的高级将领们常常利用情报机构搜集其他将军们的弱点，以便迫使其死心塌地地为他们服务；⑥ 一旦发现其有“二心”，便进行清洗。在军政权中曾位居第三的前总理钦纽在位时，国际舆论就普遍猜测，一把手丹瑞与他不和，而二号人物貌埃则站在丹瑞一边。后来的发展证明这种猜测是对的：钦纽被以贪污罪行被罢免总理并最终被判处长期监禁，其一大批亲信受到株连。

在钦纽掌管军情局时代，军情局成为监视军人行动的重要工具，他们监

---

① Stephen McCarthy, *Prospects for Justice and Stability in Burma*, Asian Survey, Vol. XⅠⅥ, No. 3, May/June2006, Califuniye Univesity Press, p. 420.

② Christina Fink, *Living Silence：Burma under Military Rule*, Published in Thailand by Lotus Company Ltd. 2001. p. 160.

③ See Amnesty International, *Myanmar：The Administration of Justice——Grave and Abiding Concerns*, April 1, 2004, report, available online at ∠http：//web. amnesty. org/library/index/ENGASA160012004？ open&of ＝ ENG－MMR＞.

④ The Economist Intelligence Unit（London）：*Country Report：Myanmar（Burma）*, August 2005. p. 12.

⑤ 新加坡《联合早报》2007 年 10 月 9 日。

⑥ Christina Fink, *Living Silence：Burma under Military Rule*, Published in Thailand by Lotus Company Ltd. 2001. p. 150.

视的对象上至军队高级将领和文职高官，下至军队的普通士兵和平民百姓。一时间缅甸举国上下"谈军情局而色变"。军情局也因其作用的重要而大受国家和平与发展委员会重视，规模不断扩大。至 1999 年，全国由其管辖的情报单位已扩大到 27 个。据报道，其情报人员还曾到多国接受培训。[1] 情报人员的待遇远远高于普通军人，是"军中之军"。军事情报人员一般从步兵中招募，最受喜欢的是那些来自贫困家庭和有军人背景家庭的人员。他们比普通士兵更能得到上级的信任，他们被认为是最忠诚的，除了他们的上级，他们对谁都不关心。[2]

2004 年 10 月钦钮被罢免总理职务并被逮捕后，军情局被撤销，军事情报系统被彻底改组，钦钮的势力也被彻底清洗。有报道说，2005 年 7 月，钦钮被以贪污罪行判处 44 年徒刑，被软禁在仰光的家中。钦钮将军的儿子耶奈温（Ye Naing Win），以及佐奈吴（Zaw Naing Oo）中校则在监狱服刑，这两人都是以贪污罪行被起诉的，被判处 50 年徒刑。作为清除钦钮余党的行动之一，3 名前政府官员即前外交部部长吴温昂（Win Aung）、前内务部部长丁莱（Tin Hlain）上校，以及前农业部部长年丁（Nyunt Tin）也被以贪污罪起诉。12 名军区司令中也有 6 人被撤换。军情局被撤销后，组建了新的军事情报机构即军事安全署（the Office of Military Affairs Security, OMAS），丹瑞大将的亲信、时任仰光军区司令的敏瑞（Myint Swe）中将曾一度被任命来主持该机构的工作。[3]

四是始终保持一支规模庞大的常备军，以便对敌对势力形成强大震慑。在 1990 年大选以后，缅甸的将军们确立的四个工作重点，第一个就是扩大军队的规模，以便加强其对武装的和非武装敌人的打击能力。结果，军队规模迅速扩大，从 1988 年的约 18 万人猛增至 1999 年的 40 万人。[4] 按照伦敦国际战略研究所的资料，至 2006 年，缅甸的武装力量（包括军队和警察）已经增加到 48.2 万人。其中包括正规军 35 万人。[5] 一支规模庞大的常备军的存在，不但能给军人统治者们撑腰壮胆，而且无疑能对他们的敌对力量起

① Andrew Selth, *Burma's Intelligence Apparatus.* Canberra：Australian National University Strategic and Defence Studies Centre, June 1997, p. 23.

② Christina Fink, *Living Silence：Burma under Military Rule*, Published in Thailand by Lotus Company Ltd. 2001. p. 157.

③ The Economist Intelligence Unit（London）, *Country Report：Myanmar（Burma）*, August 2005. p. 13.

④ Christina Fink, *Living Silence：Burma under Military Rule*, Published in Thailand by Lotus Company Ltd. 2001. p. 77.

⑤ The Economist Intelligence Unit（London）, *Myanmar（Burma）：Country Profile 2007.* p. 11.

到震慑作用。一支规模庞大的常备军是其稳定政局，维持统治的重要依靠。据说，缅甸国家和平与发展委员会是这样考虑的：按其计算，缅甸全国有 5 万名直接反叛者，而缅甸国民军将以 10∶1 的绝对优势予以对付，因此缅甸军队的规模应达到 50 万人。①

总之，进入新世纪前，一度高涨的民主化运动再一次被军人独裁统治所扑灭，缅甸的民主化进程再次出现严重倒退。

（三）进入新世纪前缅甸军政府的经济改革尝试

国际学术界普遍的看法是，缅甸的经济改革即由社会主义的计划经济体制向市场经济的转型，是从 1988 年新军人集团登台执政后开始的。② 尽管缅甸的民主化进程在 80 年代末 90 年代初再次出现倒退，但军人集团在政治上继续巩固其军事独裁统治的同时，在经济上却积极尝试推进改革与转型。1992 年 4 月 23 日苏貌因健康原因辞去国家恢复法律和秩序委员会主席职务后，由国防部部长丹瑞继任国家恢复法律和秩序委员会主席和政府总理。此后，缅甸经济改革的进程一度加快。军政府废除了计划经济体制，实行以建立市场经济为目标的经济改革，③ 主要措施包括：

1. 建章立制，为经济改革奠定法律基础

新军人集团上台后，在努力稳定国内政局的同时，为对计划经济发展模式进行调整，推进市场经济改革，先后宣布废除了过去所制定的一些约束社会经济发展的旧法规，并开始在经济领域制定各种法律法规。这类法规具有数量多、领域广等特点，主要涉及企业管理、国内外投资、边境贸易、税收和审计、金融与保险、资源开发与保护等领域。主要有 1988 年 11 月颁布的《缅甸联邦外国投资法》（Introduction of Union of Myanmar Foreign Investment Law）、1989 年 3 月颁布的《缅甸国营经济企业法》（Introduction of State - Owned Economic Enterprises Law）、1990 年 11 月颁布的《缅甸私营企业法》（Introduction of Private Industrial Enterprises Law）、1990 年颁布的《缅甸旅游法》（Introduction of Myanmar Tourism Law）、1991 年颁布的《乡村企业促进法》（Introduction of Promotion of Cottage Industries Law）、1994 年颁布的《缅甸公民投资法》（Introduction of Myanmar Citizens Investment Law）、1995 年颁

① Christina Fink, *Living Silence*: *Burma under Military Rule*, Published in Thailand by Lotus Company Ltd. 2001. pp. 144 – 145.

② Koichi Fujita, Fumiharu Mienu and Ikuko Okamolo, edited, *The Economic Transition in Myanmar After* 1988: *Market Economy verssus State Control*, Kyoto University Press, 2009, p. 3.

③ 陈响富：《缅甸军政府政治转型之影响》，硕士学位论文，台湾成功大学政治经济研究所，2008 年，第 14 页。

布的《组建私有化委员会公告》（Announcement of the formation of Privatization Committee），等等。① 上述法律法规的颁布实施，为军政府推进经济的市场化改革奠定了重要的法律基础。

2. 改革国营企业，适当放宽国企自主经营的空间，以便增强国企的活力

为了增强国营企业的活力，针对国营企业存在的问题，军政府采取了不同的对策。

一是利用现有条件进行招商引资，创办合资企业。从1990年起到1995年8月止，制造业中的服装、烟草、饮料、建材、机械、电器等行业的国营企业与来自新加坡、德国、韩国等国家和中国香港地区的外国公司建立了十多家合资企业，外商投资额达到1.78亿美元。

二是引进新设备，进行技术改造，积极开发新产品。从1990年起，缅甸普通工业与机械维修公司、缅甸造纸与化工公司等国营企业的一些下属工厂获准从国外引进先进技术设备，不但提高了效率，而且还开发了许多新产品。

三是采取灵活方式管理国营企业。譬如改变了以往严格的指令性计划的管理方式，允许部分国营企业根据市场需求进行生产，自谋出路。结果，在1991—1994年，纺织、化工、药品、食品等行业的40多家国营工厂向社会开放，开展来料加工和来样生产业务，由此获得纯利润1.9亿缅元和205万美元。而对一些亏损严重的国营企业，则向社会出租，到1994年3月，已有15家国营企业出租给了私营企业主，获得租金4732万缅元。②

四是适当放宽国企的自主经营权。根据军政府的授权，部分劳资权被下放给了企业。一些国企则对用人制度进行了改革，将生产效益与职工收入挂钩，以此调动职工的积极性，减少雇工人数。结果，在1993/1994年度，仅第一工业部下属的"七大"国营公司的100多家国营工厂的雇工人数就比1988/1989年度减少了12309人。企业劳动生产率得到一定提高。

五是为减轻国营企业负担，下调国营企业所得税。1989/1990年度，政府财政预算将国营企业的所得税税率由过去的50%下调为30%。同时，还解散了各级价格管理委员会，使企业有权根据市场情况决定产品售价。从1989年3月起，政府还开始对一些国有企业的欠债进行改革试点，将部分

①　Koichi Fujita, Fumiharu Mienu and Ikuko Okamolo, edited, *The Economic Transition in Myanmar After* 1988: *Market Economy verssus State Control*, Kyoto University Press, 2009, p. 5.

②　陈明华编著：《当代缅甸经济》，云南大学出版社1997年版，第24页。

国企的银行债务转为银行股权，使金融部门能参与企业改造和经营决策。[①]

3. 鼓励发展私营经济

根据 1994 年 8 月颁布的《允许私人投资的经济项目条例》的规定，私营经济可在酒类、卷烟、机动车辆、船帮、印刷、电器等 50 个行业中开办一种或者多种企业。1995 年起，军政府开始对一些国营企业进行私有化改造。1995 年 1 月 9 日，政府颁布了一个私有化通告，宣布对纺织、食品、轻工、影剧院等行业中的国营企业实行私有化。第二天，军政府设立了一个由 20 名成员组成的缅甸国营企业私有化委员会，并选定了 51 家国营企业作为首批试点单位，向私营企业出售。私有化改革的第一个步骤是分流国营企业职工。按军政府的规定，国企职工可以自行选择去向，可辞职、退休或者到私营企业就职。不过，为避免引起大的社会动荡，军政府明确表示，完全出售的方式只限于小型国有企业，而大、中型国企将主要以合同方式租赁给私人经营，或者是聘用私营企业家进行管理，以扩大私营部门对国有经济的参与。在农业领域，军政府颁布了《缅甸农业和农村发展法》，取消了国家对粮食的统购统销制度，放开农产品市场，允许农产品自由交易，并建立了畜牧与渔业发展银行来支持农业发展。

4. 改革金融体制，改变由国有银行垄断金融业的做法，建立新的金融体制

1990 年 7 月，军政府出台了《缅甸金融机构法》，随后又制定了其他一些金融法规，建立健全金融机构，先后建立了四家国有银行，允许它们之间开展适当的竞争，同时将银行业向私营经济开放。不久，军政府又宣布允许外国银行在缅甸设立分支机构。截至 1996 年 9 月，政府已向 20 家国内私营银行发放了开业许可证，而有 43 家外国银行获得了在缅甸开设办事处的许可证，而实际开业的已经有 31 家。在 1990 年至 1997 年，每年都有 2—5 家新的私人银行开业。[②] 1996 年 6 月，缅甸开设了第一家证券交易中心，为发展股票市场奠定了基础；同年 7 月，政府宣布允许私营部门从事保险业。

5. 打开国门实行对外开放，利用外资发展本国经济

1988 年 11 月，军政府颁布了《缅甸联邦外国投资法》。外资法规定，外资企业自开业的第一年起，三年内免征所得税；对生产效益好的外资企业还可以酌情延长免税期；在一年内用所得利润进行再投资的外资企业，其所

---

① 陈明华编著：《当代缅甸经济》，云南大学出版社 1997 年版，第 24 页。

② Koichi Fujita, Fumiharu Mienu and Ikuko Okamolo, edited, *The Economic Transition in Myanmar After 1988: Market Economy verssus State Control*, Kyoto University Press, 2009, p. 48.

增利润一律免税；对产品外销的外资企业，所获利润的50%可免征所得税；从1989年3月起，将外资企业所得税税率由40%下调为30%；外资企业在投产后的三年内进口自用机器设备和原材料可减免进口税和其他营业税。

从1989年起，军政府相继以较为优惠的政策开放了一批石油勘探区，用于招商引资。新的外资法吸引大批外商前来投资。截至1996年10月，缅甸的外资项目已经从80年代中期的1项增加到218项，协议投资金额从6000万美元增加到50.4亿美元。① 此外，军政府还出台政策，鼓励私营企业经营对外贸易、放开边境贸易等。

实事求是地讲，"新军人集团"执政以后，在进入新世纪前进行的经济改革，尽管存在这样那样的问题，但在一定程度上促进了缅甸经济发展。农业得以恢复生机，大米年出口量呈现恢复性增长，有的年份达到100万吨；工业在很大程度上得以复苏，特别是私营经济有所发展；全国兴建了18个工业区，旅游服务业增长较为迅速。外资流入增加，外贸逐渐活跃。然而从深层次上讲，1988年以来军政府的改革仅仅只是一种有限的、治标不治本的举措，因为不搞政治改革，经济改革就不可能走得多远；没有政治的民主化，也不可能有经济的"自由化"，市场经济也难以建立。因此，军政府的改革所取得的上述成果在缅甸改革与转型的重大战略中微不足道。事实上，军政府的经济体制转型与发展自始至终面临着内外各种负面因素的掣肘，问题重重，微观经济状况尤其恶劣。主要表现包括以下一些：

一是军人独裁统治对经济改革和发展带来多重负面影响。军人集团是以军事手段攫取政权的。这样的政权自始至终都面临着合法性的质疑。而且，在民主化成为一种时尚的国际潮流的今天，军人集团所实施的军事独裁统治无疑是不合时宜甚至是逆历史潮流而动的，从而遭到国际社会的反感和唾弃。从1988年以后，以美国为首的西方国家以违反人权和自由，推进缅甸民主而层层加码，对缅甸军政府实施政治打压和经济制裁，缅甸军政府长期成为"国际孤儿"，从而大大抵消了缅甸军政府经济改革的努力，使其经济改革与转型的成果大大缩水。由于西方的制裁与封锁，缅甸与国际市场的联系仍然很弱。截至90年代末期，外国在缅甸的实际投资不多，仅6亿—8亿美元，主要集中在石油勘探和开采领域，对外贸易规模很小。统计显示，

---

① 据缅甸投资委员会公布的数据，在1989—2005年的16年，缅甸共引进外资项目399个，外资协议金额138.1586亿美元。见 Koichi Fujita, Fumiharu Mienu and Ikuko Okamolo, edited, *The Economic Transition in Myanmar After* 1988：*Market Economy verssus State Control*, Kyoto University Press, 2009, p. 119。

2001 年，缅甸的进出口总额只有 52.956 亿美元，其中出口 26.344 亿美元，进口 26.612 亿美元。① 外贸体制的改革仍然处于止步不前的状态。

二是军人的天职是保家卫国而不是治理国家。原本作为舞刀弄枪行家里手的缅甸军人集团却干起了本不该自己干而且自己也不擅长干的活，踢开政治家和经济学家去治理国家，其结果只能是越搞越糟，这已为事实所证明。

三是缅甸军政府的改革首先保证的是军人集团利益，军官们把持了国有企业的关键职位，军官们的亲朋好友成为"寡头"。真正在经济改革和发展中受益的主要是占人口不到 10% 的军人集团及其裙带阶层。② 80%—90% 的人民大众很少享受到改革的成果，改革的积极性难以充分调动。因而，军政府经济改革的努力就只能大打折扣。

四是受政治体制的影响，西方进行长期制裁，经济改革难以深入，国家经济每况愈下，不但动摇了大权在握的军人集团进一步实施经济改革的信心，而且也动摇了民众对军政府的信心。

由于上述根深蒂固问题的存在，进入 90 年代后期尤其是 1997 年亚洲金融危机爆发后，缅甸经济发展受到严重影响。此后，军政府的经济改革便处于停滞状态，而政治民主化的改革也止步不前。因此可以说，在进入新世纪以前，缅甸改革与转型的"春天"并未到来，其经济改革也仅仅是做了一些尝试。

二　进入新世纪以来缅甸政治改革与转型的重大突破

如果说进入新世纪前，缅甸军政府在 90 年代期间所进行的经济改革只是缅甸改革与转型的预演，那么缅甸真正的改革与转型则是在进入新世纪以后才走上了快车道的。

进入新世纪以后，缅甸的改革与转型不同于以往的预演。回顾进入新世纪前军政府的改革，仅仅只是不触动政治体制的单纯的经济改革。如前所述，这种改革走不了多远。根据国际上多国改革与转型所提供的经验，成功的改革与转型必须政治改革和经济改革"二轮驱动"。政治改革与经济改革犹如"车之两轮、鸟之两翼"，互为条件。因此，军政府不触动现行政治体

---

① The Economist intelligence Unit, *Country Profile* 2006: *Myanmar*（*Burma*）, London, 2006, p. 48.

② 宋清润：《缅甸经济改革的前景》，《东方早报》2012 年 7 月 31 日 17：35。http://www.sina.com.cn。

制的经济改革难以取得更大进展，也就在情理之中了。进入新世纪以后，缅甸的政治民主化改革被提上议事日程。政治改革和经济改革实现新突破成为可能。

（一）进入新世纪后缅甸民主化进程的加快

进入新世纪以后，随着国内外环境的变化，缅甸的民主化进程明显加快，政治改革的孕育日益成熟。主要表现：一是反对派的抗争日益活跃，民主运动渐入高潮；二是为摆脱内外交困境地，军政府进一步坚定了向民主政治转型的决心，抛出了"七步走民主路线图"计划并努力排除干扰予以推进；三是国际社会尤其是美国和东盟的持久压力不断加大，迫使缅甸军政府不得不背水一战，以求浴火重生。

1. "七步走民主路线图"的出台与推进

1990 年大选后缅甸民主运动的斗士昂山素季虽然长期身陷囹圄，但却不屈不挠坚持反对军人独裁统治，推进民主化的斗争。进入新世纪以后，在国际社会尤其是西方的声援和支持下，昂山素季领导的民主运动渐趋活跃。为了摆脱内外交困的境地，军政府也表现出了对民主派尤其是昂山素季在一定程度上的容忍。

2000 年 10 月，在联合国缅甸特使拉扎利的斡旋下，军政府与昂山素季就军政府与民主派的和解问题进行对话，取得了一些进展。

2002 年 3 月欧盟代表团和 4 月联合国秘书长特使拉扎利第七次访问缅甸，均敦促缅甸军政府解除对昂山素季的软禁，释放所有政治犯。在国际社会的强大压力下，5 月 6 日军政府无条件释放了昂山素季，并先后于 5 月和 8 月两次释放了 23 名政治犯。昂山素季获释后，立即投入民主化运动，到马圭、曼德勒、实皆和勃固四省以及孟邦视察。反对党民盟通过记者招待会、发表公告、声明、接受采访等形式，敦促军政府尽快与反对派和少数民族代表谈判，释放所有政治犯，就 1990 年大选结果、国民大会、宪法制定和国家的政治、经济、社会等问题进行对话。① 民主运动在经历了 10 年的沉寂后进入活跃期。

不幸的是，2003 年原本有了一些缓和的民主派与军政府之间的矛盾再度激化，民主进程再次出现倒退。5 月 30 日，反对党全国民主联盟主席昂山素季在缅北进行政治旅行时，其支持者与军政府的支持者发生流血冲突，造成 4 人死亡，50 多人受伤，导致政治矛盾再度激化。事后，军政府逮捕

---

① 石瑛：《缅甸 2002 年政治经济状况与未来发展展望》，载王士录主编《东南亚报告（2002—2003）》，云南大学出版社 2003 年版，第 119—120 页。

了昂山素季和民盟副主席丁吴，软禁了在仰光的民盟其他领导人，关闭了民盟总部及其设在各省、邦的分部，并下令从 6 月 2 日起关闭全国所有大学（在关闭两周之后又于 6 月 16 日重新开放）。缅甸陷入新一轮政治危机之中。西方国家尤其是美国对缅甸军政府促使民主倒退的行为进行了强烈谴责，进一步加大了制裁力度。为了缓和矛盾，缅甸军政府于 8 月 25 日进行了内阁大改组，有意推进民主的国家和平与发展委员会秘书长钦钮上将被任命为政府新总理，和发会主席丹瑞大将辞去总理职务并继续保留国防军总司令和国防部部长职务；和发会副秘书长梭温中将被任命为秘书长，副秘书长一职由和发会委员登盛中将担任。① 为了打破政治僵局和缓解国际压力，改组后的新政府总理钦钮于 8 月 30 日公布了"七步走民主路线图"计划。主要内容是：

第一步：恢复召开 1996 年中断的国民大会；

第二步：国民大会结束后，为建立完备的民主政治制度逐步开展必要的相关工作；

第三步：按照国民大会制定的有关原则起草新宪法；

第四步：全民公决通过新宪法；

第五步：按照新宪法举行公正的大选；

第六步：根据新宪法召开选举产生的议会；

第七步：由议会选举产生国家领导人和政府，建立一个现代化的发达的民主国家。②

9 月 6 日和 23 日，和发会主席丹瑞大将分别签署和发会 2003 年第 10、11 号公告，宣布重组国民大会召集委员会，该委员会由和发会第二秘书登盛中将任主席，共由 18 人组成。10 月，根据丹瑞签署的两个公告，又分别组成了国民大会工作委员会和管理委员会。召开国民大会的准备工作有序进行，缅甸政治形势趋于缓和。

进入 2004 年以后，以钦钮总理为代表的军政府温和派继续努力推进民主政治"路线图"计划，军政府与民主派的矛盾有所缓和。为兑现"民主路线图"诺言，军政府于 3 月 30 日宣布，已中止约 8 年的制宪国民大会将于 5 月 17 日在仰光恢复举行。国民大会将由来自少数民族、军队、国家公务员、已与政府实现和解的少数民族武装的代表和 1990 年大选当选代表组

---

① 新华网，2003 年 8 月 26 日 8 时 57 分 30 秒。

② 石瑛：《2003 年缅甸政治经济形势发展与展望》，载王士录主编《东南亚报告（2003—2004）》，云南大学出版社 2004 年版，第 169—170 页。

成。4 月 3 日，外交部部长吴温昂在接受记者采访时说，缅政府将于 5 月 17 日前释放缅甸最大反对派民盟总书记，并将邀请民盟参加将重新召开的制宪国民大会。4 月 7 日，一年前被查封的民盟总部获准重新开放。为让其参加拟于 5 月 17 日召开的制宪国民大会，民盟两位领导人也于 4 月 6 日被释放，但军政府却拒绝释放昂山素季。于是，约 400 名民盟追随者于 4 月 17 日举行游行，要求释放昂山素季。① 5 月 17 日上午，制宪国民大会如期在仰光毛比镇召开，国民大会执行委员会主席、和发会第二秘书登盛中将等领导人出席会议，会议应到代表 1088 人，实到 1076 人，昂山素季缺席。钦钮总理在大会上讲话。会上，由于执政者与反对党派意见不一，争吵不休，会议无果而终，于 7 月 11 日休会。但是，正当民主进程的推进有一点起色之际，军政府内部的矛盾激化，温和的钦钮总理于 10 月 19 日在措手不及的情况下被宣布"因健康原因退休"，而由和发会第一秘书梭温中将接替其总理职务。此后，钦钮的一些亲信也相继被清洗。从后来的一些报道来看，按军政府的说法，钦钮被解职并被软禁的直接原因，一是"钦钮对贪污受贿案负有责任，没有履行职责"；二是"严重威胁国家和军队的团结"。② 钦钮被解职犹如"风乍起，吹皱一池春水"，立即引起了国际社会对缅甸民主进程的广泛忧虑。为解除国内外的担心，和发会新任第一秘书登盛中将在制宪国民大会召集委员会会议上说，缅甸将继续有步骤地推进"民主路线图"计划，更换总理不会改变这一进程；制宪国民大会即将复会。此后，军政府又多次在不同场合公开表示其内外政策不会改变。

2005 年，缅甸军政府处于内外交困境地的状况仍未有根本性改变。国际上数次出现缅甸军政府内部矛盾激化、发生火拼的传闻。在外交上，在西方国家尤其是美国的压力下，在 7 月的东盟外长会议上，缅甸被迫放弃将于 2006 年年底接任东盟轮值主席的资格。尽管面临着巨大的压力，但缅甸军政府仍然牢牢控制着政权，继续按自己的意志行事。3 月底，不顾西方的猛烈批评，军政府首脑丹瑞在军人节庆典仪式上检阅部队后发表演讲时表示，缅甸政府仍将按照自己设计的民主"路线图"推进，以实现一个具有"制度化纪律"的民主（或称"有纪律的民主"）。6 月 19 日，为纪念昂山素季 60 大寿并敦促军政府释放她，缅甸全国民主联盟 12 名成员身穿印有昂山素季肖像的汗衫在仰光著名的舍利宫大金塔举行抗议示威。③ 6 月 30 日，缅甸

①　新加坡《联合早报》2004 年 4 月 18 日。
②　Economist Intelligence Unit, *Country Report: Myanmar, August 2004*, p. 12.
③　新加坡《联合早报》2005 年 6 月 20 日。

国家和平与发展委员会主席丹瑞大将在缅甸老军人协会代表大会上发表讲话时表示，缅甸正在实施推进民主的"七点路线图计划"，以便"有步骤地还政于民"。这是缅甸最高领导人丹瑞首次在公开讲话中谈及"还政于民"。通过这一系列的整肃，以丹瑞为首的军人集团理顺了关系，巩固了政权。11月6日，军政府不惜巨额耗资，突然开始迁都，将首都从仰光迁至缅甸中部深山之中的贸易城市内比都。这在缅甸国内外引起巨大震动，国际社会纷纷作出了各种猜测，普遍认为政治和安全考虑是其首选。

2006年，在前总理钦纽的势力被清洗后，以丹瑞为首的军人执政集团进入了一个相对稳定的时期。作为推进政治和行政体制改革的一部分，军人集团对政府进行了两次改组：5月15日和发委颁布人事任免令，文化部部长基昂中将获准退休，钦昂敏中将继任；社会福利部兼移民及人口部部长盛华中将获准退休，原海岸军区司令貌貌瑞中将继任；原东南军区司令梭奈中将调任宾馆及旅游部部长；原西部军区司令钦貌敏中将被任命为第二电力部部长；合作部部长佐明上校与原电力部（即现在的电力一部）部长对调；大法官钦貌埃被停职。[1] 6月16日，和发委批准了国防部的钦貌温少将、宣传部的登盛和昂登、矿业部的敏登、文化部的梭温貌、边境与少数民族地区及城乡规划部的丹吞、第一工业部的登吞以及交通部的佩丹8位副部长退休。在进行机构与人事调整的同时，行政机构的改革也缓慢推进。9月18日，和发委第一秘书登盛中将签发了2/2006号关于缅甸地方政府机构改革的文件，决定地方行政机构中的省邦、市级的和发委主席继续由相关的军区司令、驻军部队长官兼任，而街区和行政村组的和发委主席则改由地方官员任职，从而在一定程度上淡化了基层政权的军人色彩。10月10日，军政府开始召开新一轮制宪会议，1000多名军政府挑选的代表在仰光北部的一个军事基地出席为期3个月的新一轮会议。[2] 分析家指出，缅甸军政府继续召开制宪会议，是为了向东盟邻国证明他们向民主改革迈进。

2007年，军政府与反对派的斗争又有新的发展，政治动荡在9—10月达到高潮。8月15日，缅甸政府突然宣布提高柴油和汽油的零售价格，这使得收入本来就不高的市民的生活雪上加霜，于是一些人走上街头发泄不满并逐渐转化为要求民主化改革，抗议规模随之升级，9月初，僧侣也开始大量卷入。9月18日以后，由"缅甸全国青年联盟"领导的大规模抗议游行活动连续在仰光、曼德勒等各大城市爆发，被长期软禁的反对派领袖昂山素

---

① Economist Intelligence Unit, *Country Report*：*Myanma*，August 2006，p. 12.

② 《缅甸新光报》（英文电子版）2006年7月30日。

季也对示威者表示支持。抗议示威一浪高过一浪，逐渐演变成一场声势浩大的政治运动。到 9 月 24 日，仰光已经有超过 10 万人上街游行，全国各主要城市的游行人数也超过万人。随着骚乱的升级，军政府开始采用高压手段，于 9 月 25 日晚宣布在仰光、曼德勒等城市实施宵禁。但与政府的敌对情绪已日益严重的民众仍置宵禁令于不顾，在 26 日、27 日继续进行大规模街头抗议。流血冲突不可避免地发生，防暴警察受命以鸣枪示警、发射催泪弹、使用警棍等强制措施驱散游行队伍，进而开始批量逮捕抗议示威的组织者。据报道，截至 9 月 30 日，共有 13 人被打死（缅官方公布的数字是 10 人），有两千多人被捕。进入 10 月以后，在国际社会的压力尤其是联合国秘书长特使的斡旋下，军政府作出和解姿态，开始释放被捕人员。截至 10 月 9 日，军方宣称他们已释放了被逮捕的 2171 人的半数；被捕的 533 名僧侣中，有 400 人已被释放，并被送回寺庙，局势也开始恢复平静。10 月，梭温总理病逝，国家和平与发展委员会第一秘书登盛接任总理，缅甸的民主化进程进一步加快。军政府的"七点民主路线图计划"在完成了第一步和第二步的基础上进入了第三步，即起草并公投新宪法的阶段。

2. 新宪法公投与民主转型进程的加快

2008 年，缅甸的民主化改革继续成为国际社会关注的焦点。缅甸军政府置 5 月 2—3 日造成经济损失达 40.3 亿至 41.3 亿美元[1]的"纳尔吉斯"热带风暴的严重影响及国内反对派的抵制于不顾，[2] 按计划于 5 月 10 日强行组织了新宪法（草案）全民公投，并且宣布将根据"七步走民主路线图"计划，将于 2010 年年底举行大选。军政府事后宣布，共有 2250 万合格选民参加了公投，投票率达 99%；结果，有 92.4% 的选民投票支持新宪法（草案）。尽管军政府此举遭到国际社会尤其是西方的强烈谴责，被指违背了道德人性，认为其公投结果的可靠性值得怀疑。但是，军政府的目的已经达到，"七步走民主路线图"的第三步顺利实施，缅甸的民主化进程进一步加快。

根据新宪法，缅甸实行总统制，由联邦议会选举产生，联邦议会设人民院（下院）和民族院（上院）两院；总统为国家元首和政府首脑，以及武装力量的最高统帅；缅甸实行多党民主政治体制和市场经济体制；奉行自

① 新华社，2008 年 7 月 21 日仰光电。
② 缅甸国内最大的反对力量全国民主联盟事前曾多次声称，在救灾的当务之急不适合于举行公投，并呼吁人民在公投中不要投赞成票。见新加坡《联合早报》2008 年 5 月 19 日。

主、积极、不结盟的外交政策。[①]

按照"七点民主路线图"时间表，2009 年是军政府执政的最后一年，随着大选的日益临近，军政府紧锣密鼓准备大选。为了确保 2010 年大选按照既定方针顺利举行，年内军政府并没有急于公布《政党注册法》和《选举法》，而是着力解决可能影响或危及 2010 年大选的有关人员和问题。2 月 12 日，军政府再次将全国民主联盟（简称民盟）主席丁吴的软禁期限延长一年。8 月 12 日，又以"违反内安法"、在其被软禁的家里私自会见擅自闯入的美国男子耶托的罪名判决昂山素季软禁 18 个月。[②] 2 月中下旬，军政府陆续赦免了 6300 多名囚犯，其中包括 19 名政治犯并宣布他们也可以参与来年的全国选举。[③] 在缓和民族矛盾方面，根据 2008 年新宪法关于统一缅甸军事力量的规定，经过精心策划，于 8 月 8 日派兵出其不意攻占了果敢，对其他民族地方武装起到了杀鸡儆猴的作用，[④] 迫使多数民地武装接受了整编。举行大选的国内外环境继续朝着有利于军政府的方向转变。与此同时，军政府加紧为即将到来的大选进行人事和组织准备，选出 300 多名代表准备参加 2010 年的大选，并送往内比都的国防大学进行为期三个月的培训。[⑤]缅甸退伍军人协会于 10 月 6—9 日举行大会，拟组建政党参加 2010 年大选。该协会时有退役军官 3800 多人、退役士兵 8 万多人，以及工作人员 5 万多人。截至 2009 年底，军政府对大选的准备已经是"万事俱备，只欠东风"。尽管国际社会尤其是西方对缅甸是否能如期举行大选普遍表示怀疑，但军政府似乎胸有成竹。

（二）缅甸大选与军人独裁统治向民主政权的成功转型

2010 年是缅甸军政府承诺要举行多党大选"还政于民"的最后年份，缅甸的政治社会发展继续成为国际关注的焦点，其大选的过程和结果更是备受关注。由于军政府的精心策划，再加上预留给军队的 25% 的席位，选前普遍预测代表军方的联邦巩固与发展党实际上已是胜券在握。[⑥] 尽管如此，许多人还是对大选抱有一种别样的期待。1 月 4 日缅甸独立日，丹瑞宣布将

① The Economist Intelligence Unit（London），*Country Report*：*Myanmar*（*Burma*），November 2010，pp. 1 - 7.

② The Economist Intelligence Unit ，*Country Report Myanmar*，September 2009，p. 10.

③ 新加坡《联合早报》2009 年 2 月 23 日。

④ Border Guard Force Plan Leads to End of Ceasefire . by WAI MOE. http：//www. irrawaddy. org/article. php? art_ id = 16691.

⑤ Junta Selects Proxy Candidates By THE IRRAWADDYhttp：//www. irrawaddy. org/article. php? art_ id = 16801.

⑥ Economist Intelligence Unit，*Country Report*：*Myanmar*（*Burma*），August 2010，p. 6.

于年内举行大选。10 月 21 日，缅甸国家和平与发展委员会颁布法令正式启用新宪法确定的新国旗、新国徽，并在新首都内比都举行了新国旗升旗仪式。新国名为"缅甸联邦共和国"。

尽管根据新宪法规定，昂山素季被剥夺了被选举权并被继续关押，而由其领导的全国民主联盟也因抵制大选未进行选举登记和参加大选，但大选还是得以如期举行。11 月 7 日，国际国内翘首以待的大选日终于到来，缅甸如期举行了 20 年来的首次大选。全国开放了 4 万多个投票站，2900 多万选民参加了投票。据联邦大选委员会早前宣布，共有 37 个政党的 3000 多名候选人和 82 名独立候选人参选。按照 2008 年 5 月公投通过的新宪法的规定，将在大选后 90 天内召开第一次国会会议，选举产生总统、副总统，并将权力移交给民选政府。

根据 11 月 17 日缅甸选举委员会公布的大选结果，由军方一手扶持的前联邦巩固与发展协会演变而来的、代表军方利益的联邦巩固与发展党（US-DP）获得人民院、民族院和省邦议会 1153 个总席位中的 883 个席位，占 76.5%。

具体地说，联邦巩固与发展党获得人民院 325 个总席位中的 259 个，得票率为 79.6%，获得民族院 168 个总席位中的 129 个，得票率为 76.8%，获省邦议会 661 个总席位中的 495 个，得票率为 74.9%。民族团结党的得票率排名第二，共获 63 个席位，而该党提交的候选人也是排名第二，高达 980 名，仅次于联邦巩固与发展党的 1100 名；掸邦民族民主党（SNDP）得票率排名第三，获 57 个席位，该党提交的候选人是 157 名，排名第四；若开民族发展进步党（RNPP）获 35 个席位，该党提交的候选人名单是 45 名，得票率较高；从民盟分裂出来的民族民主阵线（NDF）获 16 个席位，该党提交的候选人为 161 名，候选人排名第三；孟邦民主党获 16 个席位，该党提交的候选人为 25 名。根据缅甸选举委员会公布的大选结果，由时任总理登盛领导的联邦巩固与发展党在大选中赢得了压倒性的胜利，可以单独组阁。而两个最大的反对党均已公开承认失败，也就是接受了大选的结果。①

值得注意的是，与国际社会的普遍猜测相反，大选期间缅甸的社会政治秩序出奇的平稳，大选后参选的民族民主阵线、民族团结党、民主党、掸邦民族民主党等联合起来抗议大选结果"不公正"、过程"不民主"的呼声也非常软弱，几乎没有什么影响。尤其是 11 月 7 日投票日，各大城

---

① 《缅甸亲军政府政党称已赢八成议席》，新加坡《联合早报》2010 年 11 月 10 日。

市街头异常安静，与平时没什么两样。正如西方外交官所说的，没有多少迹象显示这个国家正在举行重大选举。总之，缅甸在和平、安宁的气氛中成功举行了大选，说明缅甸政府仍然具有较强的掌控局势的能力。正是基于此，大选后不久，缅甸政府就兑现承诺，释放了被关押多年的昂山素季。[①]

大选结果公布并得到民众广泛承认后，便进入了国家机构的组建及其领导人选举或任命的阶段，整个进程都较为顺利。

2011 年 1 月 31 日，缅甸新宪法正式生效，缅甸联邦议会（人民院和民族院）如期召开第一次会议，分别选举时任第三号领导人、国家和平与发展委员会成员吴瑞曼为人民院议长，时任文化部部长吴钦昂敏为民族院议长）。根据新宪法，联邦议会议长则由吴钦昂敏、吴瑞曼轮流兼任，任期各为两年半。

2 月 3 日，缅甸联邦议会召开会议选举确定 3 名副总统人选。

2 月 4 日，联邦议会举行全体会议，选举时任总理、刚刚宣布退役的联邦巩固与发展党主席吴登盛将军为总统，而两名副总统分别是退伍高级将领、丹瑞的亲信丁昂敏乌（Tin Aung Myint Oo）以及来自少数民族掸族的民族院议员赛貌坎（Sai Mouk Kham）。[②]

2 月 11 日，国会一致通过了吴登盛总统指定的 30 名内阁部长提名人选。[③]

3 月 30 日，缅甸国家和平与发展委员会主席丹瑞大将签署法令，宣布撤销从中央到地方的国家和平与发展委员会办公室，同时将权力移交给新当选的政府并宣布自己正式退休（国家和平与发展委员会副主席貌埃也同时退休）。同一天，缅甸新政府宣誓就职。[④]

俗话说得好："十年磨一剑。"随着民选政府的产生和军政府向民选政府的交权，缅甸的民主化进程从形式上讲已经完成，基本实现了由军人威权政治向民主政治的成功转型。

2011 年 3 月底完成构建的缅甸国家权力机关领导人名单

---

① 大选前，媒体就一再猜测，大选后缅甸政府可能释放昂山素季。见 *Myanmar may free Suu Kyi after polls*, The Straits Times, Singapore , 28 October 2010。

② 《登盛出任缅甸主席》，新加坡《联合早报》2011 年 2 月 5 日。

③ 《缅甸国会通过总统指定内阁》，新加坡《联合早报》2011 年 2 月 12 日。

④ International Crisis Group, *Working to Prevent Conflict Worldwide*；《缅甸大选：亚洲简报》NO 105—2010 年 5 月 27 日；International Crisis Group, *Working to Prevent Conflict Worldwide*：Myanmar：the *Politics of Economic Reform*, Asia Report NO 231 - 27 July 2012。

一、联邦议会（人民院和民族院）议长、副议长名单			
1	联邦议会 （人民院和民族院）	议长 （轮值，每人两年半）	吴钦昂敏
2	人民院	议长	吴瑞曼
3	民族院	议长	吴钦昂敏

二、军队系统主官名单		
1	三军总司令	敏昂兰上将
2	三军副总司令	梭温中将

三、总统、副总统名单		
1	总统	吴登盛
2	副总统	丁昂敏乌
3	副总统	赛貌坎

四、缅甸新政府各部部长及副部长名单			
序号	部门	部长	副部长
1	国防部	拉敏少将	觉纽少将、昂多上校
2	内政部	哥哥中将	觉散敏准将
3	边境事务部	登推少将	诺温少将
4	工业发展部	登推少将	吴含盛、吴谦貌
5	外交部	吴温纳貌伦	吴貌敏、谬民博士
6	新闻部	吴觉山	吴苏温
7	文化部	吴觉山	杜散答钦
8	农业与灌溉部	吴敏莱	吴翁丹、吴钦左
9	财政与税务部	吴丁乃登	吴温丹
10	建设部	吴钦貌敏	吴苏定、吴觉伦
11	国家计划与经济发展部	吴拉通	甘左博士
12	养殖水产部	吴拉通	吴钦貌诶
13	商务部	吴文敏	奔散博士
14	通信邮电部	吴登吞	吴定伦
15	劳工部	吴昂基	吴敏登
16	社会福利与安置部	吴昂基	吴彭岁
17	林业部	吴文通	
18	矿业部	吴登太	

（续表）

序号	部　门	部长	副部长
19	合作社部	吴昂敏	吴丹吞
20	运输部	吴念吞昂	吴温欣
21	酒店与旅游部	吴定散	吴泰昂
22	第一工业部	吴觉若凯	吴登昂
23	第二工业部	吴索登	吴谬昂
24	铁道部	吴昂民	杜亚吴当伦、吴丹欣
25	能源部	吴登泰	吴苏昂
26	第一电力部	吴左民	吴敏若
27	第二电力部	吴钦貌索	吴昂丹乌
28	教育部	妙诶博士	吴诶就、吴巴瑞
29	卫生部	佩戴钦博士	杜苗苗翁钦博士、温敏博士
30	宗教事务部	杜亚闵貌	貌貌推博士
31	科技部	吴诶闵	格格吴博士
32	移民与人口部	吴钦己	吴觉觉温
33	体育部	吴登纽	吴昂敏朱
34	总统府部	吴苏貌	

　　如上表所示，缅甸新的政府机构设置 34 个部门，增加了总统府部和国家计划与经济发展部，其中国防部、内政部、边境事务部是最重要的三个部门。内阁部长有 30 名，其中登推少将、吴觉山、吴拉通、吴昂基四人兼任两个部的部长。部长中大多数是 2010 年为了参加大选而脱下戎装的前军官，只有 4 人是文官。此外，新内阁还包括大约 12 名前政府的内阁成员；内阁副部长有 39 名，有的部门有 2 名副部长，如国防部、外交部、建设部、铁道部、卫生部等，而有的部门没有副部长，如林业部、矿业部、总统府部。

　　在缅甸国内，普通民众对大选表现得很不热心。大选投票日没有出现排队投票的壮观场面①。参选的民族民主阵线、民族团结党、民主党、掸邦民族民主党等联合起来抗议大选结果，认为"提前投票"与选举法第 45 条相违背，严重影响了大选的可信度。没有参选的民盟也不认同大选结果，在大选前以昂山素季为首的民盟就发起了抵制大选的活动，号召人民不要投票。

---

① 《缅甸投票日宁静异常》，新加坡《联合早报》2010 年 11 月 8 日。

但在大选后一星期如期获释后，昂山素季立即表示愿意同军政府领导人丹瑞会面，愿意为缅甸全国和解而努力，并称她对军政府没有任何恨意。① 昂山素季的态度在一定程度上缓和了民盟和政府之间的关系，也淡化了民盟不满大选结果的色彩。

从国际上看，对缅甸大选结果的反应大体分为两种：一种是以美国为首的西方国家自始至终都认为缅甸大选程序缺乏公平、公正和自由，由此产生的大选结果也是不能让人信服的。在大选日，许多国家都发生了抗议缅甸大选的示威游行。而中国、印度、东盟、俄罗斯等国家则从正面评价了缅甸的大选。

（三）大选后缅甸民主政治的实施与巩固

大选后缅甸成功实现了军人政权向民选政府的转型，政府的合法性大大增强。但是，民选政府的组成和军政府向民选政府顺利移交权力，只是缅甸政治改革和转型总体进程中的一个环节（尽管是一个十分重要的环节），以后的路程还很长，譬如，多党大选的成果能否进一步巩固？军队能否实现中立化？民选政府能否有效运转？政治体制的改革与转型能否有效促进经济体制的改革与转型？如此等等，都需要实践来检验。因此可以说，成功举行了多党民主选举，只是缅甸政治经济转型这个"万里长征"的第一步。

令人欣慰的是，大选以来，缅甸政局出现了许多积极的变化，政治改革与转型所取得的成果不断得到巩固。军人集团内部的、军人集团与民主派之间的，以及代表军人集团执政的新政府与少数民族和地方武装之间的矛盾有所缓和，国家的政治社会形势正在发生积极变化。缅甸的政治改革和民主化转型不但在形式上而且在实质上都取得了令人瞩目的进展，主要表现是：

第一，强硬的丹瑞、貌埃等元老级将军"退休"，温和的登盛等一批将军脱去军装进入政界，一批思想较为开放的青年将领接管军队，军人集团内部的关系得到有效调整，军人集团的形象得到改善，军人集团对政治民主化的容忍程度明显增强。

毫无疑问，缅甸大选是严格按照军人集团的精心的设计，按部就班来进行的。大选前夕，军人集团将由自己控制的、成员多达两千万、组织结构严密的群众组织联邦巩固与发展协会（简称"巩发协"）成功地改造为规模庞大的"联邦巩固与发展党"（简称"巩发党"），并让以时任总理登盛为首的100多名将校级现役军官退役而直接加入巩发党，成为该党的领导层，从而保证了该党在大选中的胜利以及大选后的顺利接管政权。显而易见的是，

---

① 《昂山素季愿同丹瑞举行和解会谈》，新加坡《联合早报》2010 年 11 月 15 日。

这批高级军官在脱去军装而又同时加入新成立的"巩发党"，是一种"顶层设计"，是经过军方高层统一安排的。这批高级军官的"弃军从政"，又为一批思想更加开放的年轻军官晋升到军队的决策指挥层腾出了位子。这是缅甸军队内部近 20 年来规模最大的一次人事调整（远远超过了 2004 年前总理钦纽被解除职务那次的调整）。从三军总司令、国防部部长到各大军区司令，大多是新面孔。更令人意想不到的是，作为军人集团最高决策者的丹瑞将军有如此的气魄，干净利落地如期宣布解散了全国各级"和平与发展委员会"，将权力移交给新政府，并且宣布自己和军政权二号人物貌埃"退休"。尽管国际国内舆论界一直有人（尤其是西方人）指责丹瑞是"退而不休"，仍然在"垂帘听政"，对新政府施加着影响，但毫无疑问的是，首先，丹瑞和貌埃的退休，从形式上增加了新政府的合法性。其次，精心安排有改革精神而且性格温和的登盛，以及一大批高级军官"弃军从政"，既保证了军人集团的利益，也有利于争取民心。最后，思想更加开放的少壮派军人进入军队决策指挥层，不但能增强军队的活力、凝聚力和控制力，也有利于缩小军队与民众之间的矛盾，有利于实现政治和解与民族和解。

第二，温和的登盛新政府上台后，大力度推进政治和解，成果初显。

登盛新政府上台后，将缓和国内政治矛盾，改善国际环境作为其首要任务加以推进。缅甸的民主斗士昂山素季长期被军政府关押，一直表现出不合作态度，其刑期也一再被延长。2009 年 8 月，在昂山素季的刑期再次届满之际，缅甸法院以违反软禁规定为由，判其 3 年监禁，但随后减为 18 个月，预计在大选后一周监禁期届满，其意图显而易见。不久之后，美国参议员吉姆·韦布访问缅甸，获准与昂山素季进行单独会谈，此后，昂山素季对政府的态度发生较大转变。9 月，昂山素季领导的民盟发表声明说，昂山素季愿意帮助政府摆脱来自西方国家的制裁，并要求会见美国、澳大利亚和欧盟国家的大使。同时，昂山素季与缅政府联络人即前劳工部部长昂基进行了多次会晤。11 月，昂山素季给丹瑞写信，表示出于国家利益考虑，希望能与政府合作以及与丹瑞会面。尽管后来民盟因抵制大选，未按《政党注册法》进行登记而未参加大选并处于被解散状态，但昂山素季与政府合作的意愿没有改变。

2010 年 11 月 7 日大选后一周，军政府如期释放了昂山素季，对出狱后的昂山素季的人身自由也进一步放宽，允许其接见追随者、公开发表演讲，不久后又为其在英国的儿子发放签证，使其能够赴缅母子相见。

新政府成立后，登盛新政府为巩固国内政治稳定，实现政治和解作出了不少前所未有的积极改变，政府与民盟的政治和解进程进一步加快。

　　2011 年 6 月 19 日，昂山素季过完其 66 岁生日后开始了全国政治巡游，第一站是古都蒲甘。7 月 25 日和 8 月 12 日，昂山素季与政府社会福利和救济安置部部长吴昂基两次会面。12 日两人的第二次会面后，在仰光发表了一份联合声明，双方宣布达成一致，避免对抗，合作推动国家民主化进程。① 8 月 18 日，吴登盛总统又公开呼吁多个武装团体与政府展开和平对话，结束数十年的敌对状态。

　　8 月 19 日，应登盛总统的邀请，作为缅甸全国民主联盟（民盟）领导人的昂山素季从仰光乘车北上 300 多公里至缅甸行政首都内比都与登盛会面。这是两人自 2002 年以来的首次会面。会谈在"轻松，愉快"的气氛下持续了近 1 小时。对此，英国路透社的评论称，从近期昂山素季获得的一系列活动权利来看，缅甸政府正在向反对派伸出橄榄枝。② 针对中东北非的政治社会动荡，昂山素季公开指出，"缅甸在经过数十年的军事统治后，终于出现了政治革新的迹象……阿拉伯式的起义，并不能解决缅甸的问题"。她还在仰光接受法新社的独家专访时说，"缅甸新政府看来是真心诚意要进行民主改革"。③ 昂山素季对缅甸政府的这种称赞口气是从来没有过的。

　　11 月，在登盛等锐意改革的领导人的推动下，缅甸国会修改法律，允许昂山素季等曾经的政治犯享有政治权利。因此，民盟于 12 月重新注册登记成一个合法政党并决定参加未来的议会补选。

　　2012 年 4 月 1 日，缅甸举行议会 45 个议席的补选，全国民主联盟因赢得 43 个议席而大获全胜，民盟主席昂山素季当选联邦议会人民院议员。

　　第三，民选政府上台后，人民的民主、自由权利得到尊重。

　　主要表现，一是缅甸政府放松了出版审查和网络审查；允许昂山素季的图片出现在报纸的首页。2011 年 6 月，缅甸当局解除了对体育、娱乐和彩票等期刊的审查。9 月，一些曾经被封锁的国外网站包括 Facebook、Twitter、BBC、Youtube、缅甸民主之声和"美国之音"已经解除了封锁。据《缅甸时报》报道，缅甸政府于 12 月 9 日公布新条规，共计 54 种商业和罪案期刊、杂志和书籍无须在出版之前再报当局审查。2012 年 8 月 20 日，缅甸政府宣布终止对国内出版物的审查制度。

　　二是多次无条件释放政治犯，更加尊重人权。新政府成立后，组建了由 15 名退休官员和学者组成国家人权委员会（NHRC）。政府表示该组织将独

①　澳洲广播电台，2011 年 8 月 21 日。

②　同上。

③　新加坡《联合早报》2011 年 9 月 19 日。

立运作。该小组已经给登盛总统写了一封公开信，信中呼吁释放所有被关押的政治犯。2011 年，缅甸进行了两次大赦，上万名被释放的关押者中只有 300 人是政治犯。其中著名的有喜剧演员札哈纳，而 88 名民主运动的参与者敏哥奈仍在狱中。大赦国际等组织估计有 600—1700 名政治犯还被关押着。2012 年 1 月 2 日，登盛政府大赦 6656 名服刑人员；1 月 13 日又释放了 651 名被判刑人员，其中包括自 2005 年 7 月以来一直被软禁在家的前总理钦纽、政治犯敏哥奈（1988 年学生运动领袖之一）、掸邦民族领导人昆吞乌以及著名博客家赖乃风。

三是通过法律允许工人享有组建工会、罢工和集会的权利。2011 年年底，缅甸议会通过并由登盛总统签署实施了一项允许公民和平示威的《和平集会与游行法案》。据称，"该法案允许公民在提前五天获得官方许可的前提下，可以手持旗帜进行和平集会与游行"。根据法案，示威者可以手持旗帜和政党标志在政府大楼、学校、医院和大使馆以外的地方进行示威、游行和集会。2012 年 8 月 8 日，缅甸各大城市的民众踊跃参与 88 名民主运动 24 周年纪念活动，联邦政府也首次批准和支持民众举行纪念活动。缅甸人民的民主、自由权利得到了尊重和彰显。缅甸民主化改革的成果进一步显现。

第四，民族和解在曲折中稳定推进。

1988 年以来，缅甸军政府推行新的民族和解政策，至 2011 年年初，先后共有 40 支民族地方武装与政府实现了和解，有的完全放弃了武装，有的被改编成民兵或编入中央政府领导的边防军。但仍有一些少数民族武装至今未与政府实现和解，其中包括最大的佤邦联合军，以及克钦独立军等。①2012 年下半年，政府军与克钦独立军的武装冲突还有进一步扩大的趋势，给缅甸政府的民主改革造成了很大的负面影响。

军队国家化，"一个国家，一支军队"，即遣散和收编众多各自为政的民族地方武装，一直是缅甸历届政府的既定政策，也是 2008 年通过的新宪法所规定的一项重要内容。这项本应在大选之前完成的工作，由于遭到多数民族地方武装的强烈抵制而进展缓慢，以至于发生了 2009 年的"8·8 果敢事件"，政府军以武力方式强行解决了以彭家声为首的果敢民族民主同盟军，造成巨大震荡。此后，尽管克钦新民主军等几支弱小的民族武装同意了改编，但佤邦联合军、克钦独立军等实力较强的民族地方武装仍然厉兵秣

① 张云飞：《缅甸两少数民族武装同意与中央政府和谈》，2011 - 09 - 08 23：38：07，新华网。

马，负隅顽抗；克钦独立军和掸邦军与政府军的流血冲突时有发生。为避免更多的流血冲突，缅甸新政府自 2011 年 3 月底执政以来，明确表示将奉行民族和解政策，呼吁各方努力实现民族和解。8 月 18 日，缅政府发表声明，邀请少数民族武装举行和平谈判。声明要求这些武装先与省邦一级政府接触，随后中央政府再分别与他们举行正式和谈。① 之后不久，佤邦联合军和掸邦东部民族民主同盟军就于 9 月初作出积极回应，同意与中央政府举行和谈。6 日和 7 日，掸邦地方政府官员分别会晤了佤联军（第二特区）和掸东同盟军（勐拉特区）的代表并签署初步协议。② 9 月 7 日和 8 日，佤联军及其盟友掸东同盟军代表团与政府特使在掸邦景栋分别举行了和平谈判。政府代表团由人民院银行和金融发展委员会主席昂栋和人民院民族事务和平工作委员会主席登卓率领。佤联军代表团以佤联军领导人鲍有祥之弟鲍有良为首，包括负责佤联军对外联络事务的赵国安、负责宣传的李祖烈等高级领导人。勐拉军代表团则由宰林（林明贤）之子腾林率领。根据媒体报道，此次 "缅政府与佤联军和勐拉军谈判成功"，达成了协议，双方一致同意：维持现状，恢复往来，支持发展；不谈整编。③

缅政府与佤联军和掸东同盟军和谈的成功，对于缓和自 2009 年 8 月以来缅政府与民族地方武装之间的紧张关系树立了一个榜样，实现民族和解再现曙光。

（四）　大选以来缅甸对外关系的积极变化

近 20 年来，西方尤其是美国一直对缅甸进行政治打压和经济制裁。但是，缅甸成功进行多党民主选举组建新政府以来，缅甸与西方尤其是美国的关系已经出现了许多积极变化。

就缅甸方面而言，新政府成立后，为改变国际形象，在巩固国内政治稳定的同时缓和与西方国家尤其是与美国的紧张关系以便结束长期的西方制裁，登盛政府显示出了积极配合的姿态，努力向西方示好：

一是履行诺言，在大选之后一周即释放了被长期关押的民主派领袖昂山素季，并大力度放松对昂山素季人身自由和言论的限制，不但允许其在国内巡游、发表演讲并由登盛总统出面亲自邀请其到内比都进行历史性会晤，与其 "套近乎"，而且还允许其出国，到欧洲、美国、泰国等国访问；不但通

---

① "New Light of Myanmar", August 18, 2011.

② 张云飞：《缅甸两少数民族武装同意与中央政府和谈》，2011 - 09 - 08 23：38：07，新华网。

③ *Govt Talks with Wa*, *Mongla Group Conclude*, By WAI MOE Thursday, September 8, 2011.

过修改法律恢复了反对党全国民主联盟的合法性、举行议会补缺选举使昂山素季进入了国会，而且登盛总统还放言他不反对昂山素季担任总统。舆论认为，登盛政府的这一切，不但是要让昂山素季与政府合作，而且也是做给国内的政治反对派和西方人尤其是美国人看的。姑且不论昂山素季是否被利用，这无疑有助于缓和新政府与西方国家尤其是美国的关系。

二是为了迎合西方国家尤其是美国，缅甸政府采取了一些行动使得国内的民主状况有所改善。譬如搞了多次大赦，释放了大量政治犯；多次公开发表讲话，欢迎过去逃亡国外的大量民主斗士回国共商国事，共谋大业。这充分显示了缅甸民选政府在改善人权，推进民主方面的诚意。

三是热情接待多国政要来访。大选以来至 2012 年年底的约两年内，为促进缅甸的民主化转型，西方国家政要纷至沓来，前往缅甸游说、考察，而缅甸民选政府为早日融入地区和国际事务，也抓紧时机积极应对，热情接待。其间，联合国秘书长潘基文、美国国务卿希拉里、美国总统奥巴马以及欧洲一些国家的政要都造访了缅甸。东盟则一致同意将 2014 年东盟轮值主席交由缅甸担任。与此同时，缅甸新政府也对与国际组织的合作表现出积极姿态。譬如，公开向国际货币基金组织发出邀请，要求其为缅甸的货币体系改革提供意见。

由于缅甸新政府的积极姿态，西方尤其是美国对缅甸的政策已由过去的打压加制裁转而进行接触和拉拢，许多西方国家已开始解除对缅甸的制裁。

2012 年 1 月 14 日，挪威外长乔纳斯·斯特勒表示，由于缅甸的民主改革取得了积极的进步，挪威决定解除对缅甸的经贸投资制裁，挪威私营公司与缅甸进行商贸往来和投资将不再受到限制。1 月 23 日，欧盟部长在布鲁塞尔开会之后，也宣布将逐步放松对缅甸的制裁，以鼓励该国继续进行更多改革。欧盟采取的第一个措施是解除对缅甸正副总统、内阁部长、国会议长等高官所实施的签证禁令。法国外长阿兰·朱佩则表示：如果缅甸继续推进改革，欧盟将解除更多制裁。2 月 6 日，美国国务院发表声明表示，国务卿希拉里签字取消了根据《2000 年贩卖人口受害人保护法》对缅甸实施的部分制裁，这些制裁措施取消之后，美方将同意世界银行、亚洲开发银行和国际货币基金组织等国际金融机构派遣评估团，对缅甸提供有限的技术援助。2 月 17 日，停止援助缅甸已达 25 年（从 1987 年因缅甸的人权状况而停止与该国交往）的世界银行宣布：世行开始与缅甸政府重新接触；不过该组织表示在恢复对缅甸贷款前，缅甸须先清偿积欠国际金融组织的债务。世行驻东亚与太平洋地区副总裁帕米拉·考克斯（Pamela Cox）说："我们受到缅甸情势发展的鼓舞，开始重新和缅甸政府接触，以支持缅甸改革。"4 月

16日，澳大利亚外长卡尔在伦敦表示，澳大利亚政府将解除对缅甸总统登盛等260人实施的旅行和金融禁令的制裁措施。不过，仍有包括缅甸军方高层和其他被怀疑侵犯人权的人士约130人还在限制名单上。6月7日，卡尔在内比都同缅甸总统登盛和其他部长会谈后发表声明宣布澳大利亚解除了对缅甸的剩余制裁，只保留武器禁运，并将把每年给予缅甸的援助资金增加到一亿美元，直到2015年。4月23日，欧盟外长在卢森堡举行会议，决定暂停对缅甸近500名个人和超过800家企业的制裁措施，为期一年。

总而言之，尽管西方对彻底解除对缅甸的制裁还留有尾巴，但目前缅甸所面临的国际环境已经大大改善。

（五）进入新世纪以来缅甸民主化进程加快的主要原因

如前所述，在进入新世纪以前，从1962年起，缅甸人民在非民主化的状态下已经抗争了近40年，但均是无果而终。缅甸的民主化进程是在进入新世纪以后才进入快车道的，其主要原因可以归结为以下几个方面：

1. 经济改革止步不前，经济困难加剧，民众求变之心更加迫切

1988年，在奈温的"缅甸式社会主义"经济已经走到了山穷水尽的情况下登台执政的"新军人集团"不得不改弦更张，开始推行以市场为导向的经济改革，实行对外开放政策。由于诸多因素的制约，这种在军事威权政治体制下进行的改革虽然取得了一些成绩，但并未能走多远。尤其是在1997年亚洲金融危机后，缅甸的改革一度停滞不前，进入21世纪以后才又逐渐恢复推进改革的势头，[①] 但终究进展不大，其内外交困的局面并未发生根本性的改变，国家经济形势不断恶化。主要表现是：汇率体制严重畸形，国有企业亏损严重，私营经济发展缓慢。官方和黑市汇率差距悬殊。官方汇率为1美元兑换6.5缅币，但由于物资奇缺、通胀高企、黑市盛行等因素，黑市汇率在2007年最高达到1美元兑换1300缅币，官方汇率与市场汇率相差100—200倍。2007年8月15日，军政府突然大幅度提高燃油价格1—5倍，导致生活必需品价格全面上扬，引发了10万民众上街抗议的"袈裟革命"，政局动荡，经济下滑。2008年5月，"纳尔吉斯"强热带风暴袭击缅甸，造成40多亿美元的损失；下半年，受国际金融危机冲击，缅甸出口遭遇重挫。在此背景下，变革成为缅甸绝地逢生的必然选择。

2. 西方尤其是美国对缅甸民主派的支持和对军政府的持续打压

为迫使缅甸军人集团放弃军事独裁统治还政于民，1988年以来西方国

① 贺圣达：《缅甸的经济改革和经济发展（1988—2008）》，载贺圣达、王士录主编《缅甸局势新发展与滇缅经济合作》，云南人民出版社2009年版，第1页。

家尤其是美国对缅甸实施了长期的政治打压和层层加码的经济制裁。主要做法包括：

一是络绎不绝派出特使和代表团访问缅甸，与军政府和昂山素季会晤，借机支持民主派，打压军政府。为此，截至 2002 年年底，联合国秘书长特使拉扎利已 9 次造访缅甸，其中仅 2002 年就先后三次访缅。此外，美国缅甸事务特别代表以及欧盟代表也不断访问缅甸，敦促军政府推进缅甸民主进程。

二是对缅甸进行严厉的经济制裁。就在 2002 年 5 月 6 日军政府无条件释放昂山素季后不久，美国即于 5 月 17 日宣布把对缅甸的经济制裁（包括限制投资、禁止发放签证、禁止国际金融机构贷款等）再延长一年。

三是利用各种国际舞台声援和支持缅甸民主派的反独裁行动，批驳缅甸军政府镇压民主运动的倒行逆施。譬如在瑞典诺贝尔奖评选委员会将诺贝尔和平奖授予昂山素季之后，2002 年 10 月 6 日，联合国教科文组织为奖励昂山素季 12 年来在推进缅甸民主化进程中所作出的贡献，又将两年一度的马丹吉星（UNESCO 前亲善大使）奖及 10 万美元奖金颁发给昂山素季。[①]

3. 东盟不时利用缅甸的成员国资格作文章，敦促其推进民主进程，也给军政府造成了压力

在西方世界中，美国一直充当着制裁缅甸"领头羊"的角色。美国不但带头打压和制裁缅甸军政府，而且还利用其强大的国际影响力和号召力，不断动员和敦促唯美国马首是瞻的其他国家参与对缅甸军政府的制裁。在美国的压力下，东盟也利用缅甸的东盟成员国资格不断向缅甸施压，要求其"改善人权状况"，推进民主化进程，以至于缅甸被迫放弃了一次充当东盟轮值主席国的资格。

上述情况，迫使内外交困的缅甸军政府不得不选择"朝着自由民主制、混合经济和全国和解的改革方向前进"。

但是，尽管登盛政府大力度推进缅甸的民主化转型，但国内外学术界对其改革与转型的动机，即缅甸改革开放"到底是战略选择还是策略选择"，也就是说，缅甸的改革开放，到底是缅甸政府拓展国际空间的国家战略大转变，还是在内外双重压力下不得已而为之的策略性应对？仍然存在不同的声音。有学者认为，深入分析军政府时期的所作所为，以及新政府成立以来所采取的各项政策措施，国内稳定和主权独立，依然是缅甸新政府的着眼点，是其国家战略重点。因此，缅甸新政府所采取的一系列改革开放的措施，并

---

① 石瑛：《缅甸 2002 年政治经济状况与未来发展展望》，载王士录主编《东南亚报告（2002—2003）》，云南大学出版社 2003 年版，第 119—120 页。

不能完全被认为是具有全局性意义的战略目标，也有可能是服从于维护主权、巩固政权、争取民族团结和解的目标，以便争取最大限度的国际空间，改善民生，缓解经济压力。但这些举措也并不仅仅是策略性的选择。缅甸的改革被认为是由缅甸军人集团发起的自上而下的改革，总统吴登盛就一直被认为是军队当中的温和派和改革派。只不过，缅甸目前的政策主张，虽然已经对国家战略决策产生了影响，但执政者尚未将其提升到战略目标的高度。① 另外一个值得注意的问题是，正如俗话所说的"开弓没有回头箭"，缅甸的转型即便是军人集团的一种"不得已而为之"的举措，也不会"走回头路"。但是，缅甸的民主转型绝不会选择"美国式民主"，正如昂山素季所强调的，"缅甸必须发展本身的模式，而不会是美国式民主"。② 因此，何况昂山素季将来要当总统困难重重，③ 即便她当上总统，也不会选择"美国式民主"。这一点，缅甸新宪法也明确作出了规定。其新宪法第 1 章第 7 条已经声明，缅甸实行"有秩序的多党民主制"。④ 所谓"有秩序"，就是要有缅甸的特点，适合缅甸的国情。

三 进入新世纪以来缅甸经济改革与转型的突破

如前所述，1988 年上台以后，缅甸军政府进行了一系列的经济改革，改革的主要内容和目标包括：废除"缅甸社会主义"计划经济制度，实行以市场经济为导向的经济体制；实行对外开放政策，引进和利用外资，争取外援和发展对外贸易；鼓励和扶持私人经济发展；调整农业政策，鼓励垦殖空地、闲地、荒地，调动农牧民的市场积极性；进行金融系统改革，允许私人设立金融机构，等等。⑤ 但是，由于缅甸的政治民主化止步不前，军政府所进行的任何经济改革都只能是治标不治本。因此，尽管军政府采取了种种

---

① 陈霞枫：《缅甸改革开放是战略选择还是策略选择？》，国际在线：2012 - 01 - 18 11：0。http://www.citygf.com/news/News_ 001010/201201/t20120118_ 2872990_ 1. html。

② 《翁山淑枝：非美式民主，缅须发展本身民主模式》，新加坡《联合早报》2012 年 10 月 4 日。

③ 有报道称，昂山素季于 2012 年 9 月底至 10 月初应邀访问美国之际，缅甸总统登盛在接受英国广播公司采访时表示，他将接受昂山素季出任总统，但他表示他个人无法修宪。缅甸宪法禁止配偶和子女是外国人的国民担任政府公职。见《翁山淑枝：非美式民主缅须发展本身民主模式》，新加坡《联合早报》2012 年 10 月 4 日。

④ 《缅甸联邦宪法》（2008 年 5 月 29 日全民投票通过）第 1 章第 7 条，云南省社会科学院科研处编印《缅甸联邦宪法》，2011 年 5 月印行，第 4、5 页。

⑤ 贺圣达：《缅甸的经济改革和经济发展（1988—2008）》，载贺圣达、王士录主编《缅甸局势新发展与滇缅经济合作》，云南人民出版社 2009 年版，第 2—5 页。

措施实施经济改革，但除前期即 1988—1998 年 10 年间的改革取得较大成果外，后期的改革总体上讲停滞不前。

2008 年 5 月，在西方国家普遍的怀疑声中，缅甸军政府按照既定的"七步走民主路线图"计划举行公投通过了新宪法。2010 年举行大选，政治体制顺利实现"军转民"，从而消除了深入进行经济改革的政治障碍，缅甸的经济改革与转型实现突破就有了可能。特别值得关注的是，由于其政治体制的改革是在彻底废除了军人独裁统治的政治体制的基础上建立的多党民主政治体制，政治体制的改革较为彻底，因此其经济体制改革深入推进受政治体制障碍的影响要小得多。如果说越南和老挝改革与转型的路径是经济改革在先、政治改革在后，经济改革进展到一定的程度，倒逼政治改革，那么，缅甸新一轮改革与转型的路径则恰恰相反，是政治改革与转型在先，经济改革在后。即在政治体制上成功实现了"军转民"，扫清了经济改革的政治障碍后，在新型政治体制下进行新型经济体制的重新设计和实施。

关于新时期缅甸的经济体制，新宪法第 1 章第 35 条明确规定："国家经济制度是市场经济制度。"[①] 在"市场经济制度"下，国家"准许国有、地方团体、合作社、联合团体、私人等经济力量参与国家经济发展；禁止任何个人、团体在经济活动中以垄断手段即操控市场价格的手段破坏合理竞争，损害人民的经济利益……对工商业不收归国有"。[②]

新宪法的颁布实施，为从军事独裁统治转向民主政治体制的缅甸进行经济体制的改革与转型确立了目标，即建立"市场经济体制"。因而，大选后，缅甸新政府总体上是向着建立市场经济体制这个目标努力的。不过，有舆论认为，与稳定政局、巩固政权相比，经济改革迄今仍然被登盛政府置于次要地位。

整体而言，2010 年拉开序幕、2011 年继续推进、2012 年加速推进的缅甸民主政治改革后的新一轮经济改革有以下一些主要内容：

第一，改革落后的经济管理的体制和机制；清除保守派高官，重用改革派人士，以便统一思想和行动，提高办事效率。

新政府组成了缅甸经济特区中央委员会和中央工作委员会，委员会主席、副主席分别由总统和副总统兼任，成员包括 24 位联邦政府部长。

新政府撤销了在出口贸易方面权力很大的贸易委员会，将进出口许可证

---

① 《缅甸联邦宪法》（2008 年 5 月 29 日全民投票通过），第 1 章第 7 条、第 11 条，载云南省社会科学院科研处编印《缅甸联邦宪法》，2011 年 5 月印行，第 7 页。

② 同上。

审批权转移至商务部，商务部对公司注册等手续提供一站式服务，加快贸易许可证审批。为便利企业投资，2011 年 6 月由投资委员会牵头成立了投资咨询工作组，每周三及周五中午 1 点开始对外开放。

联邦议会也设立多个涉及经济和民生的委员会，如改革与发展委员会、银行和金融发展委员会、计划和财政发展委员会、经济贸易发展委员会、交通运输和建设委员会、水路运输发展委员会、种植业和养殖业发展委员会、投资与工业发展委员会、资源与环境保护委员会等。这些委员会旨在集中议员和专家的建议，加快关键产业和民生产业的发展。

一方面，为了显示新政府经济改革的决心，另一方面也为改革提供组织保障，新政府成立一年多来，迄今已多次改组政府。2012 年 6 月初，"对于经济改革十分重要"的邮政电信部副部长丁伦和能源部副部长索昂被解除职务，据分析这是总统吸引更多外资计划的一部分。此后，为给登盛总统等改革派让路，"以确保正在进行的改革进程"，吴丁昂敏乌也辞去了副总统职务。8 月 27 日，登盛总统又宣布大规模改组内阁，旨在"提升支持改革的阁员，将强硬派边缘化"。内阁约 30 个职位中有 9 个受影响，主要包括财政部、新闻部、工业部以及国家策划与经济发展部等与经济发展相关的部门。其中，原工业部部长梭登（Soe Thein）、原铁路交通部部长昂民（Aung Min）、原财政与税务部部长拉吞（Hla Tun）以及原国家策划与经济发展部长丁乃登（Tin Naing Thein）四名部长受委为总统府部长。据登盛总统的助手说，这四名部长的任命是为了加快缅甸的改革步伐。① 此外，为了加强决策的科学性，登盛政府还于 2011 年 4 月 11 日成立了政治、经济和法律 3 个顾问组，共由 9 人组成。其中，经济顾问组由吴敏博士（组长，系昂山素季的顾问）和吴赛昂、盛拉波博士组成。

第二，提出"第二次战略改革"号召，拟将经济改革引向深入。

登盛就职总统以来，一直努力推进经济改革，不断推出新招。2011 年 5 月，登盛政府召开了发展农村经济和减少贫困工作会议，之后，成立了各级委员会，按照行动计划开展 8 个方面的工作。为了对宏观经济政策进行改革，登盛政府于 2011 年 8 月 19—21 日在内比都召开了国家经济发展改革工作研讨会。副总统赛貌坎、政府相关部长、各省/邦行政长官、议会议员参加会议，还邀请了经济学者、银行协会、民营企业、媒体及其他社会团体等非政府组织、政党负责人等出席。吴登盛总统出席开幕式并发表重要讲话。他希望与会者为国家经济的发展建言献策，以便促进国家经济、社会的

---

① 《缅甸内阁大改组，提升支持改革成员》，新加坡《联合早报》2012 年 8 月 28 日。

发展。

　　缅甸新政府成立后，取消了在出口贸易方面权力很大的贸易委员会，将进出口许可证审批权转移至商务部负责。新政府还重组了缅甸投资委员会；将第一工业部和第二工业部合并为工业部，以便减少审批环节和时间，提高工作效率。2011 年 7 月 1 日，新政府宣布将以美元上缴的出口税率由 8% 降为 5%，从 8 月 15 日起，又将原规定以缅币结算的与中国、印度、泰国边境贸易中以缅币上缴的 8% 的出口贸易税也降至 5%。为了促进贸易投资，新政府于 9 月召开工业发展委员会会议，宣布一些投资项目无须上报到联邦政府，各省邦可视情况自行审批和开展。

　　进入 2012 年以后，缅甸政府继续大力度推进经济改革。3 月 1 日在联邦议会发表讲话时，登盛总统再一次呼吁民众为了国家建设携手合作，支持政府实施的改革措施。他说，过去一年，政府在取得成绩的同时也遇到了很多困难和挑战。政府将迎接新挑战，继续努力改革。目前，缅甸正在遵循市场经济，制订短期和长期发展规划，推进经济改革。缅甸要学习外国的技术和管理经验、吸引外资，并修改法律以保护外商投资。①

　　5 月，吴登盛提出"第二次战略改革"，即在实行政治改革之后，进行以促进国家经济发展、改善人民生活为中心的第二步战略改革，将工作重心转向经济改革。这至少表明登盛政府有意推进缅甸的经济转型和发展。6 月 19 日，登盛总统在电视上发表了"国家团结演说"的演讲，进一步解释了新政府的所谓"第二波改革"，表示他领导的政府第一年的工作重心是政治改革和全国和解，从 2012 年起将致力于第二波改革，焦点是国家开发与民生；将放松经济管制，广泛推行私营化（电信、能源、森林、教育和医疗等行业）和推出新的投资法令，以争取未来五年平均每年有 7.7% 的经济增长率。此外，在推动经济发展的同时，缅甸新政府将"继续推进全国和解、国家和平与稳定、法治以及维护人民的安全。"

　　在推进经济改革的同时，缅甸新政府也更加重视改革的科学性和方向性，避免盲从。在 2011 年 8 月 20 日召开的国家经济发展改革会议上，吴登盛总统指出：缅甸经济发展的目标已由"以农业为基础全面发展其他领域经济"转变为"进一步发展农业、建立现代化工业国家、全面发展其他领域的经济"。新政府将实行国家宏观调控的市场经济政策，以防止不良企业主操纵市场，推动缩小贫富差距和城乡差距、维持公平的市场经济体制。为此，政府将引导外资从主要流向资源领域转向生产领域。

①　张云飞：《缅甸总统呼吁民众支持政府改革措施》，新华网，2012 年 3 月 1 日 21：36：23。

2012 年 6 月 19 日，吴登盛就国家发展五年计划发表讲话时指出，政府将从 2011/2012 财年开始的未来 5 个财年年均经济增长率设定为 7.7%，新目标要实现农业产值占 GDP 的比重从基础年的 36.4% 降至 29.2%，工业产值从 26% 提升到 32.1%，服务业产值从 37.6% 提升至 38.7%，以快速提升经济发展质量。

第三，更加重视民生问题，将消除贫困、提高收入、改善民生置于突出位置，确保改革惠及广大民众。

打"民生牌"是登盛政府的一大特点。新政府一再强调，其经济改革的重要目标是改善民生。

在 2011 年 3 月的就职演讲中，登盛总统宣布新政府将给农民和工人提供更多的帮助，提高农民和工人的社会经济生活水平。在农业领域，新政府要完善保护农民权利的相关法规，制定合理的农产品价格，提高农产品质量；要为工人提供更多的就业机会，维护市场价格稳定，让他们享有工作福利和社会福利的权利。6 月 20 日，在内比都举行了为期 3 天的农村发展和减少贫困委员会会议，登盛总统、各部部长、经济学家、驻外大使及媒体出席会议，提交了 30 多项提案。登盛在致辞中提出将在 4 年内把缅甸的贫困人口数量减少至 16%，并提出了减少贫困的 8 项措施，包括保护环境、发展小型私人贷款、农村发展等工作。吴登盛总统指出，全国约 70% 的人口生活在农村地区，只有农村经济发展了，才能减少贫困。他多次视察伊洛瓦底省、若开邦等地的贫困地区，表示要重视发展农村和少数民族边疆地区，要求政府稳定粮食价格，将小额贷款服务送下乡，并吸引外资开发农业，以消除贫困。新政府更加注重民生产业发展，将开采出来的石油天然气更多供应国内，而不是像军政府时期那样将大量自然资源用于出口创汇，导致国内民众缺油气、少电力。登盛政府还制定了宏大的民众收入倍增计划，即到 2015/2016 财年缅甸人均 GDP 要实现 2500 美元（现在仅约 700 美元），达到东南亚国家的中等水平。

2011 年 7 月 1 日，登盛政府宣布提高 84 万退休人员养老金，增强百姓消费能力。

从 2012 年 1 月 1 日起，缅甸政府又取消对公民的国外所得征税。这项新措施将惠及向当局注册的 60.7 万名海外劳工，此前这些工人除了必须在受雇国缴税，还得向缅甸政府缴付 10% 的所得税。

第四，大量出售国有资产，大力度推进私有化改革进程。

登盛政府上台不久，就于 2011 年 3 月中旬决定大量出售国有资产。拟出售的国有资产中，不少是缅甸的支柱产业，其中，包括仰光市政府办公场所在内的 100 多栋政府大楼、港口设施及国营航空公司的大部分股权赫然在列。据称，除了石油等能源项目外，宝石矿场、锡矿场、农田及国有工厂也被列入出售名单。此外，缅甸政府还首次宣布对外开放教育和医疗的私有化市场，吸引国际投资。对于此次出售国有资产，缅甸政府称其为"经济改革的一部分"，并且通过官方媒体呼吁有意者提出申请，进行投标。为了促进中小企业的发展，缅甸工业发展银行从 2011 年 7 月开始向中小企业发放年利率 15% 的优惠贷款，这一利率低于缅甸央行规定的 17% 的贷款利率下限。此项贷款得到了食品制造加工企业的支持，约 20 家食品企业已向工业发展银行提交申请。至 2011 年 6 月 30 日，缅甸私营工厂、作坊已有 9421 家。2011 年 8 月 19 日，缅甸第一工业部兼第二工业部部长吴梭登在缅甸经济发展改革会议上表示，缅甸国有工厂普遍亏损，为顺应形势将逐步向私营过渡。未来 5 年国有工厂将逐步减少，私营企业将越来越多，最终将全部私有化。但是，在私有化进程中，也出现了新情况，由于国有企业出售所需要的资金量太大，国内私人投资者无力承担，政府开始改出售为转租方式，租借期限分别为 5 年、10 年、15 年和 30 年。2011 年 4 月底开始，更多民营公司被允许经营以前只允许特许公司经营的棕榈油。在能源方面，从 7 月开始新政府允许包括环球能源、亚洲世界、缅甸联邦经济控股公司等在内的 4 家私营企业从事液化天然气进口及分销；7 月 20 日正式对外宣布仰光市环城铁路拟移交私企运营。

第五，完善法律法规，扩大对外开放。

继 2011 年 1 月 27 日颁布《经济特区法》后，登盛政府又于 2 月颁布了《土瓦经济特区法》，指定政府机构、团体相关人员组建土瓦特区管委会，管委会主席将由国家部级官员担任，土瓦特区事务由总统府部长直接对总统负责。缅甸已与泰国的意泰公司签约，力图在土瓦地区合作建设缅甸第一个较大规模的经济特区。截至 2012 年 10 月，缅甸正式纳入国家发展计划的特区已经有三个，即南部的土瓦特区、西南部皎漂特区以及仰光郊区的迪洛瓦特区。

为了进一步吸引外资，缅甸议会加紧审议新的《外国投资法》并最终于 2012 年 9 月 7 日正式公布实施。相对于旧版法律，新的《外国投资法》列出了更多优惠政策，譬如在一些特定领域（如高科技领域），外国投资者可以拥有 100% 股权，给投资者 8 年免税待遇。[1] 外国人在缅甸租地最长可达 30 年，还可延长两次，每次最长 15 年。经济特区的投资项目在批准投资

---

① 《缅甸国会通过新投资法》，新加坡《联合早报》2012 年 9 月 8 日。

的期限内，政府保证不收归国有，以消除投资者隐忧；国内外企业可以完全拥有出口权，服务业的70%向外资开放。① 为改变封闭、孤立局面，争取外援，登盛政府频频向世界发出"招商引资"的盛情邀请。2012年4月，登盛率团访问日本时，呼吁日本企业加强对缅投资；同时还促成日本免除了37.2亿美元的债务。5月23日，缅甸在北京举行投资说明会，隆重向中国企业推介缅甸。

为了发展进出口贸易，登盛政府取消了在出口贸易方面权力很大的贸易委员会，将进出口许可证审批权转移至商务部负责。商务部加快了贸易许可证的审批，对公司注册、延期手续提供一站式服务。新政府还重组了缅甸投资委员。调整后的政府机构提高了工作效率，减少了审批环节和时间。

加快汇率改革步伐，扩大金融对外开放是其扩大对外开放的一项重要内容。从2012年4月起，缅甸启动了汇率改革，缅元与美元的汇率将实行自由浮动。② 经财税部2011年11月25日批准，2012年年初起，缅甸多家银行相继开通了与国外银行间的贸易及汇兑业务（swift系统）。

需要指出的是，缅甸的市场经济，也并非西方所希望的那种纯粹的"自由市场经济"。对此，登盛总统在2011年8月20日召开的国家经济发展改革会议上已经明确中指出："新政府将实行国家宏观调控的市场经济政策……以维持公平的市场经济体制。"

四　改革与转型产生巨大"正能量"，为缅甸经济社会发展注入强大动力

当前缅甸在政治上所进行的民主化改革和转型，以及在政治转型基础上所进行的经济改革，不但引起了国际社会的广泛关注，而且也给缅甸政治社会和经济的发展注入了强大的动力。作为其成功实现政治改革与转型重要标志的多党民主大选及民选政府的正常运转迄今虽然还为时不久，但其对缅甸经济社会的发展所创造的有利环境，以及在经济社会领域的发展所产生的积极变化，虽然是"小荷才露尖尖角"，但却已是"早有蜻蜓立上头"，引起了国内外大量的积极评价。

（一）缅甸改革与转型的理论基础和基本方式

缅甸的改革与转型，明显不同于越南和老挝的改革与转型。如果说越南

① 《缅甸外国投资法》（2012年11月2日公布），2012年11月7日10：00。商务部网站，http：//news. hexun. com/2012－11－07/147687660. html。

② 《本月起缅甸启动汇率改革缅元自由浮动》，《云南信息报》2012年4月16日。

和老挝的改革与转型是在原有政治体制基础上的修修补补和进一步的完善，那么缅甸的政治改革却是一种彻底打破原有政治体制框架的、另起炉灶的改革。

　　关于缅甸的政治改革与政治转型，如前所述，缅甸新宪法已为其奠定了法律基础。新宪法作为缅甸国家的根本大法，规定了缅甸未来的国体和政体。新宪法明文规定，缅甸在结束军人独裁统治后，实行的是"有秩序的多党民主制"，"作为国家政权组成部分的立法、行政、司法，最大限度地实行三权分治和相互制约"。① 上述规定，为缅甸政治体制的转型确立了明确的目标，即搞"多党民主制"而不是军事独裁统治。而其"多党民主制"的政治体制和"三权分立"的国家机器的组成，则是通过举行多党竞争的全国选举实现的。这与西方所推崇并被认为具有"普世价值"的民主制是比较接近的。但值得注意的是，缅甸的政治转型所选择的"多党民主制"又不是完全照搬西方，而是要竭力显示出其自身的特点。为此，新宪法在表述其所要实行的多党民主制时，加上限制词，明确指出缅甸所要实行的多党民主制，是"有秩序的"民主，亦即登盛所说的"健康民主"② 和昂山素季所说的"有纪律的民主"。③

　　关于缅甸经济改革与转型的理论，从迄今为止所掌握的情况来看，如果从 1988 年新军人集团登台执政算起，缅甸的经济改革迄今已经经历了漫长的岁月和众多的曲折坎坷，但其理论却落后于实践，至今并未有一个系统和成熟的理论作指导，仍然在不断摸索之中，不但缅甸的当权者、政治家，以及专家学者正在着力探讨，而且国际理论家们也在帮助缅甸出主意。2012年 4 月 18 日，泰国国家新闻社发表了一篇题为《缅甸是否可以模仿中国经济转型？》的署名文章。文章提到，泰国 Panyapiwat 技术研究所（Panyapiwat Institute of Technology）所长 Sompop Manarungsan 指出，缅甸经济改革所面临的主要挑战，是能否创立有利于市场经济建立的强有力体制，其中包括中央银行、股票市场，以及金融体制。④ Sompop Manarungsan 教授认为，缅甸现

---

　　① 《缅甸联邦宪法》（2008 年 5 月 29 日全民投票通过），第 1 章第 7 条、第 11 条，载云南省社会科学院科研处编印《缅甸联邦宪法》，2011 年 5 月印行，第 4、5 页。

　　② 2012 年 1 月 30 日，正在新加坡"取经"、借鉴新加坡现代治国经验的缅甸总统吴登盛承诺，他将在缅甸建立一个"健康民主体制"。李亮：《缅甸总统承诺建立"健康民主"，呼吁国际鼓励》，环球网，2012 年 1 月 30 日 23：24。

　　③ 《翁山淑枝：非美式民主缅须发展本身民主模式》，新加坡《联合早报》2012 年 10 月 4 日。

　　④ The Nation：Can Myanmar mimic China's transition？ - Wichit Chaitrong Wed 18 Apr 2012. ttp：//www. nationmultimedia. com/business/Can - Myanmar - mimic - Chinas - transition - 30180144. html.

政府应当吸取俄罗斯在放弃共产主义而采纳市场经济后初期经济发展失败的教训。随着苏联的解体，继承者俄罗斯却没有相应的机制来处理转型的问题。反之，中国却小心翼翼地开放自己的市场，即使直到现在也未完全放开其资本账户，人民币也不能自由兑换。[①] 缅甸新宪法第 1 章第 35 条虽然明确规定"国家经济制度是市场经济制度"，在"市场经济制度"下，国家"准许国有、地方团体、合作社、联合团体、私人等经济力量参与国家经济发展；禁止任何个人、团体在经济活动中以垄断手段即操控市场价格的手段破坏合理竞争，损害人民的经济利益……对工商业不收归国有"，[②] 但是缅甸新政府所选择的市场经济制度绝对不是西方所推崇的自由市场经济制度，而是具有缅甸特色的"市场经济制度"，即正如吴登盛总统在 2011 年 8 月 20 日召开的国家经济发展改革会议上的讲话中所指出的"国家宏观调控的市场经济"制度。也就是说"宏观调控的市场经济"是缅甸新政府所追求的目标。从这一点来看，缅甸新政府在经济改革与转型方面的政策主张与越南和老挝有相似之处。

关于缅甸政治经济改革与转型的方式，迄今为止的资料显示，缅甸军政府向民选政府的转型，是军政府符合缅甸民意和国际潮流的自主选择，也就是说，缅甸军政府是在自己掌控方向的情况下，实现了自我转型。它是一种军人政权在宽松的政治社会气氛中进行的有利于自己的、自上而下的自我变革。这种变革总体上是以和平方式实现的而不是所谓疾风暴雨式的，因此所产生的政治社会震荡较小。它是缅甸人民根据国情作出的自主选择，是一种缅甸特色的民主化进程。

但是，关于政治改革和经济改革孰重孰轻，缅甸的政治家们似乎有自己独立的想法，正如吴登盛总统所说的，"稳定比经济发展更重要"。[③] 显而易见，登盛政府把推进民主化转型和维护政治稳定放在首位，而经济改革则处于次要地位。这符合缅甸的国情。

（二）改革与转型对缅甸经济发展的促进

转型国家的实践证明，改革是发展尤其是经济发展的不竭动力。改总比不改好，因循守旧必然被历史所淘汰，缅甸的情况也一样。

---

① The Nation: Can Myanmar mimic China's transition? – Wichit Chaitrong Wed 18 Apr 2012. ttp: //www. nationmultimedia. com/business/Can – Myanmar – mimic – Chinas – transition – 30180144. html.

② 《缅甸联邦宪法》（2008 年 5 月 29 日全民投票通过），第 1 章第 7 条、第 11 条，载云南省社会科学院科研处编印《缅甸联邦宪法》，2011 年 5 月印行，第 7 页。

③ 曹怡婷：《缅甸总统强调民主转型稳定压倒一切，经济排次席》，《东方早报》2012 年 2 月 1 日。

1. 民主化转型产生巨大"正能量"，经济改革与转型驶入快车道

如前所述，缅甸自 2011 年 3 月组成民选政府，实现民主化转型至今（2013 年 3 月）仅仅只有两年的时间，但在短短的两年内，政治转型已经产生了巨大的正能量。由于成功举行了多党民主选举，组成了民选政府并正常运转，目前缅甸所面临的国内外环境显著改善。在国内，各种关系正在不断调整，主要政治和社会矛盾日趋缓和。在军政府长期统治下被禁锢和压抑的民众建设国家、创造美好生活的各种积极因素正被广泛调动起来，热情得到释放，积极性空前高涨。国际上，西方国家尤其是美国在促进缅甸向"民主化"转变得手后，已经由打压和制裁转为拉拢和利用，纷纷向登盛政府伸出了橄榄枝。缅甸已经由"国际孤儿"一跃而变为"国际宠儿"。国际社会帮助缅甸发展的大门已经打开。

当前，已经走出内外交困境地的缅甸正在踌躇满志，推进以市场为导向的新型经济体制的构建，经济改革与转型真正驶入了快车道。政治上的"民主化"，促进了缅甸高层经济发展理念的转变以及国家新型经济体制和机制的建构，而新型经济体制和机制的建构正在有力地促进着缅甸经济的发展。

2. 经济增速加快，各经济部门展现出勃勃生机

对于 1988 年新军人集团上台以来至 2010 年 11 月 7 日大选这 22 年间，缅甸经济是有所发展还是倒退？学术界一直有不同的看法。事实上这里存在一个是纵向比较还是横向比较的问题。如果是纵向比较，笔者同意贺圣达教授的观点："1988 年 9 月缅甸新军人集团上台以来，缅甸经济是有所发展，还是出现了倒退？我个人的看法，是有所发展。从缅甸 GDP 的增长来看，在 1990—2000 年间，增长率为 6.9%，2000—2005 年间为 9.2%，而从 1990—2000 年各产业的发展（年平均增长）看，农业为 5.7%，工业为 10.9%（（其中制造业为 7.9%），服务业为 7.2%。"[①] 上述看法系根据国际经济机构而不是饱受质疑的缅甸军政府的统计资料而得出的。但是，如果横向比较，即与同时期站在同一起跑线的越南相比，缅甸经济发展的确是落后甚至倒退了。军政府上台初期，缅甸与越南的情况大致相当，甚至比越南要好。统计资料显示，1992 年越南的 GDP 为 99 亿美元，人均 GDP 约为 250 美元，而同期缅甸的 GDP 为 105 亿美元，[②] 人均 GDP 为 278 美元。[③] 越南走

① 贺圣达：《缅甸的经济改革和经济发展（1988—2008）》，载贺圣达、王士录主编《缅甸局势新发展与滇缅经济合作》，云南人民出版社 2009 年版，第 8 页。

② The Economist Intelligence Unit（London），*Country Report：Myanmar（Burma）*，November 1995；The Economist Intelligence Unit（London），*Country Report：Vietnam*，November 1995.

③ 见香港《亚洲周刊》1991 年 5 月 3 日。

上改革开放之路后，经济持续高速增长，军人独裁统治下的缅甸则因改革止步不前而经济增长大幅度下滑，缅甸与越南的经济发展差距迅速拉大：2002年，越南的 GDP 总量达到 351 亿美元，人均 GDP 也增长到约 400 美元，而缅甸的 GDP 总量只有 58 亿美元，人均 GDP 则下降至约 200 美元。① 10 年中，越南的 GDP 总量从 99 亿美元增加到 351 亿美元，增加了 252 亿美元，翻了约 2.5 番；而缅甸的 GDP 总量则从 105 亿美元减少至 58 亿美元，减少了约 1 倍。统计资料显示，后 10 年即 2002—2012 年，缅甸与越南的经济发展差距进一步拉大：2011 年，越南的 GDP 总量达到 1162 亿美元，人均 GDP 增加到 1119.6 美元，而缅甸的 GDP 总量则只达到 417 亿美元，人均 GDP 419.5 美元。② 9 年间，越南的 GDP 总量从 351 亿美元增加 1162 亿美元，增加了 3 倍，人均 GDP 则从约 400 美元增加到约 1200 美元，也增长了约 3 倍；而缅甸的 GDP 总量则虽然从 58 亿美元增加到 417 亿美元，增加了约 7 倍，但却只有越南的约 1/3 强，差距进一步拉大。

另外，纵向比较即缅甸从前与现在比较，经济发展的成果也是不能抹杀的。同样用上述数据也能够说明这一点：在过去 20 年间，缅甸的 GDP 总量从 105 亿美元增加到了约 420 亿美元，增加了 4 倍，而人均 GDP 则从 275 美元增加到约 420 亿美元，净增 145 美元。也就是说，在过去的 20 年间，除个别年份出现倒退外，缅甸经济总体上是发展的，只不过发展的速度缓慢而已。

需要特别指出的是，缅甸成功的政治转型虽然至今只有两年时间，并且其转型的成果仍然需要进一步巩固和扩大，但在促进经济发展方面所发挥的作用已经得到有力的印证，经济发展已经驶入了快车道。据英国国家报告（缅甸）估计，2011/2012 财年缅甸的 CDP 增长率为 3.2%，而据缅甸财税部长吴拉吞对国际货币基金组织（IMF）称，预估是 8.8%。而失业率则由 2004/2005 财年的 2% 下降为 2010/2011 财年的 1.7%。吴登盛总统签发的《2012—2013 财年国家计划法》规定，2012/2013 财年的 GDP 增长率为 6.7%。其中增幅最大的是通信行业为 150.4%，租赁和服务业为 14.6% 等。GDP 占比主要为：农业 33.6%，工业 27.6%，服务业 38.8% 等。总投资占比为：国家投资占 27.3%，私人投资占 72.7% 等。

① 参见 The Economist Intelligence Unit （London）, *Country Report：Myanmar（Burma）*, Vietnam, November 2004。

② The Economist Intelligence Unit , *Country Report：Vietnam, Myanmar, 2011.* Table1, Selected basic ASEAN indicators as of 15 February 2011. http：//www. aseansec. org/stat/Table1. xls, 2012 - 01 - 10.

凭借改革所释放出来的能量，各经济部门的发展都显示出勃勃生机。

在农业领域，据缅甸农业灌溉部 2011 年 12 月发布的数据，为了扩大耕地面积，充分利用现存 1400 万英亩农用闲置土地，政府已经批准 6387 位私营业主经营近 400 万英亩闲置农用地。随着稻谷产量的增长，大米出口量也呈较大幅度的增长，2010/2011 财年出口大米约 50 万吨，出口额 1.85 亿美元；2011/2012 财年大米出口量已增加到约 100 万吨。橡胶的种植面积也在逐年扩大，2011/2012 财年已超过 120 万英亩。2010/2011 财年共出口橡胶9.135 万吨，创汇 3.0289 亿美元。在水产养殖方面，截至 2011 年年底缅甸养殖业外国投资企业共有 25 家，投资金额达 3.2436 亿美元；国内企业在水产养殖业的投资则达到 153.53 亿缅元。

在工业领域，随着建立市场经济体制目标的确立和所有制形式的新突破，缅甸工业的快速发展已经站在了一个新的历史起点。建立经济特区以带动工业发展和促进产业升级成为新政府鼎力推进的一项重点任务。首批三个经济特区即土瓦经济特区、皎漂经济特区、提洛瓦经济特区的建设已经全面铺开，尤其是土瓦经济特区的建设更快，缅甸政府配合合作伙伴泰国已经投入大量财力、人力和物力。目前，缅政府正加紧在各省邦建立 24 个经济发展区和 18 个工业区以促进工业发展。电力工业的发展引人瞩目。截至 2011年年底，缅甸全国在建电站共 65 个，其中电力部执行的电站项目有 13 个，国内民营企业执行的 8 个，外国投资或合作的电站 44 个。缅甸全国已建成水电站 17 个、煤电站 1 个、燃气电站 15 个，共 33 座电站，装机总量达 336万千瓦。[①]

3. 改革与转型有力地促进了缅甸的基础设施建设

由于军人统治而长期受西方经济制裁，因而缅甸基础设施建设严重滞后，主要表现在交通、通信和电力等方面。以电力为例，目前缅甸全国的发电总装机容量仅为 1172 兆瓦，供电严重不足，致使工厂的开工率不到50%，有时连外国使团的用电都无保障。在交通方面，缅甸有公路总里程22.21 万公里。除作为主干道的毛淡棉—仰光—内比都—曼德勒公路路况较好外，绝大多数路况较差。全国机动车保有量 95 万辆，其中摩托车 60 多万辆。铁路总里程 5800 多公里，主要是窄轨铁路，设备严重老化，有内燃机车 270 台。水运方面，内河航道总里程 1.47 万公里，其中正常通航的 8000公里；可供远洋货轮停靠的港口主要有仰光、勃生港、实兑港、若开港、毛淡棉港、土瓦港等 28 个港口，其中仰光港是最大的海港。全国仅有远洋货

---

① 祝湘辉、李晨阳：《2011 年的缅甸：在改革中前进》，《东南亚纵横 》2012 年第 1 期。

轮 25 艘，集装箱码头 3 个。民用航空方面，有机场 69 个，其中主要有仰光机场、曼德勒机场、黑河机场、蒲甘机场和丹兑机场。仰光机场和曼德勒机场为国际机场；国际航线联系 18 个国家和地区。在电信基础设施方面，有电话用户 200 多万户；2008 年开通 3G 网络。

尽管缅甸基础设施落后但也在缓慢改善，而且在进入新世纪以后有明显加快之势。在城市建设和交通方面，进入新世纪以后，城市的规模不断扩大，高大建筑不断增多，公路通车里程快速增长，尤其是高等级公路从无到有，已于 2010 年 11 月建成仰光—曼德勒 352 英里（1 英里约等于 1.6 公里）高速公路。大选组成民选政府后，缅甸的基础设施建设进入了一个新的发展期。2010 年 11 月，缅甸与泰国签署《建设土瓦深水港、工业区及通往泰国公路、铁路项目框架协议》，目前正在顺利实施。该项目内容包括建设土瓦深水港、船坞、工业区、石化厂、炼油厂、钢铁厂、发电厂、土瓦—曼谷公路、铁路及沿线铺设油气管道，计划分三期进行，10 年建成。其中土瓦深水港包括南港和北港，共 22 座栈桥，可同时供 25 艘 2 万—5 万吨轮船停靠，年吞吐货物 1 亿吨。[1] 为了加快经济发展，缅政府还加紧在各省邦建立 24 个经济发展区和 18 个工业区；通过采取放宽限制、实行私有化、鼓励私营经济发展等措施，大力发展包括铁路、电力等在内的基础设施建设。

为提高供电水平，2012—2013 财年，缅甸将新建 9 条输电干线，输电线路全长 563 英里，包括 1 条 500 千伏干线和 6 条 66 千伏干线等。[2]

总之，被长期的军人统治所耽误了的缅甸基础设施建设正迎来一个有利的时机。缅甸新政府正在采取有力措施弥补历史欠账，百废待兴的缅甸正在大兴土木，其基础设施将不断得到有力的改善。

4. 对外经济关系日趋活跃

随着民主转型的顺利推进，缅甸的国际环境迅速改善，对外经济关系日益活跃。

在引进和利用外资方面，截至 2011 年 7 月底，已有 31 个国家和地区在缅投资 454 个项目，投资总额已达 360 亿美元。其中电力投资居第一位，占投资总额的 40%，油气投资居第二位，占投资总额的 38%。投资排名为中国第一，占外国对缅投资总额的 44.11%，其中，中国大陆占 26.62%，中

① 《泰国与缅甸签署建设土瓦深水港、工业区框架协议》，The New Light of Myanmar, November 3, 2011。
② 《缅甸新政府施行新政积极改革》，云南省商务厅网站，2012 - 05 - 08 15：35：59。http: //www. dh. gov. cn/bofcom/432925036970508288/20120508/322907. html。

国香港占 17.49%；泰国为第二位，占投资总额的 26.53%。① 2010/2011 财年，外资在缅甸多个领域投资总额逾 190 亿美元。截至 2011 年 7 月，在缅外资公司有 1290 家、缅甸公司 24050 家、合资公司 72 家、股份公司 1072 家及商会 43 家，共计 26527 家公司在册。② 2010 年当之无愧地成为新军人集团执政 22 年中吸引外资最多的年份。仅这一年，中国（含香港）对缅投资就达 104.7 亿美元，其中香港 53.9 亿美元，内地 50.8 亿美元。③ 截至 2010 年年底，中国（含香港地区）为缅甸最大的外资来源地，累计投资达到 123 亿美元；泰国次之，为 95.6 亿美元，韩国居第三位，为 27.2 亿美元。④

在对外贸易方面，由于政府放松了进口限制，缅甸外贸快速增长。2011 年缅甸对外贸易额已近 120 亿美元。2010/2011 财年，缅甸进口关税收入近 540 亿缅元，较上一财年增收 84 亿缅元。在边境贸易方面，据《缅甸时报》周刊报道，木姐边境口岸的贸易额在 2011/2012 财年前 8 个月内达到了 16.5 亿美元，比 2010/2011 财年的 15 亿美元增长了 10%，占到了全国边贸额的 70%，已成为缅甸与各邻国最大的边贸口岸。⑤

在金融业对外开放方面，2011 年 11 月 25 日，经缅甸财税部批准，包括甘波扎银行、CB 银行、吞方登兴银行、缅甸工业发展银行、缅甸东方银行、苗瓦底银行、AGB 银行、缅甸先锋银行、伊洛瓦底银行、联合阿玛拉银行及茵瓦银行等在内的 11 家国内银行获准开通与国外银行间的贸易及汇兑业务（swift 系统）。⑥ 此前，办理国外汇兑的缅甸银行主要是 3 家国有银行即缅甸外贸银行、缅甸投资商业银行和缅甸经济银行。截至 2011 年 12 月，共有 9 个国家的银行在缅开设了办事处，分别是新加坡 4 家，孟加拉国、马来西亚、日本各 2 家，柬埔寨、泰国、文莱、越南、中国各 1 家。⑦ 外国银行办事处的开设将对缅甸的经济、通信、金融等领域发挥重要作用。

在旅游业方面，2011 年 1 月 1 日至 11 月 30 日，入境缅甸的外国游客达到近 40 万人次，比 2010 年同期增加 26%，其中欧洲游客占 23%。中国游

---

① *Weekly Seven News*, August 25, 2011.

② 祝湘辉、李晨阳：《2011 年的缅甸：在改革中前进》，《东南亚纵横》2012 年第 1 期。

③ 缅甸《缅甸时报》第 25 卷第 486 期，2010 年。

④ 扈琼瑶：《缅甸：大选带来政治新变化，经济发展有起色》，载王士录主编《东南亚报告（2010—2011）》，云南大学出版社 2011 年版，第 98 页。

⑤ 祝湘辉、李晨阳：《2011 年的缅甸：在改革中前进》，《东南亚纵横》2012 年第 1 期。

⑥ 《缅甸新政府施行新政积极改革》，云南省商务厅网站，2012 - 05 - 08 15：35：59。http：//www.dh.gov.cn/bofcom/432925036970508288/20120508/322907.html。

⑦ 祝湘辉、李晨阳：《2011 年的缅甸：在改革中前进》，《东南亚纵横》2012 年第 1 期。

客是从 2009 年开始明显增加的。2011 年，前往蒲甘的亚洲国家游客中泰国籍最多，共 6604 人。中国游客数位居第二，4881 人。名列其后的国家依次是日本、韩国、马来西亚。

（三）改革与转型促进了缅甸社会的进步

缅甸民主改革的成功，为其社会的进步创造了有利条件。新政府上台以来，采取了种种措施来改善社会环境，取得了良好的效果。

一是如前所述，多次无条件释放政治犯，大力度改善人权状况。登盛政府在释放政治犯方面所采取的大力度行动，得到了西方的认可。此外，新政府还多次公开表态，欢迎流亡国外的反对派人士回国，为国家复兴效力。随着人权状况的不断改善，被迫流亡国外的众多民主人士已经纷纷回国，其中许多人还得到重用。新政府还兑现诺言，给予人民更多的民主和自由。譬如大力度放松了舆论控制，取消了新闻检查；民众真正享有了言论、结社、游行示威的自由。

二是更加关注民生问题。2010 年大选后，吴登盛总统领导的民选政府大力度推进政治经济的改革与转型，其执政理念更加注重民生，注重社会的公平与正义。在就职演讲中，登盛宣布新政府将给农民和工人提供更多的帮助，提高农民和工人的社会经济生活水平。对农民，新政府承诺要完善保护农民权利的相关法规，制定合理的农产品价格，提高农产品质量；对工人，新政府承诺要提供更多的就业机会，维护市场价格稳定，让他们享有工作福利和社会福利的权利。另外，需要按照现在的生活水平协商制定出工人的最低工资标准。

为解决贫困、就业等民生问题，新政府组建了农村发展和减少贫困中央委员会，吴登盛总统亲自任委员会主席。2011 年 6 月 20 日在内比都举行了为期 3 天的农村发展和减少贫困委员会会议，吴登盛总统、各部部长、经济学家、驻外大使及媒体出席会议，提交了 30 多项提案。吴登盛在致辞中提出将在 4 年内把缅甸的贫困人口数量减少至 16%，并提出了减少贫困的 8项措施，包括保护环境、发展小型私人贷款、农村发展等工作。

三是竭尽全力促进民族和解。在缅甸，长期存在着的十分尖锐的民族矛盾，既是一种政治矛盾，也是一种较为突出的社会矛盾。由于历届中央政府推行大缅族主义，占人口 35% 的各少数民族的政治、经济和社会发展权益长期被忽视，各少数民族与在政治、经济、文化上占统治地位的缅族的发展差距、边远地区与内地的发展差距不断拉大，社会矛盾日益尖锐。于是，各少数民族争取政治、经济权益的斗争此起彼伏。民族和解继续成为缅甸新政府所面临的重大难题。大选后尤其是新政府成立以来，一度激化的民族矛盾迫使缅甸新政府重新回到谈判桌上来，与佤联军等民族武装进行和谈，表示愿意通过谈判实现民族和解。对于矛盾分歧较大的克钦独立组织和克钦独立军，虽然多次发生大规模武装冲突，但新政府一直未放弃和平解决的努力。

缅甸民选政府推进民主、改善人权和民生状况的上述努力，已经产生了强大的正能量，总体上看，其社会矛盾已经显著缓和。

五　缅甸转型与发展的前景

在缅甸这样一个背负沉重历史欠账的国家，政治、经济、社会的转型是一个涉及方方面面的巨大的系统工程，各种利益相互交织，矛盾错综复杂，要在政治上顺利地从长期军人独裁统治的威权政治体制转向现代民主政治体制，要在经济上从计划经济体制圆满地转向以市场为导向的市场经济体制，必须付出巨大的持久的努力。虽然当前缅甸转型的大幕已经开启，取得了举世公认的成效，但这只是万里长征的第一步，今后的路还很长，其前景仍然是机遇与挑战并存。为使其改革与转型不至于功亏一篑，缅甸的有识之士、各阶层人民仍然需要作出持之以恒的努力。

（一）缅甸政治社会转型的前景：有利条件和不利因素

乔治·索伦森（Georg Sorensen）认为，"民主化是指朝向民主路程的政治变迁，第一阶段牵涉到非民主政体的瓦解，第二阶段是民主秩序的要素获得确立，第三阶段是民主政治获得进一步发展，第四阶段是民主习惯成政治文化中的一部分。"[①] 按照上述观点，目前缅甸的民主化改革才进入第三阶段，以后的路程还很长。第四阶段即要使"民主习惯成为政治文化中的一部分"，更是可谓谈何容易。缅甸的政治改革与转型走到今天很不容易。2010 年 11 月 7 日成功举行了久违的大选并在 2011 年 3 月组建以登盛为总统的民选政府，军事强人丹瑞和貌埃宣布"退休"，标志着缅甸从长期的军事独裁统治转向了现代民主政治体制即所谓"有纪律的民主"[②] 体制。这仅仅只是"民主秩序的要素获得确立"，只是其实现成功转型的第一步，其转型成果的巩固和发展仍然需要经历一个较长的过程。缅甸的民主转型到底会选择何种模式，向哪里发展？对此，目前还很难定论。不过有一点是可以肯定

---

① 乔治·索伦森：《民主与民主化》，中文译本，台北韦伯文化事业出版社 2000 年版，第 206 页。

② 《翁山淑枝：非美式民主，缅须发展本身民主模式》，新加坡《联合早报》2012 年 10 月 4 日。

的：正如昂山素季所强调的，"缅甸必须发展本身的模式，而不会是美国式民主"。①因此，缅甸的政治经济和社会转型目前尚不能讲已经大功告成，将来如何发展和变化，还需要继续观察。

从其前景来看，虽然大选的成功举行、民选政府的顺利组建和运行，以及新政府上台近两年来所推行的一系列得到普遍认可的改革措施，已经为其改革与转型的深入发展奠定了重要基础，但是，其改革的成果仍然还很脆弱，仍然存在着曲折和反复的可能。有学者分析，缅甸正处于改革与转型的"沸腾期"，其政治舞台群雄并起，正所谓"乱世英雄起四方"，如果各种政治集团和阶层的利益协调不好，势必影响改革的进程，甚至威胁改革的成果。据称，当前存在着多种影响缅甸政治改革与转型深入发展的势力，②其中最主要的有：

——军人集团及其所控制的政治势力。军人集团在缅甸长期作为一支重要的政治力量影响缅甸政治发展的进程。庞大的军人集团不但掌控着缅甸的政治命脉，而且也掌控着缅甸的经济命脉。作为军方控制国家经济命脉和与民争利工具的缅甸经济控股公司（UMEH），其股东包括国防部采购局及有关国防军事机构、退伍军人协会等，目前已涉足珠宝玉石、银行、饭店旅游业、百货零售业、房地产开发、成衣制造、烟草、啤酒酿造等领域，并垄断了其中的部分行业，成为缅甸实力最强大的国营集团公司，被人称为"商界的军队"。众所周知，作为缅甸最大执政党的缅甸联邦巩固与发展党，事实上就是军方的御用工具，其前身缅甸联邦巩固与发展协会（USDA，简称巩发协）成立的初衷，就是缅甸军政府为了保护其既得利益，保证军队在未来缅甸政治中的地位和作用。其成员遍及全国每一个角落，在缅甸政治、经济、社会中具有强大的影响力。此外，退伍军人协会，以及由缅甸社会主义纲领党演变而来的团结党（National Unity Party），也属于代表军方的政治势力。缅甸军队本身（包括军人家属）以及其所控制的政治力量在缅甸的统治地位在短期内是不可动摇的。缅甸的改革与转型很难触动这个集团的利益，而如果不触动这个利益集团，其改革与转型势必将大打折扣。

——全国民主联盟（the National League for Demoracy，简称"民盟"）及其支持者。民盟成立于1988年9月24日，其创始人为昂季（奈温1962

① 《翁山淑枝：非美式民主，缅须发展本身民主模式》，新加坡《联合早报》2012年10月4日。
② 关于影响缅甸民主进程的政治势力请参阅李晨阳《影响缅甸民主化进程的主要政治势力》，http：//q.ifeng.com/group/article/24557.html。

年成立的革命委员会核心成员，1963 年 2 月辞去军政职务后两次被监禁）、丁吴（前国防部长兼陆军总司令，1976 年被解职）和昂山素季（缅甸独立运动领导人昂山的女儿）。该党很快在缅甸众多的政党中脱颖而出，成为缅甸最大的反对党。在昂山素季被软禁的情况下，民盟在 1990 年 5 月大选中赢得了约 60% 的选票和 485 个议席中的 396 个。但民盟胜而未果，掌握大权的军人集团并未让民盟品尝胜利的果实。其后，在军政府的不断打压下，民盟长期处于分崩离析的状态；由于决策失误，甚至被排除在 2010 年的大选之外。直至大选之后，民盟才恢复了合法政党的地位并经过补选进入议会。2013 年年初，民盟召开了 1990 年以来的首次全国代表大会，建立健全了体制机制，昂山素季蝉联党主席。凭借昂山素季的影响，民盟迎来了其发展的"黄金时期"。但从深层次上看，民盟自身的发展也面临着诸多问题。就其内部而言，一是领导层年龄严重老化，处于青黄不接状态；二是除昂山素季外，尚未出现在国际国内有影响的人物；三是内部派别斗争日趋表面化有可能削弱其战斗力；四是民盟缺乏治国理政经验，作为民盟核心人物的昂山素季即便当上总统也难有很大作为，而且其平衡各政治集团和各阶层利益的能力也值得怀疑。

　　——以中产阶级、知识分子、公民社会为主体的政治力量。尽管由于长期的军人独裁统治，缅甸中产阶级发展缓慢。但世界在变，社会在发展，总体上看缅甸的中产阶级处于不断壮大的进程，尤其是进入新世纪以来随着缅甸民主化进程的不断加快，在外部势力拉动和内部变革需求增长推动下，尤其是在 2010 年成功举行大选并顺利组建了新政府后所取得的民主变革红利的强烈刺激下，缅甸中产阶级的参政意识不断增强。在下届大选时，不排除在这一阶层中产生政治"黑马"的可能。他们代表中产阶级、知识分子和公民社会的利益，不但与军人集团所代表的利益集团相抵触，而且与思想僵化的以昂山素季为代表的民盟也无多少共同点。此外，也有学者认为，公民社会对于民主化也是一柄双刃剑："市民社会中有些社会势力可能促进民主化，有些则可能阻碍民主化。"①

　　——佛教僧侣。作为全民信仰佛教的国家，佛教是缅甸的重要社会基础，而佛教僧侣则是基础的基础，对缅甸政治社会的发展产生着举足轻重的影响。自 1962 年 3 月军事政变以来，缅甸僧侣参加了历次反对军人统治的政治斗争。僧侣与大学生和民盟在 20 世纪 80 年代末 90 年代初被视为反政

---

① 陈响富：《缅甸军政府政治转型之影响》，硕士学位论文，台湾成功大学政治经济研究所，2008 年，第 14 页。

府的三大力量。2007 年 8 月，还发生了以僧侣为主体的，以反对军人独裁和推进民主的被一些人称为"袈裟革命"的大规模抗议示威运动。① 目前，尽管僧侣卷入政治的势头受到很大遏制，但仍有部分年轻僧侣抱有很大的政治热情，他们对国家的政治前途仍持观望态度，一有风吹草动，很容易"旧情萌发"。

——少数民族武装和政党。众所周知，缅甸是一个民族众多，民族矛盾极为复杂的国家，中央政府与各民族之间的、各民族之间的矛盾相互交织，异常尖锐。时至今日，缅甸仍未实现"国家主流化"的夙愿。对于转型时期的缅甸中央政府来讲，民主化与国家主流化同等重要，而对于各少数民族来讲，维护自身的生存权和发展权则被置于首位。如何调适中央与地方、缅族与其他少数民族之间的利益关系，仍将是对缅甸新政府的一大考验。民族政策一旦出现失误，其政治经济转型势必受到影响。

最后，外部势力对缅甸民主化转型的影响也不可小视。有学者认为，"在（缅甸）民主化的过程中，国际因素扮演着主动角色，军政府的转变主要是来自国际压力，而不是国内精英的抗争，所以过程是缓慢的"。② 缅甸自身的经历已经表明，·外部势力尤其是以美国为首的西方国家在促进缅甸的民主转型中发挥了极为重要的作用。试想，如果没有西方国家尤其是美国的长期打压和制裁，今天的缅甸会是什么样子？必须指出的是，缅甸的政治转型明显不同于伊拉克和阿富汗的转型，后者的转型系美国以武力从外部强加，是"非自主转型"，结果是"水土不服"，称为西方民主的"烂尾楼"；而以美国为首的西方对缅甸实行的是"以压促变"的政策，通过持久的外部压力促使其内部发生变化，使缅甸实现"自主转型"，其过程虽然缓慢但效果似乎更好。但是展望其前景，缅甸的政治转型仍然面临着西方强大影响。西方国家尤其是美国希望在缅甸建立起以美国为样板的民主体制，而登

---

① 此次抗议示威运动以反对军政府提高汽油价格导致物价上涨为起因，发展到反对军人独裁统治和要求民主。运动以仰光、曼德勒等城市为中心，席卷全国，高峰时期游行示威人数多达 10 万人以上，其中包括 20000—30000 名僧侣。按军政府公布的材料，有 10 人在冲突中丧生，2093 人被逮捕。见 Chenyang Li, Myanmar/Burma's Political Development and China – Myanmar Relational in the Aftermath of the "Saffron Revolution". Edited by Xiaolin Gao, Myanmar/Burma Challenges and Perspectives, Institute for Security and Development Policy, Sweden, 2008, p. 108。

② 陈响富：《缅甸军政府政治转型之影响》，硕士学位论文，台湾成功大学政治经济研究所，2008 年，第 124 页。

盛总统已经多次公开表示，缅甸所要实行的多党民主应是"健康民主"，[①]反对党领袖昂山素季所说的则是"有纪律的民主"[②] 而非美式民主。这是否预示着缅、美摩擦短期内难以彻底消除呢？

总之，虽然缅甸的民主化进程是不可逆转的，但要最终完成转型的进程，仍然面临着严峻挑战。

（二）缅甸经济转型的前景：有利条件和不利因素

由于已经成功地举行了多党民主选举，按民主制度的模式构建了国家机器，缅甸的政治转型有了一个良好的开端，这就为其经济体制的改革与转型深入推进奠定了重要基础。缅甸的经济转型与发展面临着许多有利条件：

一是现今缅甸已按民主体制模式建立起政治制度，其经济改革有"民主的"政治体制保驾护航。当前，缅甸整体上已经步入改革发展的轨道，其政府要员多次强调"改革不会逆转"，不断给国内民众和国际社会以投资信心。

二是新政府上台以来，按照新宪法所规定的建立"市场经济制度"的要求，努力推进经济的市场化改革，采取了许多新的政策措施，效果初显。从而为经济改革与转型的深入推进奠定了基础，增强了信心。

三是政治民主化改革顺利推进，为缅甸赢得了一个有利的外部环境。随着西方制裁的逐步解禁，外资、外援纷纷涌入缅甸。缅甸已经成为外商投资的一方新的热土。这将为缅甸经济的腾飞插上有力的翅膀。

四是缅甸自然资源、人力资源、旅游资源均极为丰富，又处于连接东南亚、南亚经贸往来的关键位置，具备快速发展的有利条件。

谈到缅甸经济改革面临不利因素，从宏观上讲主要还是其政治转型与发展的影响。如前所述，如果政治转型不出现反复，缅甸的经济改革与转型顺利推进的阻力将不会很大，反之必然要受到影响。总之，改革还潜藏风险，历史积弊太多，体制落后，人才匮乏，基础设施差等，都会阻碍缅甸经济的发展。

由于军政府时期的经济改革令外界失望，仍有不少国际投资者对缅甸此轮经济改革持观望甚至怀疑的态度，担心政策多变，政府工作透明度差。譬如，新政府上台一年多来，经济改革目标的设定变来变去，国家在多个领域

---

① 2012 年 1 月 30 日，正在新加坡"取经"、借鉴新加坡现代治国经验的缅甸总统吴登盛承诺，他将在缅甸建立一个"健康民主体制"。李亮：《缅甸总统承诺建立"健康民主制"，呼吁国际鼓励》，环球网，2012 年 1 月 30 日 23：24。

② 《翁山淑枝：非美式民主缅须发展本身民主模式》，新加坡《联合早报》2012 年 10 月 4 日。

推出的改革政策和优惠措施也是朝令夕改，令很多外企感到无所适从，项目时开时停。各利益集团出于本集团政治经济利益的考量，往往为一己私利而置国家整体利益于不顾，打着民主的旗号相互争利，使中央的号令难以统一，国家政策的执行流于形式，从而有可能使缅甸的经济改革大打折扣，这将是未来缅甸经济改革与转型面临的一大风险。正如美国环球通视有限公司亚太首席经济学家拉吉夫·比斯瓦斯所指出的，尽管存在政治和经济挑战，但如果缅甸政府继续实行改革计划，缅甸就可能成为东盟的下一只经济猛虎。① 2012 年 6 月 19 日，吴登盛总统在缅甸首都内比都就国家发展新的五年计划发表讲话时指出，政府把从 2011—2012 财年开始的未来五个财政年度的年均经济增长率设定为 7.7%。到五年计划的最后一年，人均国内生产总值（GDP）要比基础年增长 1.7 倍；农业产值在国内生产总值中的比重从基础年的 36.4% 降低到 29.2%，工业产值从 26% 提升到 32.1%，服务业产值从 37.6% 提升到 38.7%。根据改革需要和国家目前情况，政府确定了 4 项经济发展原则，其中包括在加强农业发展的同时努力发展工业、省邦平衡发展、提高人民生活水平等。② 这是一个宏伟的并不难实现的蓝图，前提是政治社会必须继续保持稳定，经济改革必须深入推进。

---

① 拉吉夫·比斯瓦斯：《缅甸：亚洲下一只经济猛虎?》，http：//www. enorth. com. cn，2012 - 04 - 19 14：57，日本《外交学者》杂志网站 3 月 31 日文章。

② 新华社电：《缅甸设定未来五年年均经济增长率为 7.7%》，国际在线，2012 - 06 - 20 14：47。

第七章

进入新世纪以来泰国的转型与发展

泰国是 GMS 五国中经济发展程度最高的国家。截至 2012 年年底，泰国的基本情况大致如下：国土面积 513120 平方公里，人口 6759.7 万人，人口密度 132 人/平方公里，人口增长率为 0.4%，国内生产总值（按现价计）3458.108 亿美元，人均 GDP 5115.8 美元，对外贸易总额 4589.044 亿美元，其中出口 2288.207 亿美元，进口 2300.836 亿美元，引进和利用外资协议金额 77.781 亿美元。[①] 就其政治体制来讲，目前泰国仍然处于威权政治体制向现代民主政治体制转型的进程中。何为"威权政治"？有学者认为，威权政治亦即"带有家长制倾向的东方式民主"。[②] 泰国的威权政治体制是 20 世纪 30 年代初期从君主专制转向现代民主政治变革不彻底的产物。那时以来，虽然经历长期反复的较量，期间充满了腥风血雨，但"民主"始终未能彻底战胜"威权"。在从 1932 年至 2012 年的 80 年间，泰国共发生了 24 次政变，其中军事政变 17 次，军人直接执政 8 次。在截至 1992 年的 60 年里，泰国政府有 51 年被控制在军人或者有军人背景的政治家手里。1992 年民众反对军人独裁的流血事件后，有学者曾经认为泰国的民主政治从此走上了正轨，"泰国开始……进入了民主化阶段"。[③] 然而，就在人们对泰国较为稳定的民主政治表现出乐观之际，2006 年 9 月 19 日泰国再度上演的军事政变推翻了民选政府，大多数西方舆论将此次政变视为"民主的倒退"。此后，泰国进入持续了近 5 年的政治社会动荡期，其政治舞台可谓"乱哄哄，你方唱罢我登场"，5 年中换了 6 位总理，犹如"走马灯"。由此，泰国的民主化

---

① Table1, Selected basic ASEAN indicators as of 15 February 2011 . http：//www. aseansec. org/stat/Table1. xls, 2012 − 01 − 10. The Economist Intelligence Unit , Country Report：Thailand, 2013.

② 任一雄：《泰国威权政治的前景：进入了"转型期"还是"威权为体，民主为用"的延续?》，《国际论坛》2002 年 3 月第 2 期。

③ 周丕启：《关于东亚政治合法性的研究》，博士学位论文，北京大学国际关系学院，1999 年 5 月，第 61 页。转自任一雄《传统文化的张力与泰国威权政治的前景》，《国际政治研究》2003 年第 2 期。

进程再一次引发学术界的深入思考，有学者认为，"泰国不是民主化过头了，而是根本还没有完成民主化"。或者说，泰国目前仍然处于由威权政治向民主政治的转型期。泰国的转型为何如此艰难？目前到底属于何种政治体制？怎样看待其转型前景？本文试作如下分析。

一　进入新世纪前泰国的改革与转型：进展与问题

泰国的改革与转型，这里主要讲其政治经济体制的改革与转型。就其政治体制的改革与转型来讲，在进入 20 世纪以来至今的一百多年间，泰国的政治体制转型走了两步：首先是在 1932 年从君主专制体制转向了威权政治体制（君主立宪制 + 军人独裁统治）；然后是从威权政治体制转向现代民主政治体制。第二步已经走了 80 年，但至今尚未实现。

（一）泰国政治体制转型的基本任务

泰国的政治体制转型，到底是由什么型转向什么型？换句话说，泰国政治体制转型的基本任务是什么？这是首先应当搞清楚的问题。

就政治体制来讲，在当代世界历史上，尽管历史的发展早已证明，民主政治体制是迄今为止最进步、最合理的政治体制，已经成为各国政治体制发展的一个范本，但由于各国国情不同，仍然存在着各种各样的政治体制样式，其中较为常见的有：

——君主专制政体。又称君主专制或君主专政，是一种政治体制和政府形式，统治者君主（常称皇帝、国王或苏丹，女性称女皇或女王）拥有统治国家和公民自由的所有权力而没有法律或法定的程序告诉君主如何行使权力，虽然有的宗教权威可能有能力阻止君主的某些行为。君主职位世袭，具有至高无上的权力，通过调节中央政府和地方行政机构，实现对全国的专制统治。君主专制政体是封建社会的产物。政治上，君主专制的加强使皇权极度膨胀，民主制度难以形成。这成为阻碍社会进步的重要因素。经济上，君主专制的加强束缚社会生产力的发展，阻碍资本主义萌芽的发展。思想文化上，君主专制的加强扼杀了人们的创造力，使人们思想日益僵化，阻碍了科学技术的发展。反封建的民主思想也遭到遏制。如今，世界上还有少数国家实行这种君主专制政体，比如东南亚的文莱，中东的沙特、科威特等国的苏丹制。

——君主立宪制。又称立宪君主制（Constitutional Monarchy），或称"虚君共和"，是相对于君主独裁制的一种国家体制。君主立宪是在保留君主制的前提下，通过立宪，树立人民主权、限制君主权力、实现事实上的共和政体。君主立宪制可分为二元制君主立宪制和议会制君主立宪制，世界上大都为后者，如英国、荷兰、比利时、丹麦、挪威、西班牙、卢森堡、瑞典、泰国、日本、柬埔寨等。君主立宪制是资本主义国家君主权力受宪法限制的政权组织形式，是资产阶级同封建势力妥协的产物。议会制君主立宪制是在君主立宪的基础上随着近代政党的形成和议会作用的加强而逐步确立起来的。在这种制度下，议会掌握立法权，内阁由议会产生并对议会负责，君主的实际权力减弱，其职责大多是礼仪性的。

——威权政治体制。又称威权政体或权威政体（Authoritarian Regime），是指处于民主政体和极权政体之间的一种非民主、非极权的政体形式。其特点是严格遵从政府的权威，而政府常运用压制性手段，用来维持和执行社会控制。一般指依靠各种行政手段、法令、军警以控制国民言论、结社、集会等自由之政府。威权政治也是相对于极权主义来讲的。极权主义更强调全面控制，是真正的独裁政体，而权威政体只是一党或军政府的专政，相对于极权主义而言，权力有限；而相对于民主政体而言，则缺少责任感。①

——"一党独大"威权政治体制。威权政治体制又分为"一党独大"威权政治体制，以及"军人威权政治体制"等。一党独大又称"一党优势制"，是形容一个国家由某政党通过民主选举制度胜出而得以达到稳固且长期执政情况下的政局情境，通常以共和制的发展中国家发生的情形居多。这样的政党通常在立法机关（议会）中连续数次取得大多数议席，从而赢得总统选举。一般而言，一党独大制是较具竞争性的，因为在选举中会有数个政党角逐权力及议席，但实际却是由一个大政党长期垄断执政权。在一党独大的情况下，国内的政治局势相当稳定，而政策的落实亦较长久，行政效率较高。其次，执政党推出的政策会相对温和，以期在选举中取多数议席。但是，一党独大的长期存在，容易导致党国体制的出现；由于执政党长期把持权力，会造成自满、自大甚至贪腐的现象，并且将侵蚀民主精神，导致各党之间缺乏竞争，发展速度放慢。② 在东南亚国家中，新加坡、马来西亚实际上都是一党独大威权政治国家。

——军人威权政治体制。军人威权政治体制与军人独裁体制不同。军人独裁体制是军人集团发动政变，接管政权，终止宪法，实施党禁，穿着军装

---

① 《威权主义》，http：//zh. wikipedia. org/wiki/% E5% A8% 81% E6% AC% 8A% E6% 94% BF% E9% AB% 94。

② 《一党优势制》，http：//zh. wikipedia. org/wiki/% E4% B8% 80% E9% BB% A8% E7% 8D% A8% E5% A4% A7。

直接实施统治。而军人威权政治体制则一是军人发动政变后，在穿着军装直接实施军事独裁统治后脱下军装，组织政党，通过其所控制的资源进行大选而上台执政，实现政权的"军转民"；二是军人发动政变后，由代理人出面执政，军人集团则在幕后进行操纵。上述两种情况在当代泰国的民主化转型进程中都曾多次出现。事实上，1932 年建立君主立宪制至今的 80 年间，泰国都处于"军人主导的威权时代"。①

英国和北欧等老牌资本主义国家的情况显示，君主专制转向君主立宪制本来应当是一种革命性的变革，是历史的一大进步。在这些国家的情况下，作为封建社会的残余，君主只是国家的一个象征，君不问政，王室早已经退出政治舞台；国家政治体制实际上早已经是高度的现代民主政治体制。在这种民主体制下，国家凭借公共权力，和平地管理冲突，建立秩序，并实现平等、自由、人民主权等价值理念。

而在泰国的君主立宪政体下，作为封建制度残余的国王和王室还保留有相当大的政治权力。1997 年颁布的《泰王国宪法》第二章国王，第八条规定："国王的地位至高无上并且受到尊敬，任何人不得侵犯，任何人不得对国王作出任何指控。"② 特别是进入现当代以后蒲密蓬国王时代，国王的地位和身份更是进一步提高，事实上已经达到了神化的地步。在政治舞台上，国王和王室成为一支极为重要的力量。在政党斗争中，国王成为是非曲直的重要裁判官，国王和王室的态度左右着政局发展的走向。尤其值得注意的是，在许多情况下，国王和王室这股政治力量还往往被作为另外一股重要政治力量的军人集团所利用，对泰国的政治民主化进程进行干扰。

因此显而易见，1932 年将君主专制变为君主立宪制的所谓"革命"是不彻底的，是发动政变的军人集团与国王相互妥协的结果。它的不彻底，一是国王及王室的许多政治权力得以保留，二是军人作为一股强大的政治力量正式登上泰国政治舞台，为军人集团主导国家政治发展开了先河。处于强势地位的这两支政治力量的合流，对泰国民主政治的发展产生了极大的制约，使泰国在所谓的"1932 年革命"以后建立起来的政治体制，其实只不过是名义上的君主立宪制和事实上的"威权政治"。这种"威权政治"是由国王的威权＋军人集团的威权主导的。直至 1992 年，整个泰国的政治发展大体上都遵循了这一发展的主线。由于商品经济发展缓慢，资本主义萌芽产

---

① 周方治：《王权·威权·金权：泰国政治现代化进程》，社会科学文献出版社 2011 年版。

② 《泰王国宪法》第二章国王，第八条，1997 年，转自冯建昆主编《泰王国经济贸易法律选编》，中国法制出版社 2006 年版，第 2 页。

生得很晚，资产阶级力量弱小，泰国没有经历过像欧洲那样彻底的反对封建专制的资产阶级民主革命，1932 年政变建立所谓的"君主立宪制"后，封建生产关系在泰国完整地被保留下来。上千年以来所形成的王室尤其是国王的权威常常成为政治野心家、军人独裁者可资利用的重要资源。他们常常利用广大民众盲从的忠君思想和行为来达到自己的政治目的。尤其是当代的普密蓬国王，除了作为政治最高仲裁者的权威之外，为人睿智慈爱、勤勉爱民，私生活则琴瑟和谐、专情不二，集各种美德于一身，简直就是东方社会传统所梦寐以求的圣君明主的典范，因此深受泰国民众的衷心爱戴，其在民众心中的神圣地位不可撼动。于是，国内各种政治力量都看中并利用这一点来谋求一党一己的私利，泰国刑法中专门列出一种"亵渎（或冒犯）国王罪"。这顶大帽子满天飞，不少人因此"中枪"而遇上牢狱之灾。

由君主专制向君主立宪制的转变，是泰国政治社会的一大进步，但由于其所建立起来的君主立宪制与同英国为代表的欧洲君主立宪制格格不入，充其量只是受国王和军人集团主导的"威权政治体制"，因此泰国政治民主化转型的任务并没有完成。如前所述，这种政治体制是处于民主政体和极权政体之间的一种非民主、非极权的政体形式。与极权政体相比较，威权政治体制具有一定的进步性，但其常常运用压制性手段来维持和执行社会控制的特性，又表明其落后的专制主义的一面。威权政治体制必然要被民主政治体制所取代。因此，在 1932 年废除君主专制以后至今的 80 年间，泰国的政治转型，事实上就是由威权政治体制向现代民主政治体制的转型。

（二）威权政治与民主政治的博弈：1932—1992 年泰国政治转型的进程

泰国从威权政治向现代民主政治的转型，是一个漫长而艰难的历史过程，其间充满了腥风血雨的残酷斗争，威权政治与民主政治进行了长期激烈的博弈，迄今虽已历经 80 余年而仍未完成。

1. 1932 年前泰国政治社会中的君主专制

在 1932 年进行君主立宪制改革以前，泰国已经经历了漫长的奴隶社会和封建社会时期。在现今泰国这块土地上，历史的早期长期存在着一些不断演进的规模很小的古王国，而中央集权国家的形成较晚，直至 13 世纪上半叶即 1238 年，泰国历史上第一个统一的中央王朝——素可泰王朝（1238—1378）才出现，泰国历史翻开了新的一页。此后，泰国又经历了阿瑜陀耶王朝（1351—1767）、吞武里王朝（1767—1782）、曼谷（却克里）王朝（1782—？）。在漫长的奴隶社会和封建社会时期，泰国历代王朝建立和不断完善了封建专制等级制度。譬如阿瑜陀耶王朝戴莱洛迦王在位时期于 1450 年颁布《宫内法》规定了官员的等级制度，将王位神化，提高了国王和王室的权威。建立"萨克迪纳"制度即授田等级制度，把各地封建领主按其社会地位授予不同的等级爵位，获得不同数目的土地；又根据爵位的高低分封不同的"食田"。这些食田以及依附于食田的农奴均以国王名义"赐予"。[①] 在封建专制统治下，泰国社会主要分为两大阶级：一个是"普迪"，包括上至王族，下至有田 100 莱以上的乡村小吏，实际上就是地主阶级，他们控制着国家大部分耕地，主宰着国家行政和司法权。另一个就是由庶民和奴隶组成的被统治阶级。庶民可以从地主那里获得 10—25 莱的土地耕种，同时承担着缴纳贡赋、服劳役和兵役的义务，而奴隶则有 5 莱的土地，但没有人身自由。[②] 尽管在后来的泰国历史进程中，又多次发生王朝更替，但直至 1932 年改革前，泰国社会中的上述面貌并未发生根本的改变。泰国的政治体制一直沿袭了君主专制的政治体制。

不过，随着近代欧洲资本主义的兴起，资产阶级民主革命的成功，欧洲文明之风随着东西方交往的扩大而吹到了泰国。1855 年英国殖民者的坚船利炮轰开了泰国国门后，西方殖民者接踵而至，泰国被迫先后与 15 个西方国家签订了不平等条约，变为西方资本主义国家的商品倾销市场和原料供应地。19 世纪末叶至 20 世纪初期，曼谷王朝第五代国王朱拉隆功（1868—1910 年在位）统治时期，推行了一系列现代化改革，其中吸收了许多欧洲现代文明的思想和做法，使泰国经济社会迅速发展，开启了泰国现代化的历程。在改革过程中，大批出身平民的开明知识分子被吸收进官僚机构和军队。这些中下层官僚和中下层军官影响不断扩大，最后在 1932 年 6 月 24 日凌晨发动了一场闪电武装政变，使国王帕恰波迪和平妥协，将暹罗推上君主立宪之路。[③]

2. 1932 年革命与泰国政治社会的嬗变

在当代政治民主制度在欧洲确立近三百年后的 20 世纪初期，泰国反对封建专制，建立现代民主制度的斗争才姗姗来迟。进入 20 世纪以后，随着与西方交往的进一步增多和现代教育的发展，西方民主思想在泰国得到更大范围的传播，要求变革结束封建君主专制统治的呼声日高。民主变革的时机

---

① 梁志明等主编：《东南亚古代史》，北京大学出版社 2013 年版，第 429 页。

② ［泰］集·普密萨：《泰国萨迪纳纳制的面貌》（泰文版），第 129—136 页；［泰］泰国文明研究小组编：《泰国文明》（泰文版），朱拉隆功大学文学院教材，2003 年，第 28—31 页。转引自梁志明等主编《东南亚古代史》，北京大学出版社 2013 年版，第 429 页。

③ Pasuk Phongpaichit and Chris Baker，Thailand：Economy and Politics，Oxford University Press，Published in the United States by Oxford University Press，New york ，Second imoression 1999，pp. 256 -257.

日益成熟。在这种背景下，为组织、领导一次"在泰国奠定民主基础，实现君主立宪制"的政变，一些留法学生于 1924 年 2 月 5 日举行秘密会议，组成了泰国历史上的第一个政党即民党。① 1927 年以后，民党成员陆续回国，将活动基地由国外转向国内，在军队中下级军官和商人、贫民中发展了一批成员。

在曼谷王朝建立 50 周年纪念日过后的第 11 周，即 1932 年 6 月 24 日凌晨，乘拉玛七世（帕恰迪波）国王在海边休假之机，民党中以比里·帕侬荣和銮·披汶颂堪为首的中下层陆军和海军军官 49 人，加上 65 个文官，发动了一场闪电般的武装政变。按 Kenneth Perry Landon 的说法，"他们虚张声势，切断了首都其他军事单位的联系，围捕了政府的主要官员，然后派了一个代表团以民党的名义去请求国王同意服从宪法。国王回答说：'我已经收到你们要求我回到曼谷作为一个宪政君主的通知。为了和平，为了免于无用的流血，为了免于对国家造成混乱和损失，而且也因为我已经考虑自己进行这样的变革，我愿意合作来建立一个我乐意去服务的宪法。"② 政变后的第 3 天即 6 月 27 日，在比里·帕侬荣的主持下，制定了临时宪法，对国家政权的性质和组成，国王和国民议会的权限和职权分别作了明确的规定。这是一部旨在确立君主立宪政体的宪法。根据临时宪法，6 月 28 日组织了一个由军人在幕后操纵的临时政府。国王为名义上的国家元首，民党任命了一个 70 人的国民议会作为立法机关，行政权力机构是人民委员会，披耶·马努巴功担任第一任总理和民党主席。

此次政变推翻了泰国的封建专制政体，建立了君主立宪制，对泰国的历史发展产生了深远的影响。政变后，国王仍然是国家元首，但其权力受到宪法限制，为泰国的精神领袖。内阁总理负责处理国家日常事务，掌握实际权力，但国王在一些重大事务上仍然发挥着举足轻重的作用。

泰国实行君主立宪制后，于同年 12 月 10 日颁布了永久性宪法，取消了临时宪法对国王的限制，国王集立法、司法和行政权力于一身。这给伺机反扑的保皇党人以喘息之机，他们加快了复辟活动。新政府总理披耶·马努巴功也倒向保皇派，联合反对比里·帕侬荣提出的改革计划。1933 年 4 月 1 日，国王宣布解散议会，撤销国民委员会，比里·帕侬荣被迫流亡法国。4 月 19 日，支持比里的民党和少壮军人被清洗。保皇派实现了复辟，政权落

---

① 沙南·勐翁：《泰国历史：吞武里王朝—曼谷王朝》，1979 年，第 192—193 页。

② Kenneth Perry Landon, Siam in Transition：*A Brief Survey of Cultural Trends in the Five Years Since the Revolution of 1932*，Chicago，1939，reprint，New York，1968. p. 10.

入国王之手。然而，事隔两月，一些军人再次发动政变，于6月20日凌晨占领了曼谷的所有战略要地，扣押了包括总理在内的政府要员，政变获得成功。6月22日，议会复会，国王的复辟命令被取消，次日组成了以披耶·帕凤裕庭上将为总理的新的立宪政府。

此后，不甘心失败的保皇党人又组织了几次叛乱，但都未能成功。复辟无望后，帕恰波迪国王于1934年1月以医治眼疾为由去了英国，并在1935年放弃了王位。其后，两个未成年的孩子先后继承王位。[1] 1933年6月帕凤裕庭上将上台后，泰国的君主立宪制逐渐巩固，与此同时，泰国开始了长期的军人独裁统治，并且在1938年年底銮·披汶颂堪上台后进一步得到巩固。

长期以来，关于1932年泰国终结君主专制、确立君主立宪制的革命的评价，学术界一直存在着不同的看法。一些学者认为，这场政变本身就不能算是一场"革命"，所建立起来的"君主立宪制"也是不彻底的，所谓立宪也是"徒有其表"。[2]

首先，整个行动只有49名中下级军官和65名文职官员参加，其他军人都未参与，范围极为有限。正如戴维·K. 怀亚特所指出的，"1932年6月24日军人推翻君主专制制度的政变不能被准确地描述为一场革命。它是由一小撮阴谋者和几百人的军队完成的，而且仅有一例死伤。它初期的成功依靠出其不意和虚张声势，然后是靠'推动者'拥有王室人质，最后得到皇家批准的承认——所有这些都在仅仅几个小时内完成。一直到它结束，公众甚至不知道正在发生什么，而且在6月24日中午之前，曼谷和暹罗的生活照旧进行，但是一批新领导上台了。"[3]

其次，政变成功后所颁布的永久宪法恢复国王的立法、司法和行政权力，为日后国王及王室作为泰国政治中的一支重要力量，干预国家政治奠定了法律基础，不利于泰国的政治民主化转型。

最后，不像以英国为代表的欧洲资产阶级民主革命那样从政治领域扩展到经济和社会领域，泰国所谓的"1932年革命"不但规模小，而且具有很大的局限性。如前所述，参与政变的只有百来号人，只是一场小规模的政治

---

[1] 即拉玛八世国王阿南达·玛希敦和拉玛九世国王普密蓬·阿杜德，David K. Wyatt, *Thailand: A Short History (Second Edition)*, Yale University Press, 2003, Charpt 8 - 9。

[2] Pasuk Phongpaichit and Chris Baker, *Thailand: Economy and Politics*, Oxford University Press, Published in the United States by Oxford University Press, New york, Second imoression 1999, pp. 246 - 247.

[3] ［美］戴维·K. 怀亚特：《泰国史》，中译本（郭继光译），中国出版集团、东方出版中心2009年版，第237页。

改革，并未扩展到经济和社会领域；并未像英国的资产阶级民主革命那样，彻底摧毁了封建专制的上层建筑和经济基础。在泰国，所谓"1932 年革命"以后，国王及王室的绝大多数权力和特权都保留下来，尤其是整个社会的封建的生产关系原封不动地保留下来。历史上长期存在的"萨迪纳"制度，虽然已经废除，但这种上下级的庇护和依附关系意识已经变成社会大众所接受的人际关系模式。"家长制"、"等级制"、"依附关系"等传统社会意识沿袭至今。从农村民众到中产阶级，从政府机构、军队到社会各行各业，无不存在着庇护关系，承认并遵从这样一种行为规则。政客们常常利用这一点，在选举前使用大量金钱分发给自己庇护圈下的家族，再由他们往下层层分发金钱、拉选票。农村民众多数受教育程度不高，只会考虑眼前利益，没有独立表达民主意识的能力，因此常常被利用。金钱贿选在泰国已经是公开的秘密……前总理他信能赢得大多数选票，也是依靠了其新兴家族产业集团对农村民众的影响。①

3. 民主政治在长期的军人独裁统治中艰难成长

1938 年年底，"1932 年革命"的领导者之一、后任帕凤裕庭政府国防部部长的銮·披汶成为总理后，泰国进入了长期的军人独裁统治时代。一般认为，这一过程直至 1992 年，但有些学者也将其划分为不同的几个阶段。西方学者 David K. Wyatt 将 1957 年沙立·他那叻上台至 1980 年分为一个时期，即"发展和革命"的阶段。其中，又将 1957 年沙立上台至 1973 年 10月他依—巴博集团垮台作为一个时期即沙立—他依军人政权时期，将1973—1976 年作为一个时期即所谓"革命和反动"时期（也有学者将其称为"民主实验期"；将 1976 年称为"新的开始"）。② 值得注意的是，尽管是纯粹的独裁统治，或者明显具有独裁统治特征的"威权统治"，但由于普遍认为民主是个"好东西"，执行者往往都将自己的行为冠之以各种各样的"民主"字眼，为自己涂脂抹粉。

——20 世纪 30—60 年代：军人政权尝试打造"泰式民主"。

銮·披汶上台后，为将泰国变成一个由威权领袖领导的民族国家，采取了一系列极端措施。军人集团公开攻击君主制，禁止民众在家中悬挂前国王帕恰迪波的画像，甚至起诉其滥用皇家财产。国王被彻底逐离了泰国的政治中心，长期留居欧洲。

---

① 陈利：《从泰国前总理他信治国政策解读泰国政治风波》，《东南亚纵横》2009 年第 7 期。

② David K. Wyatt, *Thailand: A Short History (Second Edition)*, Yale University Press, 2003, Charpt 8 - 11.

在 1938—1957 年的 19 年间，銮·披汶两次出任总理，同时掌控军队和内务，集国家政治、军事和经济大权于一身，推行极端的军事独裁统治。披汶迷信威权政治，鼓励媒体赞美威权领袖希特勒、墨索里尼，自己还经常撰写文章，鼓吹暹罗正处在一个危机四伏的时代，迫切需要一个强大的威权领袖。

1939 年，披汶把国名由暹罗改为泰国。声称只有改为泰国，才能明确表示国家是属于泰国人的，而不属于在经济上占据优势的华人。他极力鼓吹"大泰族主义"，试图打造一个新的"泰民族"，让泰国成为"民族国家"。为此他推出了一系列的反华法令。

1957 年，军事领袖沙立元帅推翻了銮·披汶—颂堪军人政府。沙立上台后，对銮·披汶时期的政策进行了重大调整，决心走有泰国特色的"民主道路"。在他看来，要求民众对一个抽象的国家或一部抽象的宪法效忠，在泰国是行不通的，泰国民众需要具体的效忠对象。沙立最终选择复活了国王在泰国政治生活中的作用。试图将国王打造成泰国民主的形象代言人，国王即是民主，民众信仰和忠诚于国王，就是信仰和忠诚于民主。因此，在沙立时期，泰国国王的政治地位得到巨大提高，泰国的政治体制由銮·披汶时期的军事威权政治体制转变为由军人与国王合流的威权政治体制。

沙立之所以这么做，是因为他认为泰国有自己独特的传统文化，所以民主的具体形式也必须与西方有所区别。沙立公开宣称自己施政的目标是恢复泰国的传统价值，即重建君主制和等级社会。沙立认为这种传统跟民主并不冲突。政府既需要有家长式的威权，要求"孩子们听话"，又会像慈父关心孩子一样，关心社会成员们的福利。

——70 年代初：军队和泰王力量此消彼长的三年"民主试验"期。

军事独裁者沙立于 1963 年 12 月 8 日病死后，长期作为其副手的他侬·吉滴卡宗和巴博两位将军组成军人政府，联合执政。1971 年 11 月 17 日，由于下年度的预算案未获国会通过，他侬—巴博集团发动自我政变，废除宪法，解散议会，政党活动再度被禁止。军人集团的独裁统治导致民主政治倒退，经济严重衰退，引起各阶层人民的不满，贯穿整个 70 年代的学生运动也由此爆发。1973 年，以大学生为主发动的"争取宪法运动"蓬勃开展，日益威胁到军人集团的统治地位。他侬政府以叛乱为名进行镇压，最终导致了 10 月 14—15 日的流血事件，打死学生 75 人，武力占领了法政大学校园，[①] 从而引起了更大规模的反抗，也导致了与国王和王室早已发生矛盾的

---

① 田禾、周方冶编著：《列国志·泰国》，社会科学文献出版社 2005 年版，第 112 页。

统治泰国长达 15 年的沙立—他侬军人政权的垮台。随后，他侬和巴博被迫辞职并流亡海外。这一事件对于泰国民主政治发展的意义得到了学术界的高度评价。有学者认为，它"远比 1932 年的事件或沙立的威权上台更适宜称为'革命'。它终结了一个人的威权统治；而且如果它们没有终结军人在政治生活中的作用的话，那么它们至少标志着一个新意识：有必要比过去更广泛地分享政治权力"。①

1973 年 10 月 26 日，组成了以讪耶·探玛塞为总理的临时政府。1974 年 10 月 7 日，新宪法颁布实施，10 月 17 日颁布新的政党条例，宣布取消党禁。新宪法对军人参政给予了一定的限制，如规定现役军官和政府部长以下的常任官在不辞去公职的情况下，不得参加议员竞选或进入内阁；并规定所有参加大选的候选人必须隶属于某一个政党，不允许以非党人士身份成为议员候选人。由于有新宪法和政党条例作为依据，军人势力遭到削弱，民主政治在此后一段时间内得到快速发展。1975 年 1 月 26 日，泰国举行了新一轮民主选举，共有 42 个政党参选。大选后几经周折，于 3 月 17 日组成了以克立·巴莫亲王为主席的社会行动党为核心的联合政府。但由于该党只有 18 个议席，联合政府里党派众多，矛盾迭起，政府无法运转，因此，克立被迫于 1976 年 1 月 12 日宣布解散议会，决定于 4 月 4 日举行大选。4 月 4 日的大选有 19 个政党获得议席，其中民主党最多，获 144 席，泰国民族党获 56 席，社会行动党获 45 席。结果，组成了以民主党主席社尼为总理，由民主党、泰国民族党、社会正义党、民族主义社会党四党联合政府。新政府成立后与前任政府一样极不稳定，9 月底社尼被迫辞职。

在 1973 年 10 月至 1976 年 10 月三年的"民主试验"期获得很大发展的民主政治，此后又遭遇挫折。

——1976—1988 年：江萨—炳时期"军人与政党共治的半民主"。

1976 年 10 月 5 日，社尼再度被任命为总理并组阁，第二天，以国防部长沙鄂·差罗海军上将为首的军人集团发动政变，推翻文官政府，宣布废除宪法，解散议会，解散政党，组成以他宁·盖威迁为总理的政府。然而，他宁·盖威迁的总理宝座尚未坐热，就于 1977 年 10 月被沙鄂·差罗上将以"革命团"名义发动的政变所推翻，组成了以江萨·差玛南上将为总理的临时政府。根据新宪法，1979 年 4 月举行大选。结果，江萨在正义自由党、无党派人士、小党及军人的支持下组成新政府，开始了泰国政党政治发展史

① 戴维·K. 怀亚特：《泰国史》，郭继光译，中国出版集团、东方出版中心 2009 年版，第 291 页。

上的"半民主"时期。

1980年，陆军总司令兼国防部部长炳·廷素拉暖上将接替因石油危机而辞职的江萨出任政府总理。炳政府上台后，于1981年7月8日颁布泰国第四部政党条例，增加了许多有利于政党政治发展的新内容，民主化有一定发展。

从1980年至1988年，泰国政权一直处于炳·廷素拉暖将军的操控下，但其政府多次出现危机，先后于1983年、1986年、1988年举行大选。前两次大选后，炳都继续出任总理，而1988年7月的大选后，炳由于未得到军队的支持而下台。结果，民族党主席差猜·春哈旺在五党支持下出任总理。这是自70年代中期以来大选产生的首位文官总理。江萨—炳时期的"军人与政党共治的半民主"局面至此结束。以政党领导人差猜·春哈旺出任总理为标志，泰国政党政治的发展一度出现了新气象。

——1988—1992年："民主的崩溃"。

1988—1992年，泰国政坛威权与民主的博弈再次升级，有学者称其为"民主的崩溃"。[①] 1988年差猜的文官政府上台后，由于权力分配等问题，执政党之间及各党内部特别是政府与军队之间，以及军人集团内部的矛盾不断激化，危机日益加深。几经改组，差猜政府与军人的矛盾都未能缓解。在此背景下，1991年2月23日，以武装部队最高司令顺通·空颂蓬上将为首的军人集团以"反腐败"为由发动政变推翻了差猜政府，组成以顺通·空颂蓬为主席、陆军司令素金达·甲巴允为副主席的国家安全委员会。随后，国安会任命阿南·班雅拉春为临时总理领导过渡性的文官政府。12月，受控于军方的国会通过新宪法草案，规定总理不一定来自民选，可由中立人士担任。各政党对新宪法意见严重分歧，由此形成两大派：一派支持新宪法，亲军方，由团结正义党、泰国党和社会行动党等党派组成；另一派主张修改宪法，限制上议院权力并主张总理由民选产生，由新希望党、民主党、正义力量党和统一党组成。

1992年3月23日，泰国举行第16届大选。结果，议席较多的团结正义党和泰国党联合社会行动党、国民党和公民党组成5党联盟组成联合政府，推举团结正义党主席纳隆为总理，不料遭到美国反对。美国国务院向新闻界透露，说纳隆涉嫌贩毒，1991年美国曾对其拒发签证。一时舆论大哗，五

① Surin Maisrikrod, *The Making of Thai Democracy*: *A Study of Political Alliances Among the State, the Capitalists, and the Middle Class.* Anek Laothamatas (edited), *Democratization in Southeast and East Asia*, Institute of Southeast Asian Studies, Singapore, 1997. p. 159.

党转而提名陆军总司令素金达为总理。4月7日，国王正式任命素金达为泰国第19任总理。素金达出任总理，从一开始就遭到反对党新希望党、民主党、正义力量党和统一党的强烈反对。反对党猛烈抨击素金达出任总理是"开民主倒车"，是"第二次政变"，纷纷以各种方式进行抵制和反对。4月20日，曼谷市区有5万多人上街游行，要求素金达辞职。进入5月以后，军政府与民众的对立更加严重。到5月中旬已达到20多万人。军政府宣布于5月18日凌晨起在曼谷及周围地区实施紧急状态，军队奉命开进曼谷以驱散反政府示威者。民众与军警发生大规模冲突，结果造成50多人死亡、300多人被捕、600多人受伤，泰国民主政治的发展出现严重倒退。与此同时，团结正义党等5个执政党倒戈，宣布撤销对素金达的支持。陷于四面楚歌的素金达在国王的要求下，不得不于5月24日宣布辞职下野，内阁随之解散。素金达下台后，国内政治矛盾逐渐缓和。6月10日，国会通过了"总理必须来自民选"等宪法修改条款。泰国王任命阿南·班雅拉春为过渡政府总理，准备在4个月内重新举行大选。至此，延续了一年多的泰国政治危机才告平息。

（三）特点与存在问题

回顾1932—1992年60年间泰国的政治民主化转型，其突出特点可以归纳为如下几个方面：

一是持续时间长。如果说泰国的政治民主化转型是分两步走（即第一步：从君主专制转向君主立宪制；第二步：从君主立宪制转向现代民主制）的话，那么从1932年推翻君主专制建立君主立宪制起，泰国就从民主转型的第一步进入了第二步，开始了从其表面上的君主立宪制而实际上的威权政治向现代民主制的转型。这一过程从1932年算起至1992年已经经历了整整60个春秋还未实现，其进程常常被军人和国王的干预而打断。其持续时间之长，在世界各国转型史上也是罕见的。

二是转型进程错综复杂，充斥着腥风血雨的暴力对抗。如前所述，在1932—1992年的60年中，泰国共发生了19次军事政变，其中有13次成功，6次未遂；先后有20位总理组建了48届政府，其中24届为军人政府，8届为以军人为主的政府，16届为文官政府；共通过了15部宪法；举行了18次大选。60年中有80%的时间处在军人的统治之下。[①] 虽然资料显示，在这一过程中所发生的绝大多数军事政变都是以未流血的方式实现的，但流血的政变也不乏出现：1932年的政变有1人死亡；70年代中期的政变与反政

---

① 思路：《从当前泰国的政治危机看泰国政党政治的发展》，《东南亚》季刊2006年第2期。

变学生被打死 75 人；1992 年的政变与反政变则造成 50 多人死亡、300 多人
被捕、600 多人受伤，泰国民主政治的发展出现严重倒退。

三是民主与威权·（独裁）的力量此消彼长、此长彼消，更替十分频繁，
对社会经济的发展冲击较大。60 年中共发生了 19 次军事政变，也就是说，
平均约 3 年就发生一次军事政变；60 年中共换了 48 届政府，每届政府的寿
命平均仅有 1.25 年，主宰国家命运的军政领袖犹如匆匆过客，像走马灯一
样频繁。政治社会的不稳定，对经济发展的负面影响可想而知。

二 民主政体的确立与倒退：1992 年后泰国的政治转型

1991—1992 年军事政变后至今，泰国的历史进程又走过了 20 个春秋。
从表面上看，这 20 年可以明显地划分为两个阶段：1992 年至 2006 年的民
主化稳定发展期，以及 2006 年至 2012 年民主化进程的倒退期。

（一）世纪之交：民主转型的进展

1992 年以后，泰国的政治民主化进入一个较长的稳定发展期。在 1992
年至 2006 年的 14 年间，泰国先后经历了川·立派政府（1992.10—
1995.7）、班汉·西巴阿猜政府（1995.7—1996.11）、差瓦立·永猜裕政府
（1996.11—1997.11）、川·立派政府（1997.11—2001.1）、他信·西纳瓦
政府第一任期（2001.1—2005.2.）、他信·西纳瓦政府第二任期
（2005.2.—2006.4.）六届政府。这六届政府都是民选的文官政府，而且六
任总理都是文职总理，即便是行伍出身的差瓦立，也是早已脱去了军装，属
于退役军人。而且，政府的寿命也大大延长了，六届政府的平均寿命达到约
2.5 年。更为重要的是，14 年中从未发生过一次军事政变或者军人干预政治
的事件；每到政治发展的紧要关头，军方都会公开表明要恪守中立，不干预
政治的立场。

持续了 14 年的文官政治平稳发展的黄金时期，使人们暂时淡忘了泰国
军人干预政治的历史，以致西方国家一度认为泰国是东南亚国家中实行民主
最彻底的国家。[1] 国内一些学者也对泰国的政治民主化转型作出了积极的评
价。有的学者将 1992 年事变视为泰国威权统治向民主政治体制成功转型的
标志。[2] 有的学者则据此作出了大胆乐观的判断，认为 1991 年年底至 1992

---

[1] 陈建荣：《泰国民主的前景：军权、法权、金钱与政党》，《东南亚研究》2007 年第 6 期。

[2] 周方冶先生就认为，"泰国威权统治的结束是在 1992 年"。见周方冶《泰国政治格局转型
中的利益冲突与城乡分化》，《亚非纵横》2008 年第 6 期。

年初的军事政变是迄今为止泰国历史上的最后一次军事政变，素金达军政府则为最后一届军人政府。"五月事件"成为泰国军人退出政治舞台，实现军队中立化的重要标志，也成为泰国政党政治稳定发展的一个重要转折点。从此，泰国民主政治的发展进入了一个新的时期。①

然而，有的学者对此也有不同看法。

任一雄先生认为，在这 14 年中，"以民主程序产生的政府，并未改变泰国'威权为体，民主为用'的本质特征"。② 也就是说，尽管这一期间的历届政府都是按照西方民主制度那一套游戏规则产生的文官政府，但从本质上讲它们仍然是威权政府。西方学者 Suchit Bunbongkarn 先生也持同样观点，还在 90 年代末期，他就明确指出，1992 年以后泰国的民主化进程无疑是加快了，但只是一种"形式上的民主"（Formal Democracy）。③ 言下之意是说，1992 年事变以后，泰国虽然出现了持续的文官政府，但这仅仅是形式上的，是徒有其表；泰国由威权政治向民主政治转型的牢固基础仍未形成。

泰国后来的形势发展印证了 Suchit Bunbongkarn 先生的判断。在 1992 年至 2006 年的这 14 年间，虽然泰国民主政治的发展表面平稳但却暗流涌动。泰国复杂的政治社会环境和交织的矛盾被 90 年代末期涌现的政治明星他信及其一系列成功的政绩所掩盖。

从 1998 年他信组建泰爱泰党之时起，泰国的政治格局迅速从"多党林立"转向"一党优势"，④ 也就是新加坡和马来西亚那样的一党独大威权政治体制。2001 年他信领导泰爱泰党一举夺得大选的胜利之后，开始了实施其政治抱负，大刀阔斧推进泰国现代化的进程。

他信的第一个任期干得不错。他制定了多项政策，使泰国经济持续高速增长，提前两年还清了欠国际货币基金组织 143 亿美元的债务；他采取多项惠民措施发展农村经济，改善贫困人民的生活；他下决心打击泰国的痼疾——毒品和黑社会势力；他采取全方位外交政策，使泰国的国际地位逐渐提高。面对禽流感、SARS 和海啸等疫病和灾难事件时，他处理有方，赢得国民信任。他用商业方法处理复杂的政治问题，推出了一系列大胆的外交举

---

　　① 思路：《从当前泰国的政治危机看泰国政党政治的发展》，《东南亚》季刊 2006 年第 2 期。

　　② 任一雄：《泰国威权政治的前景：进入了"转型期"还是"威权为体，民主为用"的延续?》，《国际论坛》2002 年 3 月第 2 期。

　　③ Suchit Bunbongkarn, *Thailand: Democracy Under Siege.* James W. Morley（editoed），*Driven by Growth: Political Change in the Asia - Pacific Region*, Revised Edition, An East Gate Book, M. E. Sharpe, Armonk, New York, 1998, p. 169.

　　④ 周方冶：《泰国政治格局转型中的利益冲突与城乡分化》，《亚非纵横》2008 年第 6 期。

措，其中包括"亚洲合作对话"、"东南亚大陆发展经济合作战略"，积极发展与美国的关系并促使美国指定泰国为其"非北约主要盟国"。这些措施使他信成为全球瞩目的人物。他在任期内还有很多与一般政治家不同的惊人之举，比如率领4万多民众创造了集体健身操世界纪录；为平息南部的暴力事件，在全国范围内发起了一项折纸鹤祈求和平的活动；在鸡肉宴上率先吃鸡肉帮助民众建立战胜禽流感的信心；为加快曼谷新国际机场的建设速度，在建设工地亲自为工人们下厨炒菜；等等。这些身体力行、形式新颖的亲民作风赢得了泰国民众的推崇。由于之前成功的商界经验，他信还建立了一套自己的发展战略，称为"他信经济学"。在他信领导下，泰国经济很快走出了1997年东南亚金融危机后的萧条状态，发展势头良好。

在推进政治民主化方面，他信是一个极有抱负的政治家，他一上台执政，就显示了要推动泰国由传统威权政治向现代民主政治体制转型的愿望。一是试图淡化王室尤其是国王在国家政治生活中的影响。二是试图推动军队职业化改革。2001年出任总理后，他信开始致力于推动泰国军队的职业化，试图将军队纳入政府行政的管理框架。具体措施有两条：一是通过安插亲信逐步渗透军方权力，比如安插自己的堂兄差西特·西那瓦出任陆军司令；其次是利用警方逐步取代军方的安全职能。三是竭力推行"草根政策"，挑战泰国政治社会传统中的"依附制"，扩大下层民众尤其是农民参与政治的热情，使广大农村民众逐渐摆脱传统的政治依附，树立其政治立场中的"独立人格"。四是以其创立和领导的泰爱泰党为基础，不断扩大地盘，试图建立起以泰爱泰党为基础的"一党独大"的政治架构，从而改变泰国政治舞台上政党制度不成熟，政党多、杂、小和根基浅的特点。为此，他信一上台就与时任代理首席部部长和国防部部长差瓦立领导的新希望党进行磋商并且在2002年年初就新希望党与泰爱泰党合并达成了共识。① 2005年2月6日，泰爱泰党最终兼并了新希望党、正义自由党、国家发展党、社会行动党、统一党等政党，从而使泰国政坛初步形成了泰爱泰党"一党独大"的政治格局。②

然而，上述改革打破了泰国政治社会的平衡，使各种矛盾迅速浮出水面：其淡化王室尤其是国王在国家政治生活中影响的企图，使后者感觉到声望受到威胁，从而选择与军队站到了一起；其推动军队职业化改革的企图，触动了军方的利益，引起了军方的不满；其一系列惠民的"草根政策"则

① Economist Intelligence Unit, *Country Report*: *Thailand*, May 2002, p. 14.
② Economist Intelligence Unit, *Country Report*: *Thailand*, August 2005, p. 15.

损害了中产阶级的利益，将中产阶级推向了自己的对立面；其兼并其他政党、建立泰爱泰党"一党独大"政治格局的做法，则引起了人民党等反对党的极端不满。总之，他信后期，各种矛盾不断孕育、滋长，近十年来被"形式上的民主"所掩盖的军人＋国王的"威权政治"再次露出其"庐山真面目"。

反观他信执政六年的整个过程，其实就是泰国政治社会矛盾随着他信势力从弱到强的变化而由缓和走向激化的过程。

2001 年 1 月 6 日，他信领导的泰爱泰党在国会下议院选举中获得 500 个席位中的 248 席，成为泰国最大政党，2 月 9 日，他信被泰王任命为泰国历史上第 23 任总理。

同年 3 月，他信改组内阁。5 月，反对党提出了对 15 名内阁部长的不信任案，18 天后不信任案被泰爱泰党凭借国会绝对优势否决。10 月 1 日，他信政府宣布完成政府机构改革。

2003 年 2 月他信再次改组内阁，并开始着手兼并泰国党和国家发展党，意欲在下次大选中实现"一党独大"，成立一党政府。7 月底，他信宣布提前两年时间全部偿还泰国欠国际货币基金组织的债务。在泰国成功举办亚太经合组织首脑会议后，他信再次改组内阁。

2004 年 3 月，他信再次改组内阁，3 月中旬中央选举委员会开始了行政管理机构主席的选举。这次选举主要是泰爱泰党和民主党之间的竞争，泰爱泰党再次以绝对优势胜出。5 月 13 日，反对党再次对 8 名内阁部长提出不信任案。在随后的半年里，泰爱泰党不断吸纳其他反对党和组织的加入。

2005 年 2 月 6 日，泰国举行国会选举，由泰爱泰党、新希望党、正义自由党、国家发展党、社会行动党、统一党等党派统一而成的泰爱泰党获得了下院 500 个议席中的 377 席，赢得了单独组阁权。3 月 11 日晚，新连任的他信总理宣布组成新一届政府。这是泰国历史上第一个一党执政的政府。①

然而，"树欲静而风不止"，反对党和军人集团一直在虎视眈眈，随时准备把他信搞下台。从 2005 年 2 月获得连任之时起，他信便交上了厄运。

5 月，"梅开二度"的泰爱泰党政府开始推动修宪。6 月，他信政府再次遭遇民主党提出的对交通部部长索里亚·曾隆论吉的不信任案，不信任案虽然在 6 月底被国会否决，但是反对他信的活动由此开始愈演愈烈，要求他信下台的示威集会也开始频繁出现，而且规模越来越大。9 月，曼谷爆发了超过 4 万人的反他信游行示威。

---

① 见王士录主编《东南亚报告（2003/2004）》，云南大学出版社 2004 年版，第 184 页。

2006 年伊始，壮志满怀且被国际社会普遍看好的他信踏上其仕途的下坡之路，年初，自从他信家族把臣那越集团股权卖给新加坡淡马锡控股公司之后，他信政府便面对巨大的反对浪潮。3—4 月，泰国政局一直处于动荡期，要求他信下台的呼声日益高涨。4 月 2 日，虽遭到大多数政党的抵制，但泰国仍提前举行大选，结果是他信不败而败，被迫于 4 月 4 日宣布辞职，委任副总理七猜代任过渡政府总理。5 月 22 日他信重返政坛，继续担任过渡政府总理，拟定于 10 月 15 日重新举行大选，但仍是危机四伏，暗流涌动。9 月 19 日，乘他信出席联大会议之机，以陆军总司令颂提为首的军人发动政变，解散了他信领导的内阁，接管了国家政权。[①] 政变发生后，他信被迫流亡国外，并于 10 月 3 日宣布辞去泰爱泰党主席职务。10 月 1 日，退役将军素拉育临危受命，被任命为第 24 任总理，之后，组成了一个 35 人的内阁，开始了恢复政治稳定和经济发展的努力。

此次政变打破了人们关于"自 1992 年以后泰国军人已经彻底淡出政治舞台"的神话，不得不重新思考泰国未来政治发展的走向。

（二）民主政治转型的倒退：2006 年后泰国的政治发展

2006 年 9 月 19 日军事政变后，泰国的政治民主化转型再次出现大倒退。从此，泰国进入了持续的政治社会的动荡期。后来的政治发展充分表明，"这里（泰国）的'民主'不但没有胜利，而且有向'民粹政治'甚至'暴民政治'发展的趋势"。[②]

他信被军事政变推翻流亡国外后，由其领导的泰爱泰党被解散，代表他信的人民力量党（民力党）在 2007 年底举行的大选中获胜，其党魁沙马·顺达卫于 2008 年初出任总理，这引起反他信势力的不满，以民主党为首的人民民主联盟（民盟）支持者于 5 月开始举行大规模反政府集会和示威活动。9 月，沙马因在电视上搞"烹饪秀"被判违宪而被赶下台。[③] 他信的妹夫颂猜成为总理后，事态进一步恶化，国会大厦被反政府的人民民主联盟组织的"黄衫军"围困，总理府被占领，就连颂猜总理等也不得不"爬篱笆逃离现场"。[④] 此后，又发展到封锁曼谷的两个机场，导致数十万外国游客无法正常回国。12 月 2 日，宪法法院以人民力量党在上年底的选举中违反

---

① Economist Intelligence Unit, *Country Report*：*Thailand*，Nov. 2005，p. 15. 也见泰国《暹罗快递》（泰文）2006 年第 9 期。

② 任建民：《民主制度难开花，泰国动荡令东南亚反思》，人民网（国际），2006 年 4 月 14 日 11：33。

③ The Economist Intelligence Unit, *Country Report*：*Thailand* October 2008，p. 11

④ 新加坡《联合早报》2008 年 10 月 8 日。

宪法为由，判决其解散，颂猜领导的政府随之垮台。

民选总理沙玛、颂猜相继"走人"，这给自 2001 年以来一直处于反对党地位的民主党提供了翻身的机会。12 月 15 日，年仅 44 岁的民主党主席阿披实当选为泰国第 27 位总理。20 日国王普密蓬签署谕令批准后，阿披实政府正式产生。

但是，即便阿披实上台，泰国政局也只出现了短暂的平静。2008 年 12 月 28 日，前执政者"以其人之道还治其人之身"，仿照现执政者从前的做法组成"反独裁民主联盟"，身穿红衫走上街头，举行反阿披实新政府的示威活动，要求阿披实下台并提前举行大选，泰国街头政治的主角由"黄衫军"变成了"红衫军"，其局势再度陷入动荡。29 日，"红衫军"封锁通往国会的道路，迫使阿披实拟于当日在国会两院联席会议上举行的施政演说推迟至 30 日在外交部举行。

2009 年，"红衫军"和"黄衫军"的对垒，台下总理他信和台上总理阿披实之间的相互叫板贯穿始终，甚至高潮迭起。其中，最为引人瞩目的是 4 月亲他信的红衫军冲击东盟峰会使之流产的事件，以及流亡海外的他信 11 月的柬埔寨之行期间与阿披实的"隔岸互斗"。红衫军冲击东盟峰会，不但使阿披实政府元气大伤，也使泰国的国家形象尤其是在东盟中的地位和作用受到很大影响。① 此一事端正值泰国旅游旺季泼水节。据泰国旅游部门预计，政治纷争可能致 2009 年泰国旅游收入锐减 4 成以上，旅游业损失可能近百亿美元。② 面对红衫军一波又一波的反抗示威，阿披实内阁于 11 月 24 日决定第一次将在曼谷全市实施酝酿已久的严厉的内部安全法令，预防他信的支持者红衫军即将展开的示威。

2010 年年初，支持前总理他信的"红衫军"3—5 月大规模聚集于曼谷，从集会示威、抛洒鲜血，发展到封堵街道、占据街区，搞得整个曼谷不像首都倒像一个战场，火药味越来越浓。"红衫军"此举，旨在逼迫阿披实下野进而重新举行大选。结果是阿披实坚不辞职，"红衫军"也绝不退让。阿披实最终决定以铁血手段结束这场闹剧，于 5 月 19 日下令军队"清场"，一场本来不该发生的血案就这样发生了，结果造成 90 人丧生，1900 多人受伤。③ "红衫军"遭到毁灭性打击后，从此一蹶不振。

---

① The Economist Intelligence Unit, *Country Report Thailand*, October 2009, p. 6.

② http://www.sina.com.cn,《每日新报》2009 年 4 月 14 日 02：04。

③《法庭驳回"滥用选举基金"指控，泰执政党免解散，阿比昔不必下台》，新加坡《联合早报》2010 年 11 月 30 日。

"5·19事件"后，阿披实的地位日益巩固，泰国的政治社会日益稳定。这大大增强了阿披实政府的自信心。在此背景下，2011年2月9日阿披实表示将履行先前所做的在任期结束之前解散国会的承诺，并预计在2011年上半年提前举行大选。3月，泰国政府决定于5月10日解散国会下议院并于7月3日举行大选。包括民主党以及新成立的亲前总理他信的为泰党在内的数十个政党随即展开了激烈的选战。

出人意料的是，在7月3日的大选中，成立不久、由前总理他信妹妹英拉·西那瓦领导的为泰党赢得下院500席中的265席，成为执政党；由阿披实总理领导的民主党获159席，沦为在野党。尽管组阁之路不顺畅，但英拉最终还是于8月5日成功当选泰国第28任总理，也成为泰国首位女总理。英拉从一个政治"门外汉"一跃而进入泰国政治舞台的中心，并且逐渐站稳了脚跟。

尽管英拉上台难以打破泰国政治动荡"恶性循环"的神话，但英拉上台以来泰国动荡不定的政治社会局势逐渐趋于稳定却是事实。

（三）对进入新世纪以来泰国民主政治转型的评价

综观1932年以来至2012年80年泰国政治转型的轨迹，笔者认为，泰国威权政治体制向现代民主政治体制的转型起步较早而进展较慢，其特点是有曲折甚至有反复，总体来看是"螺旋式"上升的。进入新世纪以来，这种特点尤其明显。独特的国情决定了泰国的民主化转型仍将是一个长期的过程。正如国内外学术界普遍所认为的，泰国的"泰式民主"是不完善的，实际上早已陷入民主与威权的恶性循环之中。从深层次讲，这是泰国社会发育程度低的表现。看来，泰国民主制度的完善还有很长的路要走。①

进入新世纪以来泰国政局的发展变化再次提醒人们：1992年以后延续了14年的民主政治的平稳发展，并不是泰国民主政治转型的大功告成，而是其威权与民主博弈中的一个段落；2006年的军事政变不是泰国历史上的第一次军事政变，也不会是最后一次军事政变。如果我们不从泰国独特的历史、政治、社会乃至经济等方面作深层次思考，对泰国未来发展的观察就可能再次产生错觉。

正是由于其历史、政治、社会的特殊性，进入新世纪以后泰国民主政治与威权政治的博弈不断加剧。在2006年9月军事政变后，泰国政局进入乱象丛生、持续动荡期，民主转型出现大倒退。由于军队不能脱离政治而且总是保持独立甚至凌驾于民选政府之上，更由于上层精英的贵族化和下层民众

---

① 王士录：《东南亚报告（2008—2009）》，云南大学出版社2009年版，第10页。

的民粹化，[①] 泰国社会严重分裂，党派争斗不断激化，"街头政治"成为政治斗争的主旋律。政府更迭频繁，总理六易其人，从他信到军政府总理素拉育，到民选总理沙马，再到颂猜、阿披实，他们大多都成为泰国政治历史发展中的匆匆过客，直至 2011 年 7 月亲前总理他信的为泰党推举他信的妹妹英拉领衔参加大选获胜上台后，泰国这个被政治分析家们形容为民主化进程中的"烂尾工程"的国家，[②] 才暂时打破了泰国政治动荡"恶性循环"的神话，逐渐恢复了稳定。

尽管英拉上台后，泰国政局恢复了稳定，但学术界仍普遍认为，进行了半个多世纪的泰国民主化进程迄今仍然是个"烂尾工程"，军队始终未彻底退出国家政治舞台，未能真正从属于民选政府；中产阶级与底层民众之间的矛盾尚未在政党政治中得到有效缓解，阶层间的利益冲突仍然是各种政治势力用于争权夺利的工具。因此，观察家们普遍认为，未来泰国持续的政治博弈（包括大选和街头抗争运动）仍不可避免。

三　进入新世纪以来泰国的经济体制转型

有学者认为，市场经济并非只有一种模式。仅从大的方面，市场经济就可以分为自由市场经济和协调型市场经济两种，英美是前者的代表，而德日是后者的典型。自由市场经济的特点是由市场机制对经济进行协调，而协调型市场经济的特点是由制度对经济进行协调。[③] 这是一种充分体现政府与市场机制有机结合的、协调统一的政府导向型市场经济体制。其突出特点为：通过产业政策和经济计划，对经济活动，特别是对企业决策进行强有力的干预和诱导；依靠财政、金融政策等协调手段，对整个国民经济进行宏观间接调控。[④]

泰国是东南亚国家中较早面向西方开放，较早接受西方的市场经济思想的国家之一。不过，由于泰国在政治社会方面没有进行过资产阶级民主革

---

① 王士录：《东南亚报告（2010—2011）》，云南大学出版社 2012 年版，第 106 页。

② 庄礼伟（天大研究院特约研究员）：《危险的变革：东南亚政局风险评估》，2011 - 08 - 08，http://www.tiandainstitute.org/cn/article/1108_1.html。转引自王士录主编《东南亚报告（2011—2012）》，云南大学出版社 2012 年版，第 8 页。

③ 见《协调可持续发展型市场经济的内涵和价值目标》一文，《中国企业报》2012 年 5 月 14 日 10：09。http://roll.sohu.com/20120514/n343116060.shtml。也见熊国平《积极探索协调可持续发展型市场经济》一文，《南方日报》2012 年 5 月 14 日。

④ 刘永瑞、蒋宏印：《日本市场经济模式的主要特点》，《探索与求是》1995 年第 3 期。

命，在经济上也没有进行过类似西方的工业革命，泰国社会的生产关系中封建生产关系的影响一直比较大。因此，泰国的经济体制并不像某些学者所断言的，是"自由市场经济体制"，[①] 而不是类似于日本的"协调型市场经济体制"。在东南亚国家中，除泰国外，马来西亚、印度尼西亚和菲律宾实行的也是"协调型市场经济体制"。[②]

（一）进入新世纪前泰国"协调型市场经济体制"的确立和不断完善

近代以来泰国的经济发展是一个不断扩大经济自由化程度并逐步融入全球经济的过程。1855 年的《泰英友好通商条约》将泰国封闭型的经济纳入到世界经济体系中，泰国通过单一的稻米生产，向邻近的西方殖民地出口稻米而获取财富。对外开放改变了泰国旧有的稻米生产和流通方式，使被称作"萨迪纳"制的泰国封建土地所有制全面崩溃，传统的土地所有制变成私有制，封建徭役变成货币地租，农奴变为小农。到第一次世界大战爆发前，稻米的生产和出口已经成为国家经济的主要组成部分。因而，"一战"爆发造成的大米价格暴跌，让依赖单一出口品的泰国经济受到很大冲击。这场经济危机直接导致了 1932 年泰国君主专制政体的崩溃和君主立宪制的确立。新政体建立后，泰国政府积极发展民族经济——注重发展木材加工，锡矿开采，橡胶、甘蔗和木薯等种植业。同时，积极发展国营经济，整顿了原有的交通、邮电、水利等国有企业，还建立了纺织、造纸、制糖、麻袋生产等国有轻工企业。"二战"爆发前夕，泰国资本主义的工商业有了很大发展。

"二战"时期与日本的结盟虽然让泰国免遭战争的武力破坏，但是经济上却饱受日本的摧残。战前已形成良性循环的金融机制被日本打破，大米、橡胶和锡等支柱产业严重萎缩，进出口被日本中断。到战争结束时，泰国经济已经处于崩溃的边缘。战后为了恢复和重建，泰国接受了大量的美国援助。在 1950—1957 年，美国每年向泰国提供大量的经济和军事援助，同时还对能源产业、商业、运输、建筑业和金融业开展了大规模的直接投资。美国的援助和投资，成为泰国经济迅速恢复到战前水平的重要推动力，并对泰国建立和完善市场经济体制产生了重要的引导作用。不过，由于在 50—70 年代，泰国在发展市场经济的过程中，曾经大力发展国有企业，国家垄断资本主义有较快发展，因此在发展市场经济方面，有了政府导向的传统，因此根据国情，美国的自由市场经济未对泰国产生更大的影响。

1960—1966 年和 1967—1971 年，泰国先后实施了第一个和第二个经济

---

① 冯建昆主编：《泰王国经济贸易法律指南》，中国法制出版社 2006 年版，第 17 页。

② 欧阳国斌、温宝臣主编：《云南省发展战略研究》，云南科技出版社 1995 年版，第 174 页。

社会发展计划，推行进口替代工业化政策，把建立健全本国工业部门和追求高效的经济增长率作为主要战略目标。其间，市场经济中社会经济总的结构框架已经形成，但进口替代决定的市场保护扭曲依然存在。1972—1975 年和 1977—1981 年的第三、第四个社会经济发展计划，是泰国市场经济建设的第二个阶段。其间，泰国政府提出了向"亚洲四小龙"学习，把经济由进口替代向出口导向转变的指导思想。1982—1986 年的第五个经济社会发展计划，是泰国市场经济化的第三个阶段。泰国政府在进一步将整个经济转向出口导向型的同时，根据本国国情对实施出口导向战略的具体做法作了若干修正。计划认为，过去的出口导向政策虽然取得了一些成绩，但由于泰国工业技术基础较弱，产品的附加值比重一直上不去，典型的二元经济结构使泰国不能完全照搬新加坡等亚洲"四小龙"的市场经济模式，而要朝着建立以农业为基础的新兴工业化国家的方向努力。为了实现这一目标，泰国力争做好三件事：（1）利用市场的政策纠正劳动力成本的高估；（2）重点引进和发展以微电子为中心的信息产业，使产业结构升级换代。（3）完善基础设施，改善工业环境。经过多年的努力，至 90 年代中期，泰国以工业化为主体的市场经济发展模式已经初步建立起来。①

泰国"协调型市场经济"的发展是一个渐进的过程，从近几十年的发展来看，有两个鲜明的特点：一是初期重视国家对经济的干预和调节；二是近期强调发挥市场机制的作用，以使市场经济发展与经济发展的水平相适应。

50—70 年代，泰国在发展市场经济的过程中，曾经大力发展国有企业，使其在国民经济中的地位迅速上升，为推动国家经济发展起了重要作用。进入 80 年代以后泰国开始进行国有企业私有化的改造。这一转变表明，随着市场经济的建立和不断完善，泰国的经济所有制结构也在进行着相应的调整。

战后初期，泰国实施了较大规模的国有化改造，国家资本主义有较快发展。从 60 年代起，泰国政府开始转向自由主义的经济政策，使国有企业的发展重点集中在交通、能源、通信、供水、电力等基础设施部门。② 与此同时，泰国政府转而采取积极鼓励私人企业发展的自由主义经济政策，使私营经济的发展进入了活跃期。

进入 80 年代以后，随着市场经济的逐渐成熟，泰国政府逐渐减少了对

---

① 刘重力等主编：《东盟国家市场经济体制》，兰州大学出版社 1994 年版，第 6—7 页。
② 同上书，第 53 页。

经济活动的干预，积极推进经济自由化，以适应变化了的形势。主要做法是：减少国家对经济的干预，对国有企业实行私有化，鼓励私人经营的积极性，充分发挥市场的调节作用，扩大对外开放，推进经济自由化。其核心是实行"新自由主义"。①

（二）进入新世纪以来泰国的经济改革与转型

理论上讲，泰国"协调型市场经济"的特征就是"由制度对经济进行协调"。② 因此，泰国"协调型市场经济"的完善受制于其政治体制的转型。在 20 世纪 70—90 年代泰国的特殊国情下，威权政治体制保证了政治社会的稳定，从而有利于经济的发展，创造了泰国经济腾飞的奇迹。但是 90 年代末尤其是进入 21 世纪以后，在经济全球化和区域经济一体化加速发展的背景下，威权政治体制已越来越不合时宜，越来越难以对其市场经济进行"协调"，向现代民主政治体制转型已势在必行。因此，进入新世纪以后，随着政局的动荡和民主化进程的一度倒退，泰国的经济政策也出现了一些非结构性的新变化，各届政府都根据当时所面临的实际情况，推出了针对性较强的经济政策，不断对其市场经济体制进行调整和完善。主要表现是：

第一，他信惠民的经济社会政策即所谓"草根政策"的实施。

进入新世纪后的初期，作为"草根阶层""代言人"的他信上台后，采取了一系列惠民措施，其中包括："负债农民三年缓债计划"——允许全国200 多万农村债务人延迟三年偿还总值 500 多亿泰铢的国有银行贷款，并免除三年内的利息；"一村一品"计划——鼓励各村镇开发特色产品，并由政府在宣传和销售方面给予扶持，"乡村基金"计划——由政府划拨种子基金，为全国每个村庄和城市社区提供 100 万泰铢的资金，以信贷方式支持农村产业建设；"三十铢治百病"计划——建立覆盖全国的医疗保障网络，确保农民仅需支付 30 泰铢就能够得到医疗服务和药品；"仁爱"系列计划——由政府出资，为农民和城市贫民提供廉价的住宅、水电、生产资料，以及人寿保险项目；"资产化资本"计划③——允许农民以土地所有权、承租权、国有土地使用权、知识产权、机器为抵押，向国有指定银行贷款，用于生产性投资。据统计，到 2005 年 5 月，"乡村基金"作为"草根政策"的核心计划，已在全国的 714 万个乡村和 4500 个城市社区设立基金项目，

---

① 欧阳国斌等主编：《云南省跨世纪发展战略研究》，云南科技出版社 1995 年版，第 181 页。

② 见《协调可持续发展型市场经济的内涵和价值目标》一文，《中国企业报》，2012 年 5 月14 日 10：09，http：//roll. sohu. com/20120514/n343116060. shtml。

③ "Policy Directional Framework and Approach of Assets Capitalization in Brief", Assets Capitalization Bureau, Thailand, 20041 http：// www. plangs insap. or. th.

占全部乡村和城市社区总数的 99.1%，并通过政府储蓄银行（GSB，负责城市地区）和农业与农业合作银行（BAAC，负责农村及城市边缘地区）向 1780 万借款人支付了 2590 亿泰铢。有学者在对 2044 个城市社区和 1596 个乡村的 314 万多个家庭进行了先后两次（2002 年和 2004 年）调研后指出，尽管存在部分贷款家庭无力偿债的现象，但是七成以上贷款家庭的生活水平和生产能力得到了相应的提高。福利改善的切身感受，使得越来越多的农村选民成为他信及其领导的泰爱泰党的坚定支持者。①

然而，他信的政策顾此失彼，在照顾到了"草根阶层"利益的同时，却冷落、侵蚀、损害了中产阶级的利益，引起了中产阶级的不满，最终加剧了社会的分裂。他信被军事政变推翻，亲他信的沙马上台后，其施政纲领中关于经济社会改革最核心的两项措施即改革医疗系统、降低费用以便惠及穷人看病，以及要求银行为农民提供低息贷款以支持农业发展，被反对党斥责为毫无新意，系他信"惠民主要政策"的沿袭。② 接替沙马继任总理的颂猜，犹如匆匆过客，宝座尚未坐热便下台，因此在经济改革方面毫无建树。

总体上看，他信、沙马和颂猜三任政府都是一条藤上的瓜，都明确表示要推行积极的扩张性财政政策来刺激经济的发展，但由于政局持续动荡，其政策都未能有效付诸实施。

第二，阿披实政府被戏称为"抄功课"的经济复苏政策。

2008 年 12 月中旬，民主党在大选中获胜，阿披实成为泰国第 27 任总理。阿披实上台伊始，泰国舆论普遍认为，信奉经济自由主义而且长期在野的民主党政府为应对极为严峻的经济形势，将不得不继续执行前几任政府所执行的扩张性的财政政策，但是鉴于种种原因，它很难运用好这一政策来刺激经济。③ 预料之中的是，阿披实上台不久，即于 2009 年 1 月 13 日批准了一项总额为 1150 亿泰铢的刺激经济预算案，其所采取的措施恰恰是前总理他信所推行过的关照"草根阶层"的惠民措施，从而被反对党指为"抄功课"，并声称准备索讨"版权费"，④ 但这项政策还是得以继续执行，并且取得了一定成功。

第三，英拉政府的经济政策：他信经济政策的翻版。

2011 年初，亲前总理他信的为泰党推举他信的妹妹英拉领衔参加大选，

① 周方冶：《泰国政治格局转型中的利益冲突与城乡分化》，《亚非纵横》2008 年第 6 期。
② 王士录主编：《东南亚报告（2008—2009）》，云南大学出版社 2009 年版，第 127 页。
③ 同上书，第 135 页。
④ 王士录主编：《东南亚报告（2009—2010）》，云南大学出版社 2010 年版，第 175 页。

与代表民主党参加大选的前总理阿披实展开了竞选角逐。二人所走的都是"亲民路线"，其经济、社会政策实际上都是前总理他信的"草根政策"。3月29日，时任总理的阿披实宣布，一旦赢得大选连任，将在未来2年内推动和落实增加最低工资25%的政策。随后，民主党宣布若再次执政，还将落实每个家庭每个月228铢的免费电费、每个月300铢的煤气费、740铢的免费教育费、965铢的医疗费等政策。此外还将控制汽油价格、免除税款、提供免费公交车，提高农民收入25%，以及老年人每个月可以获得500铢的津贴等多项惠民政策。① 英拉及其为泰党也不示弱，为泰党于4月23日举行了竞选纲领发布会。他信通过视屏介绍了为泰党的竞选纲领。这些政策包括：将在12个月内彻底解决毒品问题；解决贫困问题，继续推动和发展30铢医疗计划，加大小型企业贷款金额，每个村可以获得30万—50万铢不等的辅助资金；恢复农产品典押政策，将企业所得税从30%减至23%，大学毕业工作的最低月薪不低于1.5万铢，日薪不低于300铢；提供助学金，让所有学生都能够拥有带无线上网功能的笔记本电脑等。他信还提出要加强基础设施建设，解决曼谷市淹水问题，在曼谷市增修10条统一票价为20铢的地铁线，并新建郊区快轨，建设曼谷—清迈、罗勇高速铁路等。② 此外，还由英拉宣布了一项"干预大米市场"的计划，称若赢得大选，将以每吨1.5万铢收购大米，以保护农民的利益和种田的积极性。尽管这项计划在实行一年后，由于增加了巨额财政开支并造成大量稻米积压而被泰国中央银行主席威拉邦沙批评为"对国家稳定构成威胁"而"敦促政府取消这一花费庞大且极其政治敏感的贴补稻农计划"，但财长吉迪拉却为这项计划辩护称，他有信心此计划将有助于提高农民的收入及购买力，从而刺激经济。③

　　总之，进入新世纪以来，从他信到素拉育、沙马、颂猜，再到阿披实和英拉，无论是他信的泰爱泰党，还是亲他信的人民力量党和为泰党，还是阿披实的民主党，其经济政策都未能跳出他信"惠民经济政策"的窠臼，都是所谓"他信经济学"（"Thaksinomics"）④ 的翻版。这些政策倾向于照顾

① 《大选拉票，阿披实大打加薪牌》，泰国《世界日报》2011年3月30日。

② 《他信视屏公布为泰党竞选纲领》，泰国《世界日报》2011年4月24日。

③ 为落实此项"贴补稻农计划"，泰国内阁于2012年10月2日批准了一项2400亿铢（约95亿新元）的临时预算，用于在未来一年以高于市价的价格从农民手中收购1500万吨的大米。泰国每年出口800万—1000万吨大米，而2012年截至9月底的大米出口量仅为490万吨，同比滑跌了44%。见《央行主席：避免国家稳定构成威胁，泰应废除巨款贴补稻农计划》，新加坡《联合早报》2012年10月4日。

④ The Economist Intelligence Unit, *Country Report : Thailand*, October 2011, p. 7.

底层民众，但有些政策显然超出了客观条件的限制并伤及了其他阶层的利益，有收买民心之嫌，因此被认为具有民粹主义倾向。但是，自从"他信经济学"诞生以来，就在泰国脆弱的民主体制下显示出了顽强的生命力。民主党等党派为了争夺选票，也不得不调整政策，向"他信经济学"靠拢。

概括地讲，经济转型与政治转型是相辅相成、相互促进的，经济体制的改革与不断完善必须有稳定的政治环境作保障。进入新世纪以来，由于政治动荡频仍，政府更迭频繁，泰国在经济体制的改革、转型与完善方面几乎没有大的举措，总体上处于"吃老本"状态。

（三）当前泰国经济转型面临的主要问题

总体来讲，泰国的"协调型市场经济"是与其现行的政治体制相适应的，并非西方那种高度自由化的、成熟的市场经济体制。尽管过去几十年来，泰国的市场经济发展已经取得了很大成绩，但也存在一些问题，其中最主要的是：

第一，"协调型市场经济"毕竟还是一种很不完善的市场经济模式，随着泰国政治民主化进程的推进，这种模式的市场经济还必须不断完善才能适应未来发展的要求。

第二，经济发展对环境的影响日益突出，人与自然的和谐日益受到挑战。如何解决经济发展与环境保护的问题成为推进市场经济进一步完善的重要课题。

第三，尽管实行这种"协调型市场经济"，使泰国的经济发展取得巨大成就，但城乡和地区之间特别是商品经济发达的城市与农村之间的发展差距不但没有缩小，反而还不断扩大。大量农村人口流入城市找工作，又带来一系列社会问题。

第四，虽然按照市场经济发展的要求，实行私有化是必需的，甚至私有化的程度还是衡量其市场经济成熟与否的重要标志之一。但是在泰国，在如何实行私有化，以及私有化的规模、方式和方法等方面，都还面临着各种难以解决的问题。

由于国情特殊，近代以来，泰国的政治体制虽然经过长期多次的演进，由封建社会时代的君主制演变为当代的君主立宪制，并在君主立宪制下实施多党议会民主制。但是，王室尤其是国王仍然保持着对政治发展走向的影响。与此同时，具有政变习惯和历史传统的军人集团也成为一支独立的政治力量，对泰国政治发展的走向施加着强大的政治影响。这就形成了泰国独特的"威权政治体制"（笔者将其称为"军人威权政治体制"——下同），并且一直沿袭至今。这种"威权政治体制"是一种不十分成熟的民主政治，与标准的西方民主政治相比存在很大差距，但作为泰国独特国情下的产物，这种威权政体为战后泰国经济的较快发展提供了重要保障，起了积极作用。但是，随着经济全球化和区域经济一体化的加速发展，"威权政治体制"向现代民主政治体制的转型势在必行。

尽管泰国由"威权政治体制"向现代民主政治体制的转型几经反复，至今仍然进展不大，但转型的趋势是不可逆转的。随着政治体制转型的艰难推进，泰国尚不成熟和完善的"协调型市场经济体制"向更加成熟的自由市场经济体制的转型也在缓慢推进。

总之，以军人威权政治向现代民主政治的转型带动着经济体制转型的进一步完善，是泰国政治经济转型的特征，它与越南、老挝、柬埔寨和缅甸的转型所面临的任务、路径和目标都截然不同。

四　改革与转型为泰国经济社会的发展提供重要动力

改革与转型的目的在于调整生产关系，促进生产力的发展，即通过对政治经济体制和机制的改革和完善来促进经济和社会的稳定、快速发展。在泰国，尽管自 1932 年推翻君主专制、建立君主立宪政体至今，威权政治与民主政治的博弈无时不在，政治民主化的转型进程常常被频繁的军事政变和政府的更迭所打断，其经济的发展无疑受到很大影响。但由于正如一些学者所认为的，泰国的政治动荡总体上是浮在上面的，卷入的人数不多，波及的地域不大，因而对其经济发展虽然常常造成很大影响，但总体上仍呈缓慢发展态势有时甚至是较快发展态势；因此笔者认为，正是在威权政治与民主政治的持续博弈中，泰国的经济在其政治权力不断的肯定与否定中得到了发展，改革与转型为泰国经济社会的发展提供了动力。这可以从泰国的一些主要的经济社会发展指标的变化得到印证。

（一）经济发展：改革与转型促进了泰国综合国力的提升

统计资料显示，进入新世纪以来，尽管相继遭受了 1997—1998 年亚洲金融危机、2008 年以后美国次贷危机及西方主权债务危机的严重冲击，以及 2006 年以后持续的政治动荡的影响，但泰国的综合国力仍然呈快速增强之势。主要表现在以下几个方面：

一是国内生产总值大幅度增加。

1992 年，泰国的国内生产总值为 1102 亿美元；[①] 在东盟国家中属于第二梯队，与马来西亚、印度尼西亚、菲律宾并列为东亚"四小虎"，而且在"四小虎"中又处于靠前位置，应该是仅次于马来西亚而位居第二。此后，即便遭受了两轮金融危机的荡涤以及国内持续而且愈演愈烈的政治动荡的影响，其 GDP 增速明显放慢，但仍然呈增长之势。2000 年，泰国国内生产总值（GDP）增加到 1148 亿美元，为 GMS 五国中的老大，其他 GMS 四国的 GDP 相加，仅 437 亿美元（其中越南为 312 亿美元、老挝为 17 亿美元、柬埔寨 36 亿美元、缅甸 72 亿美元），仅占泰国一国 GDP 的约 1/2.6。

2011 年，泰国的 GDP 总量猛增至 3487 亿美元，比 10 年前的 2000 年增加了 2339 亿美元，增加了 3 倍以上。[②]

二是对外贸易总额大幅度增加。

1996 年，80 年代以来快速发展的泰国的进出口总值增加到 1213 亿美元（其中出口 545 亿美元，进口 668 亿美元），是同期越、老、柬、缅四个东盟新成员国进出口总额的约 5 倍。同期上述四国进出口总额为 234.7 亿美元（其中越南为 184 亿美元、老挝 6 亿美元、柬埔寨 17.7 亿美元、缅甸 27 亿美元）。[③]

在经历了 1997—1998 年亚洲金融危机的冲击后，2000 年，泰国的进出口总值微降为 1178 亿美元（其中出口 632 亿美元，进口 546 亿美元），比 1996 年减少了 35 亿美元。

进入新世纪以后，在 2001—2005 年他信执政的 5 年间，泰国政治社会稳定，经济恢复了持续稳定的发展，其对外贸易增速大幅度提升。尽管 2006 年以后又相继遭遇了 2008—2009 年美国次贷危机及欧洲债务危机，以及国内政治社会持续动荡的影响，泰国的对外贸易仍然保持了较快的增长势头。2011 年，泰国的进出口总值达到 4620 亿美元（其中出口 2455 亿美元，进口 2165 亿美元），是同期越、老、柬、缅四个东盟新成员国进出口总额的约 2 倍。同期上述四国的进出口总额为 2314 亿美元，其中越南为 1972 亿美元（其中出口 973 亿美元，进口 999 亿美元）、老挝为 35 亿美元（其中出口 16 亿美元，进口约 19 亿美元）、柬埔寨 158 亿美元（其中出口 67 亿美

---

① The Economist Intelligence Unit, *Country Report：Vietnam, Laos, Cambodia, Myanmar and Thailand*, 1996.

② The Economist Intelligence Unit, *Country Report：Vietnam, Laos, Cambodia*, Myanmar and Thailand, 2011.

③ The Economist Intelligence Unit, *Country Report：Vietnam, Laos, Cambodia*, Myanmar and Thailand, 1996.

元，进口 91 亿美元）、缅甸 149 亿美元（其中出口 67 亿美元，进口 91 亿美元）。①

综观进入新世纪以来泰国对外贸易的发展增长，有一个较为突出的特点即由于受到两次国际金融危机的冲击尤其是受到国内政治社会持续动荡的影响，与越、老、柬、缅四个东盟新成员国相比，泰国的对外贸易增速明显趋缓。1996 年泰国进出口总额 1213 亿美元，2011 年增加到 4620 亿美元，净增 3407 亿美元，增长了约 3.8 倍。而同期越、老、柬、缅四国的进出口总额净增了 2079 亿美元，增长了约 9.8 倍，增速比泰国快。即便是对外贸易发展较慢的柬埔寨也增长了近 9 倍。数据显示，横向比较，泰国的对外贸易增速是明显趋缓，但差距不大，总体增长的趋势未变。

三是外汇储备大幅度增加。

1992 年，泰国的外汇储备仅为 203.6 亿美元，亚洲金融危机前夕的 1996 年增加到 377.3 亿美元（同比增加 173.7 亿美元）。② 由于遭受金融危机的沉重打击，外汇储备曾大幅度减少，即便在 1998—1999 年进行了恢复性的巨大努力也未完全恢复元气，2000 年其外汇储备总额为 326.3 亿美元，与 1996 年相比减少了 51 亿美元。

2011 年，泰国的外汇储备增加到 2038 亿美元（比 1996 年的 377.3 亿美元增加 1660.7 亿美元，增长约 5.4 倍）。同期越、老、柬、缅四个东盟新成员国的外汇储备总额仅为 253 亿美元，只相当于泰国外汇储备总额的约八分之一。③

四是引进和利用外资大幅度增加。

泰国是 GMS 国家中引进和利用外资起步最早、成效最大的国家，其每年引进外资的数量也并非直线上升而是曲线增加的。正如泰华农民研究中心的研究所显示的，"过去的政治危机都伤害到外资投资，例如 1992 年的军人政变，那年泰国的外商投资增长从前一年的 10% 减少至 2.6%；而 1993 年再次大幅度下降"。1997—1998 年发端于泰国的金融危机再次重创泰国对外资的利用。但是进入新世纪以后直至 2006 年 9 月军事政变，泰国又迎来利用外资的黄金时期。军事政变后直至 2011 年 7 月的 5 年泰国虽然处于持续

① The Economist Intelligence Unit, *Country Report*: *Vietnam*, *Laos*, *Cambodia*, *Myanmar and Thailand*, 2011.

② The Economist Intelligence Unit, *Country Report*: *Vietnam*, *Laos*, *Cambodia*, *Myanmar and Thailand*, 1996.

③ The Economist Intelligence Unit, *Country Report*: *Vietnam*, *Laos*, *Cambodia*, *Myanmar and Thailand*, 2011.

的政治社会动荡之中，但对外资的利用似乎影响不大。资料显示，在 2003 年至 2010 年的 8 年间，泰国共引进外资项目 6420 个，协议金额 28491 亿泰铢。其中 2003 年 668 个项目，协议金额 2487 亿泰铢；2004 年 749 个项目，协议金额 3070 亿泰铢；2005 年 849 个项目，协议金额 4989 亿泰铢；2006 年 823 个项目，协议金额 3077 亿泰铢；2007 年 845 个项目，协议金额 5024 亿泰铢；2008 年 832 个项目，协议金额 2975 亿泰铢；2009 年 788 个项目，协议金额 3508 亿泰铢；2010 年 866 个项目，协议金额 2361 亿泰铢（约合 78.7 亿美元）。[①]

（二）经济发展：改革与转型促进了泰国的基础设施建设

改革与转型调整了生产关系，为生产力的发展提供了动力。进入新世纪以后，随着改革与转型进程的推进和经济的快速发展，泰国的基础设施建设大力度推进，经济建设的内外环境不断改善。

第一，基础设施建设大力度推进，经济建设的内外环境不断改善。

泰国是 GMS 五国中基础设施最为完善的国家，即便如此，进入新世纪以来，历届泰国政府仍然重视基础设施建设，将硬环境的不断改善作为引进和利用外资，发展经济的重要手段来实施，不断取得新进展。

泰国完善的基础设施包括发达的海陆空交通网络、现代化的信息网络以及充足的水电供应。泰国拥有超过 16 万公里的完善的公路网络；曼谷市内高速公路总长已接近 100 公里，环城高速公路 165 公里，城际高速公路总长度超过 200 公里，规划中的城际高速公路总长达 4150 公里。铁路总长约 4000 公里，以曼谷为中心，连接北部、东北部、东部和南部等主要地区，并且正在规划建设曼谷—廊开、曼谷—泰马边境、曼谷—罗勇三条高速铁路。在水运方面，目前泰国已有 122 个港口码头，其中包括 8 个国际深水港（年吞吐量超过 450 万标准集装箱）。此外，从北部清莱府的清盛港和清孔港，通过澜沧江—湄公河国际航道可直达中国云南的关累港和景洪港。在民航设施方面，泰国拥有 28 个民用机场；曼谷素旺纳普国际机场建有 2 条跑道和 120 个停机位，年客流量达 4500 万人次，年货运量 300 万吨，是东南亚地区重要的空中交通枢纽；现有 53 个国家的 80 多家航空公司在泰国设有固定航线，89 条国际航线可达欧、美、亚及大洋洲 40 多个城市，国内航线遍布全国 21 个大中城市。在信息基础设施建设方面，包括固定电话、移动

---

① 2004 年的 3070 亿泰铢，约合 78.7 亿美元；2005 年的 4989 亿泰铢，约合 125 亿美元；2006 年的 3077 亿泰铢，约合 77 亿美元；2010 年的 2361 亿泰铢，约合 78.7 亿美元。《泰国投资（2011 年版）》，中国驻泰国使馆经商处网站，2011 - 11 - 17 15：50。

电话、ADSL 宽带互联网、卫星调制解调器及拨号入网服务等在内的各种形式的电信网络已覆盖全国各地。在电力基础设施方面，2009 年泰国电力生产能力达 29212 兆瓦，供给大于需求。[①]

尽管基础设施建设成果显著，但泰国政府并不以此感到满足，2012 年 3 月 25 日，英拉总理宣布，泰国今后五年将投入至少 700 亿美元发展基础设施，作为发展经济的重点策略之一。其中包括将投入 114 亿美元，加强国家水资源管理，确保大水灾不会重演。[②] 2013 年 10 月 28 日，英拉总理在名为"泰国加入东盟经济共同体之后的经济前景"座谈会上再次表示，泰国政府已准备就绪，随时启动交通基础设施提升计划，以迎接东盟经济共同体形成后泰国与东盟之间将扩大的贸易联系。[③]

总体上讲，进入新世纪以来泰国在基础设施建设方面所取得的上述成绩，原因是多方面的，但最关键的还是其经济、政治、社会的改革与转型释放了生产力。

（三）社会进步：改革与转型促进了泰国社会的公平与正义

进入新世纪以后，改革与转型的推进尤其是政治民主化的新发展，进一步促进了泰国当权者执政理念的转变，使其更加注重解决经济转型中的民生和社会公平问题。其中一个显著的特点，就是当权者更加关注民生，更加重视"草根阶层"。

为了巩固自己的执政地位，自 2001 年他信执政以来的历届政府都争打"民生牌"，而且高招不断。在朝政治家们为巩固自己的执政地位，要大力实施"亲民政策"；在野政治家们为在大选中拉选票，夺取政权，也要推出"亲民政策"。尽管国际观察家们认为泰国政治家们的亲民政策已经被严重扭曲，造成了难以弥合的社会分裂，但是，"亲民政策"使"草根阶层"获得利益，仍然受到底层民众的欢迎，而底层民众毕竟占全国人口的大多数。

前总理他信为了拉选票，2001 年上台后先后推出了一系列倾向穷人的平民政策，包括补贴公共卫生项目，向农村地区的穷人和村民小企业发放低息贷款，"一村一品"开发乡村产品等。

尽管民主党不断攻击他信的执政理念和政策，但阿披实上台后，也不得不改头换面沿用他信的惠民政策。为了拉拢民心，巩固自己的执政地位，

① 《泰国基础设施（2011 年版）》，2012 - 02 - 02 23：02。http：//th. mofcom. gov. cn/aarticle/ddgk/zwjingji/201202/20120207948992. html。

② 《泰国发展基础设施，五年内投 700 亿美元》，新加坡《联合早报》2012 年 3 月 26 日。

③ 《泰国将提升基础设施迎接亚细安经济共同体时代》，新加坡《联合早报》2013 年 10 月 30 日。

2009 年 1 月 13 日，阿披实政府推出了一项总额为 1150 亿泰铢的刺激经济预算案。这一预算案涵盖了泰国政府制定的向低收入阶层提供经济补助、增加老年人养老金、减轻民众水电和出行等基本生活费用负担、下调部分商品价格以及减少失业等多项计划。无独有偶，这些措施恰恰是前总理他信所推行过的关照"草根阶层"的惠民措施。① 此外，亲他信的沙马政府时期推行的免费火车和公交车计划，也被阿披实政府宣布再延长 6 个月，以减轻低收入者的生活负担。② 尽管被反对党指为"抄功课"，并声称准备索讨"版权费"，但这项政策还是被继续执行，而且取得了一定成功。这些计划的实施，曾经为阿披实政府挽回了不少面子。

为了应对 2011 年的大选，执政的以阿披实为首的民主党和以前总理他信的妹妹英拉为首的为泰党为争夺选票，更是大打"民生牌"。2011 年 3 月 29 日，阿披实总理宣布，一旦赢得大选连任，将在未来 2 年内推动和落实增加最低工资 25% 的政策。随后，民主党的竞选纲领又宣布，若再次执政后还将落实每个家庭每个月 228 铢的免费电费、每个月 300 铢的煤气费、740 铢的免费教育费、965 铢的医疗费等政策。此外，还将控制汽油价格、免除税款、提供免费公交车，提高农民收入 25%，以及老年人每个月可以获得 500 铢的津贴等多项惠民政策。③

4 月 23 日，以英拉为首的为泰党也举行了竞选纲领发布会，推出了一系列惠民政策。这些政策包括：将在 12 个月内彻底解决毒品问题；解决贫困问题，继续推动和发展 30 铢医疗计划，加大小型企业贷款金额，每个村可以获得 30 万—50 万铢不等的辅助资金；恢复农产品典押政策，将企业所得税从 30% 减至 23%，大学毕业工作的最低月薪不低于 1.5 万铢，日薪不低于 300 铢；提供助学金，让所有学生都能够拥有带无线上网功能的笔记本电脑等。此外，该党还提出要加强基础设施建设，解决曼谷市水淹问题，在曼谷市增修 10 条统一票价为 20 铢的地铁线，并新建郊区快轨，建设曼谷—清迈、罗勇高速铁路等。④ 为泰党的上述政策多沿用前泰爱泰党政策。由于这类经济政策是在他信 2001—2006 年执政时开始实施的，也被外界称为"他信经济学"（"Thaksinomics"）⑤。

---

① 《2009—2011 年国家管理规划》，阿披实政府总理办公室文件，2009 年 1 月 14 日，http：// www. ryt9. com/s/cabt/504265。

② 《经济复苏计划》，阿披实官方网站，http：//www. abhisit. org/vision_ policy. php。

③ 《大选拉票阿披实大打加薪牌》，泰国《世界日报》3 月 30 日。

④ 《他信视屏公布为泰党竞选纲领》，泰国《世界日报》4 月 24 日。

⑤ Economist Intelligence Unit, *Country Report* ：*Thailand*, October 2011, p. 7。

上述政策中，有些显然超出了客观条件的限制并伤及了其他阶层的利益，有收买民心之嫌，因此被认为具有民粹主义倾向。但是，自从"他信经济学"诞生以来，就在泰国脆弱的民主体制下显示出了顽强的生命力。民主党等党派为了争夺选票，也不得不调整政策，向"他信经济学"靠拢。正可谓政党相争，民众得利。但所谓"惠民政策"实则在慷国家之慨。更为严重的是，在照顾到穷人利益的同时，却又损害了中产阶级和城市精英阶层的利益，引发其不满。由于城市中产阶级与乡村"草根阶层"在利益和价值观方面缺乏交流和谅解，于是前者用街头行动支持了民盟集团，后者则用选票支持了他信集团。所以，只要泰国城乡矛盾、贫富差距不消除，泰国农村"选票政治"与城市"街头政治"的冲突就将继续。

（四）社会进步：改革与转型的新进展有力地促进了泰国人民生活水平的提高

改革与转型促进了泰国社会进步的另外一个重要表现，就是进入新世纪以后泰国民众生活水平的提高。主要表现是：

第一，人均 GDP 快速增长。进入新世纪之前尤其是 1997 年亚洲金融危机前夕，泰国已经进入中等发达国家行列，成为东南亚"四小虎"之一，1996 年人均 GDP 达到 3134 美元。1997 年发端于泰国的亚洲金融危机，使泰国元气大伤，人均 GDP 猛跌至 1997 年的 2656 美元，再跌至 1998 年的 1900 美元。进入新世纪以后，尤其是他信于 2001 年上台后采取了一系列改革措施，经济形势迅速好转，人均 GDP 快速回升。2000 年泰国的人均 GDP 开始回升，达到 2029 美元，2002 年小幅增加到 2050 美元；2003 年为 2291 美元，2004 年达到 2525 美元，2005 年为 2720 美元，2006 年突破 3000 美元大关，达 3167 美元，恢复到亚洲金融危机前的水平。2007 年泰国的人均 GDP 增加到 3740 美元，2008 年达到 4117 美元。因受 2008 年美国次贷危机的影响，2009 年小幅下降至 3950 美元。[①] 2010 年起又开始大幅度回升，达到 4737 美元。2012 年，泰国人均 GDP 达到创纪录的 5383 美元。[②]

以上数据显示，1997 年亚洲金融危机以来泰国人均 GDP 曾经短暂出现大的降幅，但进入新世纪以后快速回升并实现大幅度增长。这表明泰国人民的生活水平是在不断提高的。

第二，社会保障体系进一步完善，人民生活质量日益提高。

泰国是 GMS 五国中社会福利体系最完善、人民生活质量相对较高的国

---

① 　http：//www. aseansec. org/stat/Table7. pdf，2009 - 01 - 10。

② 　泰国国民经济和社会发展委员会 2013 年 2 月 8 日发布数据。

家。如前所述，为了拉选票，各主要政党在大选中都大打"民生牌"，推出一个比另外一个更具吸引力的"惠民政策"，结果是人民得利。泰国人所享受的社会福利在 GMS 国家中首屈一指，其中主要包括：1. 看病不用钱；2. 读书 15 年不用花钱；3. 小孩在学校喝牛奶不用钱（一天一盒）；4. 给学生每学期 500 铢的补贴（可以买校服和书本）；5. 从 2011 年起一年的水电不用钱（有一定的数额，不是乱用）；6. 从 2011 年起一年内坐公交车不用钱（单指无冷气公交车）；7. 年满 60 周岁的老人每个月可领取 500 泰铢的补贴；8. 参加工作的家长，小孩子每个月可以领取 300 泰铢的补贴（每个家庭可以领取两个孩子的补贴）。① 2010 年，泰国人均预期寿命达到 74.1 岁，在世界各国人均寿命排行榜上列第 73 位。

综上所述，改革与转型以来尤其是进入新世纪以来，尽管泰国政局长期动荡，民主化进程不断出现反复，但其经济发展和社会进步成果有目共睹；尽管上述成果并非仅仅因其改革与转型的推动所致，但改革与转型无疑为其发展最主要的推动力之一。

五　泰国转型与发展的前景

泰国从威权政治向现代民主政治的转型，虽然已经走过了 80 年的历程，但至今仍然尚未完成，以至于被政治分析家们形容为民主化进程中的"烂尾工程"。② 有的学者甚至担心，在泰国，"民主"不但没有胜利，而且有向"民粹政治"甚至"暴民政治"发展的趋势。③

对于泰国政治民主化转型如此艰难曲折的原因，以及未来发展的前景，许多学者已经从不同视角进行了深入的分析，提出了各种见解。

有的认为泰国政治民主化转型如此艰难曲折，是泰国的社会文化传统制度使然。

任一雄先生援引塞缪尔·亨廷顿 1989 年提出的关于决定民主政治成败

---

① 《泰国的社会福利》，http：//tieba. baidu. com/f? kz = 547329068。

② 庄礼伟（天大研究院特约研究员）：《危险的变革：东南亚政局风险评估》，2011 - 08 - 08，http：//www. tiandainstitute. org/cn/article/1108_1. html。转引自王士录主编《东南亚报告（2011—2012）》，云南大学出版社 2012 年版，第 8 页。

③ 任建民：《民主制度难开花，泰国动荡令东南亚反思》，人民网（国际），2006 年 4 月 14 日 11：33。

的最关键因素是文化因素，即态度、信仰、价值观等的观点指出，① 泰国传统文化价值观的核心内容，如家长制、权威崇拜、等级观念等，不仅仅是一个观念问题，更成为人们日常行为所公认的准则，乃至一种"生活方式"。② "在传统宗教文化的土壤下，其民主政治只是采用了西方民主的形式和机制，本质的脆弱与不成熟显而易见。"因此，泰国的政治民主化转型，"绝非几十年能奏效的事"。③ 由此，任一雄先生对泰国威权政治的前景给出的结论是：

1. 以民主程序产生的政府，并未改变泰国"威权为体，民主为用"的本质特征。

2. 从威权政治的历史发展状况，特别是当前的状况来看，泰国的政治形态在未来相当长的时期内只能是"威权为体，民主为用"的延续。

3. 由于历史上长期的君主制以及传统文化中对威权认同的价值取向等因素，"威权政治"所蕴含的本质性特征事实上已经成为泰国人的"生活方式"。随着经济与社会的发展，"民主机制"会不断巩固，民主质量会不断提高。即使如此，泰国的民主也不会是西方民主的翻版，"威权政治"的本质性特征在未来的"民主政府"中仍然会有顽强的生命力。④

有的认为泰国政治民主化转型如此艰难曲折，主要症结在于利益分配不均衡。

Suchit Bunbongkarn 先生认为，政治转型与经济转型是相辅相成、相互促进的，经济的转型有利于促进政治的民主化转型。他认为，在泰国，"经济的成功，也加强了市民社会"（the Civil Society）的发展。"在泰国，民主化显然是由经济增长来驱动的，因为经济增长是通过市场机制来实现的，这样的机制在民主化进程中可以被认为是起作用的。但是，经济增长的不平衡，扩大了城市富人与农村穷人之间的分裂，增强了富裕的政治家和商人社团的政治作用和影响力。此外，它还滋生了唯利是图和金钱政治，以至于虽然中产阶级和市民社会随着经济的发展而有了发展，但他们却不能够抵消富裕而腐败的政治家们日益增长的力量。这些肮脏的政治家们通过对农民大众的剥削继续掌握着国家大权。这种不平衡的发展，迄今仍然阻碍着泰国民主

① 转引自任一雄《东亚模式中的威权政治：泰国个案研究》，北京大学出版社 2002 年版，第 14 页。

② 任一雄：《传统文化的张力与泰国威权政治的前景》，《国际政治研究》2003 年第 2 期。

③ 任一雄：《还是"威权为体，民主为用"的延续?》，《国际论坛》2002 年第 2 期。

④ 任一雄：《泰国威权政治的前景：进入了"转型期"还是"威权为体，民主为用"的延续?》，《国际论坛》2002 年 3 月第 2 期。

的巩固。"① 目前泰国人均 GDP 已经突破 5000 美元，处在城市化快速发展期和矛盾凸显期，随着全球化和对外开放的推进，一些新兴集团大量获利并控制国家经济命脉，而中小企业和普通民众并未获得较大实际利益，导致贫富差距拉大。加上前总理他信执政时期为赢得农民选票，大力推行惠农政策，忽视城市发展，加剧了城乡二元对立和民众的不满。

张锡镇教授则认为，泰国政治民主化转型如此艰难曲折，主要原因有三个。

一是中产阶级力量还不够强大，城乡二元经济结构突出。依据西方经验，民主是中产阶级成长壮大到一定程度时的必然政治要求，也是保障中产阶级利益的政治制度。与此同时，中产阶级力量的壮大依赖于社会经济的高度发展。而泰国的社会经济还未达到这种高度，城乡二元经济结构十分明显。虽然曼谷的中产阶级相当强大，但是广大农村还几乎看不到这种由中产阶级构成的市民社会。这种反差在反他信政府的过程中表现得最为明显：曼谷的中产阶级反对他信政府，而大多数农民却拥护他信政府。

二是人民的法制观念和意识不强。民主须以法治为基础。民主制的良好运作依赖于民众高度的法治观念和自觉的守法行为，包括泰国在内的许多国家由于缺乏法治传统、法治意识不强，致使民众不能自觉遵守民主的游戏规则。民选政府以权谋私、贪污腐败，民众迷恋以街头运动的方式推翻政府。

三是封建社会的残余尤其是庇护制的政治文化在广大农村仍根深蒂固。这种传统的政治文化起源于传统的等级社会，其核心是上层对下层的庇护和下层对上层的忠诚。这是威权主义而非民主主义的生长土壤。在大选中，这种社会关系发挥着巨大功能。上层政客借助金钱向下层民众施恩，下层民众自然要知恩图报，选举于是变成了利益与权力的交换，而不是选民独立意志的表达，民主由此变质。

有鉴于上述情况，通过何种方式，建立何种民主，须依国情而定，以渐进方式实现。泰国正面临此种抉择。②

在笔者看来，泰国的政治经济转型，实际上是在泰国这样一种政党政治发育还不健全的国家，在激烈的政治较量中，现代民主政治体制和现代市场经济体制不断完善的过程。这种转型无须改变政权形式即可实现，转型的方

① Suchit Bunbongkarn, *Thailand*: *Democracy Under Siege*. James W. Morley (edited), *Driven by Growth*: *Political Change in the Asia - Pacific Region*, Revised Edition, An East Gate Book, M. E. Sharpe, Armonk, New York, 1998, pp. 173 - 174.

② 张锡镇：《泰国政治混乱缘起经济失衡》，《新京报》2008 年 8 月 31 日。

式虽然总体上是渐进的，但有时又伴随着激烈的暴力的较量。总体判断是：由于其国情的特殊性，泰国转型的过程迄今远未完成，它是螺旋式发展的，有可能还会出现反复，可谓"路漫漫其修远"。在泰国，经济的转型受制于政治的转型，而政治的转型又受制于其复杂的社会制度和军事制度，可谓一环套一环，情况非常复杂。因此，泰国的转型需要时间来磨砺；对于泰国的转型尤其是政治社会转型，泰国各阶层人民需要进一步坚定信心，也需要有耐心。

主要参考书目

一 著作

(一) 外文著作

1. *Statistical Yearbook of Vietnam* (*2008*), Statistical Publishing House, General Statistics Office, Hanoi 2009.

2. Ministry of National Planning and Economic Development of the Government of the Union of Myanmar, *Statistical Yearbook* (*2006*), Central Statistical Organization Nay Pyi Taw, Myanmar, 2008.

3. Ministry of l Planning and Investment, *Lao Department of Statistics 2008*; Vientiane Capital, June 2009.

4. Pasuk Phongpaichit, Chris Baker, *Thailand Economy and Politics*, Oxford University Press, Singapore, 1995.

5. Pasuk Phongpaichit, Chris Baker, *Thailand's Boom and Bust*, Silkworm Books, Printed in Thailand by O. S Printing House Bangkok, 1998.

6. Xiaolin Guo (edited), *Myanmar/Burma*: *Challenges and Perspectives*, Institute for Security Development Policy, Sweden, 2006.

7. Christina Fink, *Living Silence*: *Burma under Military Rule*, Published in Thailand by Lotus Company Ltd. , 2001.

8. Russell R. Ross, *Cambodia*: *a Country Study* (*area handbook series*), U. S. Government Printing Office, 1990.

9. Ronald J. Cima, *Vietnam*: *a Country Study* (*area handbook series*), U. S. Government Printing Office, 1989.

10. Koichi Fujita, Fumiharu Mieno and Ikuko Okamoto edited, *The Economic Transition in Myanmar after 1988*: *Market Economy Versus State Control*, NUS Press, Singapore, 2009.

11. Ben J. Tria Kerkviet, Russell. H. K.. Heng, David W. H. Koh, edited, *Getting Organized in Vietnam：Moving in and around the Socialist State*, Institute of Southeast Asian Studies, Singapore, 2003.

12. Ben Kiernan, Edited by Ben Kiernan and Chanthou Boua, *Peasants and Politics in Kampuchea 1942—1981*, London Zed Press, 1982, pp. 295—297.

13. The Economist Intelligence Unit , *Country Report：Vietnam, Laos, Cambodia, Myanmar, 2002—2012*.

14. Craig Etcheson, *The Rise and Demise of Democratic Kampuchea*, Westview Press, Colorado in the United States of America, 1982.

15. Edited by Mya Than and Joseph L. H. Tan, *Laos' Dilemmas and Options：The Challenge of Economic Transition in the 1990s*, St. Martin's Press, New York, Printed by Institute of Southeast Asian Studies, Singapore. 1998.

16. Edited by Mingsarn Kaosa – ard and John Dore, *Social Challenges for the Mekong Region*, Chiang Mai University, 2003.

17. Anek Laothamatas（edited）, *Democratization in Southeast and East Asia*, Institute of Southeast Asian Studies, Singapore, 1997.

18. James W. Morley（editor）, *Driven by Growth：Political Change in the Asia – Pacific Region*, Revised Edition, An East Gate Book, M. E. Sharpe, Armonk, New York, 1998.

19. David K. Wyatt, *Thailand：A Short History（Second Edition）*, Yale University ty Press, 2003.

（二）中文译著

1. ［美］亨廷顿:《第三波——20 世纪后期民主化浪潮》，刘军宁译，上海三联书店 1998 年版。

2. ［苏］格·伊·米尔斯基:《"第三世界":社会、政权和军队》，中译本，商务印书馆 1980 年版。

3. 乔治·索伦森:《民主与民主化》，中译本，台北韦伯文化事业出版社 2000 年版。

4. ［泰］张旭东:《缅甸近代民族主义运动研究》，中文版，泰国曼谷大通出版社 2006 年版。

5. ［澳大利亚］尼克·拉伊:《东南亚》，中译本，生活·读书·新知三联书店 2007 年版。

6. 戴维·K．怀亚特:《泰国史》，郭继光译，中国出版集团、东方出版中心 2009 年版。

7. ［新］尼古拉斯·塔林主编：《剑桥东南亚史》，中译本，云南人民出版社 2013 年版。

（三）中文著作

1. 潘兴明、陈弘主编：《转型时代的移民问题》，上海人民出版社 2010 年版。

2. 李文主编：《东南亚：政治变革与社会转型》，中国社会科学出版社 2006 年版。

3. 李文主编：《东亚：宪政与民主》，中国社会科学出版社 2005 年版。

4. 李文主编：《东亚社会的结构与变革》，社会科学文献出版社 2006 年版。

5. 李路曲：《新加坡的现代化之路：进程、模式与文化选择》，新华出版社 1996 年版。

6. 李路曲：《东亚模式与价值重构：比较政治分析》，人民出版社 2002 年版。

7. 李路曲：《当代东亚政党政治的发展》，学林出版社 2005 年版。

8. 任一雄：《东亚模式中的威权政治：泰国个案研究》，北京大学出版社 2002 年版。

9. 周方冶：《王权·威权·金权——泰国政治现代化进程》，社会科学文献出版社 2011 年版。

10. 王士录主编：《当代越南》，四川人民出版社 1992 年版。

11. 王士录编著：《当代柬埔寨》，四川人民出版社 1994 年版。

12. 王士录等编著：《当代东盟》，四川人民出版社 1998 年版。

13. 王士录编著：《当代柬埔寨经济》，云南大学出版社 1999 年版。

14. 王士录：《东盟国家科技发展与对外科技合作》，云南大学出版社 2006 年版。

15. 王士录主编：《东南亚报告》，2002—2003、2003—2004、2004—2005、2005—2006、2006—2007、2007—2008、2008—2009、2009—2010、2010—20011、2011—2012 等各期，云南大学出版社。

16. 古小松：《越南的社会主义》，人民出版社 1995 年版。

17. 古小松：《越南国情与中越关系》，世界知识出版社 2009 年版。

18. 古小松主编：《越南蓝皮书：越南国情报告》，各期，社会科学文献出版社。

19. 游明谦：《当代越南经济社会发展研究》，香港社会科学出版社有限公司 2004 年版。

20. 齐欢等著：《革新开放以来越南的现代化》，云南大学出版社 2012 年版。

21. 贺圣达、王文良、何平著：《战后东南亚历史发展（1945—1994）》，云南大学出版社 1995 年版。

22. 李晨阳：《军人政权与缅甸现代化进程研究：1962—2006》，香港社会科学出版社有限公司 2009 年版。

23. 申旭、马树洪编著：《当代老挝》，四川人民出版社 1992 年版。

24.《缅甸联邦宪法》（2008 年 5 月 29 日全民投票通过），云南省社会科学院科研处编印，2011 年 5 月印行。

25. 马树洪编著：《当代老挝经济》，云南大学出版社 2000 年版。

26. 陈明华编著：《当代缅甸经济》，云南大学出版社 1997 年版。

27. 梁志明等主编：《东南亚古代史》，北京大学出版社 2013 年版。

28. 田禾、周方冶编著：《列国志·泰国》，社会科学文献出版社 2005 年版。

29. 刘重力等主编：《东盟国家市场经济体制》，兰州大学出版社 1994 年版。

二 文章、资料

（一）外文文章

1. Mya Than and Myat Thein, *Transitional Economy of Myanmar：Present Status, Developmental Divide, and Future Prospects*, Institute of Southeast Asian Studies, Singapore, ASEAN Economic Bulletin, Volume 24, Number 1, April 2007.

2. Quan Xuan Dinh, *The Political Economy of Vietnam's Transformation Process.* Institute of Southeast Asian Studies, Singapore, Contemporary *Southeast Asia：A Journal of International and Strategic Affairs*, Volume 22, Number 2, August 2000.

3. Waranya Teokul, *Social Development in Thailand：Past, Present and Future Roles of the Public Sector.* Institute of Southeast Asian Studies, Singapore, ASEAN Economic Bulletin, Volume 16, Number 3, April 1999.

4. Quan Xuan Dinh, *The State and the Social Sector in Vietnam：Reform and Challenges for Vietnam.* Institute of Southeast Asian Studies, Singapore, ASEAN Economic Bulletin, Volume 16, Number 3, April 1999.

5. Myat Thein and Khin Maung Nyo, *Social Sector Development in Myanmar：The Role of the State.* Institute of Southeast Asian Studies, Singapore, ASEAN Economic Bulletin, Volume 16, Number 3, April 1999.

6. Sorpong poeu, "*Combodia after the Killing Fields*", in *Government and Politics*

in Southeast Asia, edited by John Funston, 59 (Singapore：Institute of Southeast Asian Studiies, 2001)。Kheang Un、Sokbunthoeun So, *Politics of Natural Resource Use in Cambodia*, Asian affairs：An American Review, 2009 Volume 36, Number 3.

（二）中文文章

1. 蒋新卫：《中亚国家遭遇的"颜色革命"与新疆的稳定》，《环球视野》2010 年 5 月 17 日第 292 期。
2. 王金红、黄振辉：《从政治发展到政治转型——当代民主化进程研究的范式转移》，《开放时代》2009 年第 7 期。
3. 郑宝明：《民主转型模式研究综述》，转型智库，发布时间：2010 - 01 - 20 18：49。
4. 李文：《东南亚国家的政治变革与社会转型》，《当代亚太》2005 年第 9 期。
5. 黄云静：《国际环境与东南亚国家政治社会转型》，《汕头大学学报》（人文社会科学版）2002 年第 5 期。
6. 葛利萍：《东南亚主要国家民主转型期的政治稳定类型研究》，硕士学位论文，山东大学，2011 年。
7. 史少秦、常士㳂：《东亚国家的"竖向民主"辨析》，《云南行政学院学报》2010 年第 5 期。
8. "东亚五国一区政治发展研究"课题组：《东亚民主转型的理论解释——东亚五国一区政治发展研究之一》，《文化纵横》2010 年 10 月 12 日。
9. 杨鲁慧：《论当代东亚国家政治合法性转型》，中国社会科学院亚太研究所《当代亚太》2007 年第 11 期。
10. 杜继锋：《民主治理与民主巩固——东南亚国家的政治发展困境》，《南洋问题研究》2007 年第 4 期。
11. 周方冶：《泰国政党格局的转型与泰爱泰党的亲民务实路线》，中国社会科学院亚太研究所《当代亚太》2005 年第 5 期。
12. 任一雄：《泰国威权政治的前景：进入了"转型期"还是"威权为体，民主为用"的延续?》，北京外国语大学《国际论谈》2002 年 2 月。
13. 周方冶：《泰国非暴力群众运动与政治转型》，中国社会科学院亚太研究所《当代亚太》2007 年第 7 期。
14. 周方冶：《泰国政局持续动荡的社会根源》，《学习月刊》2008 年第 10 期。

15. 周方冶：《泰国政治格局转型中的利益冲突与城乡分化》，《亚非纵横》2008 年第 6 期。

16. 周方冶：《泰国政治权力结构调整的动力、路径与困境》，暨南大学东南亚研究所《东南亚研究》2011 年第 2 期。

17. 周方冶：《政治转型中的制度因素：泰国选举制度改革研究》，厦门大学南洋研究院《南洋问题研究》2011 年第 3 期。

18. 喻常森：《转型时期泰国政治力量的结构分析》，暨南大学东南亚研究所《东南亚研究》2007 年第 5 期。

19. 阎德学：《泰国社会转型过程中的"缓冲器"——制造可控的政治危机》，广西社会科学院东南亚研究所《东南亚纵横》2009 年第 11 期。

20. 李小军：《泰国政府民主转型过程中的腐败与反腐败》，《广州大学学报》（社会科学版）2010 年 7 月。

21. 王庆忠：《泰国的社会运动及启示》，《理论导刊》2010 年第 10 期。

22. 陈利：《泰国民主制度脆弱性之根源探析》，《国际论坛》2011 年第 5 期。

23. 崔桂田：《越共把马克思主义与本国国情相结合的探索》，《当代世界社会主义问题》2002 年第 1 期。

24. 崔桂田：《越、老、朝、古四国政治体制改革的主张与进展》，《当代世界社会主义问题》2005 年第 3 期。

25. 张树焕、崔桂田：《越南国会改革的原因、措施及其借鉴意义》，《信阳师范学院学报》（哲学社会科学版）2008 年 8 月第 4 期。

26. 崔桂田：《越南在经济转型中处理社会矛盾的举措》，《当代世界社会主义问题》2009 年第 1 期。

27. 许宝友：《在改革开放中探索前进的越南社会主义》，《理论视野》2001 年第 1 期。

28. 许宝友：《转型时期的越南执政党建设：特点、挑战与应对》，《科学社会主义》2001 年第 6 期。

29. 许宝友：《越共"九大"政治报告的新特点》，《国外理论动态》2001 年第 7 期。

30. 马欢：《媒体称缅甸大选为政治转型关键一步，未来路漫漫》，《时代周报》2010 年 11 月 11 日。

31. 宋清润：《缅甸大选对国家政治转型的影响》，《中国国际战略评论》2011 年 7 月 14 日。

32. 林钦明（台湾淡江大学亚洲研究所）：《下湄公河转型经济国家发展权之

探讨》，台湾大学第二届发展研究年会论文，2010 年 11 月。

33. 陈世伦：《柬埔寨政治体制与经济结构之转型问题研究》，硕士学位论文，台湾成功大学政治经济学研究所，2003 年 7 月。

34. 陈响富：《缅甸军政府对政治转型之影响》，硕士学位论文，台湾成功大学政治经济学研究所，2008 年 12 月。

35. 顾长永、李永隆：《越南政治体制改革之研究》，台湾中山大学东南亚中心，2010 年 05 月 14 日，http：//www. chinareform. net/2010/0514/16791_4. html。

36. ［越］范红燕（Pham Hong Yen）：《越南参与大湄公河次区域合作研究》，博士学位论文，云南大学，2012 年 5 月。

37. ［俄罗斯］伏拉德米尔·波波夫：《为什么休克疗法比渐进转型效果差》，中国海南改革发展研究院《转轨通信》（中文版），2006 年 12 月，第 4 期，总第 41 期。

38. 梁志明《越共“十大”：成就与启迪》，《南洋问题研究》2006 年第 4 期。

39. 潘金娥：《越共“十大”，总结与发展》，《世界社会主义研究动态》2006 年第 40 期。

40. 潘金娥：《越共十一大一些主要理论观点的变化》，李慎明主编《2012 年世界社会主义黄皮书》，社会科学文献出版社 2012 年版。

41. 越南共产党：十一次全国代表大会文件《2011—2020 经济社会发展战略》，越南共产党网站，2011 年 3 月 4 日公布。

42. 越南共产党：《社会主义过渡时期国家建设纲领》（2011 年增补），越南共产党网站，2011 年 3 月 4 日公布。

43. 翁树强等：《老挝司法部部长谈老挝人民革命党领导下的革新开放》，大学生通讯社 2008 年 6 月 11 日。

44. 老挝人民革命党《五大政治报告》，参见何龙群、陶红《苏东剧变后的老挝人民革命党》，《国外理论动态》2007 年第 10 期，也见 http：//globalview. cn/ReadNews. asp？NewsID = 13054。

45. 王士录：《从人民力量党的胜出看当前泰国政党政治的特点》，《当代世界》2008 年第 2 期。

46. 思路：《从当前泰国的政治危机看泰国政党政治的发展》，《东南亚》2006 年第 2 期。

47. 王璐瑶《一次承前启后的大会——老挝人民革命党第八次全国代表大会侧记》，中共中央对外联络部主办《当代世界》2006 年第 5 期。

48. 陈定辉:《老党"九大"新政解读》,打印稿,2011 年 4 月。

49. 陈明凡:《越南民主化改革及其对我国的启示》,《探索与争鸣》2011 年第 4 期。

50. 张传鹤:《老挝人民共和国的政治建设和政治体制改革》,《当代世界与社会主义》(双月刊)2006 年第 4 期。

51. 王蓉霞:《国际关系视角下老挝选择社会主义制度的必然性》,《中北大学学报》(社会科学版)2010 年第 3 期。

52. 邢和平:《第二柬埔寨王朝十年政治总结》,广西社会科学院东南亚研究所《东南亚纵横》2003 年第 3 期。

53. 邢和平:《洪森关于柬埔寨人民民族民主革命的理论和实践》,广西社会科学院东南亚研究所《东南亚纵横》2010 年第 9 期。

54. 邢和平:《洪森谈人民党和他本人的执政经验——专访柬埔寨人民党副主席洪森》,广西社会科学院东南亚研究所《东南亚纵横》2008 年第 6 期。

55. 王士录:《缅甸军人政权缘何能长期存在?——一些方学者的观点解析》,《当代亚太》2008 年第 3 期。

56. 贺圣达:《缅甸的经济改革和经济发展(1988—2008)》,贺圣达、王士录主编:《缅甸局势新发展与滇缅经济合作》,云南人民出版社 2009 年版。

后　记

　　本书稿系由云南省社科规划办下达的云南省东南亚南亚研究院、云南省民族研究院"两院"课题《新世纪以来 GMS 五国国情变化研究》的最终成果。课题于 2008 年获得立项，经过四年多的艰苦努力方于 2013 年中期得以完成并于 2014 年 5 月结项。

　　正如本书前言所指出的，进入新世纪以来大湄公河次区域五国国情的变化，实际上就是其改革与转型不断推进、不断深化的过程。因此，本项研究主要通过对进入新世纪以来 GMS 国家政治经济改革与转型的系统研究，来展现其国情的巨大发展变化。研究 GMS 国家的改革与转型，不但是一个非常重要的、具有重大现实意义的课题，而且也是一个很有难度，颇具挑战性的课题。正因为如此，课题组花费了大量时间和精力来收集、消化资料，前后共耗时四年多，花费了众多心血，才使本课题最终得以完成。

　　本课题虽然完成了，但笔者认为，对大湄公河次区域五国转型与发展的研究并未完成，最多只能算是一个"休止符"，因为大湄公河次区域五国的转型与发展仍在进行之中。事实上，本书稿完成以来至今的一年多期间，GMS 五国的国情又发生了新的变化。尤其在泰国，又发生了一次新的军事政变，民选的英拉政府已被陆军司令巴育将军推翻，泰国再次陷入军人统治之下。

　　本课题由王士录主持，由王士录、赵姝岚、李秋瑾共同完成。在撰写过程中得到孔建勋研究员的帮助，在此表示谢忱。

　　具体分工如下：

　　王士录作为课题组组长，负责全书提纲的设计、文稿的修改和统编，并且承担了前言、第一、第二、第三、第四、第六章的撰写。

　　赵姝岚承担了第七章即"进入新世纪以来泰国的转型与发展"的撰写。

　　李秋瑾承担了第五章即"进入新世纪以来柬埔寨的转型与发展"的撰写。

作者

2014 年 9 月 26 日